KB125032

**촛불 이후,
K-민주주의와 문화정치**

촛불 이후, K-민주주의와 문화정치

초판 1쇄 인쇄 2020년 5월 29일
초판 1쇄 발행 2020년 6월 5일

지은이 천정환
펴낸이 정순구
책임편집 정윤경
기획편집 조수정 조원식
마케팅 황주영

출력 블루엔
용지 한서지업사
인쇄 한영문화사
제본 한영제책사

펴낸곳 (주) 역사비평사
등록 제300-2007-139호 (2007.9.20)
주소 10497 경기도 고양시 덕양구 화중로 100(비전타워21) 506호
전화 02-741-6123~5
팩스 02-741-6126
홈페이지 www.yukbi.com
이메일 yukbi88@naver.com

ⓒ 천정환, 2020
ISBN 978-89-7696-436-6   93330

책값은 표지 뒷면에 표시되어 있습니다.
잘못 만들어진 책은 구입하신 서점에서 바꾸어 드립니다.

촛불이후,
K-민주주의와 문화정치

천정환 지음

역사비평사

서문

1. '장수풍뎅이'들과 'K-민주주의'

촛불이 점점 커져 횃불이 되어가던 순간을 잊을 수 없다. 제3차 촛불집회가 열린 2016년 11월 12일이었다. 빠르게 확산되던 박근혜 정권에 대한 분노가 그날 '전 국민적' 행동으로 점화됐다. 한 주 전 11월 5일에 열린 2차 집회에는 3만 명 정도의 시민이 모였는데, 그날 참가자는 100만 명이 넘었다. 한 주 사이에 '마음의 폭발'이 일어난 것이다. 토요일 오후부터 늦은 밤까지, 광화문과 서울 중심 지역은 촛불을 든 시민들로 꽉 찼다. 그날 밤거리를 쏘다니던 나도 새벽 1시가 넘어 귀가했다.

'게이트 정국'의 향방이 이날 시위로 가름되었을 뿐 아니라, 2016/17 촛불시위의 문화와 행동양식도 결정되었다. 그날 처음 광장에는 '최순실 코스프레'가 등장했고, '장수풍뎅이연구회' 깃발이 나타났다. 이 모임은 충북 영동에서 장수풍뎅이 애벌레 등을 길러낸다는 '영동 장수풍뎅이연구회'[01]와

---

01 「장수풍뎅이 돈 되네!」, 『문화일보』 2004. 6. 1; 「굼벵이도 구르는 재주 있다더니」, 『한겨레』

아무런 관련이 없었다. 물론 곤충학 연구자들의 그룹도 아니었다. 보도에 따르면 그날 촛불집회에 함께 참가한 어떤 사람들이 급조한 깃발에 저 명칭을 써넣었다 한다. 그리고 갑자기 엄청난 관심을 받자 그제야 그들은 트위터 계정 '장수풍뎅이연구회'를 만들고 자신들을 소개했다. 기존 집회·시위의 "낡은 방식을 지양하고 좀 더 친근하게 다가가는 방법"으로 "아무 이유 없이 모임 이름을 이렇게 만들었다"며 "부유하는 기표로 모임의 정체성을 나타내고자"[02]했다는 것이다.

이 깃발은 곧 화제가 됐고, SNS에서는 '전견련(강아지 주인 모임)', '허물없는 세상(파충류 동호회)', '국경없는 어항회' 등의 모임이 생겨났다. 그리고 11월 19일에 열린 제4차 촛불집회에 민주묘총, 범야옹연대, 얼룩말연구회, 거시기산악회, 전국양배추취식연합회, 트잉여운동연합, 안남대학교 리볼버과, 나만고양이없어, 햄네스티 인터내셔널, 일 못하는 사람 유니온 등의 깃발이 휘날렸다(왜 동물 기르기와 관련된 모임이 많았을까?).[03]

곧 시위는 모든 계층과 지역의 시민들에게 번져갔고, 광장의 민주주의는 '숭고'와 '비장'의 투쟁 미학 대신 풍자와 유머로 축제화되었다. '장수풍뎅이연구회'를 위시한 저 군중과 깃발들은 촛불항쟁의 주체성의 상징이 되었다.[04] 그 다음 주 토요일 또 100만이 넘는 사람이 웃으며 모였다. 게임은 끝났다. 낡은 보수정당과 박근혜 정권은 시민들에 의해 단호히 버려질 것이었다.

2004. 3. 4; 「장수풍뎅이 기르는 산골 사람들」, 『연합뉴스』 2005. 8. 27 등 참조.

02 「광장에 선 '장수풍뎅이연구회'… 집회가 아니라 축제다」, 〈YTN〉 2016. 11. 14; 「"벌레요? 만지지도 못해요" 촛불집회 등장한 장수풍뎅이연구회」, 『이데일리』 2016. 11. 16.

03 「민주묘총·범깡총연대·트잉여연합… 촛불, 유쾌한 진화」, 『뉴스1』 2016. 11. 20.

04 이 책 1부에 실린 「누가 촛불을 들고 어떻게 싸웠나」; 이기훈, 「집회와 깃발―저항 주체 형성의 문화사를 위하여」, 『학림』 39, 2017. 2 등의 연구를 보라.

깃발을 들었던 다양한 '장수풍뎅이'들은 한국사회를 살아가는 새로운 개인들이자 집합적 주체다. 그들은 언제나 '접속'해 있다. 그들은 '시민, 민중, 대중, 다중' 등으로 다양하게 불려 어느 하나로 딱 정하기 어렵다. 하지만 그들이 엄청난 잠재력을 지닌 집합적 주체이자 공화국의 주권자라는 사실은 공통적이며 변함이 없다. 이 책에서도 이와 같은 '유동하다 폭발하는, 고원이며 심연인 대중'[05]의 정치와 문화가 주제다.

그리고 이 책은 어떤 자부심과 한계에 대한 것이기도 하다. 2020년 5월 하순 현재, 전 세계를 뒤흔들며 '문명사적 전환'까지 야기하고 있다는 코로나19 사태에서, 한국은 방역에 성공한 '세계의 모범'으로 칭송받고 있다. 미국·중국·일본 같은 주변 강대국은 물론, 유럽의 '선진' 복지국가들조차 의료체계가 붕괴하고 수많은 생명이 희생당하자, 한국의 국제적 위상과 소프트파워는 세계에 다시 인식되고 있는 듯하다. 그리고 이런 인식을 인식하는 한국인들의 자부심도 사상 최고점에 이른 듯하다. 'K방역'의 성과와 그 의미에 대해서는 더 신중한 분석이 필요할 것이다. 유치한 '국뽕'과 성숙한 자부심은 구분돼야 하겠고, 서구인들의 철지난 오리엔탈리즘, 그리고 표피적인 비교를 지양해야 비로소 한국과 초국적 체제 안에서의 그 새로운 자리가 제대로 보일 것이다.

2010년대의 어느 날부터 K팝, K드라마, K문학, K저씨 등등 K자 붙은 어휘가 등장하여 회자되기 시작했다. 때로 부정적인 뉘앙스까지 포함한 이 'K코드'의 유행은, 한류를 필두로 한 한국 문화와 '한국(적인 것)'이 세계에서 재정위되고, 그에 따라 한국인의 세계상과 자기인식이 크게 바뀌고 있다는 증

---

05 천정환, 『근대의 책 읽기―독자의 탄생과 한국 근대문학』, 푸른역사, 2003, 서문.

거일 것이다.

얼마 전 우리말로 번역된 『어셈블리—새로운 민주주의 질서』[06]의 저자 네그리와 하트는 2010년대에 들어 전 지구적으로 이어진 민주주의 투쟁의 중요한 고리로 촛불항쟁을 꼽고는 "한국의 사회투쟁들이 보인 끈기와 독창성에 오랫동안 감탄하며 바라봤다"면서 "이 투쟁들이 우리가 공유하는 미래를 위해 어떤 새로운 교훈을 가르쳐줄지 배우고자 한다"[07]고 말했다. '끈기와 독창성', 그리고 '미래적인 교훈'이 구체적으로 뭔지 잘 모르겠지만, 실로 '촛불'은 오늘날 한국(K) 민주주의의 요체가 담긴 대상이며 세계적인 주목 대상임은 분명하다.

'K방역'의 성공과 '촛불'에 공통된 어떤 것들이 있는가? 그것은—의료계를 위시한—몇몇 분야의 세계 최고의 실력과 공동체를 위한 헌신적 노력, 그것을 가능하게 하는 문화, 공공서비스 노동자들의 희생, IT 하이테크에 기반한 속도와 접속의 밀도, 자유주의적인 정부 그리고 무엇보다도 시민들의 민주적 참여로 꼽는다. 이 책은 바로 그 요소들과 맥락이 함께 구성하고 있는 한국 문화정치를 'K-민주주의'라 부르고, 그 속내를 다루는 것을 목적으로 한다. 그것을 국가, 근대성, 자유, 개인 같은 추상적인 큰 개념으로 프레이밍하기보다는 2016/17 촛불항쟁을 위시하여 지난 몇 년간의 시공간에 나타난 구체적인 양상을 통해 살펴보려 한다.

'촛불 이후' 우리가 본 것은 촛불의 영광과 아름다운 결실만이 아니라 'K-민주주의'의 한계이기도 했다. 보통의 시민이 무려 '혁명'이라는 것의 주체고 '촛불정부'를 자처하는 정부가 있(었)으되, 대한민국이 아직은 최량의 민

---

06   Michael Hardt, Antonio Negri, *Assembly*, Oxford University Press, 2017.

07   배문규, 「네그리·하트 〈어셈블리〉 인터뷰 "한국사회투쟁들이 보인 끈기와 독창성에 감탄"」, 『경향신문』 2020. 4. 14.

주주의 국가가 아닌 것, 여전히 극우 수구정당의 세가 30%쯤은 되는 것, 그 안에 우리 부모들과 이웃들이 다수 포함돼 있는 것, 분단과 안보 산업이 여전히 어떤 이들의 밥벌이 수단인 상황. 코로나19 감염증의 발생과 치명률은 가장 낮은 '모범'이라지만, 자살률과 산재 사망률은 여전히 세계 최고인 상황. 또한 이주민·여성·약자에 대한 혐오가 일상이 된 것, 양극화와 능력주의가 잘못인 줄 알면서도 그 속에서 아이들이 자라나게 하고 청년들이 고통받게 하는 것. 그리고 이 모두를 뻔히 알면서도 시원하게 고치거나 확고하게 앞으로 더 나아가지 못하는 머뭇거림.

촛불 시민을 상징했던 유쾌한 '장수풍뎅이연구회' 사람들은 서초동 촛불집회에도 같이 갔을까? 깃발을 들고 어깨를 함께 겯던 사람들은 어떻게 '사회적 거리두기'와 코로나19로 인한 경제위기를 각자 이겨 나가고 있을까? 우리는 한편 '촛불'을 살고, 한편 '촛불'의 잔해 위에서 여전히 애쓰며 조금씩만 앞으로 나아가고 있는 것 같다. 이 같은 '한국(K) 민주주의'의 주체성과 마음(정념·감성·정동 등으로도 불리는)의 역사가 이 책의 제재다.

2. 역사와 문화, 그리고 맥락

이 책은 2015년 가을부터 2020년 초봄 사이에 『역사비평』의 '문화비평' 란과 『문화/과학』 등에 썼던 글을 고쳐 묶은 것이다. 한국에서 가장 대표적인 역사학과 문화학 분야의 잡지에 실은 글을 묶었다는 것은 저자에게 의미가 크고 고마운 일이다. 나는 통상적인 의미의 역사학자는 아니지만 꽤 오래 전부터 『역사비평』에 글을 써왔다. 문학사도 '역사'의 한 부분이라 할 수 있고, 저자가 나름대로 해온 연구 중 한 축이 '문화사'나 '일상사'로 불려도 좋을 것이라 해서 그리 된 것인지 모르겠다. 2000년대 이후의 한국문학사 연구는 문화론적 문학사 연구, 그리고 '역사적 문화연구'(또는 '문화사')에 의해 달라지고 넓어져왔다. 나는 그 한 구석에서 읽고 써오며 역사문제연구소에서도 귀동냥하고 배웠다. 『근대를 다시 읽는다』 같은 중요한 책이나 『역사비평』의 편집진에 끼기도 했으니, 여러 근·현대사 학자들의 은혜가 이만저만한 게 아니다. 역사문제연구소가 관련 학계에서 가장 중요한 '공통체(commons)'의 하나라면, 『문화/과학』도 비슷하다. 이동연 전 편집인의 주선으로 편집위원회에 끼게 되고 첨단의 문화이론과 현실 문화 분석을 다루는 『문화/과학』에서 많이 배웠다.

그런 『역사비평』과 『문화/과학』은 비슷하면서도 다르다. 두 잡지가 '87년체제'의 초입에 진보적 지식인·연구자의 공론장으로 태어나서 약 30년 세월 동안 꼬박꼬박 잡지를 내며 담론과 지식 생산에 기여하고 있다는 점은 같다. 다른 점은 '역사'와 '문화'라는 연구 대상에서 주어지는 것일까? 역사학자와 문화연구자는 세상을 다른 방법으로 바라보고 해석한다(개인적인 성향과 행동거지도 모아놓고 보면 많이들 다를 것 같다). 구태여 말하자면 상대적으로 『역사비평』에는 사실(史實)과 자료가, 『문화/과학』에는 현재와 이론이 좀 더 중요한 듯하다. 그러니까 이 책의 '문화-사' 또는 '역사적 문화연구'는 '역사(학)'와 '문화(학)'의 방법·대상을 오가거나 잇는 것이다. 문화연구의 주요 도구들인 계급·젠더·세대·이데올로기·헤게모니·담론·재현 분석을 역사학의 대상에 적용한 것을 문화사 또는 역사적 문화연구라 부를 수 있고, 문화 분석을 통시적으로 또는 시계열적으로 확장한 흐름을 '역사학의 문화론적 전환'이라 볼 수 있다(그 반대가 더 정확할까?).

이런 방법적 입장을 갖고 이 책에 실린 글들은 두 가지 과제를 수행하려 했다. 첫째, 한국사회의 변화와 변곡점이 된 중요한 '대중 현상'들을 따라

잡고 재현하려 했다. 세월호 참사나 코로나19 사태 같은 재난과 (촛불)항쟁의 폭발과 사그라듦, 페미니즘의 융기, 특정 영화나 문화 상품의 대규모 흥행 같은 '사건'은 늘 과거에 없던 양상으로 일어나 폭발한다. 그리고 기억과 흔적을 남기고 사라진다. 한국사회는 변화의 속도가 너무나 빠르고, 언제나 끓는 라면 냄비처럼 작고 뜨겁다. 모든 일은 빨리 잊힌다. 그것을 제대로 정리하고 따라잡는 것 자체가 어려운 과제다.

둘째, 새로운 사태와 현상들의 '맥락'을 쓰려 했다. 어떤 사태와 결과를 인과보다 효과와 '맥락'으로 서술하는 것이 이 책에서 표방한 문화연구의 방법이다. 사태와 현상의 원인과 요소들은 그 자체로 복수(複數)며, 처음부터 정해진 벡터(=힘+방향)와 의미를 지니는 것이 아니다. 그것들은 불확정적이고 예측 불가능한 상호작용에 의해 인과의 과정에 개입하게 된다. 다층적인 힘과 요소들이 생장·전치·격발·전화하는 변증법적 작용으로 과거와 연결되는 독특한 현재가 '맥락'이다. 그러니까 이 '역사적 문화연구'는 말하자면 일종의 맥락주의다. 이는 환원론에 반대하고 구조주의와 일정한 거리를 두며 구성주의를 '시간화'한다.[08] 예컨대 코로나19 사태가 어디서 왜 시작됐는지, 우한의 시장인지, 박쥐의 몸인지, 백신연구소와 결부된 음모인지 같은 문제는 다른 논의의 몫이다. 대신 역사적 문화연구는 집단감염의 위기에 처한 어떤 나라들의 정치·경제, 그리고 그것과 상호작용하는 역사와 문화에 주된 관심을 갖는다. 그것은 구체적으로 특유의 방역과 의료체계, 시민사회의 성격과 계급관계 등이다. 그리고 사태가 만들어낸 사건의 연쇄와 극적이

---

08 문화연구에 대한 더 본격적인 생각과 문화론적 문학사 연구의 방법론에 대해서는 저자의 「'문화론적 연구'의 현실 인식과 전망」, 『상허학보』 19, 2007; 「서발턴은 쓸 수 있는가─1970~80년대 민중의 자기재현과 '민중문학'의 재평가를 위한 일고」, 『민족문학사연구』 47, 2011. 12; 『문학사 이후의 문학사─한국 현대문학사의 해체와 재구성』, 푸른역사, 2013; 「2019 한국 문화연구, 현황과 과제」, 『안과 밖』 47, 2019. 11 등을 참고하기 바란다.

고도 예측하기 어려운 변곡점에서 일어난 사건들에 개입된 이데올로기, 표상, 언어, 권력 등에 대해 서술하려 할 것이다.

이런 방법으로 대략 2015년부터 2019년까지, 특히 촛불항쟁 전후의 한국 사회와 문화정치의 변화를 기술했다. 처음 글을 쓸 때의 어떤 문제나 상황은 그 사이에 벌써 소멸하거나 변질되어, 글의 분석과 해석이 가치 없는 것이 돼버렸을 수도 있지만, 그런 것에서조차 기억과 사실의 가치 있는 부분을 보존하고 의미를 기술하는 것은 연구자의 의무라고 생각한다.

자리를 깔아준 박태균·이기훈 『역사비평』 주간님들, 역사비평사의 정순구 사장님, 조원식 주간님, 그리고 특히 웅숭깊은 배려로 글을 읽고 고쳐주신 편집자 정윤경 선생님께 이 자리를 빌려 깊이 감사의 뜻을 표한다. 오혜진 선생님과 역사비평 편집위원 등 글을 읽어주신 분들과, 촛불을 함께 들었었고 세상의 많은 문제를 즐겁게 함께 토의하는 민중문화사 세미나 팀의 여러 동료들께도 새삼 우정과 고마움의 뜻을 전한다.

2020년 5월
저자 천정환 씀

차례

1부
'촛불'의 문화와 대중정치

01

누가 촛불을 들고 어떻게 싸웠나
— 2016/17 촛불항쟁의 문화정치와 비폭력·평화의 문제

1. 항쟁과 문화

2016년 가을에서 2017년 이른 봄 사이에 서울과 전국의 도시에서 일어난 일련의 집회·시위를 일컬어 '촛불항쟁', '촛불혁명' 등이라 부른다. 아직 이 일련의 집회·시위를 부르는 합의된 이름은 없다. 대구'항쟁,' 4·19'의거', 5·18 광주'민주화운동' 같은 다양한 사례에서 보듯 민중봉기와 시민항쟁 등의 '명칭'은 오랜 기간에 걸친 해석과 기억의 쟁투 속에서 정립되어왔다. 정치인들이나 일부 지식인들이 2016/17 촛불집회와 시위를 '혁명'이라 부르지만 동의하기 어렵다. '혁명'에 값하는 상황은 매우 제한적이었을 뿐이기 때문이다.[01] 이 글에서 '촛불항쟁'은 일련의 사태에 대한 민중의 직접행동과 항거 전체를 가리키는 일반명사로 쓰이고, '촛불집회'는 개별적 집회 자체를 가리킨다. '촛불'은 비유적으로 촛불항쟁에 나선 시민들을 의미하는 말로 쓴 경우도 있다.

---

01   더 자세한 것은 이 책 1부의 「촛불항쟁 이후 시민정치와 공론장의 변화」를 보라.

대규모 집회·시위는 사회와 정치를 바꾸기 위해 일어나는데, 그 집회·시위 자체에서 '문화'는 중요한 역할을 한다. 그리고 집회·시위 자체가 현존하는 사회의 문화를 바꾸기도 한다. 5·18 광주항쟁이나 6·10항쟁도 그랬다. 시민항쟁의 문화정치에 관해 다양한 측면에서 논할 수 있겠는데, 여기서는 일단 다음의 네 가지 주제를 다뤄볼까 한다.

　　① 상징·언어·프레임·정동(감정)·이념·서사 등의 매개 작용
　　② 광장 민주주의 '현장'의 문화와 주체성의 구성
　　③ 봉기·혁명의 문화적 효과와 가속주의
　　④ 문학·음악·미술·공연 등 부문·장르별 투쟁과 변화

1) 상징·언어·프레임·정동(감정)·이념·서사 등의 매개 작용

운동·봉기·항쟁은 반드시 문화적 매개물을 거쳐 촉발·전파·확산된다. 운동·봉기·항쟁의 대의·상징·언어·프레임·정동(감정)·이념·서사가 각종 미디어를 통해 전파·확산되고 군중의 행동을 촉발한다.[02] 예컨대 러시아혁명을 위시한 20세기 전반기의 세계 혁명에서는 신문과 종이 매체가 중요한 역할을 했다. 물론 이것들은 결코 '제도권'에서 만든 것에 한정되지 않는다. 봉기와 혁명의 주체들이 자생적으로 만들어내는 '비제도', '비합법' 인쇄물이

02　사회운동에 있어 문화의 문제는 문화연구(cultural studis)뿐 아니라 예컨대 라나지트 구하나 에드워드 톰슨 같은 역사학자들에게서도 이론적 자원을 얻을 수 있다. 그들은 민중 네트워크와 봉기의 문화사를 위한 중요한 입론을 제공한다. 한편 서구 사회학의 '동원' 개념과 사회운동론의 '정동적' 전회, 즉 운동과 감정의 기능에 대해서는 제프 굿윈·제임스 M. 재스퍼 외 지음, 박형신 외 옮김, 『열정적 정치—감정과 사회운동』, 한울아카데미, 2012; 이토 마모루 지음, 김미정 옮김, 『정동의 힘』, 갈무리, 2016; 관련된 국내 논의로는 신진욱, 「사회운동의 문화, 정체성, 프레이밍」, 김동노 외, 『한국사회의 사회운동』, 다산출판사, 2013; 홍성민, 「민주화 이행과 감정의 역할」, 김석·김정주·김정한 외, 『학생운동, 1980』, 오월의봄, 2016 등을 참고했다.

지대한 역할을 한다. 이를 레닌은 '전국적 정치신문'으로 이론화했다. 레닌주의 혁명론에서 신문은 혁명의 조직자 그 자체로 간주되었다.

이를 우리 역사에도 적용해볼 수 있다. 1919년 3·1운동 당시에는 천도교에서 만든 『조선독립신문』을 비롯하여 자생적으로 만들어진 상당히 많은 격문, 삐라 등이 있었다. 그중에는 '신문'이라 불릴 만한 형태를 제대로 갖추지 못한 것도 많았다. 하지만 그런 임시적인 매체조차 혁명과 항쟁에서 큰 역할을 해냈다. 한국 현대사에서는 '삐라의 전쟁'이었던 해방기 거리정치는 물론, 1980년 광주민중항쟁에서 『투사회보』의 역할이나 유인물과 팸플릿의 홍수로 뒤덮였던 1987년 전후의 민중·민주 운동도 잊을 수 없다.[03] 종이 매체는 제작과 배포의 용이함과 문자의 고유한 효능에 근거하기 때문에 언제나 중요하다. 2016/17 촛불항쟁에서 SNS를 위시한 디지털 미디어가 엄청난 힘을 발휘했지만, 종이 매체도 역할을 했다. 광화문광장 텐트 농성촌의 노동자·예술가 들은 『광장신문』을 발행했으며, 다른 여러 단체들이 만들어 뿌린 유인물들도 다양했다. 또한 '박근혜 퇴진'이나 '이게 나라냐' 등의 한 줄짜리 구호를 선명하게 써서 손에 든 종이 피켓도 시각 효과의 면에서 중요했다.

'시대의 미디어'는 운동의 매개자나 양식 자체로서—사회학에서 말하는—'사회운동 주기'와 중요한 관련을 맺는다. 1960년 4·19혁명에서는 라디오가 결정적인 역할을 했다고 평가된다. 이미 20세기 중엽에 종이 매체의 중요성이 상대화되기 시작했다. 광주항쟁이 있었던 1980년대에는 영화 〈택시

---

03 3·1운동의 미디어 네트워크에 대해서는 천정환, 「소문(所聞)·방문(訪問)·신문(新聞)·격문(檄文)—3·1운동 시기의 미디어와 주체성」, 『한국문학연구』 36, 2009. 6; 권보드래, 『3월 1일의 밤—폭력의 세기에 꾸는 평화의 꿈』, 돌베개, 2019; 해방기 광장정치는 정호기, 「국가의 형성과 광장의 정치—미군정기의 대중동원과 집합행동」, 한국사회사학회, 『사회와 역사』, 77, 2008. 3; 천정환, 「해방기 거리의 정치와 표상의 생산」, 『상허학보』 26, 2009. 6; 광주민중항쟁 현장의 '문화'에 대한 최근의 연구로는 천유철, 『오월의 문화정치—1980년 광주민중항쟁 '현장'의 문화투쟁』, 오월의봄, 2016 등 참조.

이게 나라냐 사진은 2016년 10월 29일 촛불시위 장면이다. 시민들이 '박근혜 퇴진', '이게 나라냐' 등의 한 줄짜리 구호를 적은 종이 피켓을 들고 집회에 참여하고 있다.

운전사〉가 묘사하듯 TV 매체가 중요했으나 한국 TV 방송은 보도통제 때문에 광주의 진실을 방영하지 못했다. 광주항쟁의 진실은 오히려 외국 매체가 촬영한 '광주 비디오'와 사진 등을 통해 널리 전파되었다.

2000년대 이후, 2004년 반(反)탄핵 시위를 거쳐 2008년 광우병 소고기 반대 촛불집회부터는 인터넷과 디지털 미디어가 가장 중요한 조직자(네트워커)가 되었다. 그 속성은 운동의 전개나 조직 방식 자체에 영향을 끼쳤다. 2008년 이래 주요한 집회·시위 현장을 생중계했던 오마이TV, 아프리카TV 등 인터넷 미디어는 2016/17 항쟁에서도 현장을 중계했다.[04] 그런데 2016/17 촛불

04　촛불집회와 뉴미디어의 관계는 2008년 촛불시위 이후 본격적으로 논의되기 시작했다. 다음을 참고했다. 강진숙 외, 「2008 촛불집회 참여 경험에 대한 현상학적 연구—대학생 참여자 및 1인 미디어 이용자를 중심으로」, 『한국방송학보』 23(4), 2009. 7; 이창호·배애진, 「뉴미디어를

항쟁에는 두 세력이 새로 가담하여 수없이 많은 채널을 만들어냈다. 하나는 종편이었다. JTBC와 TV조선 등은 촛불항쟁을 촉발한 유력한 미디어-주체라고도 할 수 있는데, 종편들의 경쟁적 보도는 시위에 대한 장시간 생중계로도 불이 붙었다. 주말마다 종편 방송이 전해주는 촛불시위 생중계는 시위의 전파에 큰 구실을 했다.

더 중요한 또 하나는 유튜브와 페이스북 라이브방송 등 SNS를 통한 개인적·자생적 미디어였다. 특히 SNS에서의 조직과 확산이 2016/17 항쟁의 큰 특징 중 하나였다. 참가자들은 저마다 찍은 사진이나 동영상을 통해 실시간으로 시위 참가에 대한 공감을 끌어냈고, 거대 미디어가 잡아낼 수 없는 집회·시위의 세부를 중계했다. 따라서 광화문 인근에 결집한 미디어와 채널의 수는 '참가자×N=무한대'였다. 그것은 정권과 지배의 '송출량'을 압도해버렸다. 이는 언제나 '버벅거려온' 박근혜의 '베이비토크'를 풍자와 시국성명의 언어가 양과 질에서 압도한 현상과 비교될 수 있다. 레닌이 생각한 방식의 중심적 조직자로서의 채널은 없었지만, 다원화되고 그야말로 네트워크화된 수평적 채널들이 항쟁을 이끌어냈다.

2) 광장 민주주의 '현장'의 문화와 주체성의 구성

광장 민주주의의 '현장'과 주체성은 시위나 저항행동 그 자체만이 아니라 연설·토론회, 문학·음악·미술·공연 등 복합적이고 종합적인 문화예술의 작용으로 구성된다. '현장'의 문화정치는 집회·시위의 여러 의례와 집합행동 퍼포먼스를 통해 공감을 만들고 주체성을 창출한다. 의례의 양식은 물론

활용한 다양한 사회운동 방식에 대한 고찰—2008년 촛불집회를 중심으로」, 『한국언론정보학보』 44, 2008. 11; 김서중, 「촛불시위와 미디어」, 『진보평론』 37, 2008. 9.

어둠은 빛을 이길 수 없다 2016/17 촛불시위에서 시민들은 도로의 차선에 촛불을 그려 넣고 "어둠은 빛을 이길 수 없다", "우리는 포기하지 않는다"라는 노래 가사를 써넣었다. 2016년 12월 31일.

노래·방송 등을 통한 음향전과 시각 이미지의 창출이 중요하다. 또한 운동의 '브랜드'가 혁명을 퍼뜨리고 긍정적으로 상징할 수 있다.[05] 예컨대 광화문 텐트촌의 예술가들이 만든 결박당한 박근혜상과 세월호를 태운 푸른색 고래 등은 참가자들에게 엄청난 인기를 끌고 참여 '인증샷'의 대상이 되었다. 그러나 역시 2016/17 촛불항쟁의 가장 중요한 이미지는 촛불 그 자체였다. 소등 퍼포먼스도 의미가 크고 효과적이었다. 빛의 이미지는 〈어둠은 빛을 이길 수 없다〉라는 노래를 항쟁의 주제가처럼 만들기도 했다.

현장의 문화야 언제나 상수지만, 투쟁의 문화화·축제화는 2000년대 이후 증대되어왔으며, 2016/17 촛불항쟁에서도 가장 두드러진 특징의 하나였다.[06] 외적으로는 문화계 블랙리스트와 최순실·차은택 등의 '문화농단' 탓에 문화·예술인의 참여가 더 늘어났기 때문이기도 했고, 세월호 싸움 이래 기억투쟁과 확산에 문화적 퍼포먼스가 중요하다는 인식이 더 많이 퍼져 나갔기 때문이기도 했다.

'문화화'가 광화문의 집회와 공연만을 지시하는 것은 아니지만, 문화화된 투쟁에 대한 평가는 엇갈렸다. 특히 주류 언론은 문화화를 곧 촛불의 '비폭력·평화'와 등가로 놓고 칭송했다. 더 나아가 그것을 고무·재생산하며 촛불의 진행 과정을 규정하거나 통제하려는 시도도 있었다.[07] 그래서 지배의 프레임에 갇힌 '비폭력·평화'를 비판하면서 '문화화'를 비판하는 경우도 적

---

05 '현장'에서 브랜드와 시각 이미지의 역할에 대해서는 스르자 포포비치·매슈 밀러 지음, 박찬연 옮김, 『독재자를 무너뜨리는 법』, 문학동네, 2016.

06 「랩하고 떼창하고… 하야정국 한복판서 열린 시민 대축제」, 『한국일보』 2016. 11. 12 등을 참고.

07 「문재인 "촛불혁명, 전 세계서 가장 평화롭고 질서 있는 시민혁명"」, 『조선일보』 2016. 12. 15 등.

지 않았다.[08]

그러나 여기서 칭송과 비판 모두 '문화'를 촛불항쟁의 '비폭력·평화'와 등가로 놓았다는 점은 비슷했다. 물론 문화화는 광장의 성격과 공권력의 작용에 영향을 받지만, 광장의 문화는 단순한 수단도, 투쟁의 어떤 부산물·결과물도 아니다. 광장은 필연적으로 문화를 매개한다. 문화는 직접행동의 주요한 내용이자 형식 그 자체다.[09]

3) 봉기·혁명의 문화적 효과와 가속주의

운동·봉기·항쟁은 새로운 문화적 주체와 산물을 구성하며 문화의 변화를 야기하고 가속화한다. 운동·봉기·항쟁은 심지어 패배로 종결될 때조차 새로운 문화와 주체를 생산할 수 있으며, 그 현장에서 생산된 정동과 의식은 새로운 변화의 동력이 된다. 이를테면 5·18 광주민중항쟁은 10일 만에 종결되고 1980년 5월 27일 새벽 전남도청에서의 최후의 저항도 처절하게 패배했지만, 10일간의 싸움에서 탄생한 정신과 주체성은 지금까지도 영향을 끼치고 있다. 또한 그날의 광장에서 비롯된 문학·음악·미술·공연 등도 이후 각 영역에서 변화를 불러일으켰다. 윤정모, 임철우, 한강의 소설과 광주 관련 시문학은 한국 현대문학사 자체를 바꾸었고, 〈임을 위한 행진곡〉, 〈광주출정가〉와 5월 노래들은 민중가요 영역에, 영화 〈오 꿈의 나라〉부터 〈택시운전사〉에 이르는 여러 광주 관련 영화들은 영화사에 한 획을 그었다.

---

08 예컨대 정원옥, 「촛불 광장 토론: 박근혜 퇴진, 그 후 우리는?」, 『오마이뉴스』 2016. 12. 8. 광화문 현장의 토론회를 담은 이 글은 촛불항쟁의 담론을 다루고 있다. 여기서 정원옥(연구자), 김수억(비정규직 노동자) 들은 비폭력 방침의 경직성을 비판했다.

09 집회·시위가 일단 재밌고 즐거워야 한다, 즉 문화적이어야 한다는 것을 대원칙 자체로 삼는 운동가들도 있다. 스르자 포포비치·매슈밀러, 앞의 책; 마쓰모토 하지메 지음, 김경원 옮김, 『가난뱅이의 역습—무일푼 하류인생의 통쾌한 반란』, 이루, 2009 등 참조.

혁명의 문화는 개방적이고 자유주의적이며 동시에 당연히 평등주의적이다. 혁명은 일종의 문화적 '가속주의(accelerationism)'를 야기한다. 혁명은 평소보다 빠르고 큰 문화적 변화를 야기하고, 잠재돼 있던 것의 폭발적인 상승효과를 만든다. 모든 계층에 영향을 미치며 특히 아래로부터의 주체화를 야기한다. 소외돼온 여성, 노동자, 농민, 빈민, 그리고 청년이 권리를 각성하고 주체적 행동에 나서고 그것이 돌이킬 수 없는 문화적 변화를 일으키지 않는 것은 혁명이 아니다. 예컨대 한국에서 3·1운동 이후 '근대'와 사회주의는 광범위한 청년층에게 문화적 헤게모니를 획득하게 하는 효력을 발하고 '신문학'이 번져가게 했다. 『아리랑』의 김산은 3·1운동 경험에 대해 이렇게 썼다.

> 이것이 나로서는 처음으로 정치의식에 눈을 뜨게 된 계기였다. 대중운동의 힘이 내 존재를 뿌리로부터 뒤흔들어놓았다. 나는 하루종일 거리를 뛰어다녔고 아무 시위에나 가담하여 목이 터져라 외쳐댔다. 이날 밤에는 교지 편집을 도와주었다. 나는 교지에, 모든 사람의 입에 올랐으며 나 자신의 영혼에 불을 지른 저 장려한 대목을 열광적으로 쓰고 또 썼다.[10]

4·19혁명 또한 근대화를 촉진하고 '4·19세대'를 탄생시키며 남한 학생운동을 새롭게 정위했다. 또한 그 세대는 한국의 학문과 문학장을 모조리 바꿨다. 5·16쿠데타로 중단됐지만 한국전쟁 당시의 학살 피해 민중들이 진상규명과 해원을 위해 움직이게 했다. 6·10항쟁 전후의 투쟁은 이후의 민주화와 다양한 문화적 개방화·급진화를 야기하고 군사문화와 사회 곳곳의 권위

---

10 님 웨일즈·김산 지음, 송영인 옮김, 『아리랑』, 동녘, 2005(개정판), 90~91쪽.

주의를 후퇴하게 했다. 뿐만 아니라 노동자계급과 그 문화적·문학적 성장을 급격히 촉진했다. '운동'은 문학을 발전시킨다. 이때의 문학이란 제도화되고 좁게 '문예화'된 문학이 아니라, '아래로부터의', '전체로서의 문학'이다.[11]

2016/17 촛불항쟁의 총체적인 문화적 후속 효과는 무엇일까? 항쟁과 직접 연관됐던 블랙리스트 사건이 영화, 공연예술, 미술계 등에 큰 흔적을 남기고 문화체육부의 정책을 바꾸기도 했었다. 그렇지만 1987년 7~9월 노동자대투쟁처럼 촛불이 전면적 사회개혁의 요구와 접속하여 문화정치의 일대 변화를 야기할 수 있을까? 소외돼온 여성, 노동자, 농민, 빈민 그리고 청년이 촛불의 영향으로 조직됐는가?

4) 문학·음악·미술·공연 등 부문·장르별 투쟁과 변화

2016/17 촛불항쟁 당시 광화문광장에 텐트를 치고 농성한 '캠핑촌'의 예술가들은 결정적으로 중요한 역할을 했다. 이 문학가·미술가·사진가·연극인 들은 블랙리스트 사건을 계기로 100일 넘게 농성을 이어가며 광장신문위원회, 광장토론위원회와 함께 궁핍미술관·광장극장 등을 만들었다. 또한 여러 콘서트와 공연, 전시회 등을 만들어 시민과 함께했다. 그래서 광화문광장 농성촌은 촛불항쟁의 하나의 상징적 구심체가 되는 한편, 각 문화·예술 영역 문화예술인들이 결합하게 하는 '예술적 공유지(commons)'가 되었다. 이 공유적인 결합체는 촛불항쟁의 문화적 성격을 강화하고 문화적 생산성

---

11   관련된 논의로 권보드래·천정환, 『1960년을 묻다―박정희 시대의 문화정치와 지성』, 천년의 상상, 2013; 천정환, 「그 많던 '외치는 돌멩이'들은 어디로 갔을까―1980~90년대 노동자문학회와 노동자문학」, 『역사비평』 106, 2014. 2.

을 더 높였다.[12] 예술가들에 의해 생산된 시와 소설, 공연예술, 그리고 이미지들에 대해서는 별도의 논의가 필요할 것이다.[13]

　여기서는 광장과 투쟁 현장에서의 음악 공연과 노래만 잠시 짚고 넘어가려 한다. 항쟁 현장에서의 음향전은 시대의 문화와 정동을 집약해서 나타낼 뿐 아니라, 특히 '동원'의 미디어 환경과 그에 대응하는 개인들의 신체성의 상호작용을 여실히 보여준다. 즉 집회·시위를 통한 봉기·항쟁에서 "장치들을 잇는 연결망은 미디어 대(對) 미디어, 미디어 대 몸, 몸 대 몸, 장치들의 연결망 등으로 분기"[14]하며 '소리'는 청각에 한정된 현상만이 아닌 몸으로 체험하는 울림으로써 동원과 감각에 결정적인 영향을 준다.[15] 따라서 이는 위 ①에서 주로 말한 미디어, ②의 주체화 동원에 핵심적으로 연관된 문제이기도 하다. 구체적으로 이는 의도적으로 사용·창출되는 소음, 노래와 공연 등을 통해 표현된다. 2016/17 촛불항쟁의 음향전과 사운드스케이프에서 우선 주목할 것은, 중앙집중화된 광화문의 집회 무대와 그 음향, 그리고 자생적으로 만들어지거나 대중에 의해 불린 노래들이었다. 당초 제1차 촛불집회 주최 측은 5천 명 정도 규모의 음향 설비를 준비했었다고 한다. 아래 인용한 인터뷰는 광장의 음향전과 투쟁의 규모·성격의 연관성에 대한 좋은 사례가 될 것이다.

12　문화예술계 블랙리스트 진상조사 및 제도개선위원회, 『진상조사 및 제도개선 종합발표 자료집』, 2018. 5. 8과 이 책에 실린 「블랙리스트 사건의 문화사적 의미」를 참고하라.

13　김미도, 「블랙리스트, 네버엔딩 스토리」, 한국연극평론가협회 엮음, 『세월호 이후의 한국 연극―블랙리스트에서 블랙텐트까지』, 연극과인간, 2017; 주현식, 「촛불집회, 블랙텐트, 그리고 사회적 퍼포먼스」, 『한국연극학』 66, 2018 등이 있다.

14　임태훈, 「박정희체제의 사운드스케이프와 문학의 대응」, 성균관대학교 박사학위논문, 2014, 20쪽.

15　이에 관해서는 머레이 쉐퍼의 이론에 근거한 임태훈의 위의 논문을 참고하라. 광주항쟁에 대한 음향전 개념의 적용은 천유철, 「5·18광주민중항쟁 '현장'의 사운드스케이프(Soundscape)」, 『기억과 전망』 34, 2016. 6 등의 논의를 참조.

'박근혜 정권 퇴진 비상국민행동'(퇴진행동) 실무자인 곽이경 민주노총 대외협력국장은 "1차를 준비하면서 '2,000~3,000명만 와도 많다'고 생각해 최대 5,000명 정도가 들을 수 있도록 음향 설비를 갖췄다. 그런데 몇만 명이 모였다"고 회상했다. '폭발적인 운동이 되겠구나.' 그는 어렴풋이 직감했다. 일주일 뒤 '촛불'은 10배로 불었다.[16]

230만 명을 상회하는 인원이 참가한 제6차 '박근혜 대통령 퇴진 촉구 촛불집회'는 사상 최대 규모로 추정되었다. 이 집회에서 주최 측은 무대 및 음향 설비에만 1억 9천여 만 원이 들었다고 밝혔다.[17] 100만 이상의 군중이 운집한 광화문-세종로-청와대 인근의 사운드스케이프와 중앙무대의 스피커 음향은 촛불항쟁의 규모와 성격을 규정해준다. 이는 한때 경찰의 방송이나 경합하는 다른 음향들을 압도했다. 그 탓에 오히려 중앙무대의 압도성에 대한 내부적인 비판도 제기되었다. 대중의 자발성과 촛불집회의 다양성에 중앙무대의 집회와 소리가 길항하는 측면이 있었기 때문이다.

이 중앙무대는 특히 양희은, 전인권, 이승환 같은 인기 가수들과 그들의 노래를 앞장세우기도 했는데, 그것은 촛불집회의 대중성과 조응하는 선택이었다. 그러나 실제 "대한민국은 민주공화국이다. 모든 권력은 국민으로부터 나온다"는 가사의 〈민주공화국가〉나 〈아리랑 목동〉을 개사해 후렴구를 "하야 하야하야 하야하야"로 바꾼 〈하야가〉, 〈어둠은 빛을 이길 수 없다〉 등의 노래가 촛불집회 시국에서 자생적으로 나타나 널리 불린 '민중가요'에

---

16 「〈벚꽃엔딩〉 부르기 전에 끝내고 싶어! 촛불 100일 인터뷰」, 『한겨레』 2017. 2. 5; '퇴진행동'의 규모와 활동 방식에 대한 리포트는 「1,000만 촛불 '판'을 만드는 집회 전문가들」, 『경향신문』 2016. 12. 31 등 참조.

17 「'초거대 집회'… '주최 측'은 누구고 비용은 어디서?」, 〈TV조선〉 2016. 12. 4(http://news.chosun.com/site/data/html_dir/2016/12/04/2016120401388.html).

가까운 노래였다.[18] 또한 '촛불'의 성격을 다른 측면에서 규정하게 한 페미니스트(페미존)와 성소수자들은 소녀시대의 〈다시 만난 세계〉를 주제가로 삼았다. 잘 알려져 있듯이, 이는 촛불항쟁 전체의 기폭제가 된 이화여대 학생들의 교내 농성 투쟁의 '주제가'이기도 했다. 그 외 인디 음악가들의 〈하야하락〉 공연이나 힙합퍼 및 국악인들도 새로운 광장 사운드스케이프의 구성에 동참했다.

한편 연극과 공연예술, 미술과 이미지, 그리고 각종 시국선언에 나타난 언어적 저항과 패러디·풍자 양식들도 각각 중요성을 갖는다.[19] 이 모두에 대해 다 이야기하려면 책 한 권도 모자랄 것이다. 그래서 아래에서는 촛불의 확산 과정과 '현장'의 미디어와 의례, 주체성·정동·이념, 항쟁의 방법과 양상, 후과와 유산 등 가운데 주체성과 '비폭력·평화' 문제에 대해서 주로 다룰 것이다. 두 문제는 촛불항쟁의 기본 성격과 그것을 둘러싼 문화정치를 파악하게 해준다.[20]

---

18 4·19나 5·18 때는 대중이 스스로 만든 노래가 없었기에 〈애국가〉는 물론 〈전우가〉 따위의 군가도 불렀다.

19 「"왕이 두 명?"… 예능 파고든 '박근혜·최순실게이트'」, 〈CBS노컷뉴스〉 2016. 11. 18; 「100만 촛불: 〈하야가〉 부르고 '하품체조' 하고… 뜨거웠던 광장의 '축제'」, 『경향신문』 2016. 11. 13 등 참조.

20 이 글에서는 촛불항쟁 시기에 병존한 두 개의 '다른 광장'에 대해서 다루지 못했다. 첫째는 SNS 등 사이버 공간의 광장들이다. 네티즌들은 정국의 변화에 언제나처럼 일정한 역할을 했다. 여론을 형성하는 일반적 기능뿐 아니라, 네티즌 '자로'와 디씨인사이드 '주갤러'를 위시한 '네티즌 수사대'들처럼 국회 국정조사 청문회와 기성 언론의 '진실규명'을 보족하며 다른 차원의 직접행동을 감행했다. 둘째, 친박 단체들의 소위 '태극기집회'가 '촛불'과 경쟁한다는 의미로 열렸고 다른 광장의 문화를 만들어냈다. 이는 노인층과 보수층의 다른 의미의 '반문화'를 창출했다. 이러한 문화 현상과 동원의 미디어에 대해서도 따로 논의할 필요가 있다.

2. 2016/17 촛불집회의 다중적 주체와 문화적 표현

1) 대결로서의 촛불: 2008에서 2016으로

대중은 지배권력과 상호작용하고 쟁투하면서 광장의 민주주의를 전개한다. 2016년 11~12월 사이 하루하루 빠르게 변해간 정국에서, 촛불 군중 규모의 기하급수적 확대는 그 자체로 투쟁의 의미를 지니고 있었다. 정권 측의 이런저런 반격에 맞서고, 여론의 눈치를 보며 자신의 이해관계에 따라 탄핵이냐 하야냐를 저울질하며 동요하는 민주당을 제어하고, 대중이 원하는 방향으로 사태를 전개시키기 위해서는 단호함과 '세'가 반드시 필요했다. 그리고 국회에서 대통령 탄핵소추가 결정된 이후에도, 시민의 직접행동과 결집은 탄핵의 완전 성사와 정국 전체의 향방을 결정짓는 힘이어야 했다. 나중에 알려진 것처럼 기무사와 정권의 일부는 쿠데타(계엄령 발포)와 간첩 조작까지 구상할 정도로 반격을 모의했다.[21] 촛불의 주체는, 광화문에의 대규모 결집과 농성, 일상에서의 신속하고도 끈질긴 여론 주도로 이런 흐름을 분쇄하고 박근혜 정권을—헌법재판소의 손을 빌어—타도한 셈이었다. 이런 점이 일련의 집회와 시위를 통틀어 '항쟁'으로 규정지을 수 있게 한다.

대중은 '현장'에서의 상호주체화,[22] 또는 자력화(empowerment)를 통해 '혁명적 군중'이 될 수 있다. 물론 촛불항쟁의 주체들도 장삼이사와 '잡색 민중'이다. 그러나 그들은 농민적 민중이거나 산업화 시대의 '대중'이 아닌, 고도자본주의 '포스트모던' 시대의 다중이다.

2016/17 촛불항쟁의 문화정치의 상당 부분은 2008년 촛불시위의 연장선

---

21 「이슈레터: 그해 '촛불 계엄령 문건' 누가, 왜 만들었을까」, 『한국일보』 2019. 10. 26. 등을 참조.
22 홍성민, 앞의 글 등에서는 이를 '상호 의례 효과'라 칭한다.

<표 1-1> 2016/17 촛불집회의 회차별 특징(15회차까지)

회차	날짜	주제 (본집회 제목)	행진 경로	주최측 추산 연 참가인원 (서울, 지방)	특징·비고
1	2016 10-29	'모이자, 분노하자, 내려와라 박근혜'	청계광장→광교→종각→종로2가→인사동→북인사마당	서울 2만	
2	11-05	모이자! 분노하자! #내려와라 박근혜 2차 범국민행동(부제: 분노 문화제)	·1코스 : 종로 2가→을지로 2가→명동·남대문→광화문 ·2코스 : 을지로2가→퇴계로→서울역→남대문→광화문	서울 20만	·고 백남기 선생 영결식
3	11-12	'백남기·한상균과 함께 민중의 대반격을! 박근혜 정권 퇴진! 2016 민중총궐기'	종로와 광화문 등 도심에서 청와대 인근의 경복궁역 사거리까지	서울 100만	·폭발적 참가인원 증가 ·민중총궐기, 연행 23명 ·내자동로터리까지 행진 허용 ·박사모 탄핵반대집회 시작
4	11-19	'광화문에서 전국으로! 박근혜는 즉각 퇴진하라'	광화문광장에서 2개 방향으로 나뉘어 청와대 인근 율곡로와 사직로 일대까지 행진	96만 명 (서울 60만, 지방 36만)	·4차 이후 연행자 0명. ·율곡로·사직로는 행진 허용, 청와대 앞은 불허. ·축제 분위기 속 평화집회 ·수능 끝난 고등학생 대거 참여
5	11-26	'박근혜 즉각 퇴진 5차 범국민행동'	정부청사, 삼청로, 신교동 로터리 등 청와대 인근 3개 경로로 청와대를 동·남·서쪽으로 에워싸는 '인간띠 잇기'가 처음으로 실현	190만 명 (서울 150만, 지방 40만)	·'1분 소등' 행사와 촛불 파도타기
6	12-03	'박근혜 대통령 퇴진 촉구'	광화문광장에서 청운동길, 효자동길, 삼청동길 등 3 방향으로 행진	232만 명 (서울 170만, 지방 62만)	·청와대 100m 처음 진출 허용 ·탄핵 직전 최대 인원 결집
7	12-10	'박근혜 정권 끝장내는 날'	청와대를 동·남·서쪽으로 100m까지 에워싸는 방식	104만 명 (서울 80만, 지방 24만)	·국회, 탄핵소추안 가결(12. 9)
8	12-17	'박근혜 즉각 퇴진 공범 처벌·적폐 청산의 날'	자하문로·효자로→삼청로→청와대 100m 인근	77만 명 (서울 65만, 지방 12만)	·청와대 외에 재동 헌법재판소와 삼청동 총리공관 100m 앞까지 행진 허용 ·헌재 앞 행진 시작
9	12-24	'끝까지 간다! 9차 범국민행동—박근혜 정권 즉각 퇴진·조기 탄핵·적폐 청산 행동의 날'	신교동교차로, 우리은행 삼청동 영업점, 팔판동 126맨션, 삼청로 세움아트스페이스 앞, 안국역 '룩센트 인코포레이티드' 앞 등 청와대·국무총리공관·헌재 인근까지 5개 경로로 행진	70만 2천 명 (서울 60만, 지방 10.2만)	·9차까지 892만 7,150명(서울 708만, 지방 184만 7,150) ·문화행사와 퍼포먼스 등 축제 분위기로 진행

10	12-31	송박영신(送朴迎新)	청운동주민센터→삼청동 총리공관→헌법재판소→ 종로·명동	110만 4천 명 (서울 100만, 지방 10.4만)	· 폭죽놀이, 타종행사 · 부산 일본영사관 앞 평화의 소녀상 제막
11	2017 01-07	'박근혜는 내려오고 세월호는 올라오라'	청와대·안국역 4번출구까 지	64만 3천 명 (서울 60만, 지방 4.3만)	· 세월호 1,000일에 초점 · 혹한 탓 100만 이하로 인원 감소
12	01-14	즉각 퇴진, 조기 탄 핵, 공작정치 주범 및 재벌총수 구속 12 차 범국민행동의 날	광화문→청와대·국무총리 공관·헌법재판소 등을 돌 며 행진	14만 6,700명 (서울 13만, 지방 16,700)	· 故 박종철 열사 30주기 추 모제, 분신한 정원스님 영 결식 · 경찰, 집회인원 추산 비공 개 결정 · 혹한 등으로 인원 감소
13	01-21	'내려와 박근혜 바꾸 자 헬조선 설맞이 촛 불'	청와대와 헌법재판소로 행진. 종각 삼성타워, 종로1가 SK 본사, 소공동 롯데백화 점 본사 등 대기업 건물 방 면으로도 행진	35만 명 (서울 32만, 지방 3만)	· 재벌총수 구속 촉구와 함께 '블랙리스트' 규탄 · 혹한으로 행진 시간 축소
14	02-04	박근혜 2월 탄핵, 황 교안 사퇴, 공범 세력 구속, 촛불개혁 실현 14차 범국민행동의 날	청와대와 총리 공관, 헌법 재판소 세방향으로 행진	42만 5,500명 (서울 40만, 지방 25,500)	· 설연휴로 한 주 휴식 · 다시 뜨겁게 타오른 촛불집 회 · 보수단체도 맞불집회
15	02-11	'새로운 세상, 길을 걷자 박근혜-재벌총 수를 감옥으로 대행 진'	강남(서초동 삼성본관)- 여의도(국회)-헌재-청와 대	75만 명 (서울 70만, 지방 56,000)	· 1박2일 행진, 대보름 맞이 대동놀이, 물러나쇼(사전집 회) 등

상에 있으면서 또 수정·보완된 것이다. 조대엽 등의 사회학자는 2008년 이후 한국 사회운동의 운동 주기와 주체성이 변했다면서 '유연자발집단' 같은 개념을 써왔다.[23] 또 촛불의 집합적 주체성을 '자유로운 개인들의 네트워크'라 규정한 다음의 진단도 경청할 만하다.

---

23 조대엽, 「사회운동과 동원의 구조─사회운동조직과 '유연자발집단'」, 김동노 외, 『한국사회의 사회운동』, 다산출판사, 2013; 정나리, 「온라인 유연자발집단의 사회운동 참여 과정에 관한 연구─2008년 미국산 소고기 수입 반대 촛불집회를 중심으로」, 고려대학교 석사학위논문, 2010.

전위와 대중, 지식인과 민중, 활동가와 시민의 이분법도 없다. 주최 측이 있다면 광장의 정치를 준비하는 일꾼들이지, 그들이 자유로운 개인들의 대표는 아니다. 그들을 대표라고 생각하는 사람들은 대표가 있어야 광장이 탄생할 수 있다고 생각하는, 광장에 참여하지 못하거나 또는 광장에서 사적 이익의 실현을 고민하는 낡은 보수·진보 세력뿐이다.[24]

실제로 촛불집회·시위 전체를 기획한 '박근혜 퇴진행동'의 염형철 상임운영위원도 "시민들이 우리의 주장에 동의해서 나오는 게 아"니며 "자신의 의견을 가지고 나오"는 시민들의 목소리가 "정확히 반영되도록 하는 게 ('퇴진행동'의—인용자) 활동목표"라는 점에 "모두 동의"한다고 했다.[25] 즉 '퇴진행동'이나 그것을 실질적으로 추동하는 민주노총·참여연대 등 '민중' 및 '시민' '조직'은 결코 다중보다 우위에 있지 않다는 것이다. 이런 점을 어떻게 봐야 할까?

전위/대중, 지식인/민중, 활동가/시민의 이분법은 1990년대 이후 이미 기각됐다.[26] 광주의 학살로부터 시작된 80년대를 경험한 세대에게 '거리의 민주주의'는 '죽음의 정치'(열사 정치)와 레닌주의적 혁명론을 통해 이해될 수밖에 없었다. 그런 근대적 봉기는 전위조직(당)과 이른바 '선진대중조직', 그리고 노동자·농민 등 민중의 전민항쟁+총파업 같은 요인들에 의해 구성된다

---

24 구갑우, 앞의 글. 이 글은 "자유로운 개인들의 네트워크인 '반(反)국가적 국가', '시민국가' 만들기라는 미답의 길을 우리는 걷고 있다"고 덧붙였으나 희망에 그쳤다.

25 「'퇴진행동' 염형철 상임운영위원 "새 세상에 대한 기획, 광장서 나오리란 기대 든다"」, 『한겨레』 2016. 12. 6. 한편 이 인터뷰에서는 중요한 이분법 하나가 강조되고 있다. "시민(운동) 진영"과 "민중(운동) 진영"이 연합한 것이 '퇴진행동'이며 "민중 그룹의 실무 능력, 헌신성과 시민단체의 기획력과 대중적 확장력이 결합해 나름의 균형을 잡고 있다" 등.

26 그래서 2008년 촛불에서는 의회주의, 비폭력, 예비군 질서유지대(?), 운동권 깃발 등을 비롯한 다기한 논쟁이 야기되었다.

고 이해되었다. 그러나 한국에서 '죽음의 정치'나 근대적 봉기의 상상력과 결별하는 것은 쉽지 않았다. 80년대식 사고는 90년대가 끝날 때쯤에야 온전히 '낡은 것'이 되었다. 예컨대 1996년 여름의 연세대 사태와 겨울의 노동자 총파업, 즉 학생과 노동자계급의 저항은 80년대 방식을 이어받은 것이었다. 큰 충격을 받으며 특히 2002년과 2008년 촛불을 경험했을 때에야, 이전 세대는 오랜 혁명의 상상과 동원의 아이디어로부터 놓여났다.

디지털 미디어테크놀로지와 새로운 윤리가 항쟁의 심포니를 합주한다는 점을 2008년의 촛불은 선명하게 보여주었다. 2008년의 촛불에서 우리는 '새로운 혁명'의 가능성과 불가능성을 동시에 보았다. 그 가능성은 대중지성의 새로운 자발성이 폭발하여 거리를 가득 메우고, 수십 일을 쉬지 않고 행진하며, 대의제를 넘고 이명박 정권의 공권력에 대항하며 '정의'를 요구했다는 것이다. 2008년 촛불의 시민들은 글로벌 자본주의의 생정치와 신자유주의 정권의 교육·의료·환경 문제에 대해 이전에 없던 요구를 제시했다. 연대와 집단저항의 풍경이 전국의 거리를 일순 장악하여, 무참한 '냉소'와 무한경쟁의 시대를 바꿀 것처럼도 보였다.

그 새로움은 이미 여러 곳에서 논의된 바와 같이, 우선 '(내가) 춤추는 혁명'[27]에 대한 지향이었다. 이명박 정권의 공권력이 진압 과정에서 간교하고도 광포한 폭력을 휘둘렀음에도, 촛불의 과정은 기본적으로 '축제로서의 투쟁'이었다. 대부분의 날들에 대부분의 장소에서, 사람들은 즐거워하며 행진하고 노래 부르고 웃었다. 그들은 80년대의 '비장'과 다른 정서로써 싸움을 이어 나갔다.

---

27 최세진, 『내가 춤출 수 없다면 혁명이 아니다—감춰진 것들과 좌파의 상상력』, 메이데이, 2006에서 따온 말이다.

또 물론 그 새로움의 핵심은 항쟁의 조직 방법과 주체의 다름이기도 했다. 새로운 주체는 '촛불소녀'로 상징되는 새로운 세대의 소속원이자 지향성의 소유자들이었다. 또한 촛불은 2000년대 이후 활성화된 새로운 매체─인터넷과 수없이 많은 온라인 커뮤니티─와 거기에 근거한 조직 방법으로부터 왔다.[28] 2008년의 촛불에서는 '취향'의 공동체들과 수없이 많은 카메라가 등장하여, 지배의 폭력과 언어에 저항했다.[29] 요컨대 2008년의 촛불은 혁명에 관한 상상력을 전면 개정(改定)할 잠재력을 갖고 있었다. 혁명은 '전위조직+노동계급+통일전선'이 아니라, 다른 어떤 주체성에 의해 준비되어야 할 것이라는 점이 더 분명해졌다.

그런데 50만 명이 결집한 2008년 6월 10일 밤, '명박산성'을 넘으려던 시민들의 발을 붙잡은 것은 지도부의 부재가 아니라 '혁명'이 야기하는 본원적 공포 또는 '대중들의 (대중에 대한) 공포'[30]와 온몸을 결박한 듯한 '준법의식'이었다. 그날 밤 대중은 공권력과 대치하며 계속 토론했지만 끝내 장벽을 넘지는 못했다. 2008년의 촛불은 위대했지만 그것이 타오른 정도는 그 정도였다.[31]

---

28 2008년 촛불집회 참가자에 관한 연구는 특히 10대와 대학생 같은 신참여자에 집중된 경향이 있다. 이들은 '촛불 세대'라는 정체성의식을 공유하는 진보적 집단으로 파악된다. 물론 이 연구들 중에는 촛불 참여자들이 기존 한국 정치의 지역, 세대, 이념 균열의 축에서 한쪽을 대표하는 집단과 가깝다는 연구도 있다. 이해진, 「촛불집회 10대 참여자들의 참여 경험과 주체 형성」, 『경제와사회』 80, 2008. 12; 강진숙 외, 「2008 촛불집회 참여 경험에 대한 현상학적 연구─대학생 참여자 및 1인 미디어 이용자를 중심으로」, 『한국방송학보』 23(4), 2009. 7; 김철규 외, 「촛불집회 10대 참여자의 정체성과 사회의식의 변화─추적조사 결과를 중심으로」, 『경제와사회』 85, 2010. 3, 265~290쪽; 이용수·이갑윤, 「촛불집회 참여자의 인구·사회학적 특성 및 정치적 정향과 태도」, 『한국정당학회보』 9(1), 2010. 2 등을 참조.

29 『문화/과학』, 『녹색평론』 등의 관련 특집 및 천정환, 『대중지성의 시대』, 푸른역사, 2008; 조정환, 『미네르바의 촛불』, 갈무리, 2009 등을 참조.

30 발리바르의 동명 책 제목을 딴 용어이다. 에티엔 발리바르 지음, 최원·서관모 옮김, 『대중들의 공포─맑스 전과 후의 정치와 철학』, b, 2007.

31 계급적·합법주의적 한계 등 2008년 촛불시위의 부정적 측면을 모아 논한 책으로는 당대비평

이렇게 새로운 사회운동의 의식과 거리의 정치는 합법주의, 그리고 '문화화'를 안고 등장했다. 이제 아무도 옛 혁명론대로 혁명이 일어날 거라고 믿지 않는다. 하지만 새로운 방식의 혁명이 무엇인지 구체적으로 아는 사람도 많지 않다.

어느 경우든 중요한 것은 두 가지다. 과거로부터 배워 새로운 직접행동과 광장정치의 양식을 끊임없이 개발해야 한다. 그러나 새로운 참여자들은 과거에 대한 기억 없이 참여한다. 그렇다면 2016년의 새로운 참여자들과 '자유로운 개인들'은 누구였는가? 어떤 계층에서 참가했으며 어떤 문화적 정체성을 가진 이들이었는가?

4·19혁명, 5·18 광주항쟁, 6·10항쟁 등 대규모의 전민적 항쟁은 다음과 같은 참여의 계층적 특징이 있었다. ① 세대와 지역 그리고 계층을 초월한 '전민적' 시민·노동자가 참여 주체다. ② 대규모 집회·시위의 마중물이 되어 시위와 직접행동을 선도하고 또 사태의 문화적·정치적 상징을 차지하는 (중간)계급이나 탈계층적인 존재가 있다. 4·19혁명 때의 대학생, 6·10항쟁 때의 대학생과 넥타이부대가 그들이다. 특히 한국 현대사에서는 주로 학생·청년이 그런 역할을 담당해왔다. ③ 그러나 실제로 항쟁의 진행 과정에서 결국 기층 민중이 가장 비타협적으로 끝까지 싸운다. 그리고 그 계층에서 가장 많은 희생자들이 나온다. 과거의 역사에서 이들은 주로 남성이며 청년이었다. 4·19혁명 때도 고등학생과 도시빈민, 청년이, 5·18 광주항쟁에서도 대학생보다는 고등학생과 일반인이 더 비타협적으로 싸우고 희생당했다. 80년대 내내, 그리고 6·10 민주항쟁 때도 대학생 운동이 마중물이 되었지만, 6·10항쟁은 물론이고 7~9월의 민주노조 건설 투쟁을 통해 노동자들이 6월항쟁의

기획위원회, 『그대는 왜 촛불을 끄셨나요』, 산책자, 2009가 대표적이다.

의미를 수정하고 보완했다.

그런데 2016/17 촛불은 다소 달랐다. 촛불 참여자들의 계층·젠더·세대 분포를 세밀하게 실증 조사한 연구는 그리 많지 않지만, 광범위한 도시 중간계층과 수도권 거주자가 참여자이며, 특히 여성의 비율이 더 많았거나 남녀의 차이가 없다는 보고는 공통된다.[32] 『탄핵 광장의 안과 밖』은 이 문제를 따진 대표적인 연구서인데, 여러 차례의 설문조사와 현장면접을 통해 집회 참가자들을 실증적으로 분석했다. 이는 촛불의 계층과 세대, 젠더에 대해 중요한 몇 가지 사실을 일러준다.

첫째, 20대에서 50대까지 세대별 참여 비중은 거의 차이가 없었다. 20대는 30.5%, 30대는 29.3%, 40대는 29.7%, 50대는 23.4%가 참여했다. 이 중 50~54세까지 50대 전반의 참가율은 27.6%였다. 둘째, 참가자들의 학력은 대학 재학 이상이 28.9%, 고졸이 15.8%, 중졸 이하가 9.0%였다. 책의 저자들은 학력 변수가 크지 않았다고 해석했다. 셋째, 참가자들의 계층적 분포도 비슷했다. 조사의 한계 때문에 주관적 계층의식을 조사하는 방식으로 우회했는데, 대상자 중 자신이 상층이라고 대답한 사람은 24.0%, 중간층이라고 대답한 사람은 25.7%, 하층이라고 생각한다는 사람은 22.5%였다. 즉 촛불시민의 주관적 '계층의식'은 상·중·하층에 고루 분포되어 있었던 것이다. 그런데 참가자들의 직업을 보면 사무·관리·전문직 종사자가 33.1%로 생산·노무·기능직 종사자 28.3%, 판매·서비스 26.1%에 비해 높았다.[33]

---

32 이재철, 「2016년~2017년 촛불집회의 정치적 항의—수도권 유권자 분석」, 동국대학교 사회과학연구원, 『사회과학연구』 24(4), 2017. 12; 노형일·양은경, 「비폭력 저항 주체의 형성—박근혜 대통령 탄핵 촛불집회에 대한 통치 분석」, 『한국방송학보』 31(3), 2017. 5 등을 참고. 그 외 장윤선, 『우리가 촛불이다—광장에서 함께한 1,700만의 목소리』, 창비, 2018은 촛불집회를 취재한 것으로, 인터뷰 등을 통해 계층·계급, 젠더, 세대와 지역을 초월한 촛불 참가자들의 면모를 보여주었다.

33 이지호·이현우·서복경, 『탄핵 광장의 안과 밖』, 책담, 2017, 96~98쪽.

중상층 이상의 적극적인 참여는 경험적으로도 많이 확인되었다. 예컨대 고학력·고소득 계층이 가족 단위로 서울 중심가의 고급 호텔에 하룻밤 묵으면서 촛불집회에 참여했다는 식의 이야기 말이다.[34] 이런 촛불의 계층적 성격은 전체 촛불항쟁을 이해하는 데 상당히 중요하다. 정권의 임기를 중단시키고 대통령과 최고위 권력자들을 감옥에 가둔 집회, 체제 변혁적 요구가 담긴 집회·시위에—주관적이나마—'상층'과 '하층'이 거의 동등한 비율로 참여하는 상황이 흔할까? 이는 소위 '강남 좌파'를 위시한 민주당 지지 성향의 중상층(upper middle class)과 자유주의 부르주아들이 '촛불 이후'를 주도하거나 전유하게 된 배경을 가르쳐준다.

2) 동호인과 '혼참러'들

항쟁의 객관적 상관물인 '촛불'은 개인성, 성찰성, 비폭력성을 자체로 내장하고 있다.[35] 촛불은 내성성과 수동성도 내포한다. 그렇다면 '퇴진행동'이 기본적으로 촛불을 들고 걷는 방식의 집회·시위를 기획했다는 사실 자체가 집회·시위의 급진적·폭력적 전화 가능성을 줄인 것일까? 촛불 든 손은 다른 일을 하기 어렵지만, 촛불은 횃불과 달리 혼자 준비할 수 있으며 어린이나 장애인 등 '누구나' 들 수 있다. 즉 촛불은 가장 넓은 참여성과 내성적인 행동성을 모순적으로 결합한다. 어쩌면 촛불을 든다는 것은 오늘날의 광장의 정치 또는 집합적 직접행동으로서의 참여 방법의 어떤 임계치 같은 것이다. 결국 촛불의 비폭력성은 가족 단위 참가자나 여성, 청소년, 어린이 등의 광범위한 참여를 위한 필수적 조건이었다 볼 수 있다.

---

34 「촛불집회 진풍경: "호텔방서 편안히 보자"… 광화문 일대 호텔 '촛불집회 특수'」, 〈뉴시스〉 2016. 11. 25.
35 구모룡, 「촛불에 대한 잡감」, 『부산일보』, 2016. 11. 23.

2008년 촛불 당시 나타난 가장 새로운 주체들은 주로 사이버 공간에 진치고 있던 동호인들(=팬, 마니아, 덕후, 동호회 회원 등)로 보였다. 동방신기 팬덤인 '카시오페이아'를 비롯한 '촛불소녀'들, 주부들이 주축이 된 요리 관련 사이트(82COOK 등), 20~30대 여성이 주축이 된 패션 동호회(소울드레서), 디지털카메라동호회(디씨인사이드 및 SLR동호회), 미국 메이저리그 동호회 등등. 그들은 반정부 시위를 통해 오프라인에서 공공연히 모습을 드러내고, 『조선일보』 같은 거대 이데올로기 기구와 직접 '맞짱'을 뜨기도 했다. 이 중에는 디씨인사이드의 '정치갤(러리)'처럼 이전부터 정치적인 색채를 지닌 온라인 동호회도 있었지만, 대부분은 정치와 무관한 활동을 하다 급격하게 '정치화'되었다.[36]

동호인들의 거리 진출은 취향과 문화적 소비가 정치화될 수 있고 정치와 문화의 경계가 불분명하다는 것을 재확인해준 사건이었다. 아이돌, 요리, 패션, 메이저리그 야구 따위가 정치와 무슨 관계인지, 기존의 인식으로는 파악하기 어려웠다. 취향이 계급·젠더·세대를 초월할 수 있는가? 아니면 어떤 취향 속에 이미 녹아든 계급·젠더·세대가 작동한 것인가? 어떤 경우든 취향 자체가 정치적인 의미를 띠며, '개인적인 것(일상적인 것)이 정치적인 것이다'라는 명제를 보여준 것이다. 취향은 단지 생계나 '전문'과 무관한 과외 활동의 동인이 아니라 문화적인 정체성 자체를 구성하는 요인이며, 문화적 정체성이 정치를 운반하는 것이다. 오늘날 취향의 동호회는 아마 2008년보다 더 늘었을 것이다. 그리고 모든 동호인들은 강력한 각각의 표현 매체와 소통의 도구를 갖고 있다. 얼마나 많은 취향의 표현체와 네트워크(SNS, 팬사이

---

36 「좌담: 길이 끝난 곳에서 길은 시작되고」, 『녹색평론』 2008년 7·8월호.

트, 잡지, 블로그, 동호회 사이트 등등)들이 있을지 짐작조차 하기 어렵다.[37]

3) 깃발의 정치성과 비정치성

과연 촛불은 '혼참러'인 개인들이었나? 조직과 네트워크는 어떤 기능을 했나? 서로 상반된 답을 내린 연구가 있다. 『탄핵 광장의 안과 밖』은 2016년 12월의 현장조사를 통해 참가자의 50%가 친구나 직장 동료와 함께 참가했고, 32%는 가족과 함께 촛불집회에 왔다는 사실을 보여준다. 정당·노조·인터넷 동호회 등을 통한 '조직적 참여'는 3%에 불과했다고 한다.[38] 이는 연인원 1,700만 명에 육박하며 근 4개월간 지속된 촛불집회 전체에 대한 조사도 아니었고, 정확하다 말할 수도 없지만, 특히 초기 촛불집회의 한 경향성은 분명히 보여준다. 한편 촛불의 '조직'과 네트워크는 노조, 학생회, 정당 등 정치적 결사체와 비정치적 결사체(종친회, 동창회, 향우회, 동호회, 친목모임 등)에 모두 걸친다. 어디서 촛불집회 참가에 관한 영향을 받았는가? 정치적 결사체들은 촛불집회 참여에 직접적인 영향을 미쳤고, 비정치적 결사체들도 영향을 미쳤다고 한다.[39]

중요한 것은 그럼에도 촛불의 주 구성분은 개인, 동호인, 마니아, 덕후, 팬들이며 이들이 기존의 학생회나 노조 또는 시민사회단체와 정당 들이 조직하지 못하는 네트워크와 대중의 영역이 광대하다는 것을 보여준다는 사실이다. 특히 2016/17 촛불항쟁에서 그것은 깃발을 통해 표현되었다.[40]

---

37 천정환, 『대중지성의 시대』, 푸른역사, 2008.

38 이지호·이현우·서복경 외, 앞의 책, 105~106쪽. 그러나 이 조사는 11월 26일 집회에 참가한 사람들만을 대상으로 한 조사여서 한계가 있다.

39 도묘연, 「결사체 활동, 시민성, 그리고 촛불집회 참여의 경로 구조」, 『현대정치연구』 10(2), 2017. 8, 5~41쪽.

40 관련하여 이기훈, 「집회와 깃발—저항 주체 형성의 문화사를 위하여」, 『학림』 39, 2017. 2는 보

2008년 촛불집회 때는 깃발 자체가 문제되곤 했다. 당시 '비정치적'이고자 했던 시민들은 집회에서 노동자·농민·시민단체 등 '운동권'에게 깃발을 내리라고 요구했고, 행진에서 깃발을 따라가지 말자는 말들도 많이 했다. 논란도 적지 않았다. 그러나 2016/17년에 촛불항쟁의 양상은 많이 달라졌다. 시민들은 다양한 깃발을 만들어 자신의 정체성과 소속을 적극적으로 표현했다. 또한 더 나아가 깃발로써 풍자적이고 비판적인 메시지를 전달하고자했다. 이 풍자는 실로 다방향적이었다. 깃발에 새겨진 조직명은 기성의 조직명을 풍자하거나 패러디했고, 자기풍자도 눈에 띄었다. 마치 유머 그 자체가 목적인 듯한 패러디와 취향 공동체들의 깃발은 촛불집회가 5차, 6차로 진행되면서 더 빠르게 늘어났다.[41] 깃발로 표현된 이 새로운 주체성-'조직'들은 대체로 두 가지 종류로 보인다.

첫째, 대체로 실재하지 않는 가상의 것이거나 촛불항쟁 참가를 위해 급조됐다고 말할 수 있는 개인들의 자생적인 모임과 그 깃발의 이름들이다. 장수풍뎅이연구회, 고산병연구회, 전국 한시적 무성욕자연합, 민주묘총, 범야옹연대, 범깡총연대, 얼룩말연구회, 거시기산악회(하산해 박근혜), 전국양배추취식연합회, 트잉여운동연합, 안남대학교 리볼버과, 나만고양이없어, 햄네스티 인터내셔널, 일 못하는 사람 유니온, 탄누투바 광산회사, 커리 애호가 모임, 꿀벌 7만, 미국너구리연합-한국지부, 전국아재연합, 망굴모, 힝입니다ㅠ, 민트당 등등. 이런 깃발을 든 개인/조직들은 "박근혜·최순실 게이트에 국민 대다수가 분노하며 그간 현실정치에 무관심했거나 뚜렷한 정치적 지

기 드문 역사학적 통찰로써 한국 근현대 민중운동에서 깃발의 의미와 계보에 대해 논하고 있다.

41 「광화문에 나타난 '망굴모'·'JANY' 깃발, 무슨 뜻? 3일 광화문 촛불집회 현장 달군 각양각색 깃발」, 『오마이뉴스』 2016. 12. 3(http://www.ohmynews.com/NWS_Web/View/at_pg.aspx?CNTN_CD=A0002267148).

전국고양이노동조합

화분안죽이기실천시민연합
Citizen's Coalition for
Plant pot Salvation

민주묘총
전국민주묘동조합총연맹
Korean Confederation of Cat Unions

전견련

범깡총연대
Rabbits are the best!

버 디 액 트
BIRDY ACT

AQUARIUM SANS FRONTIERES
국 경 없 는 어 항 회

광장의 새로운 깃발들 2016/17 촛불시위와 관련하여 온라인과 오프라인에서 등장한 각종 단체 깃발 로고들 가운데 일부다. 기성의 조직명을 풍자하거나 패러디하고 취향을 적극적으로 드러내고 있다.

향이 없었던 가족·연인·학생을 비롯해 '혼참러(혼자 시위에 참여한 사람)' 등 일반시민들이 촛불집회에 나오고 있음을 반영한다"[42]고 볼 수 있다.

'장수풍뎅이 연구회'는 이런 깃발 놀이를 촉발한 단체(?)의 하나였는데 "실제로 이들은 장수풍뎅이를 연구하거나 키우지는 않"으며 "오히려 벌레를 만지지도 못한다"고 한다. 그러나 "누구나 집회에 참여할 수 있다는 메시지를 전하고 싶어 깃발을 만들어 나왔다"[43]고 했다. '전국설명충연합'의 깃발을 만들어 나온 김태형 씨는 "시위 웃으면서 해야 한다 생각해서요 어그로도 조금 끌고 개그도 있고! 오랜 투쟁을 하게 될 텐데, 이 긴 기간의 스트레스는 어디로 튈지 모르는 날 선 분노를 만들거나 무력감이 되어 돌아올까 걱정이라 재밌는 거 만들어 나오고 싶었습니다! 전설연은 개인의 성격적 정체성을 드러내는 깃발일 뿐이에요"라고 설명했다.[44] '장수풍뎅이연구회'나 '전설연' 같은 깃발들은 집회 참가의 의미를 분명히 의식한 결과물이었으며, 이런 깃발-조직-개인은 2016년 촛불의 확산과 밀접한 관계를 갖고 있었다.

동시에 깃발은 '일반' 시민과 사회세계의 자연인들이 정치성·조직성을 획득하기 위한 우회로이기도 했다. 이는 양가적이다. 달리 말해 촛불의 주체는 매우 다양한, 조직되지 않은 "자유로운 개인들의 네트워크"[45]로 간주될 수 있지만, 그 이면에는 학생회도 노조도 현저하게 낮은 '가입률'을 보이

42 「민주묘총·범깡총연대·트잉여연합… 촛불, 유쾌한 진화」, 『뉴스1』 2016. 11. 20.

43 「연말특집 2016 스경 드림 어워드 ① '촛불집회 꿀잼깃발' 소개해 드림」, 『스포츠경향』 2016. 12. 13.

44 필자의 페이스북 포스팅에 김태형 씨가 직접 단 댓글.

45 정치학자 구갑우의 글에서 가져온 표현. 구갑우, 「시민혁명이 약탈당하지 않으려면」, 『경향신문』 2016. 12. 4.

는 오늘날 한국의 사회세계가 있다.[46] 노조와 학생회는 이제 불필요한 구시대적 네트워크 형식인가? 오늘날 한국의 노조 조직률은 10% 정도에 불과하며, 그나마 상당히 고령화돼 있다. 촛불의 자유주의와 다양함은 광장 너머 세계에서의 연대의 취약함과 불가능함의 동전의 양면 아닌가?

둘째, 활동의 내용과 이념은 있지만 따로 깃발은 없었거나 필요하지 않았던, 또는 새로 생겨난 소규모 공동체나 연대 조직들이 깃발을 들었다. 이들은 촛불집회를 계기로 오프라인에서 새롭게 연대하며 퇴진행동에 동참했다. 전국청소년혁명, 지옥에서 온 페미니스트, 전국디바연합, 박하여행, 강남역10번출구, 혜화동인문학노동자, 응원봉연대, 민주팬덤연대, 여성희곡낭독회, 징검다리교육공동체 등이 그것이다. 이들 중에서 중고생 조직과 여성주의 모임들은 2016/17 촛불시위의 주요한 참여 세력으로서 특히 주목 받았다. 이들은 강렬한 정체성과 운동성을 보이면서 기성의 질서와 광장 민주주의의 성격 자체도 문제 삼았다. 반혐오와 여성주의로써 항쟁의 내용에 작지 않은 영향을 끼쳤다.[47]

---

46 "1989년 19.8%의 노조 조직률은 1995년 13.8%, 2000년 12.0%, 2005년 10.3%, 2010년 9.8%까지 매년 떨어지다가 복수노조 시행 이후 간신히 2014년 10.3%까지 회복했지만 2015년 10.2%로 다시 하락했다." "한국노총이 올해 상반기 산하 조직을 대상으로 연령대별 조합원 실태를 조사한 결과 35세 미만 조합원 비율은 약 21%에 불과했고 청년조직 관련 부서나 담당자를 두고 있는 조직은 1~2곳에 불과했다." 「노조도 고령화―'청년 구함'… 갈수록 늙어가는 '노조'로 노동계 골머리」, 『뉴시스』, 2016. 12. 4; 「촛불시대에… 대학가는 총학생회장 구인난」, 『한국일보』 2016. 12. 14.

47 김유미, 「2016년 촛불의 세 가지 특징」, 『오늘보다』 23, 2016. 12는 청소년과 여성주의자들에 비하면 "목소리를 모아내는 방식으로 집회에 참여하고 있지는 못"한 청년층이 있음을 지적했다. "자유발언대에 오르는 20~30대 참가자들은 '취준생', '스물아홉 직장인', '서른두 살 청년', '스물한 살 공시생(공무원시험 준비생)', '대학생', '교사' 등 굉장히 다양한 정체성으로 자신을 설명한다. 그만큼 청년들의 삶의 조건은 다양한 갈래로 나뉘어 있다. 청년세대 전부가 같은 요구를 가지고 단일한 조직을 만드는 것은 불가능에 가까운 일이다."

4) '민중+시민'의 기존 조직

고전적인 전위-선진대중-미조직대중 같은 구분은 이제 필요 없어 보이지만, 대규모 항쟁은 마중물 역할을 하는 존재들이나 헌신과 희생으로 운동하는 존재를 통해서만 가능하다는 점도 잊어선 안 된다. 대중의 파도에 물꼬를 트는 그런 존재는 인식과 언어를 퍼뜨릴 뿐 아니라 혁명의 정념과 용기를 나눠준다. 항쟁에서는 싸워 이길 수 있다는 어떤 용기와 '낙관'적 심성도 매우 중요하다.

2016년 11월의 마중물은 『한겨레』, JTBC 등 언론의 일부와 민중총궐기를 조직한 시민단체였다. 또한 촛불항쟁을 이끈 사람들 중에는 오랫동안 지치지 않고 투쟁했던 세월호와 백남기 선생의 유가족들, 장기투쟁 사업장 노동자들, 이화여대 학생들도 있었다. 그리고 본격적인 투쟁을 시작하여 최초의 대오를 형성하고 희생과 위험을 감내하며 싸운 전통적인 조직 대중이 있었다. 바로 민주노총과 전농이다. 만약 세월호 싸움이나 2015년 민중총궐기가 없었으면 2016/17의 촛불이 가능했을까?[48]

그런데 왜 대학생이나 청소년 또는 '혼참러들'보다도 민주노총을 위시한 노동자들의 촛불 참여는 주목받지 못했을까? 2017년 1월 13일 '광장토론위원회'의 제4차 광장토론회에 참석한 차헌호 아사히글라스 사내하청지회 지회장은, 노숙농성과 촛불집회에 참여하면서 "노동자들이 왜 목소리를 제대로 내지 못하는"지 답답함을 느꼈다고 한다. 죽어라고 일해도 임금을 제대로 받지 못하고, 일자리도 지켜낼 수 없고, 가족과 함께 인간답게 살 수 없는 문제 때문에 광장에 나왔는데, 왜 노동자들은 광장에서 더 선명한 목소

---

48 '탈근대적' 주체 vs '근대적' 주체로 운동 주체를 설정하는 논의의 이분법을 이런 현실로 비판할 수 있다.

리를 내면 안 되는 것인지 안타깝다는 것이다. 그는 그 이유를 "노동자들이 목소리를 내면 불법, 빨갱이 집단이라고 보는 시각이 우리 안에도 있기 때문은 아닐까"라고 추측했다. 민주노총을 폭력 집단으로 매도하는 언론뿐만 아니라, 노동자들의 과격한 언어나 구호를 불편해 하는 시민들의 시선 때문에 광장에서 목소리를 내는 일에 위축감을 느낀다는 것이다.[49]

이 같은 진단에 크게 공감한다. 그것은 촛불의 성격과 그 균열, 그리고 오늘날의 노동자문화를 고찰하는 데 매우 중요한 포인트이다. 대부분의 조직 노동자들은 전투적 노동조합주의의 시위 문화에 익숙하며, 그 장단점도 그야말로 오랫동안 경험해왔다. 한번 부정적으로 말해보면, 이른바 '운동권 방언'과 희생·숭고의 정서, 투박한 퍼포먼스와 군가·행진곡 풍의 낡은 노래들, 즉 그 집회·시위의 언어, 정서, 패션, 음향 등은 오늘날의 여성과 청소년, 그리고 개인-참가자들을 소외시킬 수 있다. 물론 민노총-전농 같은 전통 있는 조직의 '민중주의형 시위'가 그런 형태를 띨 수밖에 없었던 역사성을 우리는 잘 이해하고 있다. 그것은 절박한 싸움의 과정에서 형성되고 폭압에 맞서기 위해 고안되고 발전해온 것이다. 또한 질박함과 진정성을 '민중(지향)성'과 일치하는 것으로 이해해온 한국 정치문화의 오랜 유산이기도 하다. 민주노총과 전농 등 한국의 대표적 대중운동 조직이 그간 꾸준히 고령화되어왔기에, 민중주의형 '아저씨 스타일' 집회·시위문화가 지속되는지도 모른다. 사실 민중문화 자체가 90년대 이후 변화·발전을 멈추다시피 했다.

이런 역사성을 고려하지 않는 시위문화 비판은 우파적 지배담론과 다르지 않게 된다. 특히 '운동권 혐오', '80년대 혐오'가 적지 않은 힘으로 세대 사

---

49 정원옥, 「배제와 차별, 혐오를 넘어 우리 안의 다양한 목소리 "듣기", 평등한 광장의 정치를 어떻게 만들 것인가?」, 『네 번째 광장토론 자료집』 2016. 12. 20.

이를 갈라놓고 있기 때문에 주의해야 한다. 노동자 집회문화와 남성 중심 노동운동문화의 어떤 측면들은 분명 성찰과 개혁을 요청한다.[50] 그럴 때에만 광장의 저변과 지역에서 실제로 엄청나게 헌신하는 민주노총·전농의 노력이 정당하게 평가받을 수 있고, 이 같은 조직운동의 진정한 가치가 대중에게 알려질 수 있을 것이다.

3. '비폭력·평화'의 문제와 촛불의 주체성

1) '폭력'의 모호성

2015년 11월 민중총궐기의 후과와 민주노총 등에 쏟아진 비난을 기억하시는지? 보수언론은 백남기 씨가 물대포에 맞아 사망한 즈음의 민중 세력의 직접행동을 '폭력', '도심테러' 따위로 규정했으며,[51] '법'은 집회 참가자 수백 명에게 소환장을 보내고 한상균 민주노총 위원장에게 징역 5년을 선고했다. 그리고 보수적 대중뿐 아니라 일부 민주당 지지층 네티즌들도 민주노총과 한상균 위원장 비난에 동조했다.

사실상 2016/17 촛불항쟁의 전초전이 된 2015년 11월 총궐기에서 사용된 '폭력'이란 무엇인가? 차벽으로 집회를 원천봉쇄한 경찰력에 맞서 경찰 버스에 밧줄을 묶어 당기고, 계속 캡사이신과 물대포를 쏘던 경찰이 방어를

---

50 예컨대 노동현, 「야동 보내는 게 미덕? 남성 중심 노조의 '맨얼굴'—남성인 내가 '노동조합'에서 겪은 여성혐오 사례들」, 『오마이뉴스』, 2016. 12. 16(http://www.ohmynews.com/NWS_Web/View/at_pg.aspx?CNTN_CD=A0002270699) 등 참조.

51 「'폭도'가 점령한 서울, '폭동'으로 변한 '민중총궐기'」, 『뉴데일리』, 2015. 11. 15.

2015년 11월 민중총궐기 경찰의 차벽, 그리고 시위 군중을 향해 쏘는 물대포. 2015년 11월 14일.

포기한 차벽 외곽의 경찰 버스를 훼손한 정도였다.[52]

통행과 집회를 아예 가로막은 불법 차벽에 대항한 경찰 버스 훼손은 '폭력'인가? 폭력 개념은 언제나 모호하다. 예컨대 2008년 촛불 때는 전경에게 사탕을 던진 여학생의 행위를 두고 '폭력/비폭력' 논쟁이 벌어지기도 했다. 전경에게 카메라를 들이대 사진을 찍고 그 얼굴을 당사자의 허락 없이 공개하는 건 '폭력'인가 아닌가?

폭력, 비폭력, 대항폭력, 반폭력 등의 개념 자체가 재인식될 필요가 있다. 특히 한나 아렌트나 에티엔 발리바르 등의 반폭력 개념은 광주민중항쟁

---

52 「민중총궐기 대회, 4만 7,000여 명 참가… 경찰과 격렬 충돌 '당시 상황 어땠나 자세히 살펴보니?'」, 『서울신문』 2015. 11. 15.

에서의 '폭력'을 새롭게 고찰한 김정한 등에 의해 새로 널리 인식되고 있다. 5·18 광주가 '항쟁'으로 발전하면서 맨손으로 시위하던 '보통사람'은 '투사'가 되어 공수부대에 대항할 조직 등을 구성, "새로운 양태의 힘(power)"[53]을 창출했다. 그러나 이 힘을 단순히 대항폭력(counter-violence)으로 개념화할 수는 없다. 정규군 특수부대인 계엄군과 어제까지 생업에 종사하다가 갑자기 '투사'가 된 사람들의 능력을 대등한 것으로 볼 수 없기 때문이다. 상식적으로 대항폭력은 '폭력에 대응한 정당한 폭력'이다. "폭력을 행사하거나 유발하는 세력이나 장치들을 제거하기 위해서는 대항폭력이 필수적"[54]이다. 그러나 광주 '투사'들의 투쟁은 '공격'이 아닌 '방어'를 위한 수단에도 미치지 못했다. 광주항쟁 전 기간 동안 무자비한 계엄군의 폭력에 맞서 시민군이 조직되고 파출소와 예비군 무기고에서 무기가 탈취되기도 했지만, 기실 1980년 5월 27일 도청에서 최종 진압될 때까지 '대항폭력'이라는 말이 무색하게 일방적으로 계엄군에게 당하고 말았다는 것이다. 계엄군 사망자는 군끼리의 오인 교전에서 더 많이 발생했고, 총을 든 시민군은 훈련될 시간도 없었고 되지도 않았으며, 조직적으로 대항하지도 못했다. 그나마 상당수는 5월 27일이 오기 전에 무기를 반납한 상태였다.[55]

대중봉기에서의 폭력의 변증법은, 비폭력주의나 대항폭력론의 당위적 문제의식을 넘어 더 나아가야 한다. 아래로부터의 힘과 윤리로써 역사를 진보하게 하는 대중봉기의 근원적 원리는, 불가피한 폭력으로써 반폭력/평화

---

53 김영택, 「5·18 광주민중항쟁의 초기 성격」, 『5·18민중항쟁과 정치·역사·사회 3』, 5·18기념재단, 2007, 145쪽.

54 김정한, 『1980, 대중봉기의 민주주의』, 소명출판, 2013, 213쪽.

55 다큐멘터리 〈김군〉(2019, 감독 강상우)은 5·18 광주항쟁 중 예비군 무기고의 총기를 탈취하고 신군부에 저항했던 '시민군'의 구체적인 신원을 다시 한 번 세밀하게 보여준다. 그들은 18~24세의 하층민 청년들이었다.

를 성취하거나 또는 비폭력으로 지배의 폭력을 이겨내는 것이다. 양자는 다르고도 같다. 우리는 대개 대중이나 저항자들이 쓰는 폭력을 피상적으로만 이해하고 있다. 특히 그 윤리성과 근본적인 '반폭력'성을 말이다. 폭력·비폭력은 물론 '반폭력'도 맥락을 가진다. 2016/17 촛불항쟁에서 '반폭력'은 직접적이고 거대한 비폭력 평화행동에 의해 수행되었다. 그것은 경찰의 차벽을 청와대 앞 100m까지 후퇴시켰다. 청와대 앞에서 수행되던 신성한(?) 군과 경찰의 강제력, 즉 폭력을 중지시키고 제한한 것이다. 4·19혁명 때는 청와대 앞으로 가는 길에서 수백 명의 군중이 총격을 당해 살해당했고, 군사독재 기간 동안 그 앞길은 심지어 탱크로 통제되고 있었다.

2) 비대칭성

2016/17 촛불항쟁은 폭력·비폭력의 문제가 언제나 민중과 권력 사이의 역관계에 따라, 또한 상시적 폭력을 보유하고 '폭력의 이니셔티브'를 쥔 측(즉 공권력, 경찰)의 대응에 의해 '맥락화'되고 조건지어진다는 점을 다시 일깨워주었다. 소위 '게이트정국'이 시작된 이래 경찰이 정권보다는 민중의 분노나 여론을 어느 때보다 많이 살피려 했기에,[56] 또 백남기 씨의 희생이 촛불항쟁의 하나의 바탕이었기에, 경찰은 감히 물대포 같은 수단을 쓰지 못한 채 차벽을 주로 동원했다. 그런 이유에서 광장은 어느 때보다 넓었다. 상당히 많은 경우 대항폭력은 공적 폭력에 의해 원천봉쇄된 광장을 확보하기 위해, 억압당한 '표현의 자유'와 '집회·시위의 자유' 자체를 얻어내기 위해 사용되기 때문이다.

---

56 경찰·법원의 집회 허가에 대한 태도에 대해서는 「1,000만 촛불 '판'을 만드는 집회 전문가들」, 『경향신문』 2016. 12. 31.

언제나 '공권력'이라는 이름의 국가폭력과 시민단체 및 개인 참여자들의 힘은 비대칭적이라는 점을 인식해야만 한다. 전자는 철저히 경찰 지도부와 정보 기관의 정보 수집·판단에 따른 예측과 평소의 강도 높은 훈련에 따라 조직적으로 시행된다. 여기서 벗어나는 규모와 행동이 시위대로부터 나올 때 그들은 당황하여 더 큰 폭력을 저질러 사람을 해치거나 갑작스런 무능에 빠진다. 반면 후자는 대개 우발적·비조직적이며 기본적으로 '비폭력', '반폭력'을 지향한다. 그래서 '폭력 대 비폭력' 프레임은 대부분 공허하고 이데올로기적이다.

그런 견지에서 보수언론 등이 심지어 2015년 11월 총궐기까지 '과거'로 칭하며 '과거의 시위는 폭력적이고 비성숙했는데, 시민들이 성숙해졌다'고 말하는 것은 사실 자체와 완전히 어긋날 뿐 아니라, 2016/17 촛불항쟁에 부여된 굴욕적이고 엘리트주의적인 헛소리였다. 이는 '현장'의 폭력이 기본적으로 독점적이고 제도적 폭력을 가진 (공)권력에 의해 유발된다는 사실을 은폐한다.

그러나 2016/17 촛불항쟁 초기에 폭력/비폭력·평화의 문제에 대한 논쟁이 꽤 치열했으나 곧 가라앉았다. 탄핵을 계기로 한 정세의 일정한 변화에도 불구하고, 주최 측의 '비폭력' 기조 자체가 바뀔 수 없었고 경찰의 대응도 변화가 없었기 때문이다. 오히려 탄핵 여부가 실제로 결정됐던 날, 박근혜 팬덤과 '태극기집회' 측은 소요를 일으키다시피 했고 경찰도 강제력을 동원했다. 그날 세 사람이 이런저런 이유로 목숨을 잃었다. 또한 기무사와 청와대의 일부가 획책한 쿠데타는?

요컨대 촛불의 비폭력은 두 가지 측면을 지닌다. 첫째, 이는 항쟁의 정당성을 최대한 확보하고 중간층과 어린이, 여성 등이 대거 포함된 시민의 참여를 최대한 넓게 보장하기 위해 전략적으로 계속 '비폭력'을 택한 일종의 반폭력 전략이었다. 다른 한편 '비폭력 평화'는 단지 시민과 촛불 쪽의 전략이 아니라 지배 이데올로기처럼 되거나 합법주의에 침윤된 것이기도 했다. 다음과 같은 일도 있었다. 제14차 촛불집회가 열린 2월 4일 저녁 8시 10분경의 일이다.

> 청와대 100m 전방에 경찰이 차벽을 세우고 그 앞에 병력을 배치한 채 시위대를 막아섰다. 차벽도, 시위 진압에 의경을 동원하는 것도 불법이다. 시위대가 "박근혜 구속"을 외치고 있는데 차벽 위에서 채증 카메라 불빛이 터졌다. 시위대가 폴리스 라인을 무너뜨리고 채증에 항의하자 경찰 수백 명이 떼로 "비폭력"을 연호하는 엽기적인 일이 벌어졌다. (…) 시위대를 조롱하는 듯해 역겨웠다.[57]

경찰은 약 3~5분 정도 비폭력 구호를 연호했는데 그 어조는 항의하는 시민들을 조롱하는 것이었다. 경찰의 불법적 행위에 대한 "시위대의 당연한 항의를 '폭력'으로 매도한 것"[58]이다. 이 같이 경찰이 비폭력을 외친 '전도'에서 2016/17 촛불항쟁의 한계가 엿보인다 하지 않을 수 없다.

3) 합법주의-의회주의 주체

광장의 정치는 의회정치와 길항하는 관계에 놓인다. 국회가 탄핵소추를 의결하고 새누리당이 분당되기까지 '광장'은 '여의도 정치'에 대해 헤게모니를 갖고 있었다. 이는 여러 착시 현상을 만들어냈다. 2016년 11~12월 촛불

---

57 2017년 2월 5일 이은탁 데모당 당수 페이스북(https://www.facebook.com/profile.php?id=1000037
43790767&fref=nf). 현장을 촬영한 영상은 한국인터넷기자협회 기자인 달북의 페이스북에도
있다.
58 이은탁, 위 페이지.

과 야당 사이에는 미증유의 역할분담도 이뤄지는 듯했다. 의회의 탄핵과 검찰의 수사는 박근혜 정권을 공격하고 지배블록을 약화시키는 데 효과적인 '제도적' 수단이기도 했다. 그러나 그 이후의 과정은 그렇지 않았다. 2017년 봄, 광장의 민주주의는 '법'의 힘과 대통령선거로 수렴되거나 무화되고 말았다.

촛불항쟁은 박근혜 퇴진-정권교체 이상의 (암묵적) 강령과 요구를 갖고 있었으나 그것을 구체화하는 데까지 발전하지는 못했다. 정권교체가 아닌 진정 새로운 정체(政體)의 구성이나 신자유주의의 극복, 복지 문제도 구호 수준 이상으로 제기되지 못한 채 촛불은 종결됐다.

혁명은 권력을 재구성하거나 주권의 새로운 주체를 만들어낸다. 그런데 촛불은 왜 그런 측면에서 부족했던가? 촛불의 주권 상상에 관련된 예로 '와글'이라는 정치 스타트업이 제기한 '온라인 시민의회' 기획과 그를 둘러싼 논란을 생각해볼 수 있다. 와글은 2016년 12월 9일 홈페이지 '온라인 시민의회'를 만들고 16일까지 시민대표를 추천받아 19일 시민의회 대표단을 구성할 예정이었다. 방송인 김제동, 소설가 김훈, 황석영, 조한혜정 연세대 명예교수 등 각계각층 1,141명이 참여했지만 이틀 만에 중단됐다. 많은 시민들이 이에 대해 '누가 누구를 대표하냐'거나 '완장질'이라며 비난을 퍼부었기 때문이다.[59]

그 기획 자체가 성급하고 오류가 있었다는 점 외에 이 논란에서 드러난 촛불의 주체성은 양면적이다. 한편 촛불은 대단히 주체적이어서 유명인이든 누구든 임의로 대표자가 되려는 것을 거부했으며, 그런 이벤트를 여는

---

59 「'와글' 시민의회 제안, "완장질" 비난에 잠정 중단」, 『한겨레』 2016. 12. 11; 곽노현·오현철·이지문·이진순·김종철, 「시민의회를 생각한다」, 『녹색평론』 154, 2017. 5.

집단 자체를 의심했다. 반대로 촛불 시민은 제헌적일 만큼 주체적이지는 않아서 기성 질서의 '대표'와 권위, 즉 대권주자나 국회의원, 그리고 사법 기관에 박근혜 정권에 대한 처리와 이후 권력의 재구성 과정을 위임했다.

그렇다면 혁명적 정치 과정에서 대안적-권력체나 권력을 담당하는 임무를 자임하는 집단은 어떻게 출현하고 어떤 식으로 대중의 인정을 받게 되는가? 혁명사를 다시 더듬어 봐야겠으나, 그 과정이 무정형적이며 '법 바깥'에 있다는 점은 명백하다. 즉 이는 그야말로 '비상상태'나 '제헌적' 과정을 경과한다.[60] 이를테면 러시아 볼셰비키나 중국 공산당은 어떻게 권력을 갖게 되었나? 또는 광주항쟁 당시 어떤 시민들이 공포와 '지배의 평화'를 이겨내며 시민군을 조직하고 '수습위'를 만들어 비어버린 공권력을 채우게 되었나? 그리고 시민군 지도부나 '수습위'는 어떻게 대중에게 인정받게 되었는가? 반면 군부독재와 기성의 정치질서 전반을 부정하는 것처럼 보였던 6·10항쟁은 정치권이 마련한 정치 일정(개헌·대선)으로 빨려들어가버렸다. 그 귀결은 다 아는 대로 군부의 재집권이었다. 촛불항쟁은 어떤 방향으로 귀결되고 있나?

4. 촛불은 누구에 의해, 어디서 멈췄는가?

잠정적인 결론을 내려보자. 2017년 3월 11일까지 스무 차례에 이르렀던

---

60 '비상상태'는 칼 슈미트 등의 개념이다. 조정환에 따르면, 안토니오 네그리는 이 점에 주목하여 '제헌권력'을 정치철학 및 사회철학의 맥락으로 확장하여 궁극적으로 존재론적 역능과 활력, 구성하는 힘으로 규정한다. 조정환, 『공통도시─광주민중항쟁과 제헌권력』, 갈무리, 2010 참조.

집회·시위의 장소와 형태는 조금씩 변했지만 기본적으로는 비슷했다.[61] '자유로운 개인들의 네트워크'나 '유연자발집단'은 소규모 조직화나 풍자에는 유능했을지 모르지만, 지배체제를 해체·대체하는 실천에서는 그리 창발적이거나 유능했다고 보기 어렵다. 광화문 집회 무대가 조직된 방식에 관하여 주최 측에 대한 비판도 적지 않았다. 100만 명이 하나의 무대를 바라본다는 것은 다분히 "전체주의적이어서 광장과 어울리지 않고 수많은 사람들이 주최 측의 가이드라인대로 움직이는 것은 저항이 아니라 종속"이라는 주장도 있었다.[62] '중앙화'된 광화문 무대는 촛불-주체의 모순과 양가성을 동시에 보여준다. '하나의 무대'만은 아니었지만 무대들은 분명 광장에 나온 사람들만큼 다양하지는 못했다. 또한 광화문-청와대 주변의 행진도 대략 그렇듯,—초기 대학생들의 맹휴 등 행동이나 지역의 집회 외에—다른 장소에서의 시위와 창발적인 직접행동도 무척 제한적이었다고 보는 게 객관적일 것이다. 이런 현상은 촛불의 주체성과 조응하는 듯 보인다.

연인원 1,600만 명을 돌파한 촛불은 계급·세대·젠더를 초월하여 박근혜 정권의 종식뿐 아니라 근본적 사회개혁이라는 대의에 대동단결하는 것처럼 보였다. 하지만 그 구체적 내용에 대한 실제적 합의는 없거나 추상적이었다. 그 속에는 '기존의 질서' 아래서는 도저히 함께 손잡을 수 없는, 갈등과 분열로 점철된 '헬조선'의 주체성—남성/여성, 정규직/비정규직, 수도권/지방, '명문대/지잡대', 장애인/비장애인 등—의 갈라진 삶이 있었다. 어쩌면 촛불광장은 치명적이고도 답 없어 보이는 양극화와 파편화된 삶을 '승화'하는 위로의 기제이며, 그래서 일종의 (순치된) 카니발이었는지도 모른다.

---

61   황진태·박배균, 「2016년 촛불집회시위의 공간성에 관한 고찰」, 『공간과 사회』 28(3), 2018. 9.
62   임미리, 「DJ DOC 논란, 문제는 가수 아니라 무대—주최 측은 중앙무대 축소하고 행진 개입 최소화해야」, 『레디앙』 2016. 11. 28(http://www.redian.org/archive/105421).

'촛불혁명'이 많이 운위되었지만 시민은 진정한 본격적인 개혁 앞으로는 가지 못했다. 촛불집회를 '시민혁명'으로 추켜올린 이들 중에는 기성 정치인들과 민주당, 국민의당 등 정치 세력이 유독 많았다. 이들이 과연 촛불의 혁명화·제헌화를 바랐을까? 촛불항쟁은 교착 국면에 있다가 박근혜 탄핵을 성취한 후 급격히 선거 국면으로 빨려들어가며 일단 중지되었다. 분명 촛불의 경이로운 규모와 확산 자체는 '혁명적인 것'을 내포하고 있었다. 몇 가지 실제적 성과도 끌어냈다. 무소불위의 제왕 같이 굴던 박근혜는 직무정지를 당했다. 갖가지 적폐 세력과 부역자, 삼성·롯데 등의 정경유착에 대한 수사와 단죄도 (일부) 진행되었다. 이념과 정치 지형에도 변화가 생겼다. '박정희 신화'가 깨지고, 무기력하던 대학생과 새로운 세대의 청소년이 각성하고, PK·TK 시민들 중에도 생각을 바꾼 이들이 있었다.

그러나 무려 1,600만이 훨씬 넘는 시민을 거리로 나오게 한 촛불항쟁은 장점과 단점을 다 가졌으며 '비폭력 평화'와 다양성과 같은 촛불의 장점은 그 한계와 맞닿은 것이기도 했다. 촛불 속에 내장된 더 근본적인 문제의식과 변화에 대한 열망의 실현은 뒤틀리고 연기되었다. 그 참가자의 분포나 전개 과정에 담긴 자유주의적 사고와 중산층 헤게모니가 물론 거기 작용했다. 일견 아래로부터의 계급 연대 전선이었지만, 일견 선명한 중산층의 운동으로서의 촛불의 한계 말이다.

02

촛불항쟁 이후의 대중민주주의와 포퓰리즘 문제

1. 두 봉기와 불안한 기대

연일 비핵화와 남북 화해에 관한 '좋은 소식'이 들려오던 2018년 봄에 이 글은 처음 써졌다. 글에서 다룬 현상들 가운데 어떤 것은 이제 과거의 것이나 불가능한 것이 되어버렸는지도 모른다. 남북화해와 북미관계 개선을 매개로 한 평화체제 구축, 촛불과 페미니즘의 연관, '촛불정부'를 자처한 문재인 정부의 태도 등. 그러나 이 글에서 분석하고 있는 대중정치와 그 문화적·정서적 구조는 유효하다고 본다.

2020년 4월 현재 남·북·미관계와 비핵화 문제는 모두 교착 상태에 있지만, 탈분단의 희망에 관한 '민족'의 상상력은 한동안 봄꽃 피듯 만개했다. 2018년 남북 정상이 만나고 역사상 최초의 북미회담까지 성사되자, 평화협정 체결이나 북미수교는 물론 북한 사회주의체제의 전도(前途)나 주한미군 철수, 한반도의 영세 중립국가화 같은 담론도 운위되었다. 성급했지만, 이는 전쟁위기의 해소와 남북관계의 개선이 가져다주는 정치와 이데올로기 지형의 변화를 예시하는 것이었다. 그리고 이는 70년 넘게 이어져온 분단 상태와 극우 반공 이념의 지배를 벗어나서 새로운 세상에서 살고 싶다는 열망이 반영된 것이 아니었겠는가?

　이런 긍정적인 변화는 우리가 2016~18년에 걸쳐 한국사회 안에서 목격하고 경험했던 연속된 두 '봉기'와 연관된 것이기도 했다. 그것은 곧 촛불항쟁과 '페미니즘 리부트'다.[01] 전시대와의 단절선을 긋게 하는 두 흐름은 연속선상에 놓여 있었다. 그러나 둘 사이의 이음매는 그리 견고하지 않았다. 두 흐름은 함께, 또 각각 '혁명'으로 완수되지는 못한 채 조금 어중간한 진행 상태에서 더 나은 민주주의사회를 향한 열차의 축을 굴렸다.

　촛불항쟁은 혁명의 급진성을 갖지는 못했지만 '정권교체'보다는 강한 효력을 지니고 있었다. 항쟁은 소멸했지만 항쟁을 통해 제기된 적폐청산과 민주개혁의 요구는 당연히 유효하다. 촛불은 이명박·박근혜와 그 하수인들을 구속하고 극우·수구 세력의 힘을 약화시켰었다. '아래로부터의' 움직임도 이어지고 있다. 오랜 기간 정체했던 한국의 노조 가입률이 높아지고 있다. 고용노동부가 2019년 12월 25일에 발표한 '2018년 전국 노동조합 조직 현황'에 따르면 민주노총 조합원 수는 96만 8천 명, 한국노총은 93만 2천 명으로 사상 최대 인원이다. 그리고 민주노총이 조직 규모에서 한국노총을 처음 추월했다. 민주노총 조합원 수는 2017년 71만 1천 명에서 1년 만에 96만 8천 명으로 36.1% 급증했다.[02] 라이더유니온·전국대학원생노동조합·전국특성

01　미투 '혁명', 촛불 '혁명' 등의 용어가 운위되는데 이는 사태를 바라보는 주체의 강한 전유의 의도가 들어 있는 수사라 보인다. 이 글에서 쓰는 '봉기'나 '항쟁'은 지배와 권력에 대한 아래로부터의 단호한 항거와 직접행동의 측면을 강조하기 위한 잠정적 용어다. '촛불항쟁'과 페미니즘 '리부트'의 성격과 용어에 대해서는 각각 이 책에 실린 「누가 촛불을 들고 어떻게 싸웠나―2016/17 촛불항쟁의 문화정치와 비폭력·평화의 문제」(1부), 「강남역 살인사건부터 '메갈리아' 논쟁까지」(3부)를 참조.

02　그러나 그 대부분은 공공부문과 대기업에서 증가한 숫자라 한계를 갖는다. 「민주노총 조직률 빠른 속도로 상승, 조합원 200만 시대 청신호」, 『노동과세계』(민주노총 뉴스), 2018. 4.

화고졸업생노조 같은 새로운 노동 청년이 '주체'로서 등장했다.

그럼에도 촛불은 재벌, 강남 기득권, 조중동, 종교권력, 사학재단, 검찰 등으로 이뤄진 한국의 지배동맹에 결정적인 타격을 입히지는 못했으며, 더욱 실질적인 사회경제적 개혁을 구동하지 못하고 있다. 문재인 정부 2년간 일자리 문제나 경제 불평등은 나아질 기미가 보이지 않는다. 촛불은 '체제 자체'에 대한 문제제기를 하는 힘이 약했으며 촛불이 변혁적 성격을 갖기는커녕 박근혜 일당의 전횡과 무능으로 야기된 (지배)체제의 정상성 위기를 봉합하는 데 동원되었다는 진단도 있다.[03] 또한 촛불의 대중정치는 대안적 정치 세력을 스스로 조직하거나 기존 진보정치 세력을 재구성하는 결정적인 힘이 되지 못했다.

2016년 이래 2018년 5월 19일 1만여 명이 넘은 최대 규모의 군중이 참가한 '혜화역 시위'까지, 한국 페미니즘 운동도 전례 없는 대중적 기반을 바탕으로 단호한 행진을 계속하고 있다. 2018년 한국사회를 뒤흔든 미투(#Me_too) 운동은 가히 '혁명적'[04] 의미를 지닌다. 상당수 한국 남성들은 일단 충격을 받고 생각과 행동방식을 고치고 있다. 직장·학교 등의 젠더문화가 달라지고 있고, 의미 있는 제도의 변화도 일부 있었다.[05]

그러나 젠더 구조의 근본적 변화는 없고 페미니즘에 대한 남성들의 반발도 강력해졌다. 이미 '백래시'는 상수가 되어 있다. 페미니즘 운동이 내적

30(http://m.worknworld.kctu.org/news/articleView.html?idxno=247451); 「민주노총 조합원수 한국노총 첫 추월… 23년 만에 '제1노총'」, 『오마이뉴스』 2019. 12. 25 등 참조.

03 더 심화된 논의는 이 책에 실린 다음 글 「촛불항쟁 이후 시민정치와 공론장의 변화」를 참조

04 「미투운동, 이제 '미투혁명'이다… 여성·시민단체 337곳 연대」, 『여성신문』 2018. 3. 15(http://m.womennews.co.kr/news_detail.asp?num=130501#.WulWXi5ub3g); 이나영, 「페미니스트 관점에서 본 '미투운동'의 사회적 의미 1」, 『복지동향』 200, 2015. 6 등 참조.

05 「실질적 성평등 실현을 위한 부처별 이행 본격 추진」, 〈정책브리핑〉 2018. 5. 2(http://www.korea.kr/briefing/pressReleaseView.do?newsId=156267579).

위기를 안고 있다는 진단들도 나온다. 정희진은 페미니즘 운동의 '피해자화'가 신자유주의와 맺은 관련을 지적하며, "한국사회 전반의 약자혐오 문화와 언어 인플레이션, 자극적 언설"을 배경으로 한 "지금과 같은 일부 페미니즘의 대중화 방식은 절대로 여성의 지위 향상으로 이어지지 않는다"고 지적한 적이 있다.[06] 손희정 또한 "대중운동으로서의 페미니즘은 피해와 고통을 거점으로 한 강력한 정체성의 정치에 기댈 수밖에 없었고 그것이 페미니즘 리부트를 불러온 대중성의 핵심"이었다고 평가하면서도 "이 한계를 극복할 수 있는 방법은" '리부트' 이후 여전히 찾기 어렵다고 했다.[07] 최근에는 래디컬 페미니즘의 일부 조류가 논란을 야기하기도 했다.

위에서 말한 것과 같은 2016년에서 18년으로 이어진 아래로부터의 움직임과 그 의의를 살려 한국 민주주의를 확장하고 불가역적인 것으로 만들어나가는 것은 '촛불 이후'의 지상의 과제다. 이는 '87년체제'를 종결 짓고 법제도적으로나 사회경제적으로나 다른 수준의 민주주의사회로 나아가는 길이다.

이 글은 그것을 위한 조건을 탐색하고 특히 대중민주주의의 문화정치 현황을 고찰해보는 것을 목적으로 한다. 이를 통해 지식과 문화의 차원에서 과제를 도출하기 위한 생각을 나누고자 한다. 다음 절에서는 '민주 대 반민주'의 구도를 넘어선 '촛불 이후' 민주주의 전선의 과제를 보는 방법에 대해 우선 논의하고, 3절부터는 포퓰리즘과 대중성[08]의 내용과 존재방식을 중심으로 한국 민주주의와 문화정치의 문제를 살펴볼 것이다.

---

06 정희진, 「피해자 정체성의 정치와 페미니즘」, 권김현영 엮음, 『피해와 가해의 페미니즘』, 교양인, 2018, 235~236쪽.

07 손희정, 「혐오 담론 7년」, 『문화/과학』 93, 2018. 3, 43쪽.

08 이 글에서 '대중성'은 대중의 지향성과 의식의 주된 내용이라는 의미로 쓴다.

주지하듯 포퓰리즘은 신자유주의적 세계화의 흐름 속에서 정치가 시장과 대자본에 종속되고 국민국가의 정치적 대표체계가 실질적으로 무력화, 와해되면서 새롭게 문제가 되었다. 즉 이는 기성 정치에 대한 대중의 불신·환멸이 커지고 정치적·사회적 갈등이 더욱 심각해지는 상황에서 생겨난 현상이다. 양극화와 자유민주주의의 구조적 위기와 결부된 오늘날의 포퓰리즘은, 사회통합과 새로운 민주주의의 출현을 원망하는 대중의 흐름에 부수되는 '증상'이다.[09] 이는 기저에서 '소유'와 결부되며 현실에서 인종과 민족 같은 정체성 요인과 결합되는 배타적 형식을 띤다.[10] '포퓰리즘'이라는 말 자체가 이제 아무렇게나 좌우 막론하고 대중정치를 비난하기 위해 사용하는 오염된 말이 되었다.[11] 예컨대 2020년 4월 코로나19 사태로 인해 경제위기가 예견되고 서민들의 삶이 위태로워지자 '전국민 재난기본소득' 지급이 공론화·현실화되었다. 극우파 황교안마저 선거를 의식하여 "전 국민 50만 원 지급"을 말하자, 같은 당의 유승민은 "악성 포퓰리즘"이라 맹비난했다.[12] 따라서 포퓰리즘이라는 말을 그 자체로 고쳐 쓸 수 있을지 의문이 든다. 하지만, '좌파'는 인민주권과 소외된 대중의 삶을 위해 언제나 대중을 지향하고 대중의 자기계몽의 새로운 정치를 지향해야 한다. 이같은 관심이 긍정적 '좌파 포퓰리즘'에 대한 관심으로 현상한다.[13] 이는 과연 가능한 기획일까?

---

09 진태원 편, 앞의 책, 4~5쪽 및 25쪽.

10 안토니오 네그리·마이클 하트 지음, 이승준·정유진 옮김, 『어셈블리—21세기 새로운 민주주의 질서에 대한 제언』, 알렙, 2020, 121쪽.

11 포퓰리즘의 용어 문제에 대해서는 진태원 편, 『포퓰리즘과 민주주의』, 소명출판, 2017, 4~5쪽.

12 「유승민 "전 국민 50만 원? 악성 포퓰리즘"… 황교안과 집안싸움」, 〈JTBC 뉴스〉 2020. 4. 7.

13 샹탈 무페 지음, 이승원 옮김, 『좌파 포퓰리즘을 위하여』, 문학세계, 2019; 이승원, 「포퓰리즘 시대, 도시 커먼즈 운동과 정치의 재구성」, 『문화/과학』 101, 2020. 3.

2. '민주 대 반민주' 너머, 87년체제 청산의 과제

촛불항쟁 전후에 87년체제를 청산하고 새로운 정치질서와 헌정체제를 만들어야 한다는 문제제기가 많았다.[14] 그 문제의식의 핵심은 87년체제가 독재 세력과의 타협으로 만들어진 불완전한 민주주의체제였다는 전제하에 '민주화 세력'이 주도하는 개헌을 하면 '새로운 체제'가 수립된다는 류의 안일한 진단에 반대하며, 87년체제와 '87년형 민주주의' 그 자체를 문제 삼는 것이다. '87년형 민주주의'는 87년체제의 헌정 질서와 남성 중심주의와 '민주노조 운동'의 운동정치가 가진 한계 때문에 야기된 불완전한 민주주의 '체제'를 의미한다. 그 속 내용에는 '민주화 세력', 즉 586이라는 민주화의 세대 주체의 문제도 포함된다.[15]

국회와 청와대를 장악하거나 또 장악하기 위해 상쟁하는 세력은 일견 87년체제 성립 당시의 민주화 세력과 반민주 세력처럼 보인다. 분단이 지속되고 전쟁의 불안이 남아 있는 한국에서 '민주 대 반민주(독재·극우)의 구도'가 실제로 전선의 주요 구성 부위를 이루고 있는 것도 사실이다.

그러나 '민주 대 반민주'의 표상은 압도적 위력을 발휘하고 악순환을 만들어내기도 했다. 이는 언제나 '다음에'라는 시기상조론과—더 큰 파도가 밀려오니 조개나 줍지 말고—'가만히 있으라'라는 식의 비판적 지지론이 횡행하게 만들었다. 하지만 그것은 불가피한 현실이 아니라 민주당으로 대표

---

14 이를테면 『역사비평』 119호(2017년 여름호)는 「6월항쟁 30주년, '87년체제'를 평가한다」라는 특집 좌담을 마련했고(강원택·박명림·박태균·천정환·한정훈·이기훈, 「좌담: 6월 항쟁 30주년, '87년체제'를 평가한다」, 『역사비평』 119, 2017. 5), 『문화/과학』 94호(2018. 6)의 특집도 "촛불 이후의 민주주의로써 이른바 '1987년형 민주주의'를 전화시켜내야 한다"는 문제의식에서 마련되었다.

15 편집위원회의 기획·취지문. 『문화/과학』 94, 2018. 6.

되는 자유주의 세력의 장기 전략이자 동원 전술인 측면이 더 강했다. 이 때문에 오히려 한국 민주주의는 활력을 잃었다. 노동·여성·생태 등의 가치 지향이 유보·억압되는 상황이 사회적 다양성과 민주주의의 질과 양을 후퇴시켜, 억압의 총량은 줄어들지 않고 극우가 더 활개 치는 악순환을 만들어냈다. 그런 면에서 '87년형 민주주의'의 종막에 대한 진단은 당연해 보인다.

또 '민주 대 반민주'의 구도는 정치를 헌정체제 중심으로만 초점화하는 위험을 감당해야 한다. 하지만 87년 이후 '민주화 이후의 민주주의'[16]의 전개 과정과 성격을 파악하는 데 한국 자본주의 축적체제의 변화와 글로벌 신자유주의에서의 위상 변화를 살피는 것은 지극히 중요하다. '87년체제'와 '97년체제'는 중첩된다.[17] IMF 경제위기 이후 급격히 전일화된 한국식 신자유주의체제인 '97년체제'는 고용불안과 금융화를 중심으로 인민의 삶에 큰 변화를 초래했다. 이런 견지에서 '민주 대 반민주'의 전선은 재벌과 기득권 동맹 중심의 경제질서·축적체제와 대다수 민중이 처한 현실로 재해석·재배치되어야 한다. 1997년과 2002년을 경과하면서 진행된 신자유주의화와 이명박·박근혜 정부 시기에 재구조화된 계급관계와 정치 지형의 변화를 적극적으로 반영해야 한다.

오늘날 한국 민주주의의 전선은 교차적이고 다차원적이다. 이 다차원

---

16 원래 최장집의 책 제목이다. 최장집은 2000년대 한국 민주주의가 겪는 정체와 쇠퇴를 이 명제로 포착했다. 그는 정체와 쇠퇴의 핵심 원인을 정치적 대표체제가 좁은 이념적 범위 안에서 사회의 요구와 변화를 반영하지 못한 채 보수적 경쟁에 안주하는 것에서 찾는다. 그 대안의 핵심은 정당체제가 제대로 된 '대표'가 되는 것이라고 주장하며 '운동정치'나 직접민주주의를 비판하여 이른바 '최장집주의'를 형성했다. 최장집, 『민주화 이후의 민주주의』(개정판), 후마니타스, 2010 참조. 그러나 이는 대의제 자체와 의회 내 정당의 구조적 한계를 보지 못했다는 비판도 받는다.

17 '87년체제론'과 '97년체제론'의 대립에 대해서는 김종엽 엮음, 『87년체제론』, 창비, 2009; 『87년-97년-08년체제 논쟁과 진보 진영에 주는 함의—맑시즘 2010』 자료집에 실린 손호철, 조희연 등의 글을 참고.

성은 '민주 대 반민주'처럼 전선의 통합이나 일관된 동원의 기표가 아닌 '분할'로 상징된다. 계급·젠더·세대 대립, 그리고 노동계급 내부의 분할로 표시되는 사회경제적 분단 상태는 근래 극심해졌다. 이제 이 같은 상태를 표현하기 위해서는 '20 대 80 사회'라든가, '1대 99' 등으로는 불충분하다. 더불어 미세먼지 같은 일상적 환경 문제와 기후 변화로 표상되는 생태위기 또한 남북(선진국 대 개도국) 간 모순이나 계급모순 같은 다른 모순과 연관되어 있지만 다른 모순으로 환원되지는 않는다.

그래서 민주주의의 전선 또한 언제나 교차하고 또 서로 길항한다. 예컨대 지난 19대 대통령 선거에서 불거진 성소수자 이슈나, 페미니즘 운동과 다른 범'진보' 분파들 사이의 갈등이 항존하게 된 것은 시사하는 바 크다. 이제 현실에 대한 쉬운 진단과 안일한 처방을 피하고자 할 때, 억압과 모순이 교차하고 연관되는 선을 찾고 교차하고 길항하는 전선의 지점들을 의식하는 것이 '정치'의 요체가 된다.

이런 문제와 관련하여 여성 정치학자 샹탈 무페(Chantal Mouffe)는 대안적 '급진 민주주의'의 구성에 있어 여성·노동자·흑인·동성애자·생태주의자들이 민주주의적 요구를 절합하는 원리가 "민주적 등가성의 원칙을 통해 접합된 하나의 집합적인 정치적 정체성을 구성하는 것"이라 하면서도, "차이를 제거하지 않"고 "민주적 등가의 원칙을 중심으로 접합하기 위해서는 새로운 정체성들을 창출할 필요가 있다"고 주장한다. 더불어, 서로 다른 정체성·지향에 입각한 요구들은 현실에서 "서로 안티테제를 이루고 있으며, 그 요구들은 자유롭게 왜곡되지 않은 의사소통을 통해서가 아니라 헤게모니적 접합이라는 정치적 과정을 통해서만 수렴될 수 있다"고 했다.[18]

---

18 샹탈 무페 지음, 이보경 옮김, 『정치적인 것의 귀환』, 후마니타스, 2012, 139~140쪽.

이런 문제틀은 대단히 의미 있지만 약간의 보충도 필요해 보인다. 젠더, 생태, 계급, 인종 등의 이슈가 '헤게모니적으로 절합'되어야 한다는 테제는 그에 길항하는 정체성의 안티테제들이 왜 공존하며 그럴 수밖에 없는지를 의식해야만 '정치'로서 구성된다. 나아가 '진보정치'란 그 같은 차이들을 '포월(包越)'해야 한다. 차이의 보존과 절합은 사변만은 아닌데, '정체성들'을 횡단하는 민주주의의 심급이 존재하지 않는 것은 아니기 때문이다. 예컨대 한반도에서 평화 이슈가 갖는 중요성이라든가, 냉전·수구·극우 세력과의 대결이 지닌 의미 같은 것이다. 이명박·박근혜 시절에 우리가 확인한 것도 권력이 새로운 신자유주의적 '치안정치'와 낡은 냉전정치의 조합으로써 인권과 민주주의의 기초 자체를 위협할 수 있다는 점이었다.

보다 근본적인 문제는 한국 대중정치에서 '진보'와 소수자 정치가 절합·연대하기 위한 '범례'나 방책이 모두 불충분하다는 데 있지 않을까? 각각은 내부적인 난관에 처해 있으면서도, 갈등하면서 공존하는 '정치'보다는 배제와 적대를 주로 작동시켜왔다. 정희진에 의하면, 오늘날 페미니즘 운동은 "타자와 연대할 것인가, 아니면 지배 세력이 원하는 피해자가 될 것인가"[19]의 기로에 처해 있다. "피해자성을 강조하는 것은 여성주의에 불리"함에도 한국사회에서 피해를 고발하고 징죄하는 일은 긴급성과 불가피성을 갖고 있다. 페미니즘은 일상의 정치와 젠더 구조 전체를 개혁하기 위한 실제적인 정치적 조건을 검토해야 하는데, 강요되는 '피해자화'와 정체성의 정치를 뛰어넘을 페미니즘 정치의 자원은 여전히 부족하다. 반면 '진보'가 젠더

---

19 정희진 앞의 글, 217쪽, 225쪽. 한편 여성의 피해자성에 대한 강조는 "남성 중심 사회에서 남자로 키워진 모든 사람들이 가해 행위에서 자유롭지 못"하다거나 "그럴 만한 남자가 따로 있는 게 아니"라는 식의 '남성 일반'의 가해자성에 대한 강조라는 현상으로 드러나기도 한다. 이나영, 「페미니스트 관점에서 본 '미투운동'의 사회적 의미 1」, 『복지동향』 200, 2015. 6(http://www.peoplepower21.org/Welfare/1557588).

문제를 통해 재구성되어야 한다는 당위 또한 현실에서 충분히 수행되지 못하고 있다. '메갈', '워마드' 핑계를 대는 식의 안티 페미니즘은 '진보' 안에도 적지 않으며, 집권 여당 지지자 중에서도 상당히 많다.

3. 2000년대 이후 대중성의 구조변동과 포퓰리즘

1) 대중성의 재구조화와 촛불에서의 '대중'

한국의 정치적 대중은 2000년대 이후 새롭게 분화하고 그 이념과 정서 구조(structure of feelings)도 재구성되었다. 2002년 대선 전후, 2008년 촛불집회와 총선, 그리고 2016~ 17년의 정치적 변화는 각각 그 계기점들이다. 김성일이 정리해주고 있는 바 "새로운 대중"은 2002년에 그 확연한 모습을 처음 나타냈다. 노사모 신드롬, 월드컵 길거리 응원전, 미선이·효순이 촛불집회, 노무현 대통령 당선 등을 통해 "이전의 사회운동 혹은 대중 결집의 그것과 너무나도" 다른 "대중 참여, 정보 소통을 통한 집단지성의 발현, 운동 단체로부터 일반시민으로 행동 주체 이동, 다종다양하면서도 재치 있는 자기표현 양식, 모두가 하나된 광장 문화의 창출, 정치가 놀이와 결합된 정치 집회의 출현 등"이 도래했다.[20] 이로써 "대중의 탈근대적 변환"과 새로운 참여가 개시되고[21] 1970~90년대의 '민중'은 2000년대 이후 오늘날의 민중 또는 다중으로 '전환'했다.

특히 2008년 촛불시위가 이를 확인해주었다. 2008년 촛불시위에서는 '취

---

20 김성일, 「한국 우익 진영의 대응사회 운동」, 『문화/과학』 91, 2017. 9, 136~137쪽.
21 김성일, 「대중의 탈근대적 변환과 참여적 군중에 관한 연구」, 고려대학교 박사학위논문, 2010 등.

향'의 공동체들과 새로운 여성들이 광장의 주체로 등장했다. 주로 사이버 공간에 진 치고 있던 팬, 마니아, '덕후' 등을 위시한 동호인들이다. 이 새로운 참여자(New Comers)는 새로운 세대 및 계층의 소속원이자 지향성의 소유자들이었다. 또한 '촛불'은 새로운 매체(인터넷과 온라인 커뮤니티)와 거기에 근거한 조직 방법에 근거했다.[22]

2016/17 촛불항쟁에는 전농·민주노총 같은 전통적 대중운동 조직이 포괄하는 대중들 외에도 페미니스트나 성소수자 같은 새로운 주체가 유력한 '블럭'으로 참가했다. 또 2008년에서와 같은 다중적이며 개별적인 주체(동호인·마니아·덕후·팬), 즉 가족·친구 단위의 참가자들과 이른바 '혼참러'가 광장의 군중을 더 크게 구성했다.[23] 이런 방식의 '참여'는 오늘날 한국사회에서 정치적 주체화의 경로에 대해 중요한 몇 가지를 시사해준다.

첫째, '혼참러'와 가족, 친구 단위의 참가자들은 기존의 대중조직, 즉 학생회·노조 또는 시민사회단체와 정당 들이 조직하지 못하는 네트워크와 다중의 분파가 엄청나게 많다는 것을 보여준다. 다양하고도 재밌는 깃발을 들고 나온 시민들은, 그러니까 학생회도 노조도 힘과 '가입률'이 현저하게 작아져온 한국의 사회 세계의 또 다른 측면도 보여준 것이라 할 수 있다. 철학자 이졸데 카림(Isolde Charim)은 오늘날의 개인주의는 근대적 개인주의와 다른 차원에 있는 '3세대 개인주의'라 논하면서, 이 개인들은 근대 정치의 핵심이었던 국가, 정당, 노조 등의 조직에 가입하여 얻는 정체성과 다른 정체성을 가진다고 한다. 그래서 오히려 이런 '개인됨'이야말로 오늘날 정치적 행동

---

22 『문화/과학』, 『녹색평론』 등의 2008년 촛불시위 관련 특집; 천정환, 『대중지성의 시대』, 푸른역사, 2008; 조정환, 『미네르바의 촛불』, 갈무리, 2009 등 참조.
23 이에 대한 보다 자세한 논의와 주체성과 참여의 목적을 표현한 깃발의 종류와 특징에 대해서는 이 책에 실린 「누가 촛불을 들고 어떻게 싸웠나」 참조.

에 참여하게 하는 주요 조건이라 주장한다. 촛불항쟁의 '혼참러'를 설명할 수 있는 하나의 논점으로 보인다.[24]

둘째, 2008년 촛불시위를 통해 본격적으로 그 모습을 드러낸 것처럼, 그들은 더 이상 "덩어리라는 양태로 존재하는" 대(大)중이 아니라 "역사에 유례없을 수준으로 분화된" 소(小)중으로서의 삶[25]을 영위하는 존재들이라 할 수 있다. 그 같은 '소중'으로서의 삶은 자주 소비와 취향으로 규정된다. 오늘날의 삶은 점점 더 양극화·개별화·'소중화'되고 있는데, 2016/17 촛불항쟁은 이를 뚫고 이뤄낸 (한시적) 연대의 승리였다.[26]

2) 좌우의 포퓰리즘

한편 우익 대중의 재구조화도 2000년대 대중성의 재구성에서 빼놓을 수 없는 부분이다. 2003년 노무현 정부의 출범과 대중성의 '문화적 전환'에 대한 우익 진영의 전례 없던 대응으로 그들의 행동화·조직화가 본격화되었다. '뉴라이트'라는 이름으로 대표되는 신종 우익의 등장은 유럽에서 중도좌파 혹은 자유주의 세력의 집권 이후 "인종주의와 국가주의를 표방한 새로운 우익의 발호와"[27] 비슷한 현상이라 볼 수 있는데, 박근혜 정부의 출범 이후 극성기(極盛期)를 맞았다. 그들이 주로 개신교의 분파와 일부 영남 지역민, 기득권층과 극우적인 장노년층임에 비해, '일베'로 대표되는 극우 '넷우

---

24 이졸데 카림 지음, 이승희 옮김, 『나와 타자들—우리는 어떻게 타자를 혐오하면서 변화를 거부하는가』, 민음사, 2019.

25 김성윤, 「플랫폼과 '소중'—생산과 소비의 경합이라는 낡은 신화의 한계상황」, 『문화/과학』 92, 2017. 12, 105쪽.

26 그래서 촛불의 '공통 강령'은 수준이 낮았을지 모른다. 한편 새로운 항쟁 참여자들의 사회적 신원은 대부분 '리버럴' 시민들이자 중산층이었다고 보인다. 가장 낮은 계층의 시민이 촛불에 얼마나 참가했는가는 구체적으로 조사되지 않았다.

27 김성일, 「한국 우익 진영의 대응사회 운동」, 『문화/과학』 91, 2017. 9, 145쪽.

익'은 웹공간에서 10~30대 남성을 중심으로 자생하며 새로운 우파 포퓰리 즘과 혐오 세력을 구축했다. 정치 세력으로서의 '일베'는 촛불 이후 기세가 다소 꺾였지만, 세대·젠더를 걸쳐 그들이 퍼뜨린 혐오의 의식과 문화는 광 범하여 여전히 극복의 대상이다.

그런데 포퓰리즘은 단지 '오른쪽'의 현상만은 아니다. '민주화 이후'부터 현재까지 한국 정치의 큰 흐름을 관통하는 대중의 문화정치를 이해하는 데 포퓰리즘과 대중민주주의의 문제틀은 현실적인 시각을 제공한다. 각 정치 적 국면마다 민주주의의 위기를 감지하고 그것을 나름의 방법으로 애써 돌 파하고자 나타났던 대규모 대중 현상(2002년 노사모 돌풍, 2008년 촛불시위, 2012년 안 철수 현상 등)이나 촛불항쟁도 포퓰리즘의 요소를 당연히 포함하고 있다.

포퓰리즘 대중정치는 순식간에 열정적으로 확산·전파되는 대중의 정동 (특히 정의감, 분노 등의 감정)과 고도로 현대화된 정보의 연결망(초연결사회의 미디 어 네트워크)을 기본 요소로 삼되, 그와 반대 방향에 있을 법한 전통적 우중정 치와 그 위험(참주선동과 영웅주의)을 모순적으로 결합한다. 또한 흔히 민족주 의·인종주의·배외주의와 접속한다.

포퓰리즘 대중정치의 문제틀은 민중·인민·대중에 의해 수행되는 민주 주의의 고유한 불안과 가능성을 동시에 지시해주며, 대중민주주의를 경멸 하는 우파적 엘리트주의나 일부 '문화 좌파'의 태도를 넘어서게 한다. 포퓰 리즘에는 고유의 위험과 함께 거대자본과 부자계급에 장악된 정치를 극복 하고자 하는 대중의 열망과 해방의 가능성도 들어 있다. 그러므로 대중정치 와 그 다기한 표현 속에 과연 대중의 어떤 해방의 열망과 한계가 들어 있는 지 살피고 그것을 '정치화'할 수 있어야 한다.[28] 또한 포퓰리즘 대중정치의

---

28 진태원 엮음, 『포퓰리즘과 민주주의』, 37쪽; 네그리와 하트 또한 포퓰리즘에 의해 제기되는

문제틀에서 우리는 '민중에서 시민으로',[29] 또 '시민에서 다중'으로 이어져온 현대 한국 대중정치와 봉기의 전통, 그리고 주체의 역사를 이해할 수 있다. 3·1운동에서부터 4·19혁명, 광주민중항쟁, 6월민주항쟁을 거쳐 촛불항쟁에 이르기까지 연속된 민중항쟁의 전통과 경험은 한국 민주주의의 제1의 자원이다. 2016/17 촛불항쟁은 그런 점을 재확인하여 한국 정치에서 저항권과 광장정치의 의의를 일깨워주었다. 신비로울 것도, 높이거나 격하할 것도 없는 오늘날의 다중은 일면 여전히 '민중'의 면모를 갖는 한편, 새롭고 다양한 '참여적 군중'과 '빠'들, 그리고 여성과 소수자 들이다.[30]

이런 견지에서 보면 오늘날 포퓰리즘의 요소는 대중정치의 엄연한 상수 요인이자 일종의 양날의 칼이나 '올라타야 하는 말' 같은 것이다. 차라리 경계해야 할 것은 흔히 지식인이나 자유주의들이 주장하는 "성숙한 민주주의"(이 문구의 숨은 뜻은 '선진 자유주의' 정치체제일 것이다) 따위일지 모른다. 진태원은 이를 "포퓰리즘의 대안으로 제시하는 것은 문제를 표면적으로 이해하는 것이거나 아니면 순환논리"에 불과하다고 한다. 포퓰리즘이 곧 "자유민주주의체제의 위기 내지 한계를 드러내주는" 것인데, 도로 '성숙한 자유민주주의'를 그 대안으로 내세울 수 없기 때문이다.[31]

어떤 요소들과 문제들은 "지혜로운 좌파운동에 의해 회복"되어야 한다고 한다. 안토니오 네그리·마이클 하트 지음, 이승준·정유진 옮김, 『어셈블리―21세기 새로운 민주주의 질서에 대한 제언』, 알렙, 2020.

29 '민중 대 시민'의 이분법은 90년대 민주 세력의 분화 과정에 나와서 지금도 사용되는 '통념'의 개념이다. 「'퇴진행동' 염형철 상임운영위원 "새 세상에 대한 기획, 광장서 나오리란 기대 든다"」, 『한겨레』, 2016. 12. 6 같은 기사에 의하면 "시민(운동) 진영"과 "민중(운동) 진영"이 연합한 것이 '퇴진행동'이며 "민중 그룹의 실무 능력, 헌신성과 시민단체의 기획력과 대중적 확장력이 결합해 나름의 균형을 잡고 있다"고 한다.

30 다중의 문제의식은 안토니오 네그리·마이클 하트 지음, 조정환 옮김, 『다중―제국이 지배하는 시대의 전쟁과 민주주의』, 세종서적, 2008 등을 참조. 새로운 민중사의 상에 대해서는 역사문제연구소 민중사반, 『민중사를 다시 말한다』, 역사비평사, 2013 참조.

31 진태원 엮음, 『포퓰리즘과 민주주의』, 7~8쪽.

'자유민주주의'나 '헌정 질서'를 초과하는 민중의 정치, 대중정치는 과대한 정념과 카리스마적 지도자와 급진적 행동주의를 포함할 수 있다. '법질서'나 '성숙'은 봉기나 전선에서의 인민 행동과 거리가 있을 수 있다. '순수한 촛불'도 '순수한 페미니즘'도 없다. 우파 엘리트나 안티 페미니스트의 눈으로 보면 촛불항쟁이나 페미니즘 운동만큼 반지성적이고 반제도적인 광기가 어딨겠는가?

그럼에도 이런 문제틀이 이른바 선진 자본주의 국가 외의 모든 지역에 적용될 수 있다고 생각되지는 않는다. 또한 냉전과 분단이 지속되는 한국에서 단단한 지도력·조직력을 갖춘 진보정치의 제도적·정치적 구심을 갖추고 아래로부터 민주주의의 기초를 더 탄탄히 해야 할 필요를 부정할 수도 없다. 지금보다 훨씬 강력한 진보정당과 더 많은 노동자 조직도 절실하다.

4. 대중정치의 정동과 지성

1) 분노·억울함·'빠'·불안

촛불 이후 오늘날 대중정치의 이념적·정서적 추동력은 무엇일까? 그리고 문화정치는 어떤 과제를 가지고 있을까?

촛불로 타올랐던 광장의 시민정치는 산개하다가 다른 형식으로 변형되었다. 첫째, 무수한 '청와대 청원'이 상징하듯 문재인 대통령과 그 정부에 촛불의 주권이 위임되었다. 청와대 청원 같은 현상은, 말하자면 시민 직접행동이 다른 출로를 찾지 못하고 분출하는 소박한 직접민주주의 양식의 일종이다. 소소한(?) 일상적 '갑질'에 대한 해결부터 자유한국당 해산, 문재인 대통령 탄핵, 반려동물 식용 금지 등에까지 이르는 청와대 청원은 일견 법리·

합리성과는 큰 인연이 없는, 정치적 현안과 불공정에 대한 '민중적' 분노와 정의감·억울함의 표출의 한마당인 것처럼 보인다. 분노와 억울함은 오늘날의 한국사회를 지배하는 정동으로 간주되어왔다.[32] 애초에 촛불항쟁 자체에 —항쟁이 아닌—청원의 성격이 강하게 들어 있었으며,[33] 그랬기에 촛불은 끝까지 '법질서' 속 '비폭력 평화'를 유지할 수 있었다는 평가도 있다. 청와대 청원 자체도 기실 법의 틀 속에서의 사회권·평등권의 요구라 해석될 수 있다.[34] 물론 때로는 '자유한국당 해산' '문재인 대통령 탄핵'처럼 합법과 인터넷 공간 안에서 불가능한 요구로 표출되기도 한다.

그리고 '문재인'이라는 이름은 현재 한국적 포퓰리즘 대중정치의 상징이자 매개가 되었다. 전례 없는 행동력과 결집력을 지닌 아래로부터의 대통령 지지기반이 강하게 형성되어, 정치 영역 전체의 상수(常數)가 되었다.[35] '노사모' 이래 대통령 팬덤은 한국 대중정치의 주요 구성 요소다. 정치적 대중인 '빠'는 대중문화와 대중민주주의의 상호침투를 잘 보여준다. 정치인 팬덤과 아이돌 팬덤은 물론 다르지만, 그럼에도 이를 통해 환기할 것은, 많은 시민들이 집회·시위나 세미나·학생회·노동조합 또는 지역의 풀뿌리 조직 같은 데서 정치적 행위양식을 배우고 경험하기보다는 온라인 공간과 대중문화의 장으로부터 학습하고, 또 그럼으로써 '주체화'했다는 사실이다. 이런 점은 한때 여성과 젊은 세대에서 더 두드러졌으며, '노무현'의 이름과 친

---

32 이 같은 진단은 꽤 오래되었다. 김헌태, 『분노한 대중의 사회—대중 여론으로 읽는 한국 정치』, 후마니타스, 2009; 최태섭, 『억울한 사람들의 나라—세월호에서 미투까지, 어떤 억울함들에 대한 기록』, 위즈덤하우스, 2018 등.

33 헌재·국회에 박근혜 탄핵을 청원하는 성격도 강했다는 것이다. 김동춘, 「견고한 민주주의를 향한 한국의 촛불시위」, 제14회 칼 폴라니 국제학회(2017. 10. 12~14) 제5세션 발표 논문 참조.

34 「국민청원, '떼법' 아닌 성평등·인권 등 '사회권 보장' 요구 높았다—청와대 국민청원 빅데이터 분석」, 『한겨레』 2018. 5. 9.

35 한귀영, 「문 대통령 고공 지지율 지속될까」, 『한겨레』 2018. 4. 16.

노 정치인이 그 주요한 대상이 되었다.[36]

2018년 1~2월 사이의 상황은 이 같은 대중정치의 메커니즘과 정동을 압축해서 보여주는 사례다. 암호화폐와 평창올림픽 아이스하키 단일팀 논란의 와중에 한때 문재인 대통령의 지지율이 10% 가깝게 급격히 빠졌다.[37] 사회경제적 불만이 누적된 2030세대 중 일부와 보수층이 일시적으로 급격히 재(再)중립화되거나 문재인 정부로부터 이반한다고 볼 수도 있는 현상이 벌어진 것이다.

이는 한국 상황에서 대북·안보 이슈의 폭발력을 보여주는 한편, 한국의 정치 지형에서 2030세대의 사회경제적 불안정성이 정치적 유동성과 어떻게 연결되는지 보여준 사례라 할 수 있다. 노무현 정부의 실패와 신자유주의 심화 이후 당시 20~30대는 2007년 대선에서 이명박에게 50% 이상의 지지를 보내기도 했고, 2012년에는 '안철수 현상'을 만들기도 했다. 2015년 1월 한국과학기술원(카이스트) 미래전략대학원의 토론회 '한국인은 어떤 미래를 원하는가'에서 발표된 과학기술정책연구원 박성원 박사의 논문에 의하면, 20~34세 청년층 대상의 설문조사에서 응답한 청년의 42%가 "붕괴, 새로운 시작"을 원했으며, "지속적인 경제성장"을 원한 청년은 23%에 불과했다.[38] 일종의 집단적 '리셋 증후군'처럼 보이기도 하는 이 결과는 포퓰리즘 대중정치의 정동적 질료의 하나가 무엇인지 보여준다. 이미 많이 논의되었듯, 불안은 '혐오사회'와 '분노사회'의 기반이기도 하면서,[39] 동시에 현실에서 끝

---

36 박창식, 「정치적 소통의 새로운 전망—20~30대 여성들의 온라인 정치 커뮤니티를 중심으로」, 광운대학교 박사학위논문, 2010.

37 「문재인 대통령 지지율 첫 50%대로… 청와대 "겸허히 수용"」, 『한국경제』 2018. 1. 25 등.

38 「강준만 칼럼: 촛불 이후의 이데올로기」, 『한겨레』 2018. 4. 8. 강준만은 청년층이 "고성장 시대의 종언이 돌이킬 수 없는 현실임을 잘 알고" "붕괴, 새로운 시작을 원한" 거라 해석했다.

39 정지우, 『분노사회』, 이경, 2014 등 참조.

없이 '영웅'을 찾아내고 열광적 지지를 보내는 팬덤정치의 기반이 된다.

문재인 대통령은 '노무현 정치'를 '운명'으로 이어받은 정치가이고, '친노' '친문' 시민들이 가진 특유의 정서 구조 때문에 팬덤정치의 위험의 정점에 있다고 볼 수 있다. 그러나 문 대통령의 개인적 스타일이나 민주당의 성격을 고려할 때, 그 위험을 과대평가해서도 안 된다. 문재인 정부의 통치성과 계급적 성격은 모호하고, 특히 경제와 노동 정책은 자유주의 우파에 가깝다. 정부 출범 1주년 시점에서는 노동개혁도 재벌개혁도 "속도가 나지 않고 있"지만 "소득불평등 완화와 복지 확대" 등은 긍정적으로 평가할 수 있다는 견해[40]와 "자본의 이해를 침해하는 일은 아무것도 하지 않"은 문재인 청와대가 "결코 노동자를 위한 청와대가 아"니기에 다시 "투쟁을 준비할 수밖에 없"다는 주장도 있었다.[41] 문재인 정부는 부르주아 자유주의와 586 민주화운동 세대 주류(의 가치관)를 태생적 핵심으로 삼으면서, 한편 열성 지지자인 '문팬'과 촛불항쟁의 주체였던 시민대중 일부에 근거하고 있다.

2) 대중지성의 성장과 위기: 여론조작, 반지성주의, 음모론

2018년 5월 7일자 경찰 발표에 의하면, 동계올림픽 남북 단일팀 구성과 관련하여 대통령 지지율이 하락하던 바로 그 즈음 '드루킹 일당'은 무려 2,290개의 아이디를 사용하여 675개 기사의 댓글 2만여 개에 매크로를 실행해 210만여 회에 걸쳐 클릭했다 한다. 조중동 또한 전례 없이 청년층에 공감하는 척하면서 '반(反)평창올림픽' 여론에 개입했다. 이는 온라인 여론정치

---

40   정의당 정책위원회, 「논평: 문재인 정부 1년. 긍정적으로 평가, 더 과감한 개혁추진에 나서야」, 2018. 5. 9(http://www.justice21.org/newhome/board/board_view.html?num=107448).

41   사회변혁노동자당, 「성명: 문재인 청와대는 노동자를 위한 청와대가 아니다—허울뿐이었던 문재인 정부의 '노동존중' 1년」, 2018. 5. 10(http://rp.jinbo.net/statement/49070).

의 위험성을 보여주는 중요한 사례였다.[42]

드루킹 사건은 단지 현실정치 판의 '브로커' 사건이 아니었다. 이는 이명박·박근혜 정권의 민간인 사찰이나 국정원 댓글 사건, 그리고 세계적으로 이슈가 되는 '가짜 뉴스' 문제의 연장선상에 있다. 이들 사건은 '여론'에 개입하고 조작하려는 '작전(세력)'이 실재하며, 그들의 공격에 인터넷 공론장이 취약하다는 사실도 보여줬다. 특히 드루킹 사건은 매일 3천만 명이 접속한다는 인터넷 독과점 포털인 네이버를 경유하여 이뤄졌다.[43] 대규모 플랫폼, 1인 미디어, SNS 공론장 등이 대중적 정동 형성과 정보 공유의 새로운 장으로서 하는 역할과 문화정치의 과제가 면밀하게 분석될 필요가 있다.

이와 관련하여 집합지성·대중지성·다중 등의 문제틀은 전문가주의와 우중정치가 지닌 위험을 동시에 의식하면서 민주주의와 연대의 창출에 대한 시야도 열 수 있게 한다. 한국에서 집합지성·대중지성의 개념은 2006년 황우석 사태와 2008년 촛불집회를 계기로 본격적으로 제기되었는데, 심화된 양극화와 나쁜 방향으로 변화된 미디어 상황, '이명박근혜' 시대의 반동 등은 그에 대한 장애 요인이다.

문재인 정부 출범 전후 문재인 정부 지지층을 지목하며 한국 대중정치의 한계를 뭉뚱그려 '반지성주의'라 쉽게 단정하는 흐름이 커졌다. 그러나 이는 대체로 안일한 우파적 일반화에 가까웠다. 반지성주의에 대한 경계가 지식인이나 좌파의 무능에 대한 자기합리화로 귀착되지 않게 주의해야 한

---

42 「경찰, "'드루킹' 댓글 2만여 개에 매크로로 210만여 번 부정클릭" 추가로 드러나」, 『경향신문』 2018. 5. 7.

43 오늘날의 '인터넷 권력'은 한편으로는 인터넷 환경에 개입함으로써 사용자들의 사고와 행동을 관리·통제하고, 다른 한편으로는 그 내부 사용자들의 (가상적) 자유를 극대화하여 사용자의 정신적 능력을 전유해 나간다. 이는 새롭고 효과적인 통치 시스템으로 간주될 수 있다. 박승일, 「인터넷과 이중 관리권력 그리고 관리사회」, 서강대학교 박사학위논문, 2017 참조.

다. '반지성주의'라는 비판은 정치적으로 편의적이며 다른 정치 세력을 비난하기 위해 쓰는 상투어가 되어버린 경향이 있다. 촛불항쟁이나 페미니즘 봉기 등에 개재된 지적 열기는 반지성주의와 거리가 멀다는 사실 외에도, '맹목적' 지지자라 일컬어지는 팬덤의 행태조차 정치 지형에 대한 나름의 현실주의와 목적합리성에 입각해 있다는 사실에 주목할 필요가 있다.

오히려 문제는 진영정치와 '기울어진 운동장'에 대한 과잉 의식화다. 세월호 사건처럼 진실을 밝히기 어려운 대규모 재난이 빈발하고, 박근혜 정권처럼 통치 자체가 '농단'인 불합리한 상황이 음모론을 상수화한다. 음모론은 물론 심지어 '일베' 따위들을 지배하는 것도 '팩트'며 "과잉된 합리성"[44]이다. 음모론 지지자들은 지적 신뢰와 권위가 총체적으로 부재하는—또는 그 구축의 역사도 알 수 없는—상황에서 나름의 논리와 '팩트'를 추구한다. 한국에서 음모론이 횡행하는 중요한 배경은 대중이 친정부 계열의 '네임드'들에 의존하는 정황이다. 김어준 등으로 상징되는 몇몇 '인플루언서'들은 특유의 정치관과 대중적인 언어로 상당히 광범위한 대중에게 영향을 미치고 있다.

따라서 우리는 더 깊이 문제를 제기해야 한다. 반지성주의가 진짜 문제라면, 과연 오늘날 '지성'은 무엇이며, 그것은 어디에 있는가? 대중정치와 오늘날 앎의 문제에 관해서는 세 가지 수준의 실제적인 중요한 문제가 있다.

첫째, 이념 수준의 대안 부재다. 음모론이 횡행하고 '확증 편향'이 온 대중을 장악하는 이유는, 이재훈이 말한 것처럼 "오래 전부터 고통을 설명하던 이론들이 힘을 잃었"기 때문이며 "정치 이데올로기 역시 더 이상 사람

---

44 이재훈, 「사람들은 왜 김어준의 음모론에 호응하는가」, 『뉴스민』 2018. 4. 16(http://www.newsmin.co.kr/news/29232).

들의 고통을 설명해주거나 '혁명적 보상'을 약속하지 못하고 있"기 때문이다.[45] 그렇다면 문제는 '(진보) 좌파'의 무능·부진이다. 현재 한국사회에는 촛불로 제시된 사회개혁의 요구를 받아안을 대안적 정치 세력과 그 언어가 여전히 약하다. 문재인 정부 출범 이후의 열린 공간에서도 진보정당과 좌파 정치는 오히려 위축된 것처럼 보인다. 예컨대 촛불 이후의 정치 구도에서 정의당은 모호한 태도를 취할 수밖에 없었다. "진보적 의제를 던지기는커녕 '여당의 이중대'라고 비난받아도 할 말이 없을 정도의 행보를 보이고 있다."[46] 그래서 '조국 사태' 때 결정적인 오류를 범하기도 했다. 그 노선이나 대중적 기반은 문재인 정부나 또 그 지지층과 일부 겹친다. 특히 "탄핵 국면에서 형성된 진보와 중도의 동맹"[47]이 유지되고 있었기 때문이다. 2020 총선 이전까지 정의당은 주로 문재인 정부 지지층과의 갈등을 피하는 방식으로 정치적 실리를 추구해왔지만, 새로운 대중정치를 발명하지 않으면 안 된다. 노동당·민중당·녹색당은 여전히 존재감이 약하다. 본래적인 자신의 한계를 벗지 못했거나 대중적 지지기반을 갖기에 한계가 있다. 민주당의 당세와 대중적 지지도가 역사상 유례없이 커진 상황에서, 진보정당은 독자적 진보정당의 존재 필요성을 또다시 스스로와 대중에게 설명해야 할 필요가 있다.

둘째, 실천적 지성의 부재다. 반지성주의와 대결하는 적절한 방책은 동어반복적으로 '반지성'을 고발하는 것이 아니라 다른 합리성이 실재한다는 사실을 대중에게 보여주는 것이며, 권위와 신뢰를 가진 앎을 스스로 생산하

---

45 이재훈은 여기에 덧붙여 사람들이 "자유주의적 정치체제의 위선에 넌더리를 내고 있"기 때문이라 했다. 김어준과 음모론의 신봉자들이 자유주의 정부인 문재인 정부 지지자들이라는 점에서 이 말은 다른 차원을 지닌다. 위의 글.

46 위의 글.

47 한귀영, 「문 대통령 고공지지율 지속될까」, 『한겨레』 2018. 4. 16.

는 일일 것이다. 그런데 음모론에 맞서거나 쓰레기 정보의 홍수를 넘어 언제나 명징하게 진실을 준별할 수 있는 균형 있고도 종합적인 지적 능력을 개인은 그 누구도 보유하고 있지 않다. 더 근본적으로는 지배의 거대하고 복잡한 메커니즘과 정보 자본주의의 규모에 비해, '합리성'의 구축 가능성은 매우 빈약해 보인다. 권위 있는 지성과 학술적 지식과 공통감각을 통해서만 '합리성'과 그에 대한 믿음이 성립 가능하다고 할 수 있겠지만, 책임 있는 언론이나 공공적인 지적 기구(대학)는 거의 존재하지 않는 상황이다. 그래서 사실상 정보 판단과 앎의 과제는 매순간 대중과 개인들 스스로에게 맡겨져 있다.[48] 김수아는 SNS와 '빅데이터'로 표상되는 오늘날의 정보 유통 구조 속에서 개인들이 '동조 편향'을 갖게 되고 다양성은 부인되는 상황이 탈진실('포스트-트루스') 시대의 환경이라 분석한다.[49] 조정환은 탈진실 시대의 배경에 "진실권리를 독점한 전문가·지식인"들이 사법권력과 결탁해온 역사적 과정과 근대적 지성·지식 체계를 불신하게 된 다중의 '정동적 전환'이 있다고 설명한다.[50]

결국 필요한 과제는 대중과 집합적 '지성' 사이의 통로를 다시 뚫는 일이다. 그런데 전통적 '지식인'은 파편화되고 자본과 권력, 그리고 대학 기업에 종속돼 저항이나 비판의 역할을 상실했다. 참여적 지식인 집단은 거의 존속하지 않거나, 지식인이라는 존재의 재생산·존속 방식 자체가 '파편화'의 방식으로 변했다. 솔직히 이제 '지식인'이 성립 가능한 개념인지도 모르

---

48 그런 면에서 '숙의민주주의'의 실험은 가치가 있다. 그런데 '숙의'는 절차 합리성으로 내용의 합리성까지 보장할 수 있다는 전제와, 숙의의 주체가 지닌 합리성·대표성을 대가로 지향성을 희생해야 한다는 위험을 감수해야 한다.

49 김수아, 「디지털 미디어 시대 '개인화'와 사회의 의미」, 『문학과사회 하이픈』 2020년 봄, 2020. 2.

50 조정환, 『증언혐오—탈진실 시대에 공통진실 찾기』, 갈무리, 2020. "공통·진실 체제"로의 전환이 조정환이 말하는 대안이다. 주목할 만한 새로운 주장이라 생각한다.

겠다.

실재하는 위험한 반지성주의의 주체가 있다면, 앎을 독점하고 여론을 농단하여 지배에 동원하려 하는 체제와 기득권 동맹이다. 그리고 대학 내부에 존재하는 반지식인주의 및 반인문·반사회과학도 큰 위협이다. 대학의 위기나 '인문학의 위기' 또한 이로부터 온다. 특히 한국 대학과 인문사회과학은 향후 5~10년간 결정적인 재생산의 위기를 겪게 될 듯하다. 따라서 지식생산과 인문·사회과학 생산·유통을 혁신하는 대안적 지식 운동이 절실히 필요하다.[51]

셋째, 앎의 양극화 또는 (거시적 규모의) 사회적 지적 격차의 확대다. 전체로서의 대중도 책보다는 팟캐스트나 뉴미디어에 의존하며, 글 읽는 힘은 전체 계층에서 확실히 약화되었다. 새삼 리터러시(literacy)의 문제가 제기될 정도로 교육 양극화도 심각해졌다. 이미 초등학교 시기부터 '수저계급'이 결정되며 공교육이 붕괴되는 상황에 대한 진단이 많지만, 교육개혁은 지지부진하다. 시민 인문학 같은 '대중의 자구책'은 생산되는 불평등의 구조에 비하면 미미할 뿐이다. 공공적 인문·사회과학을 위한 새로운 아이디어와 실행이 필요하지 않을까?

5. 새로운 사회를 위한 새로운 지적 기획을

거론한 모든 정황은 지식층에게 큰 책임이 있다. 대학이 급격하게 변질

---

51 관련하여 최근 발족한 '새로운 학문생산체제와 '지식 공유'를 위한 학술단체 및 연구자연대(지식공유연대)'의 선언과 활동(https://knowledgecommoning.org)을 참조할 필요가 있다. 「"논문은 공유재" 21세기형 지식인운동 닻 올린다」, 『한겨레』 2020. 2. 22.

되고 각자도생의 논리가 휩쓸며 대부분의 한국 지식인들은 자기모멸과 허위의식에 찌든 지배의 하수인 아니면 그냥 평범한 월급쟁이가 되어버렸다. 한국사회 반지성주의 극복의 요체는 언론 및 교육개혁과 지식(인) 운동의 재구조화에 있다고 생각한다.

서두에서 말했지만 탈냉전·탈분단이 수행되고 동북아시아 질서의 근본적 변화가 추동된다면, 국가주의나 안보 논리가 노동탄압과 여성차별의 빌미가 되는 일이 줄어들고 군사주의 남성문화, 극우 개신교, 영남 패권주의가 약화될 가능성이 커진다. 이때 한국 민주주의의 기저는 좀 더 단단해지고 '노동'과 '젠더' 또한 이 길에서 보다 넓은 공간을 얻을 수 있지만, 불평등의 문제가 분단과 적대의 문제 속으로 해소되지는 않는다. 이때 문화운동과 소위 '진보 좌파'는 진보의 담론과 운동의 논리를 재구성해야 할 책무가 있다. 이제 새로운 해방의 지적 기획은, 대중정치와 대중적 문화운동의 논리를 제공하는 것만이 아니라 지식인과 시민의 자기해방을 위한 앎의 네트워크를 개척하기 위해 노력해야 한다.

03

촛불항쟁 이후 시민정치와 공론장의 변화
—팬덤정치와 반지성주의

1. 촛불은 혁명인가 청원인가

촛불항쟁, 촛불혁명, 촛불시위, 촛불집회 등의 말이 함께 쓰이고, 촛불의 성취에 대한 평가는 엇갈린다. 특히 '혁명'이라는 말 때문에 여러 논쟁이 생겨난다.[01] '혁명'은 일상어이면서 동시에 인문·사회과학의 개념어이다. 결론부터 말하면, '촛불혁명'이라는 명명은 과도한 것이며, 정치적 의도가 있는 수사로 사용되는 경우가 많다. 촛불항쟁의 몇 가지 요소나 효과는 '혁명적'이었으나 더 많은 다른 요소들은 전혀 혁명과 거리가 멀었다. 촛불항쟁은 기본적으로 전민적 규모의 가두 직접행동(direct action)이었지만, 그 행동의 양상이나 권력 교체 과정이 '체제 내' 또는 '합법'의 틀 안에 있었다.

사회과학자들 중에는 촛불항쟁을 그냥 촛불집회, 촛불시위라 부르거나 지배계급을 향한 일종의 '청원' 운동이었다고 평가하는 이들도 있다.[02] 일련

---

01 황진태·박배균, 「2016년 촛불집회시위의 공간성에 관한 고찰」, 『공간과 사회』 28(3), 2018. 9의 서론에 이에 관한 일정한 정리가 있다.

02 김동춘, 「촛불시위, 대통령 탄핵과 한국 정치의 새 국면」, 『황해문화』 94, 2017. 3; 윤상철, 「촛불

80   촛불 이후, K-민주주의와 문화정치

의 시위 행동을 국회와 헌재에 대해 '탄핵 심판'을 청원한 것이라 보고, 또 대부분의 주체가 합법적 선거를 통한 정권교체를 투쟁의 완성이라 간주했다고 보는 점이 그 근거다.[03] 또 촛불을 통해 얻고자 한 것은 새로운 헌정 질서가 아니라 기존 체제의 정상성 회복이었다는 점이 큰 한계라 본다.[04] 일리가 있지 않은가? 시민들은 스스로 권력을 구성하려 하지 않고 기존의 법과 행정·사법기구를 통해 문제를 해결하려 했다. 1980년 5·18 광주항쟁 때는 계엄군을 광주 외곽으로 몰아내고 왜곡 보도를 일삼은 방송국을 파괴하였다. '시민군'과 '수습대책위'를 만들고 시민자치와 공동체의 공간을 일구어냈다. 1987년 6월항쟁 당시 학생과 노동자들은 더욱 적극적으로 전국의 민정당 사무실과 파출소를 공격했다. 부산이나 광주에서만이 아니라, 대구나 대전처럼 얌전한(?) 동네에서도 그랬다. 그리고 전두환 정권의 완전한 타도와 새로운 민주정부와 헌법 질서를 요구했다.

촛불항쟁 때는 이 같은 행동과 요구가 없었다. 대통령을 탄핵하고 선거를 몇 달 앞당겨서 예측 가능한 선거를 하고 제1야당의 지도자를 대통령으로 선출했을 뿐이다. 그래도 굳이 하나를 택한다면 '항쟁'이라 부르는 것이 적절할 듯하다. 촛불에서의 '항쟁'은 일상적인 선전과 동료 시민들에 대한

집회 이후의 경제적·사회적 민주주의의 전망」, 『경제와사회』 121, 2019. 3 등을 참고

03 문재인 정부하에서 청와대 청원은 일상적 정치가 되었다. 그중 가장 극적인 것은 2019년 5~6월 사이 자유한국당이 국회에서 패스트트랙에 반대하며 벌인 농성과 난동에 대해 시민들이 청와대에 자유한국당 해산 청원을 하며 200만에 가까운 시민들이 '동의'를 하고, 그에 맞서 자유한국당 지지자들도 문재인 '대통령 탄핵'을 국민청원 하여 20만 넘는 동의를 얻어 청와대의 답변을 얻은 일이라 하겠다. 「'대통령 탄핵' 국민청원에… 청와대 "정부가 더 잘해야 한다는 각오"」, 『한겨레』 2019. 6. 28. 그러니까 SNS를 통해 매우 쉽게 접근할 수 있는 청와대 청원은 사안을 가리지 않고 무차별하게 진행되었으며, 여론을 경쟁하고 또 환기하는 일종의 '공론장' 구실도 하게 되었다.

04 서영표, 「변화를 향한 열망, 하지만 여전히 규율되고 있는 의식—2016년 촛불시위에 대한 하나의 해석」, 『마르크스주의 연구』 14(1), 2017.

독려를 통한 군중 규모의 확대와 유지였다. 한겨울 야외에서의 농성과 집회·시위를 통한 자력화(empowerment)는 결코 쉬운 일은 아니었다. 또한 하루하루 빠르게 변해간 정국에서 심지어 대통령 탄핵소추가 결정된 이후에도 황교안과 내각을 통해 권력을 유지한 박근혜 잔존 세력, 또 여론과 대중 행동의 추이에 따라 오락가락한 민주당 등 의회 세력, 헌법재판소 등 사법권력에 대한 견인·압력을 행하며 지속적인 싸움을 했다. 그 주체는 시민사회단체와 무명의 시민들이었다. 이런 점이 일련의 집회·시위를 '항쟁'으로 규정지을 수 있게 한다.

그런데 그 과정이 급진적·폭력적이지 않고, 그 효과도 근본적인 변화를 추동하지 않았음에도 '혁명'의 수사가 난무하는 것이야말로 오히려 어떤 의미를 지니는지 물어볼 만한 의문이 된다. '혁명'의 수사가 가져다주는 효과는 무엇인가? 또 군이 '촛불혁명'이라 부르는 사람들의 의도는 무엇인가? '혁명'이라는 규정이 무리하다고 느끼는 논자 중에는 유보적인 태도를 취해서 '촛불은 미완의 혁명'이라고 말하는 이들도 있다.[05]

그렇다면 과연 무엇이 '촛불혁명'으로서 진행 중이고, 우리는 무엇을 성취하고 또 '미완'했는가? 결국 촛불항쟁의 성격을 무엇으로 어떻게 판단할 수 있는가?

정치권과 집권 세력의 촛불혁명에 대한 '횡령'이나 학계 일각의 희화화된 '촛불혁명론'을 보면, 오늘날 '혁명'이라는 말이 상당히 정치적이고 안일한 수사학적 목적으로 발화된다는 것을 알 수 있다. 아마 이는 한국적 맥락에서의 혁명의 개념사나 심성사의 문제와도 결부돼 있을 것이다.[06] 이는 혁

---

05   손호철, 「6월항쟁과 '11월 촛불혁명'─반복과 차이」, 『현대정치연구』 10(2), 77~97쪽 등.
06   2019년 6월 27~28일 한국학중앙연구원이 개최한 국제학술회의 '프랑스혁명에서 촛불혁명까지─혁명의 세계사를 향하여'에서 이 문제가 토론되었다. 3·1운동이 '평화적 혁명'이었다

적폐를 단죄하라 2016/17 촛불항쟁 당시 광화문광장 시위 현장에는 포승줄에 묶인 박근혜, 김기춘, 최순실 등의 인물상이 세워졌다. 2017년 1월 14일.

명 개념 자체에 대한 논의로는 해결될 문제가 아니다. 더 들여다보면 '혁명' 론의 혼란 속에는 정치혁명, 사회혁명 개념의 혼란(또는 혼용)이 있고, 사회변혁의 상에 관련된 문제도 있다 보인다. 오늘날 사회란, 그리고 정치란 무엇인가를 생각하면서 이 문제를 잠시 검토해볼 필요가 있다.

는 한 발표가 기화가 되어 혁명이 무엇인가에 대한 열띤 토론이 이어졌다. 프랑스혁명사 연구의 권위자 피에르 세르나 파리1대학 교수의 말이 인상적이었다. 그는 혁명은 폭력보다 큰 개념이고, 오히려 폭력은 혁명의 결과라 말했다. 즉 혁명은 급진적으로 사회를 변화시키는 것을 의미하며, 폭력이란 그 과정에서 수반된 양상이라 해석했다. 변화를 바라지 않는 세력이나 기존의 틀에 혁명이 작용할 때 나타난 급진적 변화가 곧 폭력의 형식을 띤다는 것이다. 그에 의하면 혁명과 폭력은 뗄 수 없이 밀접한 관계에 있다. '비폭력 혁명', '평화혁명' 등이 사변적인 말놀이일 가능성이 높은 이유라 생각한다.

이는 이른바 포스트민주주의, 또는 대의제 민주주의의 파탄으로 표현되는 자유민주주의의 퇴락과 극단적인 경제적 양극화의 문제에 긴히 결부돼 있다. 박근혜·이명박·김기춘 같은 자들이나 사법부 수장 양승태까지 '적폐' 단죄를 받아 사상 처음으로 감옥에 간 사실을 '혁명(적)'이라 칭할 수 있을지 모른다. 그러나 이와 대조적으로 재벌 총수들은 감옥에서 풀려났으며, 정치 및 사법개혁과 헌법 개정은 불가능했다. 보수 양당정치는 그대로 유지되고 있으며, '박근혜 퇴진 시민행동' 같은 시민적 주체는 사라지고 '촛불'에서의 시민정치와 광장의 민주주의는 문재인 정부와 제도정치 속으로 회수되었다. '조국 사태'에서 드러난 문재인 정부의 성격이나 정부 스스로 경제 개혁을 유산시켜왔다는 사실들은 어떤가?[07] 한국의 기득권 구조에는 변화가 없다. 언론, 대학, 교회 등의 국가기구도 전혀 변하지 않았다.

게다가 소위 '4차 산업혁명' 때문에 양극화의 구조는 더 단단하게 고착될 전망이다. 이를테면 새로운 '농노'라고까지 일컬어지는 플랫폼 노동자와 특수고용직 노동자의 수는 230만 명을 넘었다. 문재인 정부는 '소득주도성장'으로 양극화의 해소를 꾀했다지만, 역부족이거나 (잠정) 실패라고 볼 수밖에 없다. 이런 점이 더 근본적이기 때문에 '혁명'의 정명(正名)은 고전적인 규준, 즉 새로운 '사회경제체제의 성립'에 회수된다. 정치와 경제의 새로운 관계 또는 다른 버전의 금권정치 덕분에 '혁명'에 대해 생각할 도리가 없다.

그런데 '촛불혁명'을 유난히 강조하는 사람들은 누구인가? 정치권 인사들이나 기성 학계 중에서도 친(親)민주당 계열의 학자들이다. 과연 그들이 2030세대의 실업과 불안정노동, 여성들의 요구나 저임금·이주노동자의 권

---

07 「"문재인 정부 말, 경제위기 온다… 재벌개혁 위한 제2촛불운동 해야"—박상인 서울대 행정대학원 교수 "재벌개혁 없이 양극화·노인빈곤 해결 힘들어"」, 『오마이뉴스』 2019. 6. 20(http://www.ohmynews.com/nws_web/mobile/at_pg.aspx?cntn_cd=a0002546741).

리를 진정으로 옹호할까? 문재인 정부는 민주노총과의 관계 악화나 ILO 비준 거부에서 보듯 '노동 존중'과 반대 방향으로 나아가고 있으며, '촛불정부'라는 자처도 사실상 어느 순간부터 슬며시 사라졌다.

문재인 정부 출범 이후 시민정치는 변질돼왔다. 아래로부터의 개혁의지와 시민행동주의(activism)의 분위기는 존속하지만, 기본적으로 문재인 정부에 의존하며 제도정치 속으로 회수되었다. 이는 촛불이 대학·기업·마을 등으로 본격적으로 옮겨 붙지 못한 사정과 관계 깊다. 87년 6월항쟁 이후와 같은 광범위한 학원민주화 운동이나 노동운동의 대규모 조직화도 없었다.

젠더 문제 외에 촛불항쟁이 수개월 진행되는 동안에는 기이하리만치 밖으로 잘 드러나지 않았던 촛불 내부의 노선 차이와 갈등은 일단 대선에서의 경쟁을 통해 표현되거나 문재인 정부하에서 강하게 재구조화되기 시작했었다. 이를테면 문재인, 이재명, 심상정 등 대선 후보들의 노선 차이나 젠더 문제를 둘러싼 논쟁은 촛불하에서의 기본적 노선 차이이기도 했었다. 예컨대 청와대 행정관 탁현민 씨에 대한 사퇴 요구가 여성계와 일군의 시민들로부터 줄기차게 이어졌다. 그러나 친(親) 문재인 정부 '진보' 남성들은 의도적으로 탁씨를 옹호했고, 문재인 대통령도 임명을 강행했다. 양측은 물론 함께 촛불의 주체들이었다. 단순하지 않은 양자의 대립은 오늘날 한국 민주주의의 핵심 문제이며, 촛불항쟁에 나타난 시민정치의 향배를 정하는 시금석처럼 보인다. 여성주의자를 위시한 일군의 시민은 이미 촛불광장의 한켠에서 '차별 없는 민주주의'와 촛불의 남성연대를 지적했다.[08] 이는 촛불항쟁 전체의 성격과 연관된다.

---

08 손희정, 「촛불혁명의 브로맨스—2010년대 한국의 내셔널 시네마와 정치적 상상력」, 『민족문학사연구』 68, 2018 등을 보라.

그런데 일부 문재인 정부 및 대통령에 대한 열성 지지자들은 '현정부를 옹호하는 것=촛불개혁'의 등식으로 모든 사안을 바라본다. 그들은 "노동운동이나 여성운동 등의 도전과 견제를 마뜩잖아 하며, 그렇지 않아도 사방팔방에서 적들의 공격에 시달리고 있는데 힘이 되어야 마땅할 것 같은 세력들이 그 적들과 함께하거나 최소한 그 적들을 돕고 있"다고 생각한다. 그들 중 일부는 친정부 논객의 선동에 따라 "스스로를 '신좌파'니 어쩌니 하며 노동운동이나 여성운동과 날카롭게 구분 짓고는 그 운동들에 대한 서운함을 날선 적대의 언어로 표출하기도 한다."[09]

이른바 '문빠'라 불리는 열성 지지자의 행동양식과 그들이 개입된 논란들은 촛불 이후의 시민정치의 본질을 보여주는 하나의 시금석이 되고 있다. 2019년 여름과 가을 사이의 '조국 사태'는 그 거대한 폭발이었다. 이는 전체 시민정치에 영향을 미치며, 공론장과 대중지성의 존재 양식도 바꾸고 있는 듯하다. 이 글에서 그 양상의 일단을 정리하고 평가하려 한다. 2절에서는 팬덤정치와 문재인 정부 열성 지지자를 중심으로 한 정동정치에 대해 주로 논했고, 3절에서는 공론장과 대중지성의 재구성을 반지성주의 등의 문제를 통해 살피고자 했다.

2. 팬덤정치의 재구성과 '문재인 지키기'의 심성 구조

1) 노사모와 2000년대의 집합지성

2000년 4월 16대 총선 직후 '노사모(노무현을 사랑하는 사람들의 모임)'가 결성

---

09 「장은주의 정치시평: '따로 또 같이'의 변증법」, 『경향신문』, 2017. 7. 11.

되었다. 이 국내 최초의 정치인 팬클럽은 곧 전국 조직으로 성장했을 뿐 아니라 시민의 정치 참여의 문화와 방법을 완전히 바꿨다. 노사모는 자발성과 네트워크 민주주의에 근거한 조직이었다. 즉 온라인 기반 특유의 '느슨한' 조직과 수평적 토론 방식에 의해 모든 의사를 결정하고,[10] 중간층을 중심으로 한 광범위한 시민을 이전과 다른 방식으로 정치에 끌어들였다. 물론 초기부터 '민주당 왼쪽' 성향의 명망가와 지식인·논객들이 이 새로운 시민정치를 옹호하며 동참했다.[11] 이는 2002년에 또 다른 '광장'을 만든 '붉은 악마'나 미선이·효순이 촛불집회 참여 시민들과 함께 시민정치의 새로운 힘이었다. 노사모 이후에 생긴 모든 '○사모'들은 노사모의 아류나 그에 못 미치는 유사품에 불과했다. 초기 노사모는 명실상부한 문화적·정치적 새로움의 담지자였다.

2000년대 초의 이 같은 새로운 시민정치는 정치학·사회학·문화학·미디어학 전반에 충격을 안겼다. 그 주체성과 문화는 인터넷과 더불어 기존 정치·사회집단과의 관계 등에 대한 논의를 학문과 담론의 새 주제로 만들어주었다. 이들은 '집단지성', '대중지성', '스마트몹(smart mob: 똑똑한 군중)' 등으로 불렸다. 처음 국면에서는 긍정적인 평가가 대종일 수밖에 없었다. 왜냐하면 이 새로운 시민정치의 주역들은 ① 다채널 의사소통을 통해 정치인 및 정부와 시민 사이의 민주적이고 수평적인 접촉 관계를 형성하여 시민정치의 참여 영역을 확대했다. ② 또한 시민사회의 자발성과 일상정치를 새롭게 하여 시민사회의 의제설정 기능을 강화하고 다양한 이해당사자들 간의 협력적 거버넌스 체계를 형성할 수 있다. 또한 이런 시민정치는 ③ 세대적 변동과

---

10   노혜경, 「노사모의 길을 묻다」, 『인물과 사상』 58, 2003년 2월호, 106~112쪽; 노혜경, 『유쾌한 정치 반란, 노사모』, 개마고원, 2002 참조.
11   예컨대 강준만, 「'노사모'를 어떻게 볼 것인가?」, 『인물과사상』 2002. 6, 50~63쪽 참조.

가치문화의 변화를 생성하게 하는 문화 및 가치변동의 기능을 한다. 그리고 이 모두는 대개 온라인에서의 시민행동주의에 근거한다고 볼 수 있다.[12]

그러나 이런 긍정적 요소들이 이후 정치 지형 속에서 빠르게 변질·변형 되었다. 2007년 대선을 거치며 인터넷 기반 시민정치는 그 자체로 하나의 제도적 양식처럼 되었다. 그리고 초기의 인터넷 기반 시민참여정치와 팬덤 정치의 긍정성은 급격히 상대화되고 소실되었다.[13] 아래로부터의 민주주의 가 시민정치의 일관된 실내용이 되지 못하고, 박사모의 행태에서 보듯 자발 성이 아니라 오히려 구시대적 예속성이 지배하기 시작했다. '팬'의 '빠'화다.

또한 인터넷 정치의 환경도 급격히 변하여 국정원 댓글 조작이나 '가짜 뉴스' 같은 매개에 의한 '신뢰의 위기'가 웹공간을 휩쓸어버렸다. 특히 이명 박 정권 이후 국정원 등의 권력은 인터넷 공간을 의도적으로 오염시켜 정 치 허무주의와 '혐오'를 조장했다. '댓글부대'는 그 대표적 사례다. 물론 미 국 트럼프 같은 자의 집권에서 보듯 사실과 허위를 무차별 병렬하여 상대 화시켜버리는 소위 '대안 사실(Alternative Facts)', '탈진실(post truth)' 전략은 이제 가 상 공간과 SNS가 지배적 미디어가 된 상황의 전 세계적 현상이긴 하다.

2) 집합적 죄의식의 심리 구조와 증오의 정치

노사모와 노무현 팬덤 또한 극적인 변화를 겪었다. 노무현 정부의 실패 와 노무현 대통령의 비극적 죽음이 계기가 됐다. 특히 그 죽음은 2010년대 한국 정치의 정서 구조(정동) 전체를 바꿨다. 강렬하고 집합적인 죄의식과 깊

---

12 정연정, 「영리한 군중(Smart Mobs)의 등장과 디지털 정치참여」, 『國際政治論叢』 44(2), 2004. 6, 237~259쪽.

13 그러나 아직 '팬덤정치'가 정립된 사회과학이나 문화학의 용어는 아니다. '정치 팬덤' 같은 용 어도 병용되고 있다.

은 '증오의 정치'의 계기가 되었다.

한국의 우파는 공포와 혐오의 정서를 '노무현'을 매개로 결합했다. 우파는 노무현을 진정 혐오하고 두려워했던 것 같다. 그들은 처음부터 노무현을 대통령으로 인정하고 싶지 않아 했다. 『조선일보』와 한나라당을 위시한 수구 기득권 세력은 2002 대선, 2004년 총선에서 잇달아 패배했는데, 그 패배는 트라우마이자 큰 치욕이었던 모양이다. 아마 '노무현'은 이를테면 그들에게 '대중의 공포'(E. 발리바르)의 상징이었던 듯하다. 노무현 정권 기간 동안 내내 조중동과 한나라당을 위시한 기득권 지배동맹은 증오·공포·조롱을 정치적·법적 행동으로 조직했다. 의회와 헌법을 동원해서 노무현을 권좌에서 쫓아내기 위한 기획을 했으며, 억지 혐의를 들씌워 법으로 굴레를 짓고 탄핵소추하는 한편, 퇴임 이후에도 갖은 모욕으로 정치보복하여 결국 죽음의 원인을 제공했다.

이후에도 그치지 않았다. NLL 문제나 남북정상회담 문서 공개 따위로 '노무현'을 실패와 '종북', '퍼주기'의 상징으로 만들고자 했다. 그러나 그럴수록 한국의 우파는 도덕적으로 취약해졌고, '노무현'의 이름은 반대 진영에서 도덕정치의 상징으로 굳어지고 또 강해졌다. 죽음을 통해 '노무현'은 더 강하게 살아 있는 정치적 유령이 된 셈이다. 다시 말해 억울하고도 의로운 죽음을 당한 존재, 끊이지 않는 강렬한 '애도의 정치'의 대상이 되었다.

증오의 정치는 대립하는 양자를 상호 재생산해왔다. '이명박근혜 정권' 하의 현실정치에서 한때 '노무현'은 약한 고리라서, 특권 세력과 수구 우파는 아주 엉뚱한 '반노 선동'이나 '노무현 탓'을 통해 자신의 부패와 무능을 호도·은폐하는 데 성공하기도 했다. 그러나 반대 방향에서 노무현 팬덤과 '친노' 세력은 노무현(의 죽음)에 대한 죄의식과 '이명박근혜'에 대한 분노·증오의 감정을 노무현에 대한 우상화를 통해 역(逆)승화하려 하거나, 현실정치에서의 힘으로 사용하려 했다. 그러나 우상화나 과도한 동일시의 감정은 비논리적인 정치 행태의 주요 원인이며, 상대방으로부터 극렬한 반작용을 불러일으킨다. 이 같은 악순환이 양자 사이에서 계속 되풀이되어온 것이다.

일반적인 대중 정서에서는 노무현이 비주류 출신에 소탈한 성품의 소유자였다는 점이 강한 동일시의 근거가 되었음에 분명하나, 그를 우상화하는 마음이나 그에 대한 죄의식은 결국 갑작스런 죽음에서 비롯된 것이다. 죽음으로써 노무현은 대중적인 비극적 영웅의 면모를 갖게 되었으나 대중에게 그가 '실패한 대통령'이 아닌 것은 아니었다. 적어도 2016년까지는 그랬다.

이 같은 정동의 기제는 애초에 범 친노 진영이 공유하던 것이었으나, 문재인 대통령에 대한 것으로 전이되고 치환되었다. 2012년 대선에서 문재인은 우유부단한 '비서실장' 이미지와 실패한 권력집단으로 간주된 '친노'의 정치적 한계 때문에 승리하지 못했다. 그러나 2017년 대선에서는 박근혜 정권의 실정과 촛불항쟁 덕분에 약점을 극복하며 쉬 승리할 수 있었다.

이제 '촛불'의 일부는 노무현의 실패나 죽음에 대한 죄의식(이른바 '지켜주지 못해 미안해=지못미')이나 상실감을 보충하는 것으로 '촛불'의 상상력(개혁과 저항)을 변이시켰다. '문재인 지키기'의 정치의식은 주로 여기 근거한다. '문재인 지키기'는 노무현에 대한 애도의 정치의 연장선상에 있다. 그런데 그들 중 일부는 이 '지키기'를 완전히 잘못된 방향으로 향하게 했다. 노무현이 우파만이 아니라 '좌파'로부터도 협공을 당하여 실패하고 죽음에 이르렀다는 비뚤어진 인식을 근거로, 민주노총·전교조 등의 민중운동은 물론 진보언론을 적대하기 시작했다. 이 모두는 '조국 사태'에서 변형된 채로 다시 폭발했다.

와중에 이 같은 '지키기'와는 별도로 문재인 대통령에 대한 독자적인 팬덤정치가 당선 즈음부터 이전과 비교할 수 없이 갱신·강화되었다. 취임 초

타임지 표지를 장식한 문재인 대통령
문재인 대통령을 표지 모델로 한 『타임』
지 아시아판은 예약판매까지 포함하여
출간 즉시 베스트셀러가 되었다.

기엔 그의 외모와 영부인의 면모, (조국을 포함한) 청와대 비서진 등이 새로운
요인이었다. 그래서 "우리 이니 (하고 싶은 거 다 해)" 같은 말이 만들어지고, 문
재인 대통령을 표지 모델로 한 『타임』지 아시아판이 베스트셀러가 되는 기
현상이 벌어졌다. 2017년에는 컬러링북을 포함한 문재인 관련 서적과 청소
년 및 아동용 책과 전기물이 단기간에 쏟아져 나오고 취임 100일 기념우표
가 매진되는 등, '문재인 현상'을 불러왔다. 물론 이는 문 대통령이 유례없이
높은 지지율을 유지한 데 따른 현상이지만, 그 자체로 팬덤화 또는 대중문
화화한 한국 시민정치의 구조를 잘 드러낸 것이기도 하다.

3) 대중문화로서의 '팬덤정치'

팬덤 현상은 현대 대중문화에서 가장 중요한 수용자 문화다. 대중문화
학 연구자들은 특히 2000년대 이후 한류 아이돌 팬덤의 행동양식을 관찰하

고 몇몇 아이돌 팬덤이 정치성을 띠는 데 주목했다. 잘 알려진 대로 동방신기 팬덤은 2008년 촛불집회에서 큰 역할을 하여 이 문제에 관한 '선구자'가 되었다. 이는 동방신기가 해체되는 과정에서도 이어졌다. 강력한 팬덤을 구축한 JYJ의 팬들은 JYJ의 SM 그룹 탈퇴를 돕기 위한 법적 지원은 물론 대국민 홍보, 방송사를 비판하는 광고, 사회적 약자를 위한 기부 활동 등에도 나섰다. 뿐만 아니라 그들은 국회를 대상으로 한 현실정치에도 개입해 불공정한 연예산업의 계약 구조를 바꾸는 등 제도 변화에도 앞장섰다. 대부분 여성들로 구성된 그들은 팬덤(팬사이트) 내에서 민주적이고도 철저한 규칙에 입각하여 개별적인 동시에 집합적인 '팬질'을 수행했다.[14]

정치 팬덤과 아이돌 팬덤은 물론 다르지만, 양자가 서로 비슷한 양태를 띠며 비슷한 정서 구조·행동양식을 갖게 된다는 점에 주목할 필요가 있다. 이를 통해 환기할 것은, 오늘날 많은 시민들이 정치적 행위양식을 집회·시위나 세미나·학생회·노동조합 또는 지역의 풀뿌리 조직에서 배우고 경험하기보다는, 온라인 공간과 대중문화의 장에서 익히고 전수 받고, 또 그럼으로써 '주체화'한다는 사실이다.

이런 점은 특정 젠더나 세대에서 더 두드러진다 할 수 있을까? 관련하여 여성 중심 온라인 정치 커뮤니티의 정체성과 소통을 연구한 박창식에 의하면, 2008년 촛불집회로부터 여성과 청소년들은 사회운동의 '새로운 참여자(new comers)'들이었다. 온라인 정치 커뮤니티에 참여한 20~30대 여성들은 인터넷과 함께 성장한 세대로, 이미 취미와 다양한 관심사를 중심으로 온라인 커뮤니티에서 활동한 경험이 풍부했다. 그들의 '담론 양식'은 '재미있는 것 만들기'가 으뜸 특징으로, '만지작거리기(tinkering)'나 '놀이적 창작 변형'으

---

14   이승아, 『JYJ 공화국—팬들을 위한, 팬들에 의한, 팬들의 나라』, 엑스오북스, 2013 등 참조.

로서 '유희로서의 정치'를 구현했다. 특히 그들은 "정치 커뮤니티에서 아이돌 스타 팬덤과 비슷한 행태를 나타"내 "정치인에게 선물하기, 생일파티 등의 행사를 즐겼으며, 패션 제안이나 '오빠 만들기'를 통해 자신들의 문화적 감수성을 정치인한테 관철하려" 했다고 한다. 즉 "정치인이 '보여주는 대로' 받아들이기보다는, 팬덤으로서 정치인을 '향유하는' 모습을 보였다."[15] 이런 양상을 문재인 대통령 팬덤에서도 찾을 수 있다. 2010년 전후에는 이 같은 젊은 여성들의 정치 카페들이 특히 범 '친노' 성향을 띠고 있었다. 즉 노무현 전 대통령의 서거를 계기로 만들어진 이해찬 전 국무총리, 유시민 작가, 안희정 도지사 등에 대한 팬덤의 성격을 띤 그룹들이었다.

3. 촛불 이후의 공론장과 대중지성의 재구성

1) '한경오' 사태

2017년 봄 문재인 대통령 취임 후 얼마 지나지 않아 그 열성 지지자들이 흔히 '진보언론'으로 분류되는 『한겨레』, 『경향신문』, 『오마이뉴스』 등을 집단 공격하는 유례없는 일이 벌어졌다. 그들은 노무현과 노무현 정부, 그리고 문재인과 문재인 정부에 대한 진보언론의 비판적인 기사를 찾아내고, 특

---

15 그 외에도 박창식은 한국사회에서 정치적 관심사를 드러내 이야기하기 어려운 20~30대 여성들이 커뮤니티에서 동질적인 사람들을 만나 사회적 고립감을 극복하고 공감을 얻었으며, 여성 특유의 '친밀한 대화', '수다 문화'를 특징으로 가지고 있다 했다. 또한 "약한 유대의 링크로 연결된" "네트워크 개인주의"와 "나이, 성별, 사회적 지위 등의 격차를 무너뜨리고 수평적으로 소통하기 위한 도구로서 '변형 문체'를 사용하고 있었다 한다. 또한 386세대 남성들이 목적적 동기가 강한 것과 달리, 여성들의 정치 커뮤니티 참여 동기는 참여 자체에서 얻는 즐거움을 중시하는 경향이 강했다"고 주장했다. 박창식, 「정치적 소통의 새로운 전망—20~30대 여성들의 온라인 정치 커뮤니티를 중심으로」, 광운대학교 박사학위논문, 2010.

히 후자와 관련해서는 문재인 대통령의 사진이나 영부인 칭호 같은 비본질적인 것까지 문제 삼았다. 그들은 『한겨레』, 『경향신문』, 『오마이뉴스』 등을 '한경오'라 묶어 지칭하는 새로운 프레임을 만들어내고 이들을 '언론 적폐', '가난한 조중동', '기레기'라 공격했다. 그리고 2017년 5월 14일 이 사태는 전 『한겨레21』 편집장이 취중에 페이스북에 "덤벼라 문빠"라는 글과 함께 군복을 입은 사진을 올려 걷잡을 수 없이 커졌다.[16]

사태는 뜨겁고 다양한 논란을 만들어냈다. 이에 대한 지식인·언론인들의 평가는 갈린다.[17] 진보언론과 노무현(문재인) 정권의 관계에 대한 평가, 그리고 '문빠' 시민의 행동에 대한 평가에 작지 않은 차이가 있기 때문이다. 중요한 것은 이 사태가 오늘날 한국 '공론장의 구조 변동'과 함께 지식인·대중지성·대중의 관계의 실상도 가감 없이 보여준다는 점이다.

예컨대 사건이 있은 지 얼마 안된 2017년 6월 21일 연세대에서 열린 한국방송학회 방송저널리즘연구회 세미나에서 이 문제에 대한 격한 토론이 오갔는데, 중요한 논점이 다 담겨 있다. 〈변화의 시기, 언론과 공중의 역할과 관계의 성찰: 한·경·오 논란을 계기로〉라는 토론회를 『미디어오늘』의 기사를 바탕으로 소개한다. '한경오 사태'의 배경과 의미에 대해 크게 세 가지 입장이 제출되었다.[18] ① 공중이 계속 SNS 등을 통해 새로운 미디어의 주체로 진화해왔는데 소위 '진보' 언론이 구태의연한 주류 언론의 행태를 벗어나지 못한 것이 본질적인 문제라는 입장, ② 진영 및 좌-우로 나뉜 기존 언론이 아

---

16 이후 그는 『한겨레』 21 편집장에서 물러났다.
17 「한경오-문빠 대립은 진보언론과 새 미디어 진영의 갈등」, 『미디어스』, 2017. 6. 22.
18 이하 내용은 정철운, 「진보언론 혐오 논란을 둘러싼 세 가지 시선」, 『미디어오늘』, 2017. 6. 29(http://www.mediatoday.co.kr/?mod=news&act=articleView&idxno=137589)를 바탕으로 정리한 것이다.

닌 뉴미디어 중심의 제3의 언론 진영이 나타나는 과정의 사태라는 평가, ③ 문 대통령에 대한 정치적 팬덤이 언론을 주요 대상으로 삼으며 나타난 권력의 언론 탄압의 또 다른 모습일 수 있다는 견해. 이중 ①과 ③의 견해가 주목된다. ①에 관련하여 이준웅 서울대 언론정보학부 교수는 소위 '문빠' 대 '한·경·오'라는 대결의 근본 배경에 언론의 공정성 위기가 있고, "주류 언론의 담론적 권위가 떨어지자 '권위의 근거를 보여라'라고 공중이 요구하는 것"이라 해석했다. "공중의 자기전개가 한국 민주화의 중심"이며 "공중은 지난 20년 동안 자기전개를 하고 있는데, 언론은 구태의연"하다는 것이다. 언론계가 좁은 시야와 진영 논리의 격화 속에서 공중의 진화에 제대로 대처하지 못하고, 특히 진보언론 또한 "바이라인 없는 온라인뉴스팀, 디지털뉴스팀을 만들어 실시간 검색어 어뷰징을 했고, 방향성이 맞다고 생각하면 검증 없이" "가능한 한 자극적으로" 기사를 써왔다. 또한 "누구보다 대기업 광고와 페이지뷰에 의존"하고 "보수언론과 마찬가지로 기자단이라는 카르텔에 안주했고 보도자료를 받아썼다"는 것이다. 아픈 진단이 아닐 수 없다. 반면 ③의 입장에 선 김동원 전국언론노조 정책국장은 "정의당 지지자들에 대한 비판, 페미니스트들에 대한 공격에 나섰던 정치 팬덤"은 "대통령을 통해 모든 권력이 다 바뀔 것이란 믿음을 갖고 있으며 대통령 한 명의 인격과 정치적 결단에 의존"한다. 그들은 자기가 좋아하는 "정치인이 위험에 처하면 구조의 문제로 접근하기보다는 누구 때문이라며 책임을 돌리게" 된다. 그래서 민주노총을 겨냥했다가 이제 기자들을 겨냥한다는 것이다. 더불어 이기형 경희대 언론정보학과 교수도 문재인 지지자들을 지목하여 "어렵게 얻은 정권을 보호하려고" 하는 이들 중 "열정으로만 볼 수 없는 반지성주의가 있다"고 우려했다 한다.

두 주장 다 일정한 타당성을 갖고 있다. 진보언론도 새로운 대중지성(≒

공중)의 요구나 정치의식에 미치지 못하는 면이 없지 않고, 언론사 사이의 격화된 경쟁과 변화한 언론 환경에서 빚어지는 언론의 부정적 행태로부터 100% 자유롭지 못하기 때문이다. 그리고 앞에서 지적한 것처럼 맹목적 문재인 지지자층과 그 행태에도 문제가 있다. 양비론 또는 양시론을 말하는 것이 아니라, 진보언론이 문제점을 극복하고 비판 언론으로서나 '정론'으로서 권위를 회복하고 '이명박근혜' 시대에 망가진 공론장을 재구축하는 데 중심이 되는 것은 무조건 필요하지 않을까.

2) 반지성주의의 여러 문제

비슷한 견지에서 2017년에 새삼 여기저기서 논제로 떠오르고 유행어가 되다시피 한 반지성주의의 문제를 짚어볼 필요가 있다. 먼저 한국사회 반지성주의의 실체에 대해 정확하고도 구체적으로 물어야 하겠다. 예컨대 연세대 윤태진 교수는 미국에서와 같은 반지성주의가 한국에 존재하며, 그 양상이 음모론, 국수주의, 태극기집회 등을 통해 드러났다고 주장했다.

> 미국 사회에 '지식인은 허세에 차 있고 대중을 기만하며 속물적이고, 나아가 비도덕적이고 위험하다는 고정관념'이 존재한다고 지적한 바 있다. 이 고정관념은 평범한 사람이 체득한 상식과 윤리가 전문가나 식자들이 학교에서 배운 지식보다 더 우월하다는 믿음으로 이어진다. '반지성주의' 전통의 토대이다. 50년 전 미국 이야기지만 지금 우리나라 사회에도 쉽게 적용될 수 있는 지적이다. (…) 반지성주의는 여러 모습으로 출현한다. 개표 조작은 물론 한국판 프리메이슨의 음모를 믿는 이들, '황우석 논문 조작 사건' 때의 국수주의적 지지자들, 자연치유 육아법을 맹신하는 '안아키' 회원들, 심지어 박근혜 씨를 부당한 정쟁의 희생자로 믿는 태극기 할아버지들도 같은 범주이다. 하지만 이들의 무모한 반지성주의

를 마냥 비판할 수만은 없다. 실제로 많은 기자들이, 학자가, 정치인과 법률가가, 그리고 의사가 전문성이 모자란 허세를 부려왔기 때문이다. 게다가 계몽하려 들기까지 했다. 구멍 숭숭 뚫린 부실한 엘리트주의였다.[19]

그리고 반전문가주의와 반지성주의를 등치시키며 의사·교수·기자·검사 등에 대한 불신이 파시즘이나 전체주의와 연관될 수 있다고 경고하는 것으로 글을 맺었다. 또한 『말과 활』 14호(2017 여름)가 마련한 특집 '반지성주의와 어용 시민의 탄생'에서 손희정은 나무위키 부류의 네티즌, 나꼼수 같은 '아재정치', 그리고 이른바 '문빠'에 동조하거나 문재인 정부를 구성하는 386 '나르시스트'들을 지목하여 '반지성주의'의 부류에 함께 포함시켰다.[20] 결론부터 말하면 이 같은 진단들의 전체적인 취지는 공감하지만, 구체적 진단과 논리는 더 숙고되어야 할 것이다.

우선 반지성주의의 개념부터 생각해보자. 반지성주의의 '지성'은 지식의 주체인가? 아니면 지성이나 지식을 가리키는 것인가? 전자라면 반지성주의는 반지식인주의고, 후자라면 반지성이란 반인문·사회과학, 또는 반과학주의나 반합리주의를 말하는 것인가? 모호하다.

일본판 반지성주의 비판서인 『반지성주의를 말하다』는 일본 민주주의의 위기라는 문맥과 반지성주의를 연관시킨다. 반지성주의자들은 단순한 무지 상태가 아니라 외골수의 지적 열정을 갖고 있으며 "예외 없이 과잉 논쟁적"이다. 그들은 "'지금, 여기, 눈앞에 있는 상대'를 지식과 정보와 추론의

---

19 윤태진, 「정동칼럼: 부실한 엘리트주의와 무모한 반지성주의」, 『경향신문』, 2017. 6. 4.

20 손희정, 「어용 시민의 탄생—포스트-트루스 시대의 반지성주의」, 『말과 활』 14, 2017. 8; 비슷한 논조의 책으로 이라영 『타락한 저항—지배하는 '피해자'들, 우리 안의 반지성주의』, 교유서가, 2019.

선명함으로 '압도하는 일'에 열중"한다.[21] 음모론자나 태극기집회 참가자가 이런 규정에 잘 들어맞는다.

그런데 이에 따르면 특정한 이념적 지향이나 경로의존적 사고방식은 모두 반지성주의의 혐의가 있다. 바른미래당이나 국민의당 지지자들은 어떨까? 그들에게는 편견과 오류가 없나? 미국식 자유주의를 신봉하는 미국(또는 한국)의 지식인들은 어떤가? 아랍의 그 많은 인민들은 어떨까? 편견 없는 주체란 도대체 가능한가? 여기에 반페미니스트나 '아재정치'의 주체들도 포함될 수 있다면, 반지성주의 개념은 매우 느슨해진다. 정동과 '지'가 구분되지도 않는다.

영어로 반지성주의는 'Anti-intellectualism'이다. 리처드 호프스태터의 저서 『미국의 반지성주의』에서도 반지성주의란 주로 반지식인주의를 뜻한다. 저자는 뉴딜 시대(1930~40년대)와 매카시즘(1950~60년대) 시기의 미국을 대조하면서, 후자에 나타난 맹목적 반공주의가 사실상 반지성주의의 요체였음을 논증하려 했다. 즉 지식인에 대한 대중의 원한 감정이 반지성주의/반공주의의 본질이었다는 것이다. 이데올로그로서의 비판적 지식인이 사회 자체를 전복하려는 위협 세력으로 느껴졌다는 것이다.[22]

한편 최철웅은 '선비질', '썹선비', '진지충' 같은 용어를 만들어낸 일베류의 행태를 통해 한국식 반지성주의가 반지식인주의라는 점을 설명한다. 그러면서 동시에 '민주화의 역설'이나 인문·사회과학적 숙고를 허락하지 않는 신자유주의적 성과주의가 반지성주의의 기저에 깔린 요인들이라 주장한다. 또 반지성주의자들의 반지성에 대한 열정은 "지식을 통한 계몽에 부

---

21   우치다 다쓰루 지음, 김경원 옮김, 『반지성주의를 말하다—우리는 왜 퇴행하고 있는가』, 이마, 2016, 34쪽.

22   리처드 호프스태터 지음, 유강은 옮김, 『미국의 반지성주의』, 교유서가, 2017.

정적이라는 점에서 반계몽주의"에 다름 아니라고 한다. 또한 "반지성주의자들은 '이미 다 알고 있다'고 선언하며, 너의 의견으로 인해 내 판단이나 주장이 변할 일은 없다고 단언"한다. "이러한 반계몽주의적 열정은 계몽의 약속이 깨진 것에 대한 냉소적 반응이라기보다 정체성의 변용을 겪고 싶지 않다는 욕망의 발현에 가까워 보인다"[23]고 진단한다. 이때 반지성주의란 성찰 불가능한 어떤 형태의 정체성 정치와도 친연성을 갖게 되는 것으로 보인다.

이상의 논의를 종합하면 반지성주의의 개념은 느슨하고 크다. '반지성'은 지성과 그 주체(지식인) 모두를 향한다. 구체적으로는 비판적·계몽적 지성, 그리고 그 주체인 비판적 인문·사회과학자와 언론인 등에 반대하는 것이 반지성주의라 할 수 있다. 반지성주의가 곧 반엘리트주의·반전문가주의는 아닌데 혼용되고 있다. 또한 미국의 트럼프 지지자, 일본의 혐오 세력, 한국의 일베·박사모 등에서 보듯 반지성주의는 공통적으로 우익의 심성 및 행태와 긴히 연관된다.

그런데 뭔가 충분하지 않다. 반지성주의 비판이 오히려 그리 치밀하고 지성적이지 않다. 한국의 반지성주의 담론에는 허점이 많다. 이 용어는 상당한 '인플레'를 겪고 남용되는 경향도 있어, 다른 정치적 무능을 야기할 가능성이 있다. 다음과 같은 점을 더 생각해야 한다.

① 일베나 박사모 류가 한국에서 대표적 반지성주의의 발현이라면, 일부 '문빠'들의 행태도 반지성주의라 볼 수 있을까? 양자는 과연 등치될 수 있는가? 이는 '일베=메갈' 같은 주장과 얼마나 같거나 다른가? '가르치려 든다',

---

23 최철웅, 「반지성주의와 타자 혐오」, 『경희대학교 대학원보』 217, 2016. 10. 17(http://www.khugnews.co.kr/wp/?p=5590).

'문베충' 같은 조어들은 그들의 태도 중에 반계몽·반지성적인 맹목과 혐오가 있음을 반영하고 있다. 그러나 적어도 촛불항쟁이 가능했던 한국에서 반지성주의자라 지목되는 부류가 매카시즘 광풍이나 트럼프 지지 인종주의자들이 날뛰는 미국처럼 광범위하거나, 파시즘이나 반민주주의의 성격을 띠고 있다고 보기 어렵다. 반지성주의의 중핵이 문재인 지지자들이라는 판단엔 무리가 따른다. 그들 문재인 지지자들에게서 최종심급에 있는 것은 노무현(문재인)에 대한 애정이나 죄의식이다. 그러하기에 그들 중에는 계속 엘리트 지식인, 교수, 작가, 586세대들이 대거 포함돼 있다. 그들은 나름의 강한 민주주의자로서의 의식을 공유하고 있다. 다시 말해 그들은 일면 강력한 반기득권·반자유한국당·반조중동 정치행동이 가능한, 다양한 젠더 및 계층의 정체성을 지닌 '감정의 연대체' 같은 것이라 보인다.

② 대중의 반지성주의보다 더 위험하고 지배적인 것은 정치가와 자본가, 대학 경영자와 관료, 일부 경영학·경제학 종사자, 일부 공학자·생물학자 등의 정보 독점과 반지식인주의 및 반인문·사회과학이 아닐까? 이는 실재하는 큰 위험이다. 대학에서나 사회에서나 소위 '인문학의 위기'의 상당부분은 이로부터 온다. 그 주요 근거는 실용주의, 우파적 실증주의, 경제주의, 신자유주의적 효용·효율의 논리다. 물론 탈-근대 지성 또는 탈-문자문화의 형식으로 나타나는 수동적인 성격의 대중적인 반인문학 정서도 있다. 또 이제 분명 미디어 수용자는 누구나 책보다는 유투브 같은 뉴미디어에 의존하는 듯하고, 글 읽는 힘도 확실히 약화된 듯하다. 즉 그 같은 '약화'는 계층을 초월해서 나타나는 현상이다. 한편 반대로 여전히 뜨거운 교육열과 시민 인문학에 대한 관심도 공존한다. 근자의 페미니즘 열풍에 병행된 지적 열기 같은 것은 또 어떻게 봐야 할까? 우파나 성차별주의자들은 페미니즘이나 마르크스주의를 반지성주의의 확실한 형태라 주장할 것이다. 이를테면 미국

과 한국 등에서 큰 인기를 끌고 있는 캐나다의 심리학자 조던 피터슨(Jordan Peterson) 같은 사람의 논리를 보라.[24]

③ '이명박근혜' 정권하에서 반계몽·반지성주의적 행동과 언어 양식이 확산되어왔던 것은 사실이겠지만, 더 큰 문제는 전통적인 의미의 참여적 지식인(intellectuals)의 종말과 함께 믿을 만한 새로운 공공적·참여적 지식과 그 주체들에 대한 상이 없다는 사실이 아닐까? 지식인은 파편화되고 자본과 권력, 그리고 대학 기업에 종속돼 '저항'이나 '비판'의 의무를 잃었다. '지식인의 죽음', '대학의 죽음'이 선언된 지도 이미 10년이 지났다.[25] 참여적 지식인 집단은 거의 존재하지 않거나, 지식인이라는 존재의 재생산·존속 방식 자체가 변했다. 이는 주로 자본의 지식·지성에 대한 복속의 의도에 의해 실현되어온 것이지만, 지식층 스스로에게 가장 큰 책임이 있다. 전통적인 의미의 지식인이 사라져가는 와중에 대중지성은 강화되었다.[26]

요약하자. 반여성주의, 진영 논리, 팬덤정치 같은 한국 '정치의 한계'를 뭉뚱그려 반지성주의라 단정하는 흐름이 커졌지만, 이는 대개 대중정치에 대한 손쉬운 일반화에 가까워 보인다. 반지성주의에 대한 경계가 지식인이라 불리는 부류의 자기합리화나 오히려 '반지성'으로 귀착되지 않게 주의해야 한다.[27] 이명박 정권 이래 얼마나 많은 지식인들이 '파시즘화'를 경고했

---

24 조던 피터슨은 한국에도 번역된 『12가지 인생의 법칙』 같은 자기계발서로 유명해졌고, 유투브 같은 새로운 미디어 공간에서 특히 젊은 남성들에게 인기를 끌고 있다. 그의 논리는 트럼프의 승리를 가능하게 만든 미국의 상황을 반영한다고 알려져 있다. 피터슨은 북미식 좌파와 페미니즘을 비롯한 정체성 정치를 비판하여 인기를 끌고 소위 '신마르크스주의'에 감염된 인문학과 여성학을 지성의 부패라 비판했다.

25 예컨대 2007년 『경향신문』의 '지식인의 죽음' 연속 기획 시리즈 등을 참조.

26 천정환, 『대중지성의 시대』, 푸른역사, 2008 등을 참조.

27 전성욱, 「반지성주의의 이면—인지 역량과 한국의 민주주의」, 『말과활』 14, 2017. 8은 이런 점을 적실히 문제 삼고 있다.

는지 상기해보라. 거기에는 외국에서 수용된 이론·개념에 대한 안이한 해석, 한국 현실과 역사에 대한 편의적이고 도식적인 적용 같은 한국 지식인 문화 특유(?)의 약점이 함께했다. '반지성주의'의 경우도 그렇지 않은지 성찰해야 한다. 특히 '나는 너희들과 다른 지성이야' 같은 엘리티즘이 거기 끼어 있지 않은지 '지성'으로써 성찰해야 한다.

4. 다시 '엘리트 대 대중'의 이분법을 넘어

현대 민주주의사회에서 '엘리트 대 우중', '대중 대 전문가'의 이분법은 성립하지 않는다. 그 경계는 늘 모호하고 사실 판단 자체도 어렵다. 한국사회의 구성원들은 양자 모두, 즉 전문가주의와 엘리티즘, 그리고 포퓰리즘과 대중민주주의의 위험을 다 알고 있다. 처절히 겪어왔기 때문이다. 둘 중 어느 쪽이 본질적인가? 또 더 위험한가?

어느 한쪽이라 판단하는 순간에 바로 오류 가능성은 커진다. '전문가'들은 가습기 살균제 사건이나 4대강 문제 같은 엄청난 잘못을 저질렀다. 이 같은 자본이나 권력에 대한 전문가들의 결탁과 예종은 '한국적' 취약함인가? 근본적으로 현대과학이라는 전문지가 존재하고 기능하는 방식에 대해 물어야 한다. 그것은 일면 국가 간 경쟁과 국가에 의한 지배의 가장 중요한 도구다. 또한 현대 과학기술은 국가와 자본에 복속되며, 그것과의 부정한 결탁하에서만 '발전'하고 존재해왔다고 말하는 편이 더 맞을 것이다.[28] 황

---

28 야마모토 요시타카 지음, 임경화 옮김, 『나의 1960년대―도쿄대 전공투 운동의 나날과 근대 일본 과학기술사의 민낯』, 돌베개, 2017은 제목대로 제국주의 일본과 2011년 3·11 원전 폭발 사고까지도 제대로 청산·반성되지 않은 일본 과학기술의 권력에 대한 복종과 결탁의 민낯

우석 사태는 또 어떠했나? 이는 전문가주의와 '대중', 그리고 국가가 합작해서 만든 거대한 복합적 스캔들이었다. 그 반대 방향에서 그것을 극복한 것은 양심적 언론(MBC PD수첩)과 집합적 지성(젊은 과학자들)이었는데, 그들은 물론 '대중' 수준 이상의 집요함과 사명감, 그리고 과학적 지식으로써 이를 해냈다.

20세기 초 유럽 남성 엘리트들에 의해 고안되고 파시즘에 의해 악용된 '엘리트 대 우중', '대중 대 전문가'의 이분법이 아니라 적어도 3차원 이상의 다차방정식이 현대 민주주의의 실제일 것이다. 그나마 이런 다차원을 사유하기 위한 개념이 대중지성·집합지성 등인데, 이 개념에서도 그저 '대중'과 '집합'에 방점이 놓이는 것이 아니라 '지성'과 양자의 연결에 함께 강조점이 놓인다.[29]

중요한 것은 이분법화되고 엘리트주의로 고안된 주체의 분열로 상황을 앙상하고 쉽게 판단하지 않고, 사안마다의 구체적인 내용을 통해 민주주의를 향한 쟁투와 연대 가능성으로써 사유하는 것이다. 사실 대중을 비판하고 '문빠'를 고발하는 일은 포털사이트의 뉴스 제공 방식, 국정원 등 권력 기관의 여론 조작, 공영방송의 타락과 권력에 의한 장악, 격심한 경쟁과 어뷰징 따위에 침윤된 언론의 관행을 고치는 일보다 훨씬 쉽다. 권력자와 제도 자체에 개재된 '반지성주의'나 우중정치의 물질적·제도적 토대를 허무는 것이 더 중요하고 어렵지 않은가?

을 보여준다. 또한 『역사비평』의 잇따른 박정희(시대)와 과학에 대한 기획도 약간 다른 차원에서 제3세계, 또는 '추격형 발전국가'에서 과학기술의 위상 문제에 대한 고민의 소산일 것이다.

29 대중지성·집합지성 개념과 그 생성의 사회적 맥락은 천정환, 『대중지성의 시대』, 푸른역사, 2008 등.

04

블랙리스트 사건의 문화사적 의미

1. 블랙리스트 사건의 총체성

최순실의 국정농단과 박근혜 정권의 총체적 무능에 대한 전 국민적 저항이 시작된 시기와 블랙리스트가 본격적으로 문제가 된 시기는 같다. 2013년경부터 이미 연극계 등에서 논란이 일고, 2015년 가을의 국회 국정감사에서도 문화예술계에 대한 검열과 블랙리스트가 문제가 됐지만, 2016년 10월 국회 국정감사와 언론 보도로 사태가 급물살을 타며 전 국민적 사안이 되었다. 즉 블랙리스트 사태와 2016/17 촛불항쟁은 뗄 수 없는 깊은 연관을 갖고 있다.

처음 언론이나 일반시민은 물론, 문화예술계의 피해 당사자들도 블랙리스트를 '일부 문화예술인들에 대한 정부지원사업의 배제' 정도로만 인식했다. 그런데 박근혜 정권을 퇴출시키는 과정에서, 또 사태의 진상을 조사한 결과, 블랙리스트는 단지 일부 문화예술인에 대한 지원 배제가 아니었다. 권력이 '좌파 척결' 따위를 명분으로 거의 전 장르에 걸친 문화예술계에 개입하여 자율성을 갖는 '장(場)'을 의식적으로 바꾸고, 또 이런 작용을 통해 전체 국민에 대한 이데올로기 선전·세뇌 작업을 벌이려 했던 국가범죄임이 드러났던 것이다.[01] 또한 진상조사 과정에서 이명박 정권하에서도 문화예술 인에 대한 블랙리스트가 존재했고, 블랙리스트 범위를 넘는 민간인 사찰 등 이 자행되었다는 사실이 드러났다. 이명박 정권은 2008년 정부 출범 직후부 터 청와대 기획조정비서관실, 국무총리실 공직윤리지원관실, 국가정보원, 경찰 등의 기구를 동원하여 시민의 일상을 통제하는 감시를 자행하고, 민간 인 불법사찰과 방송장악 등의 행위를 해왔다.[02]

이 같은 사실들을 볼 때 블랙리스트 사건은 그 범위와 수단이 총체적이 었다. 즉 이명박·박근혜 정부의 "집권 세력이 국가 기관, 공공 기관 등을 통 해 법·제도·정책·프로그램·행정 등의 공적(公的) 또는 강요·회유 등의 비공 식적 수단을 동원하여 정권에 비판적이거나 정치적 견해가 다른 문화예술 인들을 사찰·감시·검열·배제·통제·차별"한 사건이다. 물론 이는 "권력을 오·남용함으로써 민주주의 원리를 파괴하고, 예술 표현의 자유와 문화예술 인의 권리를 침해한 국가범죄이자 위헌적이고 위법, 부당한 행위"[03]이다.

그런데 왜 저런 대규모 국가범죄가 저질러졌는가? 그 정치적·사회적 의 미는 무엇인가? 블랙리스트 문제는 단지 문화예술계의 문제나 문화 정책 이 아니라, 이명박·박근혜 정권의 '통치성'[04] 전반과 결부되어 있다. 쉽게 말 해 블랙리스트 사태를 통해 우리는 한국사회를 지배하는 세력이 대중과 사

---

01 따라서 블랙리스트는 박근혜 정권의 역사교과서 국정화 책동 같은 사안과도 이어져 있다.

02 국무총리실 민간인 사찰도 2008년부터 2010년까지 3년간 저질러졌지만 이명박 정권하 민간 인 사찰의 전모는 아직 구체적으로 드러나지 않았다.

03 문화예술계 블랙리스트 진상조사 및 제도개선위원회, 『진상조사 및 제도개선 종합발표 자료 집』, 2018. 5. 8, 16쪽. 이하 『종합발표』로 줄임.

04 미셸 푸코 등의 개념으로 권력이 인간(생명)을 관리하는 방법을 가리킨다. 여기에는 통치의 이데올로기나 기술이 포함된다.

회를 어떻게 생각하고 어떤 방법으로 통치하려 했는지 볼 수 있다. 이명박·박근혜 정권은 한국사회를 '신자유주의적 치안통치'와 분단·냉전정치를 조합한 수단과 이데올로기로 통치하려 했다. 데이비드 하비의 통찰대로 신자유주의는 단순한 경제 정책이나 금융자본주의가 아니라, 자본의 새로운 축적체제에 걸맞은 정치 전략과 계급투쟁의 관리술을 수반하는 지배 전략이다.[05] 신자유주의 치안정치는 고도화된 디지털 기술을 동원한 감시와 통제를 통해 노동자, 소수자, 이주자, 그리고 반대자를 탄압하는 정치기술로, 세계적으로 광범위하게 나타나는 현상이다. 한국 신자유주의는 이런 정치 수단과 함께 한국적 특수 상황인 분단 냉전정치를 결합한다. 주지하듯 분단 냉전정치는 분단에 따르는 정치적 부담과 안보 상황을 과장·악용하여 반공 이데올로기와 국가주의로 시민의 자유와 평등권을 제약하고 탄압하는 정치다.

이는 정치사회학자 김동춘의 개념대로 하면 일종의 '전쟁정치'이기도 하다. 즉 내전과 학살을 겪고도 극복되지 못한 분단과 휴전 상태가 빌미가 되는 계급투쟁의 전략이다. '내부의 적'을 다루는 사법 절차나 군사적 행동까지 포함하는 전쟁정치에서 국가 내부의 적 혹은 적으로 지목되는 시민은 법적 보호에서 배제될 가능성이 크다. 전쟁정치에서는 정치적 반대자나 저항 세력의 인권은 검찰·경찰 등 공권력의 집행 과정에서 쉽게 무시되곤 한다. 따라서 전쟁정치는 한국 정치의 폭력성과 파행의 근본적 본질이라 볼 수 있다.[06]

그런데 국가 건설기에서부터 5공화국 시기까지 공공연하게 자행되던

---

05   데이비드 하비 지음, 최병두 옮김, 『신자유주의』, 한울아카데미, 2009 등.
06   김동춘, 『전쟁정치—한국 정치의 메커니즘과 국가폭력』, 길, 2013.

전쟁정치와 국가범죄의 행태는 '민주화 이후' 한국 민주주의의 신장으로 인해 완화되었다. 이를테면 학살·고문·불법구금과 검열은 전두환 정권 때까지 일상적으로 자행되었으나 '민주화'는 이를 (일부) 멈추게 했었다. 예컨대 1987년에 제정된 현행 헌법은 적어도 고문을 금하며 형식적으로 검열 또한 금지하고 있다. 그러나 이명박·박근혜 정권 9년간 역사의 시계는 거꾸로 갔다. 용산 참사, 쌍용자동차 파업 강경진압, 민간인 불법사찰, 방송장악, 세월호 참사 등에서 이명박·박근혜 정권은 국가폭력을 휘둘렀다. 국정원과 검찰 등의 공안 세력이 다시 득세했으며 검열정치도 부활했다. 따라서 블랙리스트 사건은 이런 '저강도의 전쟁정치'가 문화예술계에 적용된 형태였다고 할 수 있다.

그러나 잊어서는 안 될 것은, 한국의 문화예술계와 시민이 촛불항쟁을 통해 이런 통치에 저항하고 이명박·박근혜 정권을 단죄함으로써 민주공화국의 근본과 문화예술의 가치를 지켜냈다는 사실이다. 냉전·검열정치는 실로 뿌리 깊은 역사를 가진 고질이자 폭력이지만, 한국의 문화예술인들은 일찍이 없었던 대규모 연대 저항 행동을 하고, 또 그럼으로써 촛불항쟁의 시민들과도 굳게 연대했다. 따라서 블랙리스트 사건은 단지 권력남용 국가범죄만이 아니라, 그것이 일으킨 효과와 또 극복하기 위한 노력까지를 포함하는 일련의 '사태'로 봐야겠다.[07] 이 모두를 살펴야 블랙리스트 사태의 정치적·사회문화적 의미를 온전히 파악할 수 있으리라 생각한다.

이 글에서는 먼저 블랙리스트 사건의 문화정치적 의미를 둘로 나눠 이야기해보았다. 첫째, 블랙리스트 작성의 핑계가 된 '좌파 척결'의 정치적 맥락과 의미를 살피고, 그것이 권력의 반민주성과 긴히 관련되어 있음을 논했

---

07 그런 견지에서 '블랙리스트 사건'과 '블랙리스트 사태'를 병용하고 또 구분해서 쓰려 했다.

다. '좌파' 딱지 붙이기는 한편으로는 매우 낡고 상투적인 냉전적 권력정치(power politics)의 방편이며, 다른 한편 심화된 신자유주의의가 초래한 양극화와 사회경제적 불평등을 관리하는 전략이다. 둘째, 검열정치로서의 블랙리스트 사건의 의미에 대해 논했다. 검열정치란 검열이 주요한 정치적 수단과 전략으로 사용되는 정치를 말한다. 이명박·박근혜 정권이 부활시킨 정치술로서의 검열은, 단지 문화예술 분야를 제압하기 위한 조치가 아니라 전 국민을 대상으로 한 사상·심리전과 비슷한 성격을 지닌다.

그런데 앞서 말했던 대로 블랙리스트 사태의 반은 권력에 의해 저질러진 국가범죄지만 나머지는 지금까지 계속되고 있는 그 효과와 극복의 노력이다. 이 점에 초점을 두어 첫째, '블랙리스트 담론'이 어떻게 우리 공론장과 사회에 의미화되었는지를 살피고, 둘째, 블랙리스트 사건이 한국 문화예술 생산자들에게 미친 영향을 논했다. 셋째, 이 국가범죄에 대한 성찰과 청산의 문제를 조금 살폈다. 문화예술계는 블랙리스트 사건에서 큰 시련을 겪었다. 이를 통해 드러난 한국사회의 모습과 성찰할 점에 대해 이야기했다. 마지막으로 블랙리스트 사태의 극복 노력과 반블랙리스트 촛불항쟁의 문화사적 의의에 대해 특기하고자 했다. 블랙리스트 사태와 그 극복은 아직 성장 중인 민주주의 문화에 적지 않은 숙제를 남겨주었기 때문이다.

2. 블랙리스트 사건의 반민주주의

1) '좌파' 딱지 붙이기

이명박 정권은 출범 당시 실용주의와 시장의 지배를 표방하는 '새로운 보수'로 간주되기도 했었다. 그러나 정권 초기부터 터진 2008년 광우병 쇠고기 수입 파동과 대규모 촛불시위 때문에 모종의 '트라우마'를 갖게 되었으며, 이후 전방위적인 공안통치를 자행했다.[08] 이명박 정권이 2008년 촛불집회 이후 민간인 사찰과 촛불 시민 탄압 등 치졸하고 불법적인 공안통치를 감행한 것은, 세월호 참사 이후 박근혜 정권의 행태와 닮은 데가 많다. 무능과 위기대응의 실패가 정권의 위기를 초래하고, 정권은 이를 계기로 오히려 시민사회와 비판 세력을 힘으로 억누르려 한다. 이때 국정원·검찰·경찰 등 공안 억압기구는 청와대의 수족이 되거나 뿌리 깊은 '공안 중심'의 자기 메커니즘에 따라 사찰과 '블랙리스팅'을 무차별하게 자행했다.

광우병 소고기 파동으로 큰 홍역을 치르고 촛불집회가 잦아진 2008년 8월, 청와대 기획관리비서관실은 악명 높은 문건 하나를 만들어 이명박 대통령에게 보고했다. 블랙리스트뿐 아니라 이명박 정권 문화예술 정책의 기조를 총괄적으로 보여주는 「문화권력 균형화 전략」이다. 이에 의하면 "문화를 국민의식개조 및 정권유지를 위한 선전·선동의 수단으로 생각하는 좌파"가 있고, 그들이 "문화권력화"하여 "문화를 통한 국민의식 좌경화"를 획책한다. 특히 그 '좌파'들은 "대중이 쉽게 접하고 무의식 중에 좌파 메시지에 동조하게 만드는 좋은 수단인 영화를 중심으로 국민의식 좌경화(를) 추진"했다. "반미 및 정부의 무능을 부각시킨 〈괴물〉, 북한을 동지로 묘사한 〈JSA〉, 국가권력의 몰인정성을 비판한 〈효자동 이발사〉 등을 지속적으로 제작·배급"[09]했던 것이 그 사례였다.

이에 대해 본격적으로 논하기 전에, 이런 인식이 박근혜 정권에서 작성된 블랙리스트 관련 문건에서도 거의 똑같이 발견된다는 점을 우선 짚고

---

08 김동춘, 「냉전, 반공주의 질서와 한국의 전쟁정치—국가폭력의 행사와 법치의 한계」, 『경제와 사회』 89, 2011. 3.

09 청와대 기획관리비서관실, 「문화권력 균형화 전략」, 2008. 3, 1~2쪽.

넘어갈 필요가 있다. 박근혜 청와대 민정비서실은 출범 직후인 2013년 3월 「문화예술계 건전화로 '문화융성' 기반 정비」라는 문건을 작성했다. 문건은 "문화예술계 좌파들이 큰 영향력을 행사하면서 사회분열과 갈등을 지속적으로 획책하고 있어 '문화융성'과 문화예술계 건강성 회복을 저해"[10]한다고 전제하고, "좌파"들을 예술위·영진위 등의 정부지원 대상 선정 시 철저히 배제한다는 내용을 담고 있다.

그렇다면 "문화를 의식개조 및 정권유지를 위한 선전·선동의 수단으로 생각"[11]하여 국민의식을 물들이거나 사회분열과 갈등을 지속적으로 획책한다는 '좌파'란 과연 누구인가?[12] 「문화권력 균형화 전략」에 따르면 "02년 문성근, 명계남, 이창동 등 700여 명이 '노무현을 지지하는 문화예술인의 모임'(노문모)을 결성하면서 실체적 권력집단화"하고 "이후 좌파를 문화관광부 장관, 한국문화관광정책연구원장, 한국문화예술위원회" 등에 배치했다고 했다. '좌파'란 노무현 지지자들인가?

박근혜 정권하의 문건 「문화예술계 건전화로 '문화융성' 기반 정비」도 '좌파'를 적시한 바 있다. "대표적인 좌파 예술단체"로 민예총, 한국작가회의, 문화연대 등을 꼽고 여기 가입된 민미협(미술), 민음협(음악), 민극협(연극)

---

10 청와대 민정비서실, 「문화예술계 건전화로 '문화융성' 기반 정비」, 2013. 3. 이 문건은 문재인 정부 출범 이후 청와대 민정수석실에서 발견된 것이다. 「블랙리스트 공작 세부 물증 드러났다」, 『한겨레』 2017. 7. 14. 이 문건의 전반적 내용에 대해서는 김미도, 「블랙리스트, 네버엔딩 스토리」, 한국연극평론가협회 엮음, 『세월호 이후의 한국 연극—블랙리스트에서 블랙텐트까지』, 연극과인간, 2017 참조. 이 외에도 '좌파' 운운하는 청와대와 국정원 문건이 여럿이다. 몇 가지 예만 들겠다. 「문제 단체 조치 내역 및 관리 방안」(청와대 박준태 행정관 작성 문건, 2014. 5); 「문예계 내 좌성향 세력 재확산 시도 차단 건의」(국정원 문건, 2013. 10. 2); 「문체부, 좌파 견제 '문화예술정책점검 TF 지속 운영 방침」(국정원 정보보고, 2013. 12. 5); 「시·도 문화재단의 좌편향·일탈 행태 시정 필요」(국정원 문건, 2013. 9. 26. 限 파기).

11 청와대 기획관리비서관실, 「문화권력 균형화 전략」, 2008. 8. 27.

12 좌편향, 좌파 성향 따위의 용어가 병용되기도 했다.

등의 단체와 신경림·조정래·공지영 등의 작가들, 그리고 "문화예술계 교수 등"을 거론했다. 또한 영화계에서는 영화제작가협회, 영화감독조합, 영화프로듀서조합, 독립영화협회 등을 지목하는 한편, "좌파 행사"를 주도하거나 사회를 보는 탁현민, 김영준과 김제동·김미화·권해효·김여진 같은 연예인을 "좌파"라고 했다.[13] 이명박·박근혜 정부를 장악한 세력과 국정원 등의 권력자들은 매우 광범위한 문화·예술인들과 교수 등 지식인들을 "좌파"라 지목했던 것이다. 여기에는 한국을 대표하는 많은 예술가들과 중도 성향이나 자유주의적인 지향을 지닌 예술가나 시민들이 포함되었다. 그들의 눈은 난시와 사시가 겹쳐 있다. 한편으로는 세상에 좌나 우만 있는 것처럼 보이고, 다른 한편으로 극우가 아니면 다 '좌파'로 보이는 것이다.

진영정치 또는 정치의 양극화가 그 배경이겠지만, 문제는 이런 지목이나 명단 작성 자체가 양심과 사상의 자유 영역인 인간의 이념이나 정치 성향을 '불온하고 문제 있는 무엇'으로 간주한다는 점이고, 이런 딱지 붙이기를 통해 색깔론과 레드 콤플렉스를 이용하겠다는 정치적 의도를 깔고 있다는 것이다.

이명박·박근혜 정권하에서는 야당이나 비판자들에 대해 '종북좌파' 또는 '좌파'라는 딱지 붙이기가 무분별하게 자행되었다. 한때 이명박의 핵심 브레인이었던 정두언 전 의원은 이명박 정권의 민간인 사찰에 대해 다음과 같이 회고한 바 있다.

> 이명박 정권에서 이루어진 사찰의 맥락을 살펴보면 청와대 기획조정비서관
> 실과 국무총리실 공직윤리지원관실을 중심으로 움직였던, 권력을 사유화한 이

---

13 청와대 민정비서실,「문화예술계 건전화로 '문화융성' 기반 정비」, 2013. 3.

너써클(Inner circle)이 있었던 것으로 보인다. 일종의 '사찰 컨트롤타워'라고나 할까. 사찰은 MB와 이상득의 권력을 배경 삼아 이루어졌다. 실제로 청와대 민정 라인, 총리실 공직윤리지원관실, 감사원, 국정원, 국세청 등 필요할 때마다 적절하게 기관들을 다 동원했다. 권력을 움직이는 이너써클이 개입하지 않고서야 어떻게 이런 일이 이루어질 수 있겠는가. 그 정점에 박영준, 이영호 등이 있었고, 사실상 MB와 이상득은 아는 듯, 모르는 듯하면서 사찰이 진행됐다고 볼 수 있다.[14]

그리고 이명박 정권의 사찰은 "역대 어느 정권보다 더 사적이었고 비열했으며 지휘 체계도 문란했다"고 한다. "최악의 권력 사유화가 벌어진 게 사찰 현장이었다"는 것이다. 정두언 전 의원은 "사찰의 목적은 지금까지 좌파 세력을 발본색원하기 위해서라고 해명해왔"으나 사실 사찰 대상은 그것보다 훨씬 광범위했으며 좌파와 무관한 사람도 대상이 되었다. 그러니까 "자신들이 국정을 마음대로 농단하기 위한 수단으로", 심지어 "이권 청탁을 거절한 것에 대한" 보복으로 사찰하기도 했다고 한다. 회고를 다시 들어보자.

권력을 잡았으면 화합을 해서 다 끌고 가야지, 좌파를 발본색원하겠다며 사찰을 하는 것은 시대착오적인 냉전적 사고에 바탕을 둔 구태의연한 발상이다. 그러나 그것도 시늉에 불과했으며 사실은 다른 짓을 하기 위한 구실이었다. 자신들이 국정을 마음대로 농단하기 위한 수단으로 사찰을 활용했던 것이다. 그것을 제일 잘 표현한 이가 이태규 전 청와대 연설기록비서관이었다. (…) 한마디로 MB 권력은 권력을 비판하거나 눈엣가시인 존재들을 제압하기 위해서 사찰을

---

14 정두언, 「정두언 회고록: 최고의 정치, 최악의 정치—정권은 왜 매번 실패하는가 16. MB 정부 민간인 사찰의 겉과 속」, 『허핑턴포스트코리아』, 2016. 11. 22(https://www.huffingtonpost.kr/dooun-chung-/story_b_13139218.html).

했던 것이다. 또 자신들이 챙기는 이권과 인사 청탁을 들어주지 않는 기관장들에 대해 압박을 가하는 용도로 사찰을 활용하기도 했다. 사찰 중 가장 질이 안 좋은 것이 이권 청탁을 거절한 것에 대한 사찰이었다. 이 또한 많은 사례가 있다.[15]

이 증언이 사실이라면, 한편 민간인 사찰은 '좌파'를 핑계로 한 지배 세력 내부의 권력투쟁 성격을 띤 것이기도 하며, 공무원을 동원해 결코 사용(私用)해서는 안 되는 청와대·감사원·국정원·국세청·경찰의 권한을 동원한 '국기문란'이었다.[16] 한국의 정치 환경에서 '좌파' 딱지 붙이기가 결국 어떻게 부패와 권력형 비위의 알리바이가 되는지 알 수 있게 해주는 사례다. 박근혜·김기춘의 권력남용과 블랙리스트 사건은 이와 얼마나 같고 다른가?

이명박·박근혜 정권과 기득권 동맹은 '좌파' 딱지 붙이기를 통해 한국사회와 정치의 이념적 지형을 오도하고 많은 정치적 이득을 취해왔다. 2012년 대선 당시 노무현-김정일 대화록 공개 파동이나 통진당 사건 등에서 보듯, '민주화 이후'에도 이런 딱지 붙이기는 일부 대중의 안보 불안이나 북한에 대한 혐오감을 이용하는 손쉬운 수단이 되었다. 이는 한편으로는 매우 낡고 상투적인 권력정치의 방법이기도 하고, 심화된 신자유주의가 초래한 양극화와 사회경제적 불평등을 관리하는 전략이기도 했다. 사실 한국사회는 '민주화 이후 민주주의'의 한계와 양극화의 부대 효과로 인해, 일시적으로 대중사회가 '민주화'에 대한 회의에 젖고 보수화되기도 했었다. 그 결과가 이명박·박근혜의 집권이었다. 그러나 어느 시점부터 종북몰이나 '좌파' 딱지 붙이기는 오히려 역효과를 내기 시작했다.

---

15 위의 글.
16 「MB 정부 불법사찰 '들통'… 창고에 감췄다가 증거만 남겼다」, 『뉴시스』, 2018. 3. 22.

2) '민주화' 또는 민주주의에 대한 부정

블랙리스트 사건을 필두로 한 이명박·박근혜의 공안통치는 한국 민주주의와 민주화에 대한 부정이기도 했다. 특히 친이·친박 세력은 '잃어버린 10년', '비정상의 정상화' 등의 프레임으로 김대중·노무현 정부 시절을 부정적으로 의미화하여 선동하고 집권에 성공했다. 이후 그들은 민주화와 민주정부를 부정했다. 그들에게 민주화와 민주정부란 오랜 군사독재와 반인권, 냉전정치를 청산한 결과가 아니라 단지 경쟁하는 정적에게 패배하여 정권을 잃어버린 일이거나 '비정상' 상태에 불과했다.[17] 그들은 노무현 정부의 실패와 '친노' 세력에 대한 일각의 반발심을 이용했다. 박근혜 정권도 크게 다르지 않았다. 아니, 박근혜는 한 발 더 나아가 냉전과 극우적 국가주의를 넘어선 모든 것을 '비정상'이라고 불렀다.

지금도 미래통합당 등에 존속하는 냉전·수구·극우 세력은 권력을 비판하거나 자기 마음에 들지 않는 사람들을 '좌파', '빨갱이'라 함부로 딱지 붙인다.[18] 그들만의 진영 구분법이나 색깔론이 더 이상 통하지 않는데도 멈추지 못한다. 정치권에 포진한 일부 세력과 극우·기득권 집단의 일부 영남과 노인층 대상 '안보 장사'나 때 지난 '종북몰이'가 가져다준 정치적 실리 외에도, 그들의 오래 묵은 깊은 정치적 무의식과 국가관(?) 때문일 것이다.

이른바 '건국절'에 대한 집착이나 2018년의 북핵위기 해소 국면에서 '대한민국을 통째로 팔아넘긴다'는 언설에서 보듯, 그들의 대한민국의 정통성

---

17 김동춘, 「냉전, 반공주의 질서와 한국의 전쟁정치—국가폭력의 행사와 법치의 한계」, 『경제와 사회』 89, 2011. 3. 김동춘은 "온건 우파보다는 공격적 우파들이 정권의 정책에 영향을 행사함으로써 이명박 정권은 단순히 보수 세력으로의 정권교체를 넘어서서 민주 세력을 역청산(이것을 그들은 '대못뽑기'라고 표현함)하는 방식으로 권력을 행사했다"고 본다.

18 「홍준표 "원래 창원에는 빨갱이들이 많다"」, 『노컷뉴스』 2018. 5. 2(http://nocutnews.co.kr/news/4963861).

은 시민 스스로 쟁취한 민주주의나 외세 극복 노력에서의 민족주의가 아니라, 극단적 좌우 분열과 북한과의 대결에서 빚어진 피해의식에 있다. 그들의 '대한민국'은 전쟁 트라우마와 적대적 공존으로 성립하고 지탱되는 국가이다. 그들은 남북의 화해협력으로 이 축이 무너지거나 친미·친일에 근거한 냉전을 넘어서는 일을 견디지 못한다. 혐오하고 두려워한다.

그래서 그들은 민주정부 시기의 남북화해협력의 시도를 '퍼주기'라든가 '종북'이라 폄하했다. 대결과 '멸공'만이 진리라고 생각하기 때문에 김구든 조봉암이든, 김대중이든 문재인이든, 평화공존과 남북협상, 중도와 중립을 모두 '용공·좌경·종북'으로 간주했다. 물론 역사적으로 이는 식민과 냉전의 부산물이자, 극우 이데올로기로 모든 것을 재단하는 정치종교의 일종이다.[19] 이들의 선대는 국가 형성기에 친일파와 분단이 낳은 극단의 극우·반공주의자들이자 제주·여순 사건과 보도연맹 학살 등의 국가범죄의 가해자들이다. 이후 군부독재가 양성한 무소불위의 국가폭력 기구와 그 담당자들, 그리고 그들이 형성한 권력과 재산을 누리는 이데올로그와 후예들이다. '냉전·수구·극우'는 각각 단순한 수사가 아니라, 병적인 상태의 정치심리[20]를 표현하는 말이다. 뉴라이트 계열의 극우 지식인(?)들은 촛불항쟁과 대통령 탄핵을 "사법권력이 몰가치의 실정적 폭력으로 변질함에 따른 더없이 참혹한 재앙"이라 부르고, 문재인 정부를 "법외의 음모와 술책으로 권좌를 차지한 저들 민중민족 진영은 그 태생과 성장의 과정에서 몰역사와 반근대의

---

19 왜 김대중, 노무현 같은 중도나 자유주의자조차 좌파로 간주하는 극우가 한국사회와 정권의 헤게모니를 갖게 되었는지는 더 많은 분석이 필요하다.

20 이동연은 블랙리스트 사건을 유신으로부터 유증된 "역사적 히스테리"로 규정했고, 홍석률은 보다 큰 차원에서 극우·반공·안보정치를 "분단의 히스테리"라 해석한 바 있다. 이동연, 「블랙리스트와 유신의 종말」, 『문화/과학』 89, 2017. 3; 홍석률, 『분단의 히스테리—공개문서로 보는 미중관계와 한반도』, 창비, 2012.

저지성을 체질화한 집단"[21]이라 부른다.

3. 검열정치=저강도의 전쟁정치+신자유주의 공안통치

1) 검열정치의 역사적 지평과 블랙리스트 사건에서의 검열

한국 근현대사에서 검열은 자유주의적이고 보편적인 '표현의 자유'나 '사상의 자유'의 침해 이상의 의미를 지닌다. 검열은 지배의 핵심 전략이자 계급투쟁과 이념전쟁의 일환이었다. 또한 검열은 언제나 특정한 역사적 국면에서 구체적인 목적을 갖고 있었다. 식민지하에서는 일제에 의한 민족해방투쟁의 관리·제압, 해방기부터 한국전쟁기까지는 미군의 한반도 장악 전략과 전쟁 승리를 위한 심리전, 해방 이후에는 군사독재의 유지와 냉전문화의 관철이라는 맥락 속에서 검열은 이해되어야 한다.

그런데 일제시대 때부터 이어진 혹독한 검열의 역사는 자유민주주의에 반하며 사상과 학문의 자유, 표현의 자유에 대한 기본권을 침해하고 한국사회의 후진성을 상징하는 사실로 널리 인식되기도 했다. 특히 국가보안법의 이적표현물 관련 조항에 의한 피해자가 너무 많았기 때문에, 민주화와 함께 표면적으로는 (사전)검열이 사라졌다. 1987년에 제정된 현행 헌법 제21조 2항은 "언론·출판에 대한 허가나 검열과 집회·결사에 대한 허가는 인정되지 아니한다"는 검열 금지 조항을 두고 있다. 이로써 언론 검열 제도의 핵심 수단이던 언론·출판사에 대한 허가제와 문화(공보)부가 맡던 신문·잡지·도서·음반에 대한 사전검열 제도는 공식적으로 사라졌다. 안기부·보안사의 우편·

---

21 「"문재인 정부 1년, 자유가 위협받고 있다"… 선언서 발표한 지식인들」, 『한국경제』 2018. 3. 23.

출판물 검열이나 대검찰청·치안본부가 하던 금서 지정 따위의 일도 표면적으로는 없어졌다. 또한 민간 기구의 형식을 취하는 공연윤리위원회의 영화 사전검열도 1996년 헌법재판소의 위헌 판결을 받았다.[22]

그러나 이명박·박근혜 정권하에서 검열은 전방위적으로 부활했다. 그 방식도 매우 '고전적'이었다. 국방부가 금서를 지정하는 일도 있었고, 악명 높은 국가보안법 제7조 5항('이적 표현물'의 제작·배포·소지 등 관련)을 위반했다는 혐의로 노동자가 구속되는 사건도 일어났다. 그리고 블랙리스트 진상 조사로 밝혀진 것처럼, 국정원이 제작 중인 영화의 시나리오를 검열하여 그 결과를 문체부나 하위 기관들에게 지시하는 일도 벌어졌다. 역사의 시계가 거꾸로 돌아가고 있었던 것이다. 블랙리스트는 국가권력이 사상과 표현의 자유를 침해하는 사상검열과, 국민을 억압하고 옭죄어 정치적 이득을 얻기 위해 검열을 이용하는 검열정치 부활의 종합판이었다고 할 수 있다.

검열은 다가성·모호성을 내포하며 다양한 형식과 방법으로 이뤄진다. 역사적으로 한국에서 검열은 사법 기관의 가시적인 검열 규칙과 표준의 적용 외에도 포괄적이며 추상적인 사상 통제술·심리전 일반을 포함하는 개념이다. 그런 견지에서 한국의 검열은 다음과 같은 권력 행위와 그에 관련된 효과 전반을 의미한다.[23]

① 언론·출판 및 문화적 표현물에 대한 권력 기관의 직접적이고 노골적인
   금압과 가위질

---

22 이는 사실상 행정권에 의한 사전검열의 금지라고도 해석된다. 옥은실, 「1970년대 금지곡과 공연윤리위원회의 검열」, 『문화/과학』 80, 2014. 12, 194쪽.

23 천정환, 「현대 한국 검열의 계보학—박정희 정권 시기의 검열과 문예진흥 정책을 중심으로」, 『문화/과학』 89, 2017. 3.

② 문화예술계에 대한 정부의 선별적 지원과 배제

③ 민간 검열: 자본과 문화 매개자들(Cultural Intermediary)의 자발적이거나 간접적
  인 검열

④ 작가·창작자들의 자기검열과 '동료 검열': 검열의 개인적·집합적 내면화

⑤ 작가·창작자·운동가들에 대한 인신구속과 사상탄압(특히 국가보안법 사건, 간
  첩조작, 전향공작)

블랙리스트 사건은 ②에 주로 해당하는 것으로 알려졌다. 즉 청와대와
문체부가 그들의 마음에 들지 않는 문화예술인들의 명단을 만들고 그 하위
기관들에게 지원 배제나 심사 탈락을 지시하여 관철시킨 행위이다. 그런데
이렇게 하기 위해서는 해당 분야의 전문가들로 구성된 심사위원회를 이용
해야 할 뿐 아니라, 다수 공무원들의 공모 또는 복종, 그리고 기관들 사이의
위계 구조가 필요하다.[24] 따라서 공식적인 검열기구와 검열관을 두고 단순
하게(?) 검열을 자행하던 때와 달리, 이명박·박근혜 정권은 청와대를 중심으
로 한 지극히 비정상적이고 탈법적인 지시와 이행의 '채널'을 만들었다. 그
리고 지극히 자의적이고 불법적인 사전검열에 해당하는 행위를 저질렀다.
이를테면 이명박 정권의 박영준,[25] 박근혜 정권의 김기춘이 '대(大)검열관'
역할을 하며 그들의 기분에 맞지 않는 사람들이나 작품들을 '좌파' 등으로
재단했다. 국정원이 참모 역할을 하고 문체부나 기타 산하 기관들은 수족이

---

24 이 검열의 실행 체계에 대해서는 『종합발표』의 53~58쪽을 보라.

25 박영준은 「균형화」 문건을 작성한 청와대 '기획관리비서관실' 실장이었다. '이명박 청와대'
의 왕(王)비서관으로 불릴 정도로 위세가 컸으며 이명박의 최측근으로서 서울특별시장 시
절 보좌관을 지냈고 한나라당 소속의 고려대 출신 의원 보좌진 사이에서 '큰형님'으로 불렸
다고 한다. 송홍근, 「박영준 대통령기획조정비서관」, 『신동아』 2008년 4월호; 「기획관리비서
관을 수석급으로… 청와대 '직할통치' 강화 나선다」, 『중앙일보』, 2008. 12. 22 등 참고.

되었다.

우선 경악할 것은 이젠 없어진 것으로 생각했던 문화적 표현물에 대한 권력 기관의 직접적이고 노골적인 삭제와 가위질(①)이 있었다는 사실이다. 2013년부터 국가정보원은 I/O(정보관)와 영화진흥위원회의 상시적인 채널을 만들고 이를 통해 "문제영화 또는 이른바 '건전·애국영화'에 대한 제작 현황 등을 수시로 요구하여 보고받았"다.[26] 예컨대 영화 〈덕혜옹주〉(2015)의 시나리오를 국정원(직원)이 사전검열하여 박정희 관련 부분을 수정할 것을 영진위에 '지시'했다. 또 "영진위의 각 부서에서는 주요 지원사업에서 먼저 신청자와 시놉시스 등 작품 내용들을 검토하는 사전검열 행위를 하였다. 그리고 이는 국가정보원이나 문체부로부터 하달된 '배제 키워드'에 의한 것이었다." 그 키워드는 "국가수반의 명예훼손", "4대강 등 정부 정책이나 시책 비판", "강정 해군기지 반대나 용산 철거민 투쟁", "노동자 투쟁 문제", "세월호 문제", "국정원 비판", "국가보안법 비판", "북한 관련(분단을 소재로 앞의 국가보안법을 비판하거나 정부를 비판하는 내용)" 따위로 비판적 사회인식의 거의 모든 항목이었다.[27]

①, ② 방식의 검열(노골적인 금압과 가위질, 선별적 지원과 배제)의 부대 효과는 강력하여, 다른 방식의 검열과 배제를 유발했다. 결국 블랙리스트를 매개로 모든 방식의 검열이 다 저질러졌다. 관련 지원 기관이나 지방자치단체, 출판사, 에이전시, 갤러리 등 문화 매개자들(Cultural Intermediary)의 검열인 ③이나 ④ 작가·창작자들의 자기검열과 '동료 검열'[28]을 유발하려 한 경우를 보자.

---

26 『종합발표』, 135~136쪽.

27 『종합발표』, 135~136쪽.

28 '동료 검열'은 친구·동료 문필가·예술가의 안위를 걱정해준다는 명목하에 출판사·신문사 등의 경영진·편집진들이 원고의 수정을 권하거나 때로는 자의적으로 첨삭 검열했던 행위·

검열당한 예술

검열당한 예술
2014년 제10회 광주비엔날레의 주제는 '터전을 불태우라'였다. 제도권에 대한 저항과 도전, 창조적 파괴와 새로운 출발 등의 의미를 담은 주제였으나, 홍성담의 〈세월오월〉은 김기춘의 지시에 의해 그 전시가 취소되고 말았다.

2014년 광주비엔날레에서 홍성담 화백의 작품 〈세월오월〉의 전시 취소와 2018년 광주비엔날레 예산 삭감은 비서실장 김기춘이 직접 지시하여 벌어진 사건이다. 김기춘의 지시를 받은 청와대 교문수석 송광용, 문체부 차관 김희범과 김종, 행안부 고위 관료 등이 광주시를 압박했고, 광주시 공무원이 직·간접으로 개입하여 전시가 취소되었다. 또 김기춘은 "예술을 빙자한 저급한 정치성 작품"이 발을 붙이지 못하도록 하라며 광주비엔날레에 '국비 지원 재고 또는 축소 경고'를 지시하고 실제로 2018년 광주비엔날레 예산은 삭감되었다.[29]

상황을 일컫는다. '편집자 검열' 또는 '내부 검열'이라 부를 수도 있겠으나, 정실로 뒤엉킨 한국 문화예술계를 생각하면 '동료 검열'이 더 어울리는 어휘라고 생각한다. 천정환, 「현대 한국 검열의 계보학—박정희 정권 시기의 검열과 문예진흥 정책을 중심으로」, 『문화/과학』 89, 2017. 3 참조.

29 「2014. 8. 8. 비서실장 주재 수석비서관회의 결과」, 『종합발표』 151쪽 재인용.

연극 〈개구리〉 포스터
2013년 공연된 연극 〈개구리〉는 박근혜 정부
블랙리스트 공작 파문의 도화선이 된 작품이
다.

김기춘의 청와대는 위에서, 그리고 배후에서 공권력을 총동원하다시피
해놓고서는 광주시와 광주비엔날레 재단의 손으로 일을 처리하게 했다. 일
선 기관이나 해당 장의 게이트키퍼가 검열하고 예술가들과 갈등을 일으키
게 한 것이다. 또 김기춘은 청와대 비서회의에서 홍성담 작가에 대해 "'추적
하여 처단' 등의 극단적 용어를 쓰면서 사찰"[30]을 지시하여 검열 대상이 된
예술가나 시민에게 직접 위해를 가했다(⑤). 이후 〈세월오월〉 작품 또는 홍
성담과 관련되었다는 이유만으로 블랙리스트에 등재되어 추가 피해를 입
은 단체와 문화예술인도 있었다.[31] 이처럼 중앙의 강한 권위주의 권력의 작
용은 민간 기구와 기업·지자체 등에서 2차·3차 검열, 즉 (자기)검열이나 '동료

---

30 「박근혜 정부, 세월호 공연 현장 찾아가 조직적 방해」, 『한겨레』 2018. 4. 13.
31 『종합발표』, 151~152쪽.

검열'을 유발한다. 불이익과 처벌이 일으키는 연쇄 부대 효과이다. 김기춘은 검열권력의 이런 작용 메카니즘을 잘 알고 있었던 듯하다.

연극계에서 가장 심각한 검열 사례인 국립극단의 〈구름〉 검열도 그런 사례라 할 수 있다. 연극 〈개구리〉가 청와대와 김기춘이 관심을 기울여 극악하게 탄압한 사례가 되고 난 뒤, 후속작인 〈구름〉 대본은 특정 정치인을 풍자했다는 이유로 특정 대사에 빨간 줄을 쳐 연출가에게 전달되었다고 한다. 또 단지 광화문광장을 연상시킨다는 이유로 온라인에 게시된 포스터를 삭제·수정하는 일도 있었다. 이런 방식으로 "한국문화예술위원회·국립극단·예술경영지원센터 등 주요 예술 지원 기관들은 2015년 하반기 국정감사에서 예술 검열 논란을 거치면서 기관 스스로 자체검열을 하는 등 자기검열의 단계에 접어들었"[32]던 것이다.

2) 저강도의 전쟁정치: 검열과 심리전

박근혜 정권 검열정치의 인식론과 방법이 박정희 시대로부터 유래했다는 사실은 잘 알려져 있다.[33] 박정희 정권은 검찰·경찰·중앙정보부·문교부·보안사 등을 통해 한국 근현대사에서 가장 혹독하고 체계화된 검열 정책을 시행했다. 예술 분야는 물론 언론과 출판 등에서 전방위적이고도 일상적인 국가검열이 자행되었다.

그런데 미국·영국 같은 대표적인 자유주의 국가에서도 전시동원체제에서는 검열이 수행된다. 전시검열은 대적 사상·심리전의 일환이기 때문이다. '총력안보'를 부르짖던 박정희 정권기의 검열은 비전쟁기에 행해진 심

---

32 『종합발표』, 69쪽.

33 이동연, 「블랙리스트와 유신의 종말」, 『문화/과학』 89, 2017. 3; 천정환, 「현대 한국 검열의 계보학—박정희 정권 시기의 검열과 문예진흥 정책을 중심으로」, 『문화/과학』 89, 2017. 3.

리전이었다. 박 정권은 1965~69년 안보위기를 겪으며 시민의 일상과 공론장 전체를 일상적으로 검열하고, 또 유신 이후의 장기집권 책동과 전체주의적인 개발동원에 사용했다. 그런 통치는 정상정치(normal politics)나 현대적 의미의 거버넌스는 말할 것도 없고, '개발동원'이나 '권위주의' 같은 서구 정치학의 개념들을 불충분해 보이게 한다. 박정희 통치는 사회 전반을 병영화하고 군사적 통제로 물들이는 '병영국가' 명제나 '군사화된 근대성(militarized modernity)'[34]에 더 잘 들어맞는다. 통치성이 권력의 복합적 작용 효과이자 사회와 국가의 상호작용을 의미한다면, 박정희 정권 통치성의 본원적 차원 또는 무의식적 차원은 냉전을 사회 내부로 내재화한 것이었다.

와중에 검열은 전쟁에 필요한 동조 세력을 늘리고 적의 선전을 약화시키기 위한 사상·심리전의 일환일 뿐 아니라, '내부의 적'을 색출하여 죽이거나 고립시키는 전쟁정치의 수단이다. 그 자신이 남로당 프락치 출신이며 남북한 국가 형성기(1945~53)의 참혹한 내전과 학살을 경험한 박정희의 공포는 '내부의 적'(=간첩)을 설정하여 끝없는 전쟁정치를 수행하게 했다.[35] 유신 시기에 박정희의 영구집권 욕심이나 대미관계 악화 등의 상황과 합쳐지면서 검열/전쟁정치는 극에 달했다.

바로 이 시기에 정치와 통치술을 배운 김기춘과 박근혜 또한 정부 비판자들이나 사회참여적인 문화예술인들을 '좌파', '내부의 적'으로 간주했다.[36]

---

34 이 개념은 Moon Seungsook, *Militarized Modernity And Gendered Citizenship in South Korea*, Duke Univ. Pr, 2005를 통해 국내에 널리 알려졌다. 따라서 김동춘 등이 제기한 '전쟁정치'와 militarized modernity 사이의 관계에 대한 탐구가 필요하다.

35 권보드래·천정환, 『1960년을 묻다―박정희 시대의 문화정치와 지성』, 천년의 상상, 2012 중 「3장 엇갈린 운명, 1960년대 '지성'과 사상전향」.

36 김기춘은 유신 시절에는 간첩 조작에, 노태우 정권 시절에는 강기훈 유서 대필 조작 사건에 깊이 관여했다.

김기춘은 2013년 9월 9일 '실수비'(비서실장 주재 수석비서관회의)에서 "천안함 영화의 메가박스 상영은 종북 세력 지원 의도"를 갖고 있으며 그 제작자와 펀드 제공자가 용서되지 않는다고 말했다. 또 국립극단의 〈개구리〉 상영을 용납할 수 없다면서 종북 친북 세력 척결에 "강한 적개심 갖고 대처"[37]하라고 말했다.

이런 생각을 가진 우파 엘리트들은 국민 대중이 스스로 생각하고 판단할 힘이 없어 '좌파'에 '감염'될 수 있는 취약하고 무지한 존재이거나, 또는 그저 생각이 다른 동료 시민이 아니라 불온하고 의심스러운 존재라고 생각한다. 그런 존재는 '좌빨', '빨갱이'라 함부로 치부되었으며, 공안 세력의 힘이 막강하고 폭압이 만연한 시대에는 '간첩'이라 불리고 조작되기도 했다.[38] 그들은 절멸 아니면 귀순·전향의 대상이었다. 그러나 이 시대에는 절차적 민주화와 자유주의화가 어느 정도 진행되었기 때문에, 유신의 적자들도 고문과 조작을 일삼지는 않고 돈과 블랙리스트를 사용했다. 따라서 블랙리스트의 검열정치는 이런 '내부 사상·심리전'의 성격을 지닌다. "의도적으로 자금을 우파 쪽으로만 배정하고 체계적으로 관리하여 문화예술인 전반이 우파로 전향하도록 추진"한다고 했던 것이나, "정부 정책을 국민에게 일방적으로 주입하고 강요하는 수단으로" 문화 정책을 펴고,[39] 또한 이른바 화이트리스트를 만들어 인위적으로 수준 낮은 단체나 '우파' 개인들을 육성하려 했던 것도 같은 견지에서 이해할 수 있다. 심리전은 금압과 검열만이 아닌

---

37   김기춘 외 1심 판결문 5쪽.

38   권보드래·천정환, 『1960년을 묻다』 중 「4장 "내 귀에 도청장치"—간첩의 존재론과 반공영화 텍스트의 문화정치」 등을 참조.

39   이명박 정권은 국정홍보처를 문체부에 통합시킨 뒤 문체부 예산을 2008년 90억 8천만 원에서 2009년 189억 8천만 원으로 2배 이상 늘렸다. 「귀막은 MB 정부 홍보예산 2배로」, 『한겨레』 2009. 3. 16.

양(陽)의 육성 정책도 포함한다. 요컨대 이 전체를 저강도의 전쟁정치 또는 변형된 공안통치로 볼 수 있다.

　물론 이는 '악마'로 이미지화된 북한의 존재가 보증해주는 것이며, 파시즘과 전체주의의 국민관·정치관에서 기인한다. 이명박·박근혜 정권에게 북한과의 대결은 그래서 중요했다. 이들은 9년간 남북관계를 완전히 경직시켜 대결 국면으로 몰고 가 전쟁위기까지 자초했다. 대결이 사라지고 평화가 오면 이들이 국민을 옭죄어 통제하고 기득권을 유지하는 수단이 사라진다. 북한과 대결하기 때문에 안보 논리로 국민을 억압하고 통제하는 것이 아니라, 국민을 통제하고 기득권을 지키기 위해 북한과의 대립을 만들어낸다. 또한 '종북' 세력이 많이 있어서 '좌파', '빨갱이'를 많이 잡아들여야 노동자·여성과 대중의 저항이 조용한 세상이 된다. 덧붙여 이는 단지 김기춘 같은 노회한 파시스트·국가주의자 몇 명이 아니라, 검찰·경찰과 국정원·보안사 등에서 오랫동안 밥을 먹어온 '생계형' 공안 공무원들, 그리고 부자 기득권 세력과 안보 장사꾼들 같은 '냉전 기생 세력'의 네트워크와 동맹의 존재로써 가능한 일이다.

4. 블랙리스트 사태에 대한 사회적 반응

1) 블랙리스트 담론

　한국사회는 블랙리스트 사태를 통해 문화예술에 대한 검열과 간섭이 기본권 침해이자 민주주의에 대한 중대한 위협이라는 점을 다시 확인했다. 고등법원은 김기춘 징역 4년, 조윤선·김종덕 2년, 김상률·신동철·정관주·김소영 18개월 등 블랙리스트 관련자 7명에게 유죄를 선고했다. 이 '유죄'의 주

요한 근거는 '직권남용죄'였다.[40]

그들은 대법원 판결에서 결국 일부 '무죄' 선고를 받았지만, 이 단죄 전까지 검열의 역사라 해도 될 한국 근현대사에서 검열을 자행한 권력과 개인들이 단 한 번도 제대로 처벌 받은 적이 없다는 사실을 중히 생각해볼 필요가 있다.[41] 김기춘이 블랙리스트와 검열을 '정책'으로 이해했던 것도 그런 맥락에서 생각해볼 수 있지만, 검열은 '청산'되어야 할 '과거사'요, 국가범죄다.

이 절에서는 블랙리스트 사태가 우리 사회에서 어떻게 인식되었는지 알아보는 통로의 하나로 '보수'의 블랙리스트 담론을 살펴보려 한다. 중립적이거나 상식적인 인식에서 블랙리스트는 "민주주의체제를 위협하고 헌법을 유린한 사상통제"이자 "결코 용서받을 수 없는 범죄"이며, "차별받지 않을 권리"를 심각하게 훼손한 사건이다. 또 블랙리스트로 인해 "법치주의와 국가의 예술 지원 공공성에 대한 문화예술계와 국민 신뢰가 훼손됐다"[42]는 점을 인정할 수밖에 없다.

그런데 주지하듯 한국사회에는 허구적인 좌우 대립과 진영론적 인식이 팽배해 있다. 일부 정당과 보수언론은 매우 낙후한 냉전적인 인식을 갖고 있기 때문에, 이들의 인식을 통해 블랙리스트 문제에 대한 한국사회의 합의 (콘센서스) 수준이 어느 정도인지 가늠해볼 수 있을 것이다.

2018년 3월 배현진 전 MBC 아나운서는 회사를 퇴사하여 '자유한국당

---

40 대법원 재판에서는 김기춘·조윤선의 '직권남용' 행위의 일부만 인정되었다. 손현수, 「판결: '문화계 블랙리스트' 파기환송… 대법원, 직권남용 판단 기준 제시」, 『법률신문』, 2020. 2. 3.

41 예를 들어, 5공 신군부 집권 당시 '언론 학살'이라 불릴 정도로 참혹한 언론 통폐합과 언론인 해직을 주도했던 허문도는 5공 비리와 관련된 국회 청문회에 소환되고 위증죄로 검찰에 고발당하기도 했지만 처벌 받지 않았다.

42 「사설: 블랙리스트는 헌법 정신 위배한 범죄라고 선언한 법원」, 『한국일보』, 2017. 7. 27.

영입인사 1호' 정치인으로 변신하면서 자신이 "현 정권의 공공연한 블랙리스트"라고 주장했다. 세간에서 이런 주장이 근거 없음을 지적하자 그는 "최승호 MBC 사장이 '배현진은 뉴스에 출연하지 못할 것'이라고 얘기했기 때문"이라고 했다.[43] 현 정권이 실제로 '블랙리스트'를 가지고 있는지, 또 '공공연한 블랙리스트'라는 것이 무엇인지 배씨는 설명하지 못했다. 배씨가 블랙리스트 사태의 본질을 제대로 이해했다면 저런 말을 했을까? 어쨌든 이제 자유한국당 당원도 블랙리스트는 '나쁜 것'이며 권력의 언론이나 문화계에 대한 부당한 간섭 행위라는 인식은 갖고 있는 것처럼 보인다.[44] 2018년 4월 『조선일보』와 『중앙일보』도 현 정부를 공격하기 위해 블랙리스트(?) 문제로 수십 개의 기사와 사설을 쏟아낸 적이 있다.[45] 『조선일보』는 문재인 정부가 미국 소재 대학 부설 한국학연구소의 재정 지원을 끊은 사실을 구성원의 정치 성향을 문제 삼은 '문재인 정부 블랙리스트'의 가동 증거라고 주장했다. 이에 대해 사태의 본질이 블랙리스트가 아니라 해당 연구소의 방만경영이라는 지적과[46] 『조선일보』의 보도 자체가 증거 제시 없이 다수의 익명 취재원의 '추측'과 '푸념'을 중심으로 구성되었다는 민주언론시민연합(민언련)의 비판이 있었다.[47] 이는 사실 여부를 떠나 '블랙리스트'라는 키워드가 어떻게 사용되는지를 보여준다. 『조선일보』의 용례를 따르더라도 '블랙리스트'란 권력을 '코드'에 맞게 남용하는, 있어선 안 될 정치 행위라는 맥락에서 쓰

---

43 「배현진 "난 현정권의 공공연한 블랙리스트"… 김세의와 한목소리」, 『경향신문』 2018. 3. 27.

44 자유한국당은 블랙리스트 진상 조사를 방해했다. 「"자유한국당의 블랙리스트 조사 탄압은 또 다른 공작정치"… 문화예술인들 반발」, 『서울신문』 2017. 10. 17.

45 「사설: 정권 바뀌면 이걸 블랙리스트라고 하지 않겠나」, 『조선일보』 2018. 4. 5 등 참조.

46 「KDI, 이미 2013년 '한미연구소 지원' 문제점 지적」, 『한겨레』 2018. 4. 10.

47 「조선-중앙, 추측과 사실 왜곡으로 '블랙리스트 몰이'」, 『오마이뉴스』 2018. 4. 13(http://v.media.daum.net/v/20180413095104638).

인다.

그런데 『조선일보』 등이 블랙리스트 사건을 진심으로 성찰하는 것 같지는 않다. 『조선일보』는 김기춘·조윤선 등이 구속될 즈음, "일이 이 지경까지 온 것은 박근혜 대통령의 시대착오적인 행태가 원인"이라는 해석을 내놓고 2013년 8월 취임한 김기춘이 "업무 첫날 '윗분의 뜻'을 받들어"라는 40년 전에나 쓰이던 말을 했던 일을 상기했다. 즉 "청와대 분위기는 경직됐"고 누구도 "대통령에게 이의를 제기하는 것은"[48] 불가능해서 김기춘이 블랙리스트 사건을 저질렀다는 해석이다. 이는 검열정치·공안통치의 공동 기획자이거나 오히려 박근혜보다 더 앞장섰던 김기춘의 역할을 단순한 하수인으로 오해·축소하는 것이며, 블랙리스트 사태의 본질을 호도하는 것이다. 블랙리스트 사건의 본질은 단지 박근혜의 시대착오적 권위주의가 아니라, 광범위한 국가범죄이자 이른바 '보수'의 냉전의식·공안통치술에 가깝다.

한편 『조선일보』는 좌우(?)를 막론한 어느 정권 때나 정권의 '코드'에 맞는 문화예술 지원이 있었다는 점을 강조하는 방향으로 블랙리스트 문제를 끌고 가기도 했다.

문화예술 지원에 대한 정치 개입은 이 정권에서만의 일은 아니다. 김대중·노무현 정부 때는 친(親)정권 예술인들을 집중 지원했다. 회원 수가 예총의 10분의 1에 불과한 민예총 지원 예산이 예총보다 많았던 적도 있다. 지금도 야당이 단체장을 맡은 지자체에선 각종 사업들이 친야 성향 문화예술인 중심으로 이뤄지는 경우가 많다. 정권이 바뀔 때마다 정권에 우호적이냐 아니냐를 잣대로 지

---

48 「사설: 수갑 찬 김기춘·조윤선 모습을 보며」, 『조선일보』, 2017. 1. 23.

원하고 말고를 결정하는 반(反)문화적 행태를 이제 끝내야 한다.[49]

얼핏 '친정부냐 아니냐가 지원 여부가 되어서는 안 된다'는 바른 결론을 내리는 듯하지만, 이 글은 여러 가지 잘못된 인식을 깔고 있다. 우선 '코드에 따른 지원'과 블랙리스트는 같지 않다. 블랙리스트를 '코드에 따른 지원'으로 축소시킬 수 없다. '코드에 따른 지원'이 해치는 것은 (표면적인) '공정함'이지만, 블랙리스트는 그 자체로 검열과 탄압을 내포하는 행위다.[50] '코드에 따른 지원'과 블랙리스트를 섞는 것은, 법정에서 자기가 한 일이 단지 정부의 정책 방향에 부응하는 단체들을 지원한 것이라는 식으로 변명했던 김기춘의 논리와 같다. 블랙리스트는 검열과 배제를 필수 요소로 내장하며 탄압을 야기한다. 예술가들이 양심과 창작 정신으로 만든 작품을 박근혜·김기춘이나 그 하수인들처럼 천박한 문화의식을 가진 이들이 '정치성' 운운하며 함부로 재단하고, 해당 분야 전문가들이 학문적·예술적 양심으로 하는 심사를 권력으로 간섭하는 것이며, 예술가들에게는 생 그 자체인 무대에 오르지 못하게 하거나 어떤 문장과 장면을 삭제하는 것이다. 또한 그로써 시민이 누릴 문화예술에 대한 향유권을 간섭하고 해치는 것이다.

둘째, '모든 정부가 코드 지원했다'는 말은 사실을 적시한 것이라기보다는 물타기에 가깝다. 어떤 정권에서 문화예술인들의 리스트를 작성하고 권력기관들이 공유하여, 일부러 배제하거나 권력을 동원하여 표적을 만드는 방식의 문화예술 정책을 폈는가? '민주화 이후'에는 이명박·박근혜 정권밖에 없다. '모두가 문제'라는 식의 담론은 자신들이 지지하는 세력이 오류를

---

49 「사설: 특검 블랙리스트 확인, 최고 책임자가 누군가」, 『조선일보』 2017. 1. 9.
50 '화이트리스트'로 법적인 처벌을 받거나 기소될 수는 없을 것이다.

저질렀거나 불리할 때 슬며시 꺼내놓는 『조선일보』 특유의 화술이다. '모두가 나쁜 놈'이라는 인식은 반(反)정치 담론이나 정치 허무주의 담론과 연관된다.

블랙리스트가 반민주적이며 반문화적이라는 인식은 광범위하게 공유되어 있으나, 여전히 일각에서는 블랙리스트 사태를 진지하게 사유하지 않는 듯하다. 이는 '민주주의'의 시각에서 촛불항쟁과 이명박·박근혜 정권의 실정과 실패를 생각하는 것이 아니라, 철저히 진영 논리로 사태를 해석하는 데서 기인하는 듯하다. 이런 태도는 국정농단과 블랙리스트 등 지난 정권의 잘못에 대한 무책임한 태도와 연관되어 있다.

검열을 자행한 이명박·박근혜와 그 하수인들, 그리고 '모든 정부가 코드 지원했다'고 말하는 자들이 과연 '문화예술 분야는 지원은 하되 간섭은 하지 않는다'는 명제를 이해할 수 있을까? '정부나 국가 기관의 지원을 받은 문화예술인이 대통령이나 정부를 비판해서는 안 된다'는 사고에 비해 이 명제는 꽤 어렵다. 이는 문화예술이 그 자체로 존재 가치를 가진 것임을 인식하고, 또 문화예술이 지니는 본연적인 비판적 성격과—국가나 자본의 지원에 기대는 경우에도 그것을 넘어서야 예술로서 성립하는—모순이나 현실 초월성을 이해할 때 성립한다. '투입 대비 산출'의 효용론을 넘어서는 문화예술에 대한 인식을 한국사회가 얼마나 깊이 공유하게 될지, 앞으로의 과제이기도 하다.

2) 블랙리스트 사건이 한국 문화예술 생산자들에게 미친 영향

블랙리스트 사태는 한국 문화예술의 사회적 존재 방식과 가치를 새롭게 드러내고 일깨워주었다. 무엇보다도 우선 블랙리스트 사건은 예술계에 큰 상처를 입혔다. 동료였던 누군가가 권력에 빌붙어 동료의 작품을 일부러 폄하하거나 검열하고, 권위를 가진 비평가·교수·원로가 부당한 권력의 압력에 굴종하여 양심을 어기고 후배·동료의 삶과 예술을 위험에 빠뜨렸다.[51] 그래서 예술가들은 생계를 위협당하는 것보다 더 심각한 마음의 상처와 정체성·자존감의 침해를 겪었다. 영화배우 김규리 씨는 영화계에서 이명박 정부 블랙리스트의 가장 큰 피해자가 되었다. 그녀는 2008년 촛불시위에 참여하고 SNS에 "광우병에 감염된 쇠고기를 먹으니 청산가리를 먹는 것이 낫겠다"고 비판적 소신을 밝혀 정권에 미운 털이 박혔다. 김규리 씨는 이번에 블랙리스트 사태의 진상이 밝혀지자 "이 몇 자에 나의 꽃다운 30대가 훌쩍 가버렸네. 10년이란 소중한 시간이. 내가 그동안 낸 소중한 세금이 나를 죽이는 데 사용되었다니"라고 말했다.[52] 2018년 5월 국립극단이 뒤늦게 블랙리스트 문제에 대해 사과했을 때 연극인들이 발표한 「문체부 부속 국립극단의 사과문 발표에 대한 우리의 입장」도 비슷한 이야기를 담고 있다.

　　우리는 안다. 이미 사실로 드러난 국립극단에 의한 검열, 성폭력, 물리적 폭력이 어떠했는지. 그와 동일한 맥락으로 작가의 방 사태에서 국립극단이 어떻게 대응했는지. 얼마나 안일한 발상으로 토론회와 공청회를 준비했는지. 사건에 대한 진상조사와 진실규명과 가해자 처벌 대신 사태를 어떻게 은폐하고 축소했는지.

　　우리는 안다. 지난 10년간 비정상이었던 문화부와 문화 정책으로 인해 젊은 예술가들은 끔찍한 10년을 보내야 했고, 관련 공무원들이 팔아넘긴 영혼의 대가

51　예컨대 연극계의 "일부 부역자들은 엄청난 이권을 챙기고 검열에 짓눌린 동료들에게 큰 상처를 주었다." 김미도, 「블랙리스트, 네버엔딩 스토리」, 한국연극평론가협회 엮음, 『세월호 이후의 한국 연극—블랙리스트에서 블랙텐트까지』, 연극과인간, 2017, 118쪽.

52　「이명박-박근혜 블랙리스트로 아픈 문화계」, 『한국일보』 2017. 9. 20.

로 우리는 우리 존재를 갈아넣어야만 했다. 지난 청춘을 돌려달라는 말은 안할 테니, 가해의 주체들은 사과하라. 사과의 가장 좋은 방법은 자리에서 물러나는 것이다.[53]

있어서는 안 될 폭력적인 일을 한국을 대표하는 국립극단으로부터 겪은 연극인들은 "우리는 이제 안다. 좋은 연극 만드는 것보다 중요한 것이 나의 존엄 나의 안전과 너무나 당연한 권리를 보장 받는 과정이라는 것을"이라고 말했다. 상처가 얼마나 큰지 짐작할 수 있다.

한편 블랙리스트 사건은 '가난한 예술'과 예술의 공공성 문제를 다시 일깨워주었다. 블랙리스트 사건이 문화예술 영역에 대한 정부의 재정적 지원 배제라는 점을 더 깊이 생각해보자. 신자유주의가 심화되며 무한경쟁과 효율성이 모든 것을 지배하고 문화예술 영역에서의 독과점도 극심해지면서, 독립적이고 비상업적인 문화예술은 독자적 생존과 재생산이 더 어려워지고 있다. 그래서 공공의 자원과 정부의 지원이 필수적인데, 바로 그러하기 때문에 재원을 가진 기관의 권력이 더 커지고 간섭과 억압도 용이해질 수 있는 것이다. 이명박·박근혜 정권은 이를 파고들어, 문화예술을 옭죄고 국가주의와 우파 이념 선전의 도구로 변질시키려 했다.

따라서 문화예술계의 자생력을 높이고 생태계를 바꾸려는 노력이 반드시 필요하다. '지원하되 간섭하지 않는다'는 원칙은 신자유주의 시대의 예술을 위한 한 가지 중요한 방책일 것이다. 오늘날 시민의 문화 향유는 소득과 교양의 양극화와 독과점적인 문화예술의 생산 유통 구조에 의해 이전과

---

53 전윤환 씨 페이스북, 2018. 5. 20(https://m.facebook.com/story.php?story_fbid=2025259844214253&id=100001907700628).

다른 양상으로 구조화되고 있다. '블랙리스트 진상조사 및 제도개선위원회'가 제안한 것처럼 헌법(제22조)을 개정하여 모든 사람이 "학문과 예술의 자유를 가지며 학문과 과학, 예술의 결과를 향유할 권리를 가"진다는 점을 명시하고 "국가는 문화예술가의 생활 안정을 위하여 노력하여야"[54] 한다는 공감대를 사회적으로 확산시킬 필요가 있다.

3) 블랙리스트 사건과 한국의 공무원·지식인

파시스트 김기춘이나 '혼용무도' 박근혜를 제하면 누가 블랙리스트 사태에 책임이 있는가? 검열을 직접 실행한 전·현직 문체부 장차관과 전·현직 문예위위원장이 그 다음이다. 그들은 문화예술에 대한 누구보다 높은 애호정신으로 앞장서서 문화예술을 보호해야 할 의무가 있는 자들이었다. 그러나 그들은 마름 노릇만 했다.

전·현직 문체부장관과 달리 문예위 위원장들의 책임을 묻지 않은 일이 올바른 것인지? 그들은 유수 대학의 교수나 언론인 출신으로 한국 문화·지식계를 대표하는 인물 중 하나였다. 그러나 그들은 "참혹한 검열의 주역"이자 역시 김기춘의 하수인으로서, "예술가들에게 씻을 수 없는 상처"를 주었다. 그 외에 문예위에 참여한 사람들과 지원 사업의 심의위원으로 참여한 해당 분야의 전문가·지식인들이 심사에 참여하면서 부역한 경우들도 있는데, 어떤 성찰과 청산의 과정이 있었는지 궁금하다. 그들의 "적극적인 고백"[55]이 필요하다.

정의와 원칙이 실종됐던 한국사회의 모습은 블랙리스트를 실행한 공무

---

54 『종합발표』, 181쪽.

55 김미도, 「블랙리스트의 실행과 작동」, 한국연극평론가협회 엮음, 『세월호 이후의 한국 연극』, 연극과인간, 2017, 139쪽.

원들에게서도 나타난다. 이들의 행위를 철학자 한나 아렌트가 유태인 학살을 수행한 하수인들을 통해 개념화한 '악의 평범성' 명제와 연결시킨 담론이 무수히 나왔다. 1만 명 "블랙리스트 명단이 오스트리아에서의 유대인 추방과 크게 달라 보이지 않"으며,[56] 연루된 공무원도 아무 생각도 성찰도 없이 상부에서 지시한 대로 범죄를 저지른 '영혼 없는 공무원'이었다는 것이다.[57] '악의 평범성' 명제를 가져와서 블랙리스트 사건과 그에 연루된 공무원을 유태인 추방·학살에 연루된 나치들에 비유하는 것에 100% 동감하지는 않는다. 사건의 성격과 사태의 맥락이 다르거니와 죄의 경중에도 차이가 있기 때문이다. 조직의 '힘 없는 을'이자 '평범한' 소시민으로서 생계를 잃을까 봐 시키는 대로 했다는 식의 변명도 이해 못하는 바는 아니다.

그럼에도 관료주의와 '먹고사니즘'에 기대어 국가범죄에 아무런 반성과 책임을 느끼지 않는 것은 큰 문제다. 지난 10년간의 극심한 진영 갈등과 고용불안은 복지부동과 무책임의 공무원 문화를 만들어낸 것이 아닐까. 이를 개혁하지 않으면 안 될 것이다. 블랙리스트 사건에 연루된 하위직 공무원들이나 산하 기관 직원들의 '부역'을 법적으로 단죄하기는 어렵다 해도, 어떤 식으로든 문제를 기록으로 남기고 고위직 연루자에게 책임을 물어야 한다고 생각한다. '먹고사니즘'이 모든 윤리를 지배하는 것이 세월호 참사나 이명박·박근혜 시대의 퇴행을 불렀던 것 아니겠는가?[58]

---

56 이동연, 앞의 글.

57 김미도, 「김기춘과 아이히만」, 『연극평론』 85, 2017. 6; 이동연, 「세상읽기: 한국의 아이히만」, 『경향신문』 2017. 1. 19; 강정석, 「블랙리스트와 예술검열 실태 분석—MB 정부에서 박근혜 정부까지」, 『문화/과학』 89, 2017. 3 외에 많은 신문 칼럼 등이 있다.

58 이런 상황을 개선하여 공무원들이 소신과 영혼을 갖고 일할 수 있게 하는 근본적 제도 개선의 노력도 있었다. 「"부정행위 공무원 상급자 평계 못 댄다"」, 『한국정책신문』 2017. 1. 13; 최영조, 「주장: 영혼 있는 공무원을 위한 제도 개선이 필요하다」, 『오마이뉴스』 2018. 5. 18.

관련하여 처음 문재인 정부는 몇 가지 조치를 하는 듯했다. 블랙리스트 사건에 대한 진상 조사와 사과가 그렇다. 도종환 문체부장관은 2018년 5월 16일 문화예술계 블랙리스트 사건에 대해 다시 또 사과했다. 이어 그 산하 기관인 문화예술위원회와 국립극단, 한국예술인복지재단도 사과 성명을 발표했다.[59] 그런데 예술가들, 특히 가장 많은 피해를 보았던 연극인들은 사과를 받지 않겠다며 오히려 분노를 터뜨렸다. 문화예술위원회 등이 저질렀던 검열에 대해 실질적으로 책임을 지는 사람은 없다며, 자리를 그대로 유지하고 있는 관련자들의 사퇴를 요구한 것이다. 전윤환 극단 엔드씨어터 대표는 "예술위의 변화를 지켜볼 생각도 없고, 응원할 생각도 없고, 사과도 받지 않겠다"[60]고 했다. 연극인들이 연명하여 발표한 「문체부 부속 국립극단의 사과문 발표에 대한 우리의 입장」도 "블랙리스트 사태에 대한 사과는 관련자 모두 법적 처벌 이후 가능한 일이다. 사과받지 않겠다"[61]고 했다. 아직 블랙리스트 피해자들의 상처가 아물지 않았고, 따라서 이 청산은 적절한 방법을 더 찾아야 하는 일이다.

촛불항쟁에서 문화예술인 저항 행동과 블랙리스트 반대 운동을 주도했던 시인 송경동은, 문재인 정부는 이 문제에 대해 집권 초기부터 지금까지 (2020년 3월 현재) "무책임했다"고 평가했다. 처음에 '블랙리스트 진상규명 및 제도개선위원회'는 2017년 조사관 3명에 3개월짜리로 졸속 설계되었다가 문화예술인의 저항에 부딪혀 간신히 11개월짜리가 될 수 있었고, "조사권

---

59   예술위는 "문화예술 발전을 위한 중추 기관으로서의 책임을 저버리고 블랙리스트 지원 배제라는 참담한 과오를 저지른 것에 대한 현장 예술인과 국민 여러분께 진심으로 사과드린다"고 했다.

60   「"예술위 "사과하겠다", 예술인들 "받지않겠다"」, 〈CBS 노컷뉴스〉 2018. 5. 17.

61   전윤환 씨 페이스북, 2018. 5. 20(https://m.facebook.com/story.php?story_fbid=2025259844214253&id=100001907700628).

등이 없는 장관 자문기구라는 허술한 위상"만을 가졌다. "그 과정에 정부 여당은 7조 원에 이르는 문체부 예산은 지키면서도 2018년 블랙리스트 진상규명 예산 8억 원은 야당이 동의해주지 않았다는 손쉬운 핑계로 0원을 만들어 와 활동 중단을 요구하기도 했다." 조사위 활동이 끝난 뒤 단 한 명의 공무원도 징계를 받지 않자 문화예술인들은 다시 분개해 "블랙리스트, 블랙라스트' 전국 문화예술인 행진에 나서기도 했다." 후속 조치로 약속되었던 '예술인지위권리보장법' 등도 여전히 표류 중이다. 또한 "블랙리스트 민사소송에 참여한 문화예술인들이 1심에서 승소하자, 정부와 문체부는 이에 불복해 항소했다." 항소를 통해 문재인 정권은 법원 판결을 인정하지 않고 있는 것이다. 그 와중에 "박근혜 정권 시절 문체부 기조실장과 제1차관을 지낸 송수근은 계원예대 총장으로 버젓이" 취임했다. "기조실장 시절 송수근은 김기춘 등의 지시에 따라 '건전문화예술 생태계 진흥 세부실행계획'을 작성 보고하고, 이의 실행 점검 및 보고를 위해 매주 1회 개최되었던 '건전콘텐츠활성화티에프(TF)' 단장으로 문체부 내 블랙리스트 실행의 커다란 몸통이었다."[62] 지금 계원예술대학에는 '계원예대 블랙리스트 총장 비상대책위원회'와 '계원예대 블랙리스트총장 퇴진과 학교 정상화를 위한 교수모임'이 구성돼 있고, 2020년 1월 28일 청와대 앞에서 '블랙리스트 책임자 송수근 계원예술대학교 총장 퇴진 공동행동' 출범 기자회견이 있었다. 이 '공동행동'에는 문화민주주의실천연대, 전국교수노동조합, 예술대학생네트워크 등도 참가했다. 계원대는 왜 저런 논란을 야기할 사람을 굳이 임명하고 또 교육부는 왜 총장 임명을 허가해주었을까?

---

62 송경동, 「블랙리스트 대법원 참사, 정부 책임은 없는가」, 『한겨레』 2020. 2. 11.

블랙리스트 국가범죄 2차가해를 중단하라
2020년 1월 28일 '블랙리스트 책임자 송수근 계원예술대학교 총장 퇴진을 위한 공동행동' 관계자들이 청와대 분수대 앞에서 기자회견을 열었다. 이들은 송 총장의 임명 즉각 철회와 정부의 블랙리스트 2차 가해에 대한 후속 조치를 촉구했다.

5. 블랙리스트 사태 극복의 노력과 그 문화사적 의미

블랙리스트 사건은 촛불항쟁의 국면에서는 '전화위복'이 되기도 했었다. 예술가들은 촛불항쟁에 가장 선도적으로 참여하여 블랙리스트 사건의 진상규명 작업을 가능하게 했고, 한국 문화예술을 새롭게 하고자 노력했다. 촛불항쟁 초기 블랙리스트의 존재가 밝혀지자 문화예술인들은 '우리 모두가 블랙리스트 예술가다'를 모토로 하여 '박근혜 퇴진과 시민정부 구성을 위한 예술행동위원회'를 결성하고, 시인 송경동, 사진작가 노순택, 판화가 이윤엽 등이 주도한 광화문광장 점거와 예술인 캠핑촌 만들기에 나서서 연대했다. 2016년 11월 4일 220개 문화예술단체 약 7,500명이 시국선언을 한 이후 2017년 3월 25일까지 무려 4개월 15일간 광화문광장을 중심으로 궁핍현대미술광장, 광장극장 블랙텐트, 광화문미술행동, 목요춤교실, 하야하락 전국콘서트, 광장신문, 광장토론회, 광장정치학교, 비주류예술가들의 '옳', 길거리붓글씨쓰기, 시화전, 대동풍물판굿, 광장문화행진, 다큐영상제, 매주 토요일 집중광장 예술행동 등 다양한 실천과 공연, 판을 만들고 진행했다.

'문화연대'의 이원재 소장은 '광화문 예술행동'의 의의를 다음과 같이 정리한 바 있다. ① 우리 사회에서 오랫동안 반복되어온 예술검열의 문제를 사회적으로 전면화했다. ② '광화문 캠핑촌' 활동은 "공유지(commons)로서의 예술 행동"을 둘러싼 새로운 가능성을 보여주었다. ③ 광장의 정치를 둘러싼 새로운 상상력과 관계성을 만들어냈고, 연대의 가치를 확장했다.[63]

이에 동의하면서 촛불항쟁 전체에서 반블랙리스트 운동이 가진 사회적·문화사적 의의에 대해 더 확장하여 말해보려 한다.

첫째, 반블랙리스트 운동은 촛불 시민항쟁을 선도하며, 광장 민주주의의 문화와 주체성의 구성에 크게 기여했다. 시민항쟁이나 민중봉기에서 문화예술이 하는 일은 원래 많지만, 2016/17 촛불항쟁에서 문화예술인들은 더 결정적인 역할을 했다. 민주주의 투쟁의 문화화·축제화는 2000년대 이후 중대돼왔으며 2016/17 촛불항쟁에서도 두드러진 특징이었다. 블랙리스트와 최순실·차은택 등의 '문화농단' 때문에 문화예술인의 참여가 더 늘어났고, 세월호 참사 이래 기억투쟁과 확산에 문화적 퍼포먼스가 중요하다는 인식이 더 많이 퍼져 나가고 있었다.

광장의 문화는 단순히 투쟁의 수단이나 부산물·결과물이 아니다. 문화예술은 시민 직접행동의 주요한 내용이자 형식 그 자체다. 시위나 저항 행동만이 아니라 연설·토론회, 문학·음악·미술·공연 등 복합적이고 종합적인

---

63 이원재, 「블랙리스트 예술 검열에 저항하는 예술운동의 실천과 전망」, 『문화/과학』 89, 2017. 3.

문화예술의 작용으로써 광장 민주주의의 '현장'과 그 안의 주체성이 구성된다. 예컨대 광화문의 예술가들이 만든 대형 촛불, 세월호를 태운 고래, 박근혜상 등의 조형물은 시민들에게 큰 인기를 끌고 촛불항쟁 자체의 상징물이 되었다. "시민들과 함께 투쟁하는 예술가의 분노와 열정이 담긴 조형물들은 집회에 참여한 사람들에게 자신들의 행동의 목표가 무엇인지를 시각적으로 보여주는 효과가 있었"[64]던 것이다.

또한 '블랙텐트', '궁핍미술관' 등 광화문광장의 퍼포먼스는 거의 다 '흥행'에 성공했다. 각 문화·예술 영역 문화예술인들이 연대한 '예술적 공유지'에서 시민과 문화예술인 사이의 연대도 깊어진 것이다. 전례 없는 일이다. 시민들은 촛불광장에서의 노래·조형물·공연과 언어를 오래도록 기억할 것이며, 그 예술 경험을 자신의 문화 향유에 반영할 것이다.

둘째, 촛불항쟁과 광장의 문화는 다른 혁명이나 항쟁이 그런 것처럼 항쟁 이후에도 새로운 민주주의 문화의 주체를 만들어내며 문화의 변화를 '가속화'하고 있다. 이 문화적 가속주의(accelerationism)는 '촛불 이후'의 사람들에게 '말할 수 있는 힘'과 조직할 수 있는 힘을 주어 미투(#Me_too)운동과 노동조합 결성 운동의 바탕이 되고 있다. "촛불 실천의 주체적 경험이 '시민으로서의 여성 정체성'"[65]이나 노동자로서의 자각에 작용했을 것이다. 광장의 토론회장에서 이제껏 '말할 수 없었던 사람들', 성소수자·여성·장애인, 그리고 가난하고 젊은 '흙수저'들이 자기 이야기를 했다. 또한 정치 냉소주의에 젖어 있던 기성세대 시민에게는 다시 민주주의의 열망과 주권의식을 일

64　이나바 (후지무라) 마이, 「광장이 가르쳐준 것—촛불시위와 광화문 텐트촌 예술가들」, 『내일을 여는 역사』, 67, 2017. 6.

65　정희진, 「여성들은 매일 미투를 외친다」, 『한겨레 21』 1203, 2018. 3. 13; 「민주노총 조직률 빠른 속도로 상승, 조합원 200만 시대 청신호」, 『노동과 세계(민주노총 뉴스)』 2018. 4. 30(http://m.worknworld.kctu.org/news/articleView.html?idxno=247451).

깨웠고, "승리해본 경험이 없"어 "정치 냉소와 무력감"에 젖어 있었던 청년세대에게는 "'해봤자 되겠어'에서 '해보니 되더라'로 경험의 감각 회로가 변경"되도록 했다.[66] 비폭력 평화투쟁을 끝까지 견지하여 승리한 것은 또 다른 자부심을 시민에게 가져다주었는데, 그것을 광장의 문화예술이 매개했다.

셋째, 반블랙리스트 운동과 촛불항쟁은 문화예술의 정치성과 사회적 공공재로서 예술의 존재를 제고(또는 재고)하게 했다. 강조하건대 장르를 초월하여 수행된 예술가들의 대규모 연대 저항은 유례 없는 일이었다. 이를 반블랙리스트 운동과 촛불항쟁의 한국 문화사·예술사적 의미라 해도 되겠다.

한국 문화예술은 원래 현실참여적 성격이 강했지만 1990년대 이후 실천적 성격이 약화되어왔다. 그러나 블랙리스트 사건과 촛불항쟁을 계기로 더 나은 정치성과 새로움을 획득할 수 있게 되었다. 연극 평론가 김방옥은 '블랙리스트 이후'의 한국 연극에 대해 조망하면서 "1980년대 정치극이나 90년대 이후에 포스트 모던 연극의 흐름과도 다른" "정치 사회적 문제에 큰 관심을 가지면서도" 양식적으로도 새롭고 "분석적이고 자기성찰적"인 "연극적 실험들이 시도되고 있"어 "우리 연극계의 르네상스라 해도 과언이 아닐 새로운 역동적 변화"가 창출되고 있다고[67] 평했다. 알다시피 연극계는 블랙리스트로 가장 큰 피해를 당한 분야이다.

연극뿐만 아니다. 미술계는 광화문광장에서 "1980년대 민중미술 운동의 대표 작가들"과 다른 세대에 속한 '파견미술' 팀의 젊은 작가들이 함께하며 '전통을 갱신'했다. 스티로폼을 소재로 박근혜·이재용··김기춘·조윤선 등 다섯 인물상을 만들었던 나규환 작가는 촛불광장에서 "민주주의에 대한 공부

---

66 「촛불 1년—"촛불 이후, 나는 비로소 국민이 되었다"」, 『한국일보』, 2017. 10. 28.
67 김방옥, 「촛불시위와 '삶의 연극화'」, 『세월호 이후의 한국 연극』, 연극과인간, 2017, 358쪽.

를 제대로 했다"고 말했으며, '파견미술가' 전미영 작가도 "개인은 약한 존재이지만, 모두가 협력하여 만들어낸 작품은 강"하다며 "변혁을 위한 아방가르드의 한 걸음에 함께 서 있는 것을 행복하게 생각한다"고 말했다.[68]

두 사람의 말로 이 같은 반블랙리스트 촛불항쟁의 문화예술사적 의의를 종합하고자 한다. 한국 미술사 연구자인 이나바 마이는 광장 예술에서 "가장 감동한 것은 예술의 힘을 재확인할 수 있었다는 것"이며 "광장에 모인 많은 예술가가 각각의 방식으로 민주주의를 회복하기 위해 예술로 투쟁했다"는 사실이라고 했다.[69] 시인 송경동은 "우리가 함께 걸어가는 이 길이 새로운 세상을 향한 대본이 된다는 기대가 벅차다"[70]고 했다.

마지막으로 반블랙리스트 운동과 촛불항쟁은 국가의 문화 정책 전반을 ―일시적으로나마―바꾸게 했다. 2017년 7월 19일 청와대는 문재인 정부 국정운영 5개년 계획을 발표하면서 5대 국정 목표 중 네 번째로 '자유와 창의가 넘치는 문화국가'를 내세웠고, '문화계 블랙리스트 청산'을 100대 국정과제 중 하나로 포함했다. 그리고 '지원하되 간섭하지 않는다'는 원칙을 문재인 대통령과 도종환 문화부장관이 여러 차례 천명했다.[71] 이런 원칙이 국가로부터 천명된 것은 처음이며, 그 사회적·문화적 의의는 단순하지 않다. 한국에서 문화예술의 표현의 자유 영역은 언제나 무척 좁았으며, '간섭하지 않'기는커녕 검열과 처벌이 '진흥'이나 '융성'과 혼동되거나 더 근본적인 문화·언론 정책이었기 때문이다.

문체부는 2018년 5월 16일 '사람이 있는 문화―문화비전 2030'을 발표하

---

68 이나바 마이, 앞의 글.

69 위의 글, 223~224쪽.

70 송경동, 「새로운 연극은 시작되었다」, 『세월호 이후의 한국 연극』, 연극과인간, 2017.

71 『종합발표』, 4쪽.

광장에 세워진 블랙리스트 조형물

면서 블랙리스트 사태를 국가폭력으로 규정했다. 재발 방지를 위해 문화예술 지원 기관의 독립성을 강화하고, 문화예술인 권익을 광범위하게 보호하는 데 초점을 두기로 했다고 한다. 문예위를 한국예술위원회로 바꾸고 '공공 기관의 운영에 관한 법률'상 공공 기관에서 제외하기로 했다. 위원장 선출과 지원금 배분도 독립적으로 하기로 했다.[72] 이로써 1973년에 박정희의 손으로 설립된 문예진흥위(설립 당시는 문예진흥원)는 국책 예술 지원 기관으로서 45년 영욕의 역사를 마감하고 새로 출발하게 되었다. 아이러니컬하게도 '유신의 적자'라 할 만한 박근혜와 김기춘의 블랙리스트가 그렇게 만들었다. 이 큰 정책 변화가 야기할 장기적 효과가 무엇일지 주목된다.

6. 더 풀어야 할 숙제

촛불항쟁을 통해 블랙리스트 사태를 극복하게 된 것은 문화예술의 자유뿐 아니라 민주공화국의 기본 가치를 지켜낸 일이다. 참가 연인원 근 1,700만에 이른 촛불은 한국의 정체성이 '좌익척결(반공)'이나 '애국(건전)'이 아니라, 시민이 주권을 가진 '민주주의공화국'이라는 것과, 또 광장의 민주주의 정치가—기울어진 운동장의—의회·법보다 더 근본적이라는 점을 굳게 새겼다.

진상조사와 제도 개선 활동을 통해 블랙리스트 사건을 극복하려는 문화예술인과 시민사회의 노력은 일정한 성과를 거둔 듯하다. 그런데 블랙리스

---

72 「문예위 공공 기관 지정 해제 추진⋯ 위원장 선출도 자율로」, 『연합뉴스』 2018. 5. 16(http://www.yonhapnews.co.kr/bulletin/2018/05/16/0200000000AKR20180516054200005.HTML?input=1195m).

트가 국가범죄라면 그 온전한 청산작업은 적폐청산과 마찬가지로 민주주의 공동체의 필수불가결한 과제가 된다. 정확하게 기록하고 기억하여 재발방지를 위한 물질적인 제도를 남겨야 한다. 나아가 더 온전한 자유와 복지가 문화예술인들에게 주어지려면 근본적인 차원의 문제가 해결되어야 함을 지적하지 않을 수 없다.

첫째, 국정원 등의 폭압기구와 국가보안법체제가 획기적으로 개혁되지 않고 현재 상태 그대로 있는 한 한국에서 표현의 자유는 불완전하다. 따라서 문화국가 건설이나 문화권의 향유 또한 그렇다. 박근혜 정권하에서 국정원과 검찰 등의 수사 기관은 무소불위의 권력을 휘두르며 정치판의 한가운데로 다시 들어왔다. 특히 블랙리스트 사건의 '종범'에 해당하는 국정원은 '정치적 중립'과 민간인을 사찰해서는 안 된다는 대원칙도 완전히 무너뜨렸다. 그러나 새 정부하에서도 검찰 및 국정원 개혁은 아직 미진할 뿐 아니라, 국가보안법 문제는 언급조차 하기 어려운 상황이다. '블랙리스트 진상조사 및 제도개선위원회'도 이 문제를 본격적으로 제기하지 않았다.

둘째, 문화예술의 생산·유통에서 독과점체제를 어떻게 개혁할 것인지에 대한 고민이 더 필요하다. 블랙리스트 사건의 배경에는 신자유주의의 논리에 포획당한 예술과 독점자본의 문화예술에 대한 지배가 있다. 예컨대 「문화권력 균형화 전략」의 한 수단이 '문화펀드'의 조성이었음을 상기해보자. 이명박 정권의 영화진흥위원회는 1천억 원(15편 규모) 정도의 펀드를 조성하고 SKT 같은 거대 기업과 함께 6·25 전쟁영웅에 관한 영화 제작 계획을 세웠었다. 이런 일이 실행됐을 때 우리 사회의 이념 지형과 문화예술 생태계는 과연 어떻게 될까? 또한 거대 문화기업을 통한 우회적 검열이나 정치적 의도를 가진 편향적 '화이트리스트'를 막을 방법이 있을까? 완화된 형태의 검열이나 배제가 언제든 가능한 문화예술계의 구조적 취약성은 여전하다. 언론과 문화예술 각 영역에 포진한 대기업 자본이 가진 힘과 생리는, '이명박근혜' 정권의 문제보다 더 깊은 논의를 요한다.

2018~19년 사이에는 한반도 비핵화와 남북화해에 관한 좋은 움직임이 있었다. 그 성과가 진정한 탈분단/탈냉전으로 진행될 희망은 멀다. 그럼에도 당장 전쟁위기의 해소와 남북관계의 개선이 가져다주는 정치와 이데올로기 지형 변화는 의미 있다. 이는 국가주의나 안보 논리가 노동 탄압과 여성 차별의 빌미가 되는 일이 줄어들고 '좌익을 척결'한다는 블랙리스트 같은 일도 없어진다는 것을 의미하기 때문이다. 그러할 때 2018~19년의 평창 올림픽과 예술단 교류에서 보았듯이, 문화예술 영역이 남북한 인민의 교류와 한반도 차원의 민주주의 문화 확산을 위한 새로운 과제를 담당할 수 있을 것이다.

2부
역사전쟁과 문화정치

3·1운동 100주년의 대중정치와 민족주의의 현재

1. 2000년대 이후 한국 민주주의와 민족주의

1) 3·1운동 100주년과 반일 보이콧

주지하듯 3·1운동과 대한민국 임시정부 수립 100주년인 2019년은 한일관계와 한국 민족주의 역사에서도 중요한 한 해였다. 2019년 내내 문재인 정부가 주도하고 학계 및 각종 민간단체들이 참여하여 치러진 3·1운동 100주년 기념행사와 독립운동에 대한 '기억작업'은 이제껏 볼 수 없었던 거대한 규모였다. 영화·방송 등 대중문화의 매개자·생산자들도 자발적으로(?) 거들었다.

그런 와중에 2019년 7월 1일 일본 정부가 반도체와 디스플레이 장치에 사용되는 소재의 수출 제한 조치를 발표하자 한일 두 나라는 본격적인 갈등 상황에 돌입했다.[01] 지난 몇 년간 쌓아온 한일관계의 긴장이 폭발했다. 일본의 조치는 한국 대법원의 강제징용 피해자에 대한 판결에 관한 보복의

---

01 '한일 무역분쟁' 등으로 불리는 이 사태의 합의된 이름은 아직 없다.

성격을 지닌 것이었다. 한국 정부도 나름 강경한 대응 조치를 취했고, 대중도 즉각 일본 상품 보이콧과 일본 여행 중단 등 유례없는 대규모 반일 집합행동에 돌입했다.

사태는 단지 위안부와 강제징용에 관련된 역사 문제나 근래 한일관계만이 아니라, 1965년 한일협정과 한미일동맹으로 요약되는 한일관계의 기본구조에 걸린 것이기도 하다. 그래서 한일 갈등을 둘러싼 상황은 소위 '신한반도체제'[02] 수립을 둘러싼 "세계사적 쟁투"[03]라는 거시적인 차원에서 해석될 만한 성질의 것이기도 했으며, 동시에 국내 정치의 사안이기도 했다. 그래서 소위 '조국 사태'가 폭발하기 전까지 이에 관한 국내의 담론투쟁도 폭발하는 형국이었다.

'신한반도 평화체제'에 대한 희망은 미래의 꿈으로 보이지만, 유니클로와 일본 여행, 맥주와 자동차 등으로 대표되는 일본산 소비재를 보이콧하는 대중 행동은 완전히 종결된 것은 아니다. '문희상안'의 국회 제출[04] 등을 통해 보듯, 이 사안은 여전히 '현재진행형'이다. 과거사 문제를 둘러싼 한일관계가 곧 새로운 전기를 마련하거나 '신한반도체제'가 구성될 수 있을 것 같지 않기 때문이다. 이 글은 정부 주도 3·1운동 100주년 기념사업과 반일 보이콧 대중 행동을 중심 소재로 오늘날의 한국 대중정치와 민족주의의 현재를 논하고자 한다.

---

02 남기정, 「한반도 평화프로세스에서 동북아 평화공동체로」, 웹진 『통일시대』 155, 2019. 9(http://webzine.nuac.go.kr/tongil/sub.php?number=2385).

03 김동춘, 「한일 갈등은 세계사적 쟁투」, 『한겨레』 2019. 7. 31 등.

04 「"'문희상안' 통과되면 매국 국회"… 의원 295명에게 항의 서한 1,600여 장」, 『뉴스1』 2019. 12. 17 등 참조.

2) 신자유주의와 (대)한(민)국 민족주의

주지하듯 민족주의는 근대 이후 한반도를 가장 강하게 지배하며 한국인들을 움직여온 이데올로기이다. 또 언제나 지배적 정동과 표상을 생산·주조해내는 문화정치의 핵심 기제다. "지정학적 지옥"[05]에 비유될 만한 한국에서 해방 이후 민족주의는 ① 미국을 중심으로 한 세계체제의 상황, ② 중국-일본을 축으로 한 동북아시아의 역내 사정에 대한 반응으로서, 그리고 해방 이후에는 ③ 남북관계와 분단 모순에 의해 그 방향과 내용이 결정되어왔다고 할 수 있다.

강조하고 싶은 것은 한국 민족주의가 단지 단일한 이데올로기나 재현체계가 아닌 다층성을 지닌다는 점이다. 다시 말해 계급·젠더·문화 등 다른 요소의 영향에 의해 굴절·전치·절합하는 모순적이고 생동하는 정치적 힘으로서 '민족'과 민족주의를 이해해야 할 것이다. 단지 이제껏 통용되어온 '좌파 민족주의', '우파 민족주의'라는 식이 아니라, 오늘날의 신자유주의, 포퓰리즘, 공동체, 분단체제, 그리고 젠더, 인종, 노동 등에 교차하는 실제적이고 현재적인 힘으로 민족주의를 바라보아야 하겠다. 즉 민주주의와 민족주의의 문제를 함께 사고해야 새로운 '정치'도 가능하지 않을까?

왜냐하면 에티엔 발리바르의 말대로 민주주의 자체가 완성·고정된 체제가 아니라 차별과 배제에 맞서 끝없이 싸우는 과정이자 "재발명"되어야 할 것인데,[06] 민족주의는 언제나 '내부'를 통합하고 '밖'을 배제/차별하는 가장 강력한 힘이기 때문이다. 특히 근대 민족주의는 냉전 이후 새로 구조화되었다고 보아야 할 것이다. 21세기에 이르러 글로벌 자본주의는 세계의 인

---

05 박훈, 「지정학적 지옥 한국, 지질학적 지옥 일본」, 『경향신문』, 2017. 6. 29.

06 에티엔 발리바르 지음, 진태원 옮김, 『우리, 유럽의 시민들?—세계화와 민주주의의 재발명』, 후마니타스, 2010.

구와 교통으로 하여금 이전에 없던 무한한 이동성을 갖게 했지만, 그로 인한 전통적 민족주의의 지양은 다문화(주의)의 촉진이 아니라 "탈지역화된 (delocalises) 공동체주의적 적대의 일반화"[07]로 귀착되고 있는 형편이다. 2000년대 이후 한국의 민주주의와 민족주의도 이런 견지에서 사고해볼 수 있지 않을까? 관련하여 특히 다음과 같은 두 가지 논점이 중요하다.

첫째, 초국적 자본주의와 신자유주의의 경제 현실이 한국 민족주의에 미친 영향을 고려해야 한다. 한편에서는 국경을 넘나들며 조직된 자본주의 시장경제와 경제적·계급적 불평등의 심화가 공동체를 파괴하고 민족주의를 철지난 것으로 만드는 경향이 있다. 하지만 다른 한편으로는 이를 저지하거나 그 파괴를 벌충할 상상계의 기획이 늘 동원된다.[08] 국가나 민족은 현실에서도 '공동체'가 필요한 일부의 대중이나 민중에게 늘 기대를 받는다.

여전히 '동질사회'의 환상을 부추기는 가장 강력한 힘은 민족주의다. 2000년대에는 세계적인 차원에서 '민족 없는 민족주의', 즉 우파 포퓰리즘이나 인종주의적 혐오에 기반한 내셔널리즘 또는 애국주의적 충동이 급격하게 번져갔다.[09] 혐오는 힘 없는 소수자와 타자를 향한다. 이는 한국에서 주로 중국인 및 중국 교포, 그리고 이주자 등에 대한 혐오로 표현되고 있다.[10] 2018년의 제주 예멘 난민 논란은 극명한 예다. 논란이 불거지자 청와대 국민청원에 올라온 난민 거부 청원은 무려 70만 명 이상의 시민의 동의를 받

---

07 에티엔 발리바르, 「세계시민주의와 국제주의—두 가지 모델, 두 가지 유산」, 『사회운동』 75, 2007. 6(http://www.pssp.org/bbs/view.php?board=journal&id=1756#home8).

08 손희정, 「21세기 한국 영화와 네이션」, 중앙대학교 박사학위논문, 2014 등 참조.

09 이졸데 카림 지음, 이승희 옮김, 『나와 타자들—우리는 어떻게 타자를 혐오하면서 변화를 거부하는가』, 민음사, 2019; 하상복, 「전지구화, 신자유주의, 그리고 인종문화」, 『코기토』 73, 2013. 2.

10 임월산, 「신자유주의적 자본주의, 인종주의 그리고 한국의 이주노동자」, 『사회운동』 2011년 7·8월호.

앉으며, 서울과 제주 등에서 잇달아 '불법난민신청 외국인대책국민연대'가 주최하는 난민법·무사증(무비자) 폐지 촉구 집회가 열렸다. 문제는 저 시민들이 단지 소수의 극우파나 국수주의자가 아니라는 사실일 것이다.

상주 외국인이 200만 명을 넘고 한국인의 이동량도 유례없는 다문화 상황과 글로벌 자본주의체제는 민족주의에 대한 원심력이면서 동시에 구심력이다. 중요한 것은 다문화의 경험과 인식 또한 계급적인 것이고, 문화적 위계가 깊이 아로새겨진 일이라는 점이다. 보통 사람들과 노동시장의 하위계층은 매일 가난한 나라 출신 사람들과 함께 일하고 직접 부대낀다. 농촌의 남성과 노인들은 동남아 출신 가난한 이주 여성들을 가족으로 맞고 있다. '노동과 빈곤의 다문화'다. 반면 한국의 상층계급은 미국 대학에 진학하고 글로벌 시장에 진출하며 백인들과 친구로 살아간다. 한국 문화는 이전보다 훨씬 더 폭넓게 세계화·미국화되고 있다. 영어와 영어권 나라의 대학 진학은 한국에서 중요한 상징투쟁의 수단이다.

둘째, '대한민국 민족주의'와 그 헤게모니를 고려해야 한다. 이는 1990년대 이후 한국의 변화·성장과 더불어 북한 체제의 쇠퇴와 정당성 문제에 대한 전유의 하나의 결과로서 남한 중심의 국가정체성 의식을 일컫는다.[11] 2000년대 이후 한국은 체제 경쟁에서 북한에 대한 확고한 우위를 점했다. '고난의 행군' 또는 '3대 세습' 이래 북한 체제의 한계나 탈북자의 존재는 그

---

11 '대한민국 민족주의'는 강원택 등이 먼저 사용한 용어다. 강원택은 2005년 "한국인은 자신을 한민족(64%)보다 한국 국민(77%)에 더 가까운 것으로 느끼고 있"으며 또한 "남한과 북한이 현실적으로 별개의 독립적인 국가라 생각하는 사람이 78%"라는 여론조사를 해석하며 "남한만의 민족국가적 정체성이 형성된 것"이라 주장했다. "남한만의 민족국가적 정체성"이라는 표현은 과하다 보이지만, 한국의 국가 중심 민족주의를 해석하는 데 이 용어는 가치가 있다. 강원택 등, 「한국인은 누구인가―창간 40주년 기념 특집 여론조사」, 『중앙일보』 2005. 10. 13(천정환, 「'황우석 사태'의 대중 현상과 민족주의」, 『역사비평』 77, 2006. 11에서 재인용). 한편 최근 이용기는 이를 대한민국 정통론 이데올로기와 적절히 연결시켰다. 이용기, 「임정 법통론의 신성화와 '대한민국 민족주의'」, 『역사비평』 128, 2019. 8.

확고한 증거로,[12] 반면 대한민국은 유일하게 정통적이고 헤게모니적인 정체(政體)로 간주되기 시작했다.

21세기 한국의 국민주의라 칭해도 될 '대한민국 민족주의'도 단일한 방향만은 아니다. 그것은 우선 강한 우파적 인식론에 입각해 있다. 이명박·박근혜 정권과 뉴라이트, '조중동' 등의 보수 기득권 동맹은 전술한 변화를 전유하여 일제강점기의 역사뿐 아니라 대한민국 탄생 과정의 학살, 미국 개입 등 어두운 과거를 지우고 남한 지배체제의 정당성을 강변·강요하려 했다. 이는 우파적 '대한민국 민족주의' 이데올로기의 주요 서사이며, 건국절 논란이나 역사교과서 국정화 책동이 그것을 실현하기 위한 실천 사례다. 이는 정사(正史)·정통론을 추구하지만 기실 반공주의, 국가주의, 발전주의 이데올로기를 수반한다.[13]

그러나 '대한민국 민족주의'는 조금 결이 다르지만 문재인 정부도 공유하는 바라는 점이 중요하다. 문재인 정부는 대한민국 임시정부 법통론에 매달리고 있을 뿐 아니라,[14] 대규모 3·1운동/임시정부 수립 100주년 기념행사에서 보듯 애국주의 또는 국민주의를 생산하고자 애쓰고 있다. 이에 대해 포퓰리즘이라는 평가와 현 정부가 '유사역사학'과 친화력이 있다는 혐의를 상기하는 역사학자도 있다.

2019년 12월 문체부가 발표한 '국민의식 조사 결과'에 따르면 조사 대상

---

12 이는 단지 대중의 인식이 아니라 지식인사회나 운동사회의 인식이 되기도 했다. 그래서 남북을 온전히 동등한 분단 이전과 같은 주체로 바라보거나 북한 중심적이거나 또는 북한을 모델로 하는 변혁론이나 통일 관념이 설 자리가 없어진 사실도 여기 관계된다.

13 최근 이에 대한 비판적 논의로 홍석률, 「역사전쟁을 성찰하며—정사(正史)·정통성(正統性)론의 함정」, 『역사비평』 128, 2019. 8; 임종명, 「건국절 제정론과 비(非)·몰(沒)·반(反)역사성—1948년 8월 직후 대한민국의 자유민주주의성을 중심으로」, 『역사비평』 128, 2019. 8 등이 있다.

14 이용기, 앞의 글 참조.

의 84%가 "나는 한국 사람이라는 것이 자랑스럽다"고 답했다. "우리나라가 살기 좋은 곳이라고 생각한다"는 사람도 81.9%, "행복하다"는 사람도 63.6%나 됐다고 한다. "경제적 양극화가 심각하다"에 공감한다는 사람이 90.6%를 넘는데도 말이다. 반면 "통일 시기 서두를 필요가 없다"는 응답은 61.1%에 이르렀다.[15] 근래에 크게 유행한 소위 '국뽕'[16]은 '대한민국 민족주의'의 중요한 요소다. 문재인 정부는 작년 이른바 '3050클럽'이라는 신조어를 크게 선전했다.[17] 국민소득이 3만 달러 이상이면서 인구 5,000만 명 이상인 국가를 일컫는 이 신조어는 국제적으로 통용되는 개념은 아니다. '선진국'이나 '강국'[18]의 객관적 기준은 없다. 그러나 코로나19 사태에서 한국의 '방역 성공'도 이 같은 '국뽕' 경향을 더 강화하고 있다.

이런 상황들을 고려하면서 2절에서는 우선 정부 주도의 3·1운동 100주년 기념사업의 특징과 지향성을 큰 틀에서 분석하고자 했다. 특히 '대통령 직속 3·1운동 및 대한민국 임시정부 수립 100주년 기념사업회'의 활동과 담

---

15 '대한민국 국민으로서 자부심을 느끼는가?'라는 식의 설문조사에 대한 결과는 시기와 조사 주체에 따라 달리 나타나는 경향이 있다. KBS가 2015년에 한 조사에 의하면 "국민의 10명 가운데 7명 정도가 대한민국 국민으로서 자부심을 느낀다"고 답했다. 「디·퍼: 광복70년 국민의식조사… 국민 75% "대한민국에 자부심 느낀다"」, 〈KBS〉(mn.kbs.co.kr) 2015. 8. 14.

16 알다시피 '국가'와 '히로뽕'의 합성어로서 과도한 국수주의·민족주의나 그러한 언행을 가리킨다.

17 「딱풀이: 3050클럽이 뭐야?」, 대한민국 정책브리핑(www.korea.kr), 2019. 1. 24; 「세계에서 3050 클럽 가입 국가는 한국 포함 7개국뿐」, 『한경닷컴』(https://www.hankyung.com) 2019. 3. 18; 「노영민 "한국, 세계 7곳뿐인 '3050클럽'… 자부심 갖자"」, 『연합뉴스』(https://www.yna.co.kr) 2019. 7. 3. 문재인 정부 인사들의 고대사 인식에 대한 논의도 '국뽕'에 관해 참고할 수 있다.

18 최근 언론이나 학술장에서 생산되는 담론들은 대한민국의 새로운 국가정체성 상상이 '중견국(middle power)'이라는 위치를 중심으로 형성되고 있음을 알려준다. 위 KBS 설문에서 '국제사회에서 대한민국의 위치'를 물었을 때 "중견국"이라는 답이 많았다고 한다. 그리고 설문 대상자들은 한국이 과학기술과 문화예술, 교육, 경제는 "선진국"이지만 정치와 시민의식은 "후진국"이라 답했다고 한다. 「디·퍼: 광복70년 국민의식조사… 국민 75% "대한민국에 자부심 느낀다"」, 〈KBS〉(mn.kbs.co.kr) 2015. 8. 14.

론을 중심으로 고찰했다. 대규모 기념·기억의 정치가 어떤 이데올로기하에서 진행되었으며 어떤 정치적 맥락을 가진 것인지 살피고자 했다.

'관변' 또는 '관제' 100주년 기념사업과 그 이데올로기를 논해야 하는 이유는 첫째, 작지 않은 정부의 예산과 학교·방송·언론·지자체 등 다양한 이데올로기적 국가기구(ISA)가 대규모로 동원되는 '관변사업'이 담화와 표상 체계, 문화적 경관(scape)을 바꾸고 대중을 '국민'으로서 재호출하고 재형성하기 때문이다. 둘째, '문빠'라 비칭되는 집단이 상징하듯 '촛불 이후' 대중정치의 주요 구성 부분이 문재인 정부와 밀착해 있기 때문이다. 이 '관변' 또는 '관제' 민족주의는 한편 지배계급 분파의 이데올로기면서 동시에 대한민국을 지배해온 냉전 기득권 동맹의 식민주의에 거리를 둔 양면성을 띨 수 있다. 그래서 이 정부 주도의 민족주의가 이승만·박정희 정권 등에 의해 만들어지고 수행된 과거의 '관제'와 등가를 갖는다고 말하기는 어렵다.

3절에서는 2019년의 반일 불매운동의 추이와 그 문화정치의 성격을 논했다. 2016/17 촛불항쟁은 단지 박근혜 정권 탄핵 시위에 한정되지 않는 새로운 대중 행동성의 기제를 창출했다. 그리고 '적폐'라 압축되는 세력의 '구체제'에는 식민주의와 민족 문제가 포함돼 있어, 문재인 정부의 반일 드라이브는 민족주의와 민주주의 문제 사이의 고리를 만들었다. 그래서 그 한계와 약점까지 포함하여 대일본 보이콧 운동과 '촛불' 사이의 연관에 대해 생각해봐야 대중정치의 실상이 보인다는 것이 논점이다.

4절에서는 이 같은 민족주의 및 대중정치의 상상과 기획이 의도대로 관철되지 못하게 하는 반작용과 원심력들에 대해 살펴보았다. 우선 『반일 종족주의』 같은 책이 베스트셀러화된 사회적 맥락을 살폈고, 반일 민족주의 행동과 관련된 진보 진영 내의 이견을 통해 오늘날 노동과 젠더 등의 문제가 민족주의와 맺는 양상을 보고자 했다.

2. '관변' 100주년 기념사업과 문화정치적 맥락

1) '대통령 직속' 3·1운동 및 대한민국임시정부 수립 100주년 기념사업

무려 655억 원여의 예산이 투입된 것으로 알려진[19] 정부 주도 3·1운동 기념사업은 '대통령 직속 3·1운동 및 대한민국임시정부 수립 100주년 기념사업추진위원회'가 총괄했다. "위원회는 대통령이 위촉하는 민간위원장과 국무총리가 공동으로 위원장을 맡"고 "대통령이 위촉하는 위원과 당연직 위원 등 100명 이내"[20]의 학자, 예술가, 문화인 기타 전·현직 공무원들로 구성되었다.

홈페이지에 있는 한완상 위원장의 인사말에 따르면, 위원회의 목적은 "3·1운동 100주년을 맞이하여 애국선열들의 피와 땀, 정신을 소중하게 기억하고 기념하며, 대한민국 100년의 발전 과정을 성실하게 성찰하고, 나아가 희망찬 미래 100년을 국민들과 함께 만들어가고자" 한 것이며, "3·1운동의 비폭력 평화정신을 새롭게 되살려내고, 대한민국임시정부의 법통을 자랑스럽게 재확인하면서 더욱 힘차게 계승해 나"간다는 것이었다.[21] 즉 3·1운동과 임시정부의 '법통'에 대한 기억과 그에 대한 전유[22]를 바탕으로 대한민국의 현재와 미래에 관한 이데올로기를 새로이 구성 유포하겠다는 것이다. 이는 <표 5-1>의 "100주년 주요사업"과 그 세부 내용을 통해 좀 더 구체적이고

---

19 이 액수는 중앙위원회의 예산이다. 「3·1운동·임정 百주년 (19) 과거·현재·미래 아우르는 기념사업」, 『연합뉴스』 2019. 1. 28 참고. 지자체별 기념사업 예산은 따로 책정되어 있는데 일일이 파악하지 못했다.

20 행정안전부, 「3·1운동 및 대한민국임시정부 수립 100주년 기념사업추진위원회의 설치 및 운영에 관한 규정」 제정안 국무회의 의결 보도자료(2018. 1. 30), 행안부 홈페이지.

21 '3·1운동 및 대한민국임시정부 수립 100주년 기념사업 추진위원회' 인사말(https://www.together100.go.kr/lay1/S1T12C26/contents.do).

22 이 해석의 문제점에 대한 논의로는 이용기, 앞의 글 참고.

100주년 기념사업 추진위 홈페이지

자세하게 드러난다.[23]

　이렇게 다양한 사업과 '말'들을 통해 문재인 정부가 근거해 있는 핵심적 '국가 이데올로기'와 그 구현태가 무엇인지 알 수 있다.

　첫째, 이는 [과거]에서 주로 보이듯 독립운동의 역사와 기억을 '민주정부'의 정통성으로 연결하는 이데올로기 작업이다. 문재인 정부는 이 정통성을 임정에 대한 소구와 '친일 반민족' 이미지와 연결된 극우파 및 보수 정권에 대한 '구별 짓기'를 통해 추구한다. 이를 위해 여성과 일부 좌파 독립운동까지 포함된 다양한 독립운동의 기억을 소환하고, 3·1운동 등 독립운동의 이념과 주의를 촛불항쟁과 연결하는 역사 해석도 시도한다. 특히 양자

23　'3·1운동 및 대한민국임시정부 수립 100주년 기념사업 추진위원회' 홈페이지의 100주년 주요사업 페이지에 있는 내용이다. 번호는 필자가 부여한 것이다(https://www.together100.go.kr/lay2/S1T16C35/contents.do). 이외에도 정부기념사업, 국민참여 인증사업, 비영리민간단체사업 등이 있지만 너무 많아 생략한다.

〈표 5-1〉100주년 주요사업의 세부 내용

[과거] 독립운동의 기억 · 기념

① 온 국민이 함께하는 '기념행사' 추진

- 3·1운동 및 임시정부 수립 100주년 기념식 행사: 전야문화축제, 국민참여화합의 100주년 기념식, 범국민대회(시민사회 협업)
- 국외에서의 100주년 기념행사: 미국 제1차 한인회의, 일본 2·8독립선언, 중국 임시의정원 기념행사
- 자치단체와 함께하는 3·1절 기념행사: 3·1독립만세운동 전국 릴레이 재현, 화성 제암·고주리 기념 등
- 100주년 기념 한국 문화 해외 홍보: 재외공관 축하 리셉션, 특별 문화행사 등

② 애국선열들의 '독립정신' 발굴·선양

- 국내외 독립유공자 발굴 및 선양: 유공자 추가 지정, 외국인 공적 발굴, 국외 거주 독립유공자 후손 초청 등
- 독립유공자 포상 범위와 심사 기준 등 개선: 포상 기준 합리적 재설정, 여성·의병 등 유공자 추가 발굴 등
- 독립유공자에 대한 예우 강화(보훈처, 2019년~): DNA 확보 및 묘지 확인, 심리적 치유 및 사회적 예우, 유공자 명패 달기 등
- 여성·학생 등 일반 국민 항일 독립운동 재조명: 광주학생독립운동 자료 조사 및 아카이브 구축 등
- 100주년 기념주화··우표 발행 등

③ 헌신을 기리기 위한 '문화 콘텐츠' 제작

- 독립유공자 등을 소재로 한 공연 및 문학: 한말 의병 '호남의병 혈전기(血戰記)', 이육사 등 저항시인 문학제 등
- 100주년 기념 특별 영화 및 영상 콘텐츠 제작: 레지스탕스 영화제, 독립운동가 스토리 영상 100편 제작 등
- 특집방송 프로그램 제작 지원(방통위, ~2019년 11월): 독립운동가 활약상을 다룬 드라마, 다큐, 대형쇼 제작
- '아리랑'을 소재로 한 문화 스토리텔링: 민족의 고난·희망을 노래하는 아리랑 대축제, 다큐 등

④ 역사적 의미를 담은 '기억의 공간' 조성

- 효창공원의 독립공원화: 애국선열을 모신 성지, 복합 역사공원화
- 국립대한민국임시정부기념관 건립: 민족사·세계사적 의의 부각, 체험·교육공간화
- 국내 독립운동 사적지 발굴·복원: 안동 임청각 원형 복원, 밀양 의열기념공원 조성 등
- 해외 독립운동 유적지 정비: 충칭 광복군 총사령부 복원, 러시아 최재형 전시관 개관 등

[현재] 대한민국 100년의 발전 · 성찰

① 민주화와 인권의 '민주공화국 100년사' 고찰

- 100주년 국제학술포럼: 국내외 석학토론 → 3·1운동과 임정 가치의 현대적 재정립
- 3·1운동 자료 DB 구축 및 자료집 편찬: 지역별 통계 및 인포그래픽 자료집 발간 등
- 민주·인권·평화박람회: 민주주의 역사 주제관 설치, 근현대사의 인권 관점 재해석
- 촛불시민혁명 아카이빙 및 자료집 제작: 촛불집회 사료 발간 → 비폭력·민주정신 공유
- 민주·인권기념관 건립: 남영동 대공분실에 조성, 민주화운동 등 지원 외국인 발굴·전시

② 분단과 전쟁을 넘어 산업화를 일군 '발전사' 조명

- 피란 수도 부산 夜行: 피란 역사 스토리 체험 → 역경과 추억 공유

- 참전용사에 대한 추모와 감사: UN군 참전의 날 행사에 유가족 초청, DMZ 내 전사자 유해 발굴
- 대한민국 산업기술 100장면 선정: 발전과 혁신 장면 발굴·전파 → 4차 산업혁명 시대 방향 제시
- 해양 및 항만 역사 특별전시: 역사 속 해양 100년, 항일운동과 등대 등 테마전시
- 대한민국역사박물관 전시 개편: 민주주의와 인권 등 인류 보편적 가치 반영

③ 대한민국 100년과 함께해온 '여성사' 재해석
- 미진한 여성독립운동가 추가 발굴·기념: 판결문·관보 등 재해석 및 추가 발굴, 특별전시 및 공연 등 기념·홍보
- 일본군 위안부 피해자에 대한 기억과 지원: 기림의 날(8.14) 행사, 기획전시 및 'e-역사관' 운영 등 역사 알리기 추진
- 산업화 과정에서의 여성의 역할 복원: 파독 간호사, 청계천·구로공단 등 노동·민주화 역사의 조사·연구
- 여성사박물관(가칭 '여성 100년의 집') 건립 검토: 독립·전쟁·산업화·민주화 과정의 여성사 전시·교육

④ 재외동포 성장 지원으로 'K-Network' 확대
- 재외동포 교육문화센터 건립 검토: 차세대 동포 정체성 교육, '역사유물 전시관' 구축 → 네트워크 거점
- 우토로 평화기념관 건립: 우토로 마을 내에 교육 및 전시 시설 등 마련 → 한·일 우호 평화 가치 계승
- 독립유공자 후손 국적 부여 및 체류 제도 개선: 체류 자격 확대, 영주 요건 완화 → 권익 향상, 편의 제고
- 해외 이민 역사의 출발지 재조명: 멕시코, 쿠바 등 해외 이주 역사 발굴 조명

[미래] 국민과 함께 만드는 미래 · 희망

① 행복과 번영의 '미래 100년 비전' 수립
- 평화·공영의 발전적 협력을 위한 미래 100년 전망: 미래 100년 준비 원년 → 정책 연구, 국제학술회의, 비전 설계
- 미래 100년 새로운 경제·산업 전략 모색: 4차 산업혁명 시대 추진 전략 모색, 농·생명과학 산업 학술·전시
- 미래 100년 장기 실천 구조('함께 만드는 100년') 마련: 지속 가능·추진력 있는 기반 구축, 시민참여와 공론의 장 역할 수행

② 국민 참여를 통한 '미래 희망 심기'
- 참여·공정·평화를 지향하는 민주시민 교육 육성: 학생·일반시민 등 민주 의식 강화, 평화통일 교육
- 평화공원 및 상징 조형물 조성: 종전·평화·희망을 상징, 국민 참여로 추진
- 국민과 함께하는 '희망의 나무심기' 추진: 평화·번영의 미래 기원, 식목일 나무 심기, 전시·사진전
- 비폭력·평화정신 세계 전파: 3·1운동 세계기록 유산 등재 추진

③ 남과 북이 함께 만드는 '평화와 번영의 한반도' 조성
- 미래세대(남북한 대학생) '한반도 평화대장정': 남북 주요 역사유적지 상호 방문 → 통일 공감대 형성
- 남북 공동 학술회의·특별 전시회: 남북 역사학자의 범민족 항일운동 심층 연구, 주요 사료 공동전시
- 동양 평화 기원, 안중근 의사 기념사업: 안중근 의사 유해 발굴, 안 의사 독립운동 행적지 순례 등

④ 미래 평화체제 구축을 위한 '국제적 공감대' 확산

· 세계평화체제 구축을 위한 국제적 협력 방안 모색: 한반도 국제포럼, 한·일 미래포럼, 우
  드로 윌슨 센터 공동 세미나 등
· 동북아 화해·협력을 위한 새로운 미래공동체 구상: 안중근 '동양평화론' 의의 재조명 국
  제학술회의
· 유라시아 종단 희망열차 시범 운행: 한반도 신경제지도 및 6자 철도공동체 구상 → 중·
  러·유럽 등 철도 시험운행
· 한·중우호카라반을 통한 소통·교류 확대(외교부, 2019년): 국민참여대표단 임정 소재지
  순방, 역사문화콘서트 등

는 "비폭력·민주 정신"의 공통점을 가진 것으로 강조된다. 그러나 시공간의
격차를 생각할 때 3·1운동의 '(비)폭력'이나[24] 그 지향과 '촛불'을 직접 대비한
다는 것은 무리한 일이라는 지적이 많다.[25]

둘째, 이는 21세기 국민주의, 즉 '대한민국 민족주의'의 담론적 구성물이
무엇인지 또한 알려준다. 그것은 기본적으로는 위 [현재] 항에서 보듯 일면
경제 발전사를 강조하고 일면 '민주화'를 부각하는 양항으로 구성된다. '발
전'과 '국난 극복'만 주로 강조하는 우파 대한민국 이데올로기와는 다소 차
이가 있다. '성찰', '인권'과 '여성'의 키워드가 삽입되어 있음도 지적할 수 있
다. 그러나 특히 [현재]의 ②만 떼놓고 보면 이명박·박근혜 정부의 담론과
차이가 거의 없다. 그 정도로 '경제 발전' 이데올로기는 좌우파(?)가 공유하
는 바가 많다. 요컨대 '발전은 무한히 자랑스럽지만 성찰할 대목도 있다' 정
도가 현 정부가 내세우는 지배적 현대사-서사의 큰 줄기가 아닌가 싶다.

셋째, 새로운 형상의 국제주의가 민족주의와 병행하고 있음을 알 수 있
다. 구체적으로 이는 '기억'의 측면에서는 [과거]항의 ①, ④에서와 같이 한

---

24 관련된 최근의 논의로 백승덕, 「'비폭력의 스펙터클'을 넘어서─3·1운동 100주년의 폭력론」,
    『역사비평』 129, 2019. 11 등 참고.
25 「좌담: 3·1운동 100주년이 말하는 것들」, 이기훈 기획, 강경석·오제연 외, 『촛불의 눈으로 3·1
    운동을 보다』, 창비, 2019 등 참조.

민족(동포) 네트워크와 '재외' 독립운동에 대한 강조로 나타나고, [현재] ④의 'K-Network'나 [미래] ④의 국제적인 네트워크를 통해 문재인 정부 국정 목표를 달성하겠다는 기획도 드러나 있다. 한류와 세계 10위권의 경제 규모는 2000년대 이후 한국인의 집합적 자아상과 국가관을 크게 변화시키고 있다. 팝, 뷰티, 문학 등 다양한 문화적 생산물 앞에 붙은 'K' 코드는 그 상징이다.

넷째, 이 민족주의는 경제주의라는 속옷을 입고 있다. [미래] 항의 대부분이 그렇지만 3·1운동과 전혀 관계없는 '4차 산업혁명'이나 '생명과학산업' 운운하는 '번영' 이데올로기와, [과거] 항에서 제반의 역사기억에 대한 '콘텐츠화'를 강조하는 것을 통해 이를 볼 수 있다. 오늘날 '번영'과 민족주의는 대단히 중요한 상호 근거다. 2018년 8월 15일 광복절 기념식에서 문재인 대통령은 이런 양상을 재삼 확인시켜주었다. 그는 "평화가 경제"라는 명제를 내세우면서 남북·동북아 공동번영 구상을—일방적으로—발표했는데, 연설문 중에 '평화'라는 단어가 21번, '경제'라는 단어가 '19번', '비핵화'는 7번 언급되었다.[26] 이 같은 개발과 '번영'의 담론에서는 변형된 민족주의가 개발주의 또는 신자유주의와 공명하고 있다. 2018년 남북관계가 극적으로 호전되던 상황에서 경제주의 평화·통일 담론은 남북 사이의 질적 분단—즉 정치·사회·문화와 경제적 격차—을 순식간에 극복하거나 망각하게 만들 마법처럼 제시된 바 있다.

2) 반일 민족주의와 현실정치

문재인 정부는 왜 이런 거대한 관제 민족주의 행사를 벌이고, 또 이를 통해 무엇을 얻으려 했을까? 다음과 같은 맥락을 거론하여 대중정치와의 연

---

26 「문 대통령 '평화' 경축사」, 『연합뉴스』 2018. 8. 15.

관관계를 추론해볼 수 있다.

첫째, 문재인 정권의 대북 정책과 동아시아 국제정치의 맥락이다. 문재인 정권은 출범 직후부터 '한반도 평화 프로세스'와 남북화해 정책을 적극적으로 추진할 수밖에 없었다. 2015년 이래 한반도 안보위기는 증폭돼왔고 2017년 문재인 정부 출범 직후 최고조에 달했는데, 이 같은 지정학적 위기 상황은 평창올림픽을 계기로 극적인 반전을 맞이했다. 분단은 '민족' 또는 민족주의를 달성하지 못한 지상의 가치로, 또 민족의 통합·통일을 그 완성으로 규범화·상상화한다. 남북화해의 추구 자체가 민족주의에 연관되는 이념적·정치적 통로가 된다.[27]

지금 돌이켜보면 2017년 남북 정상의 4·27 판문점선언은 비약적이었다. "한반도의 평화와 번영, 통일을 위한 판문점선언"이라 하여 그 제목부터 강하게 '통일'을 전제하고 있었기 때문이다. 이 선언은 제1항에서 "남북관계의 전면적이며 획기적인 개선과 발전을 이룩함으로써 끊어진 민족의 혈맥을 잇"는다 했다. "혈맥" 운운하는 본질론적(종족적?) 뉘앙스의 민족주의가 당위로서 발화된 것이다. 김정은 위원장은 한술 더 떴다. 공동성명 발표 후의 연설에서 그는 "분단의 상징이 평화의 상징이 된다면 하나의 핏줄, 하나의 언어, 하나의 역사, 하나의 문화를 가진 북남은 본래대로 하나가 돼 민족의 끝없는 번영을 누리게 될 것이다"라며, 더 심정적이고 종족적인 차원에서 '민족의 하나됨'을 강조했다. "하나의 핏줄, 하나의 언어, 하나의 역사, 하나의 문화"라는 식의 언설은 오늘날 남한의 지식장·공론장에서 용인될 만한 것인가? 아니지 않은가? 1990년대 이후 탈민족주의 경향을 강화해온 남한의 담론장·지식장뿐 아니라 대중사회에서도 다문화 담론, 페미니즘 같은 민족

---

27   박의경, 「한국민족주의와 민주주의」, 『사회과학 담론과 정책』 10(2), 2017. 10, 77~99쪽 등 참조.

주의와는 거리가 먼 조류가 크게 확산됐다. 그럼에도 '민족의 하나됨'은 남북 당국자의 만남이나 화해 평화의 실제 장에서 여전히 당위로 거론된다.[28] 이 간극이 의미하는 바는 무엇일까? 민족(주의)적 가치나 상상과 '현실'의 차이가 바로 오늘날 한국 민족주의의 현실태라 볼 수 있을 것이다.

둘째, 문재인 정부의 민족주의 드라이브에는 현실정치의 필요성도 강하게 작용했다. 박근혜 정권은 역사교과서 국정화 문제나 12·28 위안부합의 등에서 큰 무리를 범하고, 시민사회 및 대중과 대립했다. 문재인 정부에 의해 이 문제들은 청산되어야 할 일종의 '적폐'[29]로 간주되었다. 문 정부는 박근혜 정부가 만든 화해·치유재단을 해산시키는 한편, 징용공에 대한 대법원 판결 이후에도 한동안 아베 정부와의 관계 개선에 적극적으로 나서지 않았다.

한일관계가 긴장 국면에 들어가자 2019년 7월 당시 청와대 조국 민정수석은 자신의 SNS에 〈죽창가〉를 올리고 "애국·이적·친일·국익" 등의 이분법적이고 선동적인 어휘를 구사해가면서 대일 여론전의 선봉에 서서 '친일파'들을 공격했다.[30] '내년 총선은 한일전이다'라는 문재인 지지자들의 말만큼 민족주의 드라이브의 현실정치적 목적과 기능을 뚜렷하게 보여주는 것이 또 있을까? 문재인 정권은 자유한국당과 보수 세력을 '친일' 프레임 속으로 몰아넣고자 했으며, 실제로 정권의 싱크탱크라는 민주연구원은 "한-

---

28 천정환, 「다시, 우리의 소원은 통일?─4·27 판문점선언과 북미회담 전후 통일·평화 담론의 전변」, 『역사비평』 124, 2018. 8.

29 문재인 정부가 호명하는 '적폐'는 복합적인 의미를 갖고 있는 것으로 보인다. '적폐'는 말뜻 그대로 쌓인 폐단과 부패, 실제 매판적 지배 동맹과 극우정치, 그리고 그들이 누려온 부패를 의미하고, 다른 한편 문재인 정부 권력 정치의 정적들을 가리킨다. 양자를 명확히 구분하지 못하거나 구분될 수 없을 때 '내로남불'이라는 공격이 가능해진다.

30 「조국의 '애국' 페이스북이 남긴 것」, 『미디어오늘』 2019. 7. 24.

일 갈등, 총선 때 여당에 유리"하다는 보고서를 썼다.[31] 그럴 만한 이유는 물론 있었다. 자유한국당의 인맥과 역사적 구성은 분단·매판의 기득권 세력과 직접 연관되어 있고, 그 세력은 극우 진영정치의 맥락하에서 문재인 정부의 남북화해와 평화 프로세스를 '딴지걸기'식으로 공격했다. 냉전적 역사인식과 극우정치를 세력의 근거로 부활·확장하려는 시도도 반복했다. 예컨대 나경원 당시 자한당 원내대표는 2019년 4월 "반민특위로 국민이 분열했다"는 취지의 발언을 하고 역사 관련 단체 등 각계의 비판을 받았다.[32] 또한 태극기집회가 보여주듯 우파 중 일부는 남북화해와 대미종속(한미일 동맹)의 약화를 '좌파의 음모로 대한민국이 망하는 일'이라는 식으로 해석한다. 태극기집회에는 늘 성조기가 등장했었는데, 한일 정부 간 대립이 심해지자 일장기가 사용되기도 했다.[33] 이런 맥락에서 2019년 봄 전후 '토착왜구'라는 단어가 대중정치 담론장에서 크게 부각되었다. 이 조어는 외세와 분단 상황에 기생하는 세력이 약탈적 부를 누리면서 반민주·반인권·반평화의 행태를 멈추지 않는 것을 표상한다. 그러나 이 어휘 자체가 문제적 주체의 실상 전체를 적실히 재현한다고 보기는 어렵고, 혐오의 뉘앙스를 담고 있어 설득력에 제한이 있다.

그러나 문재인 정부는 미일 동맹이 그어놓은 선에서 더 나아가지 못하여 북한의 강한 불신을 받고, 또 2019년 11월 23일 미국의 압력에 굴복하여 지소미아(GSOMIA) 종료를 연기했다. 이처럼 현재 북핵 문제의 미국 헤게모

---

31 「"한-일 갈등, 총선 때 여당에 유리" 민주연구원, 내부 보고서 사과」, 『한겨레』 2019. 7. 31.

32 「나경원 "반민특위로 국민분열"… 여야 "역사왜곡" 일제히 비판」, 『한겨레』 2019. 3. 14. 등.

33 「'태극기집회'에 일장기 이어 성조기, 이스라엘 국기까지 등장… "삼일절에 일장기 이해 안 돼"」, 『부산일보』 2018. 3. 1; 「e글중심: 태극기집회의 폭력을 바라보는 불편한 시선」, 『중앙일보』 2018. 3. 2.

니를 상대화시키거나 종속적 한미일 동맹의 틀을 바꿀 것을 감내할 정도로 문 정부의 민족주의적 지향이 강하다 보기는 어렵다. 2020년 1월 현재 북핵 문제 해결도, 남북화해나 북미관계 개선에 의한 한반도 평화 프로세스도 모두 일시중지 혹은 교착 상태에 있다.[34]

3. 반일 보이콧 운동과 대중 민족주의의 흐름

1) 민족주의와 '촛불'

2019년 7월 이후 대중의 반일 보이콧[35] 행동에도 전술한 현실정치의 필요와 권력의 이해관계, 그리고 이중적 의미를 띠는 '관제' 민족주의와 대중의 저항적·자생적 민족주의가 착종돼 있었다.

반일 보이콧 시민행동은 지난 2019년 7월부터 시작되어 '조국 사태'가 본격화되기 전까지 최고조에 달했다. 예컨대 8월 10일 일본대사관 앞에서 '아베규탄시민행동'이 주최한 '아베 규탄 제4차 촛불문화제'가 열려, 서울 최고기온이 37도까지 오른 폭염 속에서도 15,000여 명(주최 측 추산)의 시민들이 모였다.[36] 여성과 청소년들을 비롯, 자영업자·노동자 등 광범위한 계층·세대가 참여한 일본 상품 불매운동 및 일본 여행 안 가기 운동도 장기화되었다. '조국 사태' 때문에 한동안 정권에 대한 대중의 이반이 심각해지고 '유니클로 히트텍 10만 장 무료 배포' 같은 행사가 대중을 유혹했는데도, 2019

---

34 「2020 남북관계도 먹구름… 北 "美 추종 세력에 심대한 타격할 것"」, 『아시아경제』, 2020. 1. 1.
35 이 글에서는 불매운동을 위시한 다양한 반일·탈일 민족주의적 운동을 일컬어 '일본 보이콧' 운동이라 부르기로 한다.
36 「'아베규탄시민행동' 4차 촛불문화제」, 『한국일보』, 2019. 8. 10 등 참조.

NO 아베! 친일적폐 청산하자 8월 10일 일본대사관 앞에서 '아베규탄시민행동'이 주최한 '아베 규탄 제4차 촛불문화제'가 열려, 서울 최고기온이 37도까지 오른 폭염 속에서도 15,000여 명(주최 측 추산)의 시민들이 모였다.

년의 일본 불매운동은 사상 최장 최대 규모로 진행되었다. 일본 여행과 옷·화장품 등의 일본 상품은 다른 브랜드에 의해 대체되었고, 보이콧 운동은 일종의 트렌드가 되었다.[37] 전작 〈너의 이름은〉이 한국의 젊은 층에게 대단히 큰 인기를 누려 기대를 모았던 신카이 마코토(新海誠) 감독의 애니메이션 영화 〈날씨의 아이〉가 흥행에 완전히 실패했다든가,[38] 한국인이 경영하는 일본 음식점조차 영업이 되지 않는다든가 하는 현상을 보면 전반적 '탈일본 문화'가 수행된 것이다. 자동차·화장품 같은 소비재뿐 아니라 음식·여행·문학·만화·게임 등 일상문화와 대중문화 전 영역에서 일본은 한국에 큰

---

[37] 「"일본 불매운동, 이젠 트렌드로 자리 잡을 가능성 높아"」, 『한국일보』 2019. 10. 16.

[38] 「일본 불매 직격탄 맞은 '날씨의 아이'… 전작 대비 관람객 70%↓」, 『itChosun』 2019. 11. 5(http://it.chosun.com/site/data/html_dir/2019/11/05/2019110500127.html).

영향을 미쳐왔는데, 그 흐름에 제동이 걸린 것이다.

한편 일본 보이콧은 〈봉오동 전투〉, 〈주전장〉, 〈김복동〉 등의 영화 보기나 '소녀상 되기',[39] 혹은 국산품 사용하기 같은 포지티브 운동도 유발했다. 물론 문재인 정부와 언론이 대중의 반일 행동을 부추긴 면도 있지만, 자발적이고도 폭넓은 대중의 참여에 의해 이뤄졌다는 것을 알 수 있다.

중요한 것은 아래로부터의 반일 행동이 지소미아 폐기, 일본 좌파(및 공산당계) 단체들과의 연대, 올림픽 보이콧 등을 통해 '관제' 민족주의가 그어놓은 선을 넘어 급진화한 면도 있었다는 점이다.[40] 예컨대 '아베규탄시민행동'은 문재인 정부가 지소미아 종료 연기를 선언하자 '시국회의 공동선언'을 발표하여 "미국의 압력에 굴종해 협정을 사실상 연장하고 적폐 협정을 수출 규제와 교환해 부활시키겠다는 문재인 정부를 강력히 규탄"했다.[41] 또한 문희상 국회의장이 한일관계 회복을 명목으로 일제 강제동원 피해자 관련 법안을 여야 의원 13명과 함께 발의하자 2019년 12월 19일에 '친일 문희상법 즉각 철회 촉구 기자회견'을 열었으며, 서울 시내 수십 개 전철역에 "아베 규탄 촛불 들고 일제 불매운동 벌인 국민들 배신하는 문희상법 공동발의한

---

39 2019년 8월 1일 일본 나고야에서 개최된 국제예술제 '아이치 트리엔날레' 〈표현의 부자유〉전에 '평화의 소녀상'이 초청 전시됐다가 일본 우익 세력의 테러 위협과 협박 전화를 이유로 전시 중단되었다. '평화의 소녀상' 전시가 이처럼 중단되자 국내외 예술가들이 이를 검열로 간주하고 항의하는 뜻으로 의자에 앉아 소녀상처럼 사진 찍기 퍼포먼스를 했다. 국내외 SNS에서 이 운동이 번져갔다. 「"우리가 소녀상이 되어봅시다"… 한국에서도 시작된 소녀상 되기」, 『한겨레』 2019. 8. 11 등 참고.

40 「아베규탄시민행동·노동계, 지소미아 폐기 촉구… 다음 달 촛불 든다」, 『머니투데이』 2019. 11. 27.

41 '아베규탄시민행동'의 페이스북(https://www.facebook.com/NOabeaction/)에 따르면, 2019년 11월 27일 규탄 기자회견에 모인 단체장들은 "박석운 아베규탄시민행동 공동대표가 제안 단체 대표로 주재하는 가운데 민주노총 김명환 위원장, 전국농민회총연맹 박행덕 의장, 6·15공동선언실천위원회 이창복 상임공동의장, 우리겨레하나되기운동본부 조성우 상임대표, 민중당 이상규 상임대표, 조국통일범민족연합 노수희 부의장, 정종성 한국청년연대 상임대표, 한미경 전국여성연대 상임대표 등"이다.

친일파 국회의원들 공개수배 대자보"를 게시하기도 했다.[42] 일본군 '위안부' 연구회, 국립일본군위안부역사관전국행동, 경남지역일본군'위안부' 역사관 건립추진위 등 '위안부' 관련 단체가 함께한 이 반대 행동도 '선'을 초과하는 일이었다. 이처럼 그 한계와 약점까지 포함하여 반일 보이콧 운동은 주체·내용·형식 면에서 촛불항쟁과 비교될 만한 점이 많다.[43] 우선 여기서는 주체성의 측면을 살펴보려 한다.

촛불항쟁 이후 '참여'는 한국 시민성(civility)의 일부이자 대중민주주의의 일상이 되었다. '아스팔트 우파'가 주도하는 것 외에 '조국수호 검찰개혁' 집회만 대규모로 열렸지만, 청와대 청원이나 SNS 해시태그 활동, 기타 댓글 달기 등을 통한 대중의 정치·사회 문제 공유와 참여는 지속되고 있다. 광장 정치로서의 촛불항쟁은 종료되었지만, 촛불항쟁에 나타난 (복합적) 주체성과 행동양식의 일부는 변형되어 잔존했던 것이다. '조국수호, 검찰개혁' 시위에서 확인되듯 촛불 군중 속에서 가장 큰 세력은 문재인 대통령 지지 그룹[44]과 자유주의적 시민이다. 2016/17 촛불항쟁은 여기에 광범위한 노동자 농민 등의 '민중' 및 '시민'사회 세력과 페미니스트·성소수자·청소년 등과

---

42 아베규탄시민행동 페이스북(https://www.facebook.com/NOabeaction/), 2019. 12. 27. 아베규탄 시민행동은 600여 개 시민사회단체가 결합한 대표자 조직으로서 민주노총, 전국농민회총연맹, 전국빈민연합을 비롯한 기층 대중단체들과 한국YMCA전국연맹, 흥사단, 정의기억연대, 한국진보연대 등 시민사회단체, 그리고 전국 풀뿌리 지역단체 등이 참여하고 있다. 촛불항쟁을 이끈 '시민행동'과 비교할 때, 민족주의 지향의 단체들과 '자주' 계열의 단체가 더 많이 참여하고 큰 역할을 했던 것으로 보인다.

43 촛불항쟁과 보이콧 운동을 연결시킨 논의로는 조희연, 「촛불혁명의 나라, 역사관도 바뀌었다—일본 무역 보복에 대처하는 성숙한 한국사회, 한 단계 더 나아가자」, 『오마이뉴스』 2019. 8. 17.

44 여론조사 등에서 문재인 대통령을 끝까지 지지하겠다는 층은 약 40%로 2019년 초보다 5% 정도 증가했다고 한다. 「文 대통령 '끝까지지지' 35%→41%, '끝까지 반대' 20%→26%」, 『뉴스1』 2019. 12. 19 등.

같은 새로운 참여자가 함께하며 수행되었다.[45] 일부 보수 세력까지 가담한 이 반-박근혜 탄핵연합은 한때 문재인 대통령 지지율을 70~80%에 이르게 할 정도로 광범위했다. 반일 보이콧 전선도 일단 '보수'를 포함한 꽤 넓은 계층에 의해 형성되었다. 2019년 7~8월에 실시된 여론조사에서 보이콧 운동에 대한 대중의 지지율 또는 동참 비율은 시기에 따라 대략 65~80%에 이르렀다.[46] 그러나 그로부터 '조국 사태'에 이르는 과정은 이 세력과 분화의 실상이 어떤 것인지 쉽게 확인할 수 있게 했다.

일부 논자들이 주장하는 것처럼 한국사회의 오랜 '종족적' '피해자적' 반일 민족주의 정서·이념은 이 사태에서 가장 결정적인 요인은 아니었던 것 같다. 그보다는 국가와 민족에 연관된 대중의 새로운 집합적 자아상·국가상이 더 중요했다. 또한 민주주의 문제와의 절합이 사태에서 한 부분을 차지하고 있었다. 촛불항쟁 이후 '민주주의 국뽕'이라는 조어가 새로 생겼는데, 나쁘게 보면 포퓰리즘적이지만 좋게 보면 '애국적 공화주의' 정도로 의역될 수 있을 이런 인식이 반일 애국주의 대중 행동의 기반이 되기도 했다는 것이다. 오늘날 한국 시민들은 중국·일본·홍콩 등 이웃 아시아 국가의 민주주의 문제에 전에 없던 관심을 갖기도 한다.[47] 이번 대일 보이콧 행동에 나타난 '우리가 경제에서나 정치에서나 일본보다 약하지 않을 뿐 아니라, 더 나은 나라여야 한다'는 인식이나, '현해탄 콤플렉스 없는 세대가 사태의

---

45 이 연합적 전선은 '탄핵연합' 같은 용어로 칭해진다. 「한귀영의 프레임 속으로: 보궐선거에서 표출된 엄중한 민심」, 『한겨레』 2019. 4. 4 등.

46 다음의 불매운동 관련 여론조사들을 참조. 「아시아투데이 여론조사: "일본상품 불매운동" 73% 찬성」, 『아시아투데이』 2019. 7. 23; 나세웅, 「MBC 여론조사: 국민 78%가 불매운동 중… "단호히 맞서되 유연하게"」, 〈MBC〉 2019. 8. 15 등.

47 예컨대 홍콩 시위 사태 지지 문제로 2019년 가을 대학가가 논란을 겪었다. 이는 한국 학생과 시민의 대중국 인식과도 유관한 일이었다. 「홍콩 지지 대자보 훼손… 중 대사관 "유학생들 행동 정당" 대학가 논란」, 『경향신문』 2019. 11. 15 등.

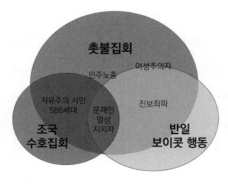

대중정치의 주체

주역'이라는 점은 중요하다.

그런데 그 구체적인 내용에는 한계가 있다. 반일 행동에 참여한 대중 중 상당 부위는 문재인 정부가 문제의 당사자라는 점 때문에 적극적인 행동을 했고, 이 반일 집합행동이 한국 민주주의를 지키는 것이라는 의식을 가졌다. 흥미롭게도 "개싸움은 우리가 한다"며 정부의 반일 드라이브를 옹호하며 반일 운동의 일각을 주도했던 바로 그 시민들이 '개싸움 국민운동본부'를 만들어 '조국수호' 집회를 주도했다.[48] 그러나 조국수호 집회는 한편 오히려 세대와 계층 사이의 격차를 드러내고 시민 중 상당부를 전선에서 이탈시켰다. 촛불집회, 반일 보이콧 운동, '조국 사태' 등에 개재된 대중의 차집합과 교집합들이 오늘날 대중정치의 전체상일 것이다.

'식민지 키드'였던 박정희가 길러낸 세대이며 '태극기'로 표상되는 보수·노년층은 원래 훨씬 더 국가주의적이고 종족적 민족주의에 가까운 세계상을 갖고 있지 않은가? 그들은 일본이 강한 나라며 일본의 '도움'이 (박정희식) 근대화와 발전에 결정적이었다는 점을 잘 알고 있다.[49] 그들은 '친박' 성향과 문재인 정부와 촛불에 대한 거부감 때문에 새로운 버전의 애국주의나 민족주의에 동참하지 못하고 식민주의의 프레임 안에 머물렀다.

---

48 「"개싸움은 우리가 한다" 왜 온라인 인기 글 됐을까」, 『한국일보』 2019. 7. 12; 「미친 검찰 상대하려면 나도 미쳐야」, 『오마이뉴스』 2019. 9. 26 등을 참조.
49 이영훈·김낙년·김용삼·주익종·정안기·이우연, 『반일 종족주의—대한민국 위기의 근원』, 미래사, 2019는 이에 대한 '논리' 비슷한 것을 다시 제공하는 효과가 있다.

2) 반일 보이콧 행동의 내용과 행동 방식

아래 다섯 가지 정도가 반일 보이콧 행동의 복합적 이유이자 내용일 것이다. ① 아베를 상징점으로 한 군국주의 일본 재등장의 위험에 대한 인식, ②『조선일보』와 자한당으로 대표되는 국내 '매판/친일'적 기득권 우파에 대한 반대, ③ 반도체산업으로 상징되는 '글로벌'화된 실제 경제 생활에 대한 위협, ④ 3기 민주정부로서 문재인 정부에 대한 옹호, ⑤ 거시적 안보체제의 전환/재편에 대한 불만·불안과 변화에 대한 여망.

보이콧 행동은 아베가 한국 국민경제의 중요한 부분을 차지하는 반도체산업을 건드린 것이었기 때문에 파급력이 컸다. 촛불은 전 계층적 이슈였지만 중산층 헤게모니로 귀결됐는데, 보이콧 운동도 그런 요소가 강하다. 일본 여행, 유니클로, 일제 자동차 들은 모두 중산층적인 소비 생활의 상징들이다. 사태의 와중에 속출한 중소기업 육성, 독자적 기술 발전 등 무역 역조 문제와 발전주의 담론도 이와 유관하다(③).[50]

한편 아베를 상징점으로 한 군국주의 일본 재등장의 위험과 지정학적 재편에 대한 대중의 인식이 새삼 확산되었다(①. ⑤). 국제사회에서 한국의 위상은 과거와 달라졌고, 또 북핵 문제의 주도적 해결을 위해서라도 미일동맹의 종속적 파트너 지위에 만족할 수 없다.[51] 한마디로 2019년의 반일 보이콧은 급격히 유동하고 변화하는 국제관계에 대한 한국인들의 입장이 재구조화되는 과정에 대한 반응이기도 했다. 그러나 종속적 한미일 동맹에 대한 인식이 2002년 겨울의 촛불시위 같은 보다 본격적인 반미 행동으로 이어

50　이에 관한 무수한 담론이 있다. 여기에는 보수·진보 매체가 한 목소리를 내는 경향도 있었다.「내년 2월 반도체 3종 탈일본… 日 기업 '아베 파산' 맞을 것」,『중앙일보』2019. 8. 6;「국가 핵심 기술 일본 종속 벗어나려면 출연연 역할 강화해야」,『중앙일보』2019. 7. 17;「사설: '소재·부품 탈일본', 대-중소기업 협력이 관건이다」,『한겨레』2019. 8. 5 등.
51　박민희,「명세서만 내미는 동맹이 지속될 수 있나」,『한겨레』2019. 7. 26 등 참조.

진 것은 아니었다.

또 2019년의 반일 대중 행동은 민주주의와 인권의 문제와 절합할 수 있었다. 반아베 행동에 나선 시민들이 징용공과 '위안부' 등 식민지 피해자의 인권과 개인 청구권 문제, 그리고 일본의 소녀상 철거 사건 등을 통해 이를 의식하고 있었다는 점은 중요해 보인다. 그래서 일본 민주주의의 한계를 지적하고 '우리는 일본과 달라야 한다'는 문제의식을 담은 담론이 호응을 얻었다.[52] 다음 인용에서 그런 인식이 적절히 요약된다.

> 대한민국은 일본과 달라져야 한다. 이제껏 산업문명 추격전에서 늘 일본의 뒤를 따랐던 한국이지만, 지금부터는 저런 일본과 전혀 다른 길을 가야 한다. 무엇이 어떻게 달라야 하는지는 아직 모호하지만, 그래도 '달라져야 한다'는 이 각성이야말로 소중하다. / 이미 나온 힌트는 역시 민주주의다. 자유−평등−연대의 가치를 지금의 일본과는 다르게 발전시켜가야 한다. 일제 식민 지배 피해자들에게 다른 답을 내놓을 뿐만 아니라 비정규직 노동자에게, 여성과 소수자에게, 이주민과 난민에게 다른 답을 마련하는 사회여야 한다.[53]

이상은 반일 보이콧 운동이 단순히 포퓰리즘이나 종족적 민족주의 운동의 기준으로 평가되지 않아야 할 이유이기도 하다. 또한 배외적·관제적 애국주의 운동이었다면 그렇게 폭넓은 지지를 얻지 못했을 것이다. 민주주의 이론으로도 민족주의와 민주주의의 문제는 동떨어진 것이 아니다. 이론가

---

52 조형근, 「일본에게 절대 배우지 말아야 할 것」, 『한겨레』 2019. 7. 21은 SNS상에서 상당히 널리 공유되었고 보수적인 네이버 뉴스 페이지에서도 지지를 받았다. 이런 반응에 대해 필자 자신이 확인해주었다. 신광영, 「한국은 '일본의 길'과는 새로운 길을 만들어야 한다」, 『한겨레』 2019. 8. 16.

53 장석준, 「노회찬의 제7공화국 구상을 돌이켜본다」, 『프레시안』 2019. 8. 12.

들은 '국가통합(territorial integrity)', 즉 국가의 내외적 경계와 정체성의 안정성이 민주주의의 발전·전개에 중대한 요소라는 점을 지적한다. 국가 내부의 종족, 언어, 종교, 이념 등의 요소만이 아니라 대외적 안정성이 민주주의에 영향을 미친다는 것이다.[54] 남북한의 인권·민주주의 수준이 분단이나 대외관계에 지대한 영향을 받을 수밖에 없다는 사실을 이해하면 간명하다. 2019년 7월이 지나며 '반일이 아니라 반아베'라는 구호로 시민사회의 행동 방향이 정리된 것은, 보이콧 대중 행동이 '열린 민족주의'와 국경을 초월한 반극우 민주주의를 주창한다는 이념적 정당화였다. 그리고 이를 통해 한일 시민연대가 추진되기도 했다.[55]

그러나 일본 상품 불매와 일본 여행 안 가기는 촛불시위보다 더 낮은 수준의 행동이다. 본래적 의미의 시민 직접행동(direct action)이라고 보기도 어렵다. 어디에서나 누구나 동참할 수 있고, 무엇보다 희생이나 큰 노력도 필요없다. 물론 폭력적이지 않으며 혼자서도 할 수 있다. 일부 시민들이 '개싸움은 우리가 한다'고 했지만, 실제 '개싸움'은 조국수호 문제에서 있었을 뿐이었다.

한편 불매운동은 '평화'를 표방했지만 기실 전략적인 정치적 운동의 의미를 갖는다. 보이콧 운동 초기인 2019년 8월 6일 서울 중구청장이 'No 일본'이라 써진 깃발을 주요 관광지인 명동을 위시한 중심가에 내걸려 하자, 네티즌들은 SNS 등에서 급격하게 여론을 조성하고 기성 언론까지 움직여 중

---

54 지은주, 「대만의 민주주의는 공고화되었는가」, 김호섭·이병택 공편, 『민주화운동의 세계사적 배경』, 한울아카데미, 2016, 66~68쪽 참조.

55 「"NO 아베!" 똘똘… 한일 시민들 심상찮은 공감대」, 『국민일보』 2019. 8. 5; 「박원순 시장·日 시민단체 "반일·반한 아니라 반(反)아베로 뭉쳐야"」, 『중앙일보』 2019. 8. 20.

구청장의 시도를 포기하게 만들었다.[56] 그러면서 운동의 의미가 반일이 아니라 반아베 평화운동임을 강조했다. 즉 "'보이콧 재팬'이라는 슬로건이 '일본' 전체를 뭉뚱그려 평범한 일본 관광객이나 다른 외국인 관광객들에게 오해를 불러일으킬 수 있다는 점", "정부와 연결된 단체가 나서서 직접 '노 재팬' 구호를 채택함으로써 일본에 대한 항의 표시가 '관 주도'로 이뤄진다는 인상을 줄 수 있다는 점 등이 우려로 제기"[57]되었다. 그리고 결정적으로 "일본인 관광객에게 공포감을 조성하는 것은 전혀 도움이 되지 않는다"[58]는 것이 이유였다. 이런 전략적 인식은 촛불 전후 문재인 정부에 대한 열성 지지자들이 주로 주체가 된 중대한 '행동 요령'이다. '적'에게 책잡히지 않고 헤게모니적 전선을 유지할 수 있는 명분과 전략을 유지하는 것이다. '촛불'의 비폭력도 이런 기조에서 선택된 측면이 강했다.

더 진지하고 심각한 반일-반미-반식민주의 직접행동의 가능성은 사실 많았지만, '반아베 보이콧'을 주도한 세력은 거기까지 가지 않았고 갈 생각도 없었던 듯하다. 그래서 대학생들의 영사관 점거나 도쿄올림픽 보이콧 주장은 호응이 크지 않았다. 이들은 불매에 비하면 한일관계 전반을 위협할 수 있는 훨씬 높은 수위의 행동이었다. 따라서 일부의 우려처럼 반일 보이콧 운동은 '포퓰리즘'의 요소를 갖고 있을지언정 파시즘적이거나 비이성적이라 보기 어려웠다.[59] 오히려 상당히 조심스럽고 전략적 이유로 온건했다.

그러니까 촛불항쟁과 이 보이콧 운동에서의 민주주의 문제는 일부만 겹

---

56 「서양호 중구청장 "'노 재팬' 깃발 내리겠다"」,『한겨레』2019. 8. 6.

57 「중구청 '노재팬 배너' 사건이 되레 긍정적 효과를 드러냈다」,『프레시안』2019. 8. 6(www.pressian.com/news/article?no=252150).

58 「'노 재팬' 배너 서양호 서울 중구청장 해명에도 온라인 반발 확산」,『한국일보』2019. 8. 6.

59 신동흔,「데스크에서: 우리 안의 파시즘」,『조선일보』2019. 8. 16 등 참고.

칠 뿐이다. 터져 나온 탈 65년체제, 지소미아 폐기, 소녀상 전시 한일 예술가 공동행동, 강제징용 소송에서 일본 기업을 대리한 로펌 김앤장에 대한 수사 요구, 녹색당 등의 올림픽 보이콧 운동, 일본 좌파(및 공산당계) 단체들과의 반 아베 연대, 『조선일보』 폐간·자유한국당 해산 요구 등은 친일 기득권 구조 에 대한, 그리고 현재의 한미일 동맹과 분단체제에 대한 급진적 문제제기를 깔고 있다. 그러나 실제 문재인 정권이나 정권 지지 세력에게는 이를 대규 모 운동으로 주도할 역량이나 인식이 없었다. 대신 '내년 총선은 한일전이 다'라는 정도의 정치주의적인 논리가 지배했다.

4. 민족주의에 대한 반작용과 원심력

1) 역풍? 『반일 종족주의』의 베스트셀러화

전 서울대 교수 이영훈 등 뉴라이트계 지식인·연구자들이 쓴 『반일 종족주의』가 2019년 8월부터 가을 사이 서점가에서 종합 베스트셀러 1위에 등극하는 사태가 벌어졌다. 출간 직후 당시 청와대 민정수석 조국이 "구역질나는 책"이라 불러 이영훈과 논쟁을 일으키고, 또 이영훈이 MBC 기자를 폭행하는 사건이 일어나 예상치 못한 대규모 '노이즈 마케팅'이 처음부터 가능했다.[60] 발간 당시 하루 수천 권씩 팔려 나간 『반일 종족주의』의 주 구매층은 '40대 이상 남성'들이었다고 한다.[61] 원래 정치나 역사 분야의 책을 사서

---

60 「이영훈 등 『반일 종족주의』 저자들, 모욕죄로 조국 고소」, 『연합뉴스』 2019. 8. 20 등 참조.
61 『반일 종족주의』 도서 구매자를 살펴보면, 7대 3의 비율로 남성의 비율이 높았다. 「예스24, 2019년 베스트셀러 분석 및 도서 판매 동향 발표」, 『채널예스』(http://ch.yes24.com/Article/View/40454).

읽는 계층(40대 이상, 남성, 고소득, 고학력 층)과 달리, 책을 별로 사지 않는 60대 이상의 계층이 유입되면서 이 책은 해당 분야의 '셀러'가 되기 시작했다. 물론 출판사가 『조선일보』 등에 낸 대형 광고 마케팅도 큰 자극제가 됐으며, 인기 있는 소위 '보수' 유튜버 정규재 등이 『반일 종족주의』가 "진정한 근대인으로서 대한민국인을 다시 정립하게 해주는 책"이라며 이런 책이 100만 부 정도 팔려야 한다고[62] 구매를 선동하기도 했다. 여기 호응한 태극기부대, 혹은 그와 가까운 세대 또는 계층이 대거 독자가 되었다. 하지만 그들만이 이 책의 독자가 아니었다는 사실에 주목할 필요가 있다.[63] 태극기부대 류 외에도 관심을 가진 사람들이 책을 사게 되어 '종합 베스트셀러 1위'가 달성된 것이다. '혹 학문적 가치가 있을까' 또는 '그래도 읽고 비판해야 되지 않겠느냐'는 생각을 가진 이들이 구매에 나섰던 탓일까? 2019년 말 현재 최대 규모의 인터넷 서점인 YES24는 『반일 종족주의』의 구매자들 가운데 40대, 50대, 30대가 각각 26.5%, 25.8%, 23.1%로 연령대별로 비슷한 비율인 것으로 집계했다.[64]

이는 무엇을 의미하는가? 주지하듯 이영훈과 낙성대 그룹은 반(反)내재적 근대화론과 소농사회론 등을 통해 경제사학 분야에서 일정한 성과를 쌓은 것으로 평가받아왔다. 그러나 "한국의 거짓말 문화는 국제적으로 널리 잘 알려진 사실입니다"라는 인종주의 냄새가 나는 문장으로 시작하는 『반

---

62 「정규재 대표 "『반일 종족주의』, 진정한 근대인으로서 대한민국인을 다시 정립하게 해주는 책"」, 『펜앤드마이크』 2019. 8. 14(https://www.pennmike.com/news/articleView.html?idxno=21366).

63 출판 및 독서 문화에서 3·1운동 100주년과 반일 민족주의 붐의 상황에 대해서는 이용희, 「'3·1운동 100주년'과 '불매운동' 관련 대중 출판물의 경향과 수용」, 『역사비평』 131, 2020. 2 참조.

64 「예스24, 2019년 베스트셀러 분석 및 도서 판매 동향 발표」, 『채널예스』(http://ch.yes24.com/Article/View/40454).

일 종족주의』는 학문적 경계를 넘어 우파적 독선과 정념에 치우친 책이라는 것이 연구자들의 대체적인 평가다. "'팩트'를 내세우지만, 정작 한일 학자들의 최신 연구성과는 외면한 채 이전부터 나온 '일베류 역사 선동'을 되풀이하는 수준"[65]이기에, 이 학파(?)의 기존의 학문적 성과마저 다 '까먹는' 일종의 정치선전물이라는 평가가 많다.[66] 김헌주는 이 책을 "학술서를 표방한 대중서이며 동시에 정치적 선전물에 가깝"다고 규정하고, 그 학술적 주장들도 "자가당착과 연구성과의 자의적 전유"라 평가했다.[67] 강성현은 『반일 종족주의』의 역사적 사실에 대한 왜곡을 조목조목 비판하면서 그 주장들이 '탈진실 시대'에 어울리는(?) 것이라 분석한다. 사실 비슷한 것(자의적으로 편집된 통계, 편향적인 자료 등)들을 나열·조합하여 큰 소리로 우기면, 보통의 사람들은 학술적 근거와 합리적 추론과 구별하기 힘들어진다.[68]

그럼에도 『반일 종족주의』가 베스트셀러가 된 맥락은 돌아볼 만한 문화정치적 주제다. 이는 앞에서도 언급한 바, 무엇보다 촛불항쟁과 문재인 정권 출범 이후 다시 양극화 또는 진영화된 권력정치의 효과가 민족주의에 대한 반작용으로 실재함을 보여준다. 이는 반문재인(+박근혜 복권) 집회에 일장기를 들고 나온 보수파 대중의 경우에서도 드러나는 바이다. 더하여 이 현상은 한국사회 내부에 민족주의·애국주의 열풍에 대한 일부 대중의 피로가 실재하며, 또한 과도하게(?) 민족주의적으로 재현·기술되는 과거사나 '위

---

65   「『반일 종족주의』, 최신 연구 외면한 채 '일베류 선동' 반복하는 수준 민족문제연구소 토론회」, 『경향신문』 2019. 10. 1.

66   「『반일 종족주의』 비판 일본 학자 "조선인이 그렇게 가난해졌는데 수탈·착취 없었다니"」, 『한겨레』 2019. 9. 28; 「식민지근대화론 비판 허수열 "이영훈 경제통계 모두 엉터리"」, 『경향신문』 2019. 9. 27; 「학계서 『반일 종족주의』 비판 서평 잇따라」, 『연합뉴스』 2019. 8. 26 등 참조.

67   김헌주, 「『반일 종족주의(反日 種族主義)』를 읽는 법」, 『한국역사연구회』 홈페이지, 2019. 1. 5(http://www.koreanhistory.org/7530?ckattempt=3).

68   강성현, 「한국 역사수정주의의 현실과 논리」, 『황해문화』 105, 2019. 12.

안부' 등의 식민지 피해 사실에 대한 거부감도 있다는 것을 보여주는 게 아닐까?[69]

이는 2015~16년 『제국의 위안부』 논란을 연상시킨다. 민족(주의)적 피해 서사의 압도성에 대한 '학문적·객관적' 반박의 증거 자료와 그럴듯한 대안적 논리가 있는 듯한 착시 효과가 작용하고 있는 것이다. 그 배경에는 초국적 수준의 역사 수정주의가 있다.[70] 『제국의 위안부』 사태는 책의 얄팍한 설득력이나 학적 한계에 대한 지적에도 불구하고 여러 이유 때문에 쉽게 진정되지 않았었다. 특히 표현의 자유 문제나 탈민족주의적 인권 및 역사 논리가 작용하며 논란은 '문제의 사법화'와 더불어 '문제의 인격화'를 불러왔다. 즉 논란은 책에 대한 진지하고도 학술적인 비판마저 사법권력과 민족주의의 광기에 맞선 한 사람의 여성 개인에 대한 비판으로 전치될 수 있게 꼬였었다. 역사적 기억 문제이며 동아시아 현실의 정치 문제인 사안이 저자를 중심축으로 '인격화'돼 공전했다. 그런데 거기 결정적인 기여(?)를 한 것은 일부 '반일' 민족주의자들이었다. 이른바 '유사역사학'의 대표격인 모씨의 박유하에 대한 입에 담지 못할 욕설과[71] 이와 비슷한 수위의 '넷 민족주의자'들의 '마녀사냥' 행태를 기억해보라. 그래서 이에 대한 반작용도 결코

---

69 김헌주는 위의 글에서 "말뚝 신화와 무신고 수탈설, 장서 80만 권 분서설", 그리고 "낙랑군 재요서설 등으로 대표되는 대고조선론을 굳건하게 믿는 쇼비니스트"들이 "정계와 언론계 등에 광범위한 영향력을 미쳤던 것"을 예로 든다.

70 강성현은 『반일종족주의』가 한·일 우파 간 '역사수정주의 네트워킹 현상'의 매개가 되고 있다는 점을 지적했다. 「한국 역사수정주의의 현실과 논리」, 『황해문화』 105, 2019. 12. 실제로 "『반일 종족주의』는 출간 2주 만에 일본 출판계에서 '혐한 비즈니스'의 또 다른 상품으로 떠올랐다." "2주일 만에 30만 부를 인쇄했고, 아마존재팬에선 출간 이후 줄곧 베스트셀러 1위를 기록하고 있다. 기노쿠니야 서점에선 '1인당 1권만 판매한다'고 알렸다. '소설도 아닌 사회과학 계열 서적치고는 매우 이례적'(출판업계 관계자)이라는 평가다." 「윤설영의 일본 속으로: '혐한 비지니스'가 촉발한 『반일 종족주의』 신드롬」, 『중앙일보』 2019. 12. 2.

71 이덕일, 『우리 안의 식민사관』, 만권당, 2018.

작지 않았던 것이다. '민족주의에 의한 여성 억압'은 탈근대화론 이후 상당히 익숙한 명제가 되었는데, 이 명제가 소환되는 구도가 굳어지면서 자유주의자, 일반시민, 일부 여성주의자들이 『제국의 위안부』와 저자를 옹호하고 나섰다. 이 같은 혼란으로 지불된 것이 있었다. 이에 대해 재일 사학자 정영환은 『제국의 위안부』를 "식민지근대성론의 가장 극단적인 사용"[72]이라 지적한 바 있다.

『반일 종족주의』의 출간과 그 베스트셀러화도 이와 비슷한 계기를 (약하게) 갖고 있는 것으로 보인다. 즉 이는 한국사회 일각과 지식인사회의 우경화 정도만이 아니라 2000년대 이래 탈민족주의의 영향력이 어디까지인지 가늠해볼 하나의 사례로 생각해볼 만하다.[73]

그리고 이번 2019년 7~8월의 민족주의 열풍에 대한 반작용은 단지 '조중동'이나 이영훈 그룹처럼 이익집단화·극우화된 그룹의 경우만 있었던 것은 아니었다. 예컨대 2019년 8월 스탠포드대학의 "재미석학" 신기욱은 『동아일보』에 장문의 기고를 통해 문재인 정부와 "배타적 민족주의"를 맹비난했다.[74] 그는 기본적으로 한국의 민족감정이 "일종의 콤플렉스"거나 르상티망 (원한감정)이며, 반일감정이 "한민족의 순수 혈통을 강조하는 배타적 민족주의로 발전했고 분단시대를 거치며 더욱 공고해졌다"고 주장했다. 또한 식민지시대 이후에도 "한국인들의 '대일 리센티망'은 소멸하지 않"아 "현실적

72 한승동, 「박유하 VS 정영환, '위안부' 평가 두고 화상 격돌」, 『한겨레』 2016. 7. 3.
73 인터넷 서점인 YES24에서 2019년 12월 31일 현재에도 『반일 종족주의』는 역사 21위, 주간 국내도서 1위를 지키고 있으며 '회원 평점'이나 그 개수도 상당히 많다. 또한 인터넷 교보문고나 알라딘에서도 양상은 비슷하다. 사이트마다 500~600개씩 붙은 평점은 극단적으로 별 5개와 별 1개짜리로 '양극화' 되어 있다.
74 신기욱, 「재미석학 신기욱 "文정부 포퓰리즘 유혹 못 떨치면 경제 파탄, 극우정권 온다"」, 『동아닷컴』 2019. 1. 17.

으로 경제를 발전시키기 위해 일본과의 화해와 도움이 절실했지만 한국인들은 이를 심정적으로 받아들이기 어려"워 "한일협정을 '굴욕외교'로 판단"했다고 주장했다. 또한 "한국의 발전 모델을 제공한 것도 일본"이었는데 "한국인들은 아직도 정서적으로 이런 현실을 받아들이기 매우 어려워" 한다고 했다.[75] 한국 민족주의의 다차원성이나 중·일·미 사이에서의 복잡한 벡터를 전혀 이해하지 못하는 생각이다. 이는 논자가 70~80년대식 민중·민족주의에 대한 단편적인 인식을 갖고 사태를 재단하기 때문에 빚어진 호도이겠는데, 이런 점은 586세대 또는 문재인 정부에 대한 혐오와 분노의 감정에 입각해서 비판하는 데서도 드러난다.[76] 그에 따르면 "현재 한국사회에서 열린사회의 적은 우파 파시즘도 좌파 마르크시즘도 아닌 좌파 국수주의"이며, "현 집권층, 특히 과거 운동권 세력이 한국이 열린사회로 가는 데 걸림돌이 되고 있"다는 것이다.[77] 좌우의 개념부터 잘못돼 있지 않은가?

이 대목에서 신기욱이 『한국의 식민지 근대성—내재적 발전론과 식민지근대화론을 넘어서』(원제: *Colonial modernity in Korea*, 1999)의 공편자였다는 사실을 한번 기억해볼 필요가 있지 않을까? 2000년대 초반의 식민지근대화론과 식민지근대성론 등에 대한 논의는 단지 관련 학계에 한정되지 않는 영향을 미치고, 또 학계를 넘어 이데올로기적·정치적 논쟁과 결부되었다. 이는 한국 근현대사의 역사상 자체, 즉 민족/국가에 공유돼 있는 '메인플롯(중심서

---

75 신기욱, 「스탠퍼드 신기욱 "'국수주의적 포퓰리즘'에 부메랑 맞는다"」, 『동아닷컴』 2019. 8. 18.

76 신기욱, 「재미석학 신기욱 "文정부 포퓰리즘 유혹 못 떨치면 경제 파탄, 극우정권 온다"」, 『동아닷컴』 2019. 1. 17. 그는 문재인 정부가 펴는 "보편적 복지와 소득주도성장 등 친서민적 정책"이 "좌파적 포퓰리즘이라는 비판에서 자유롭지 못하다"고 주장하고 "정·관계뿐 아니라 기업과 사법부에 이르기까지 전방위적인 적폐 청산 드라이브가 지속돼 한국사회는 더욱 분열됐고 증오와 대립만 커지고 있다"고 진단한 바 있다.

77 신기욱, 「스탠퍼드 신기욱 "'국수주의적 포퓰리즘'에 부메랑 맞는다"」, 『동아닷컴』 2019. 8. 18.

사)'의 문제에 닿아 있기 때문이다.[78]

한국 민족주의가 단지 '상상된 것(imagined)'이 아니라 민중의 처절한 경험과 민족 부르주아지 기획의 합작품이듯, 탈민족주의도 단순한 사변이거나 혹자들이 누명을 씌우듯 제국적 지배의 논리에 침윤된 자유주의의 사조만은 아니다. 그 또한 구체적인 맥락과 다가성을 가진 가치다. 인권의식과 개인주의의 심화, 반(反)남성 중심주의, 반파시즘·국가주의, 그리고 한국인들이 실제 경험한 세계화와 다문화 상황의 본격화를 물질적 맥락으로 한 것이다. 즉 이는 '민주화 이후의 민주주의' 또는 '포스트 민주화'의 실제 사회 정세를 재현하고 전유한 논리이기도 했다. 그러나 우파적으로 전유된 탈민족주의는 식민지근대화론을 매개로 변종 반공주의와 국가주의에 접속했다. 이제 90년대 말이나 2000년대 초반을 풍미한 탈민족주의 논리의 매력은 시효가 벌써 만료된 듯하다. 당시에는 중국의 굴기나 일본의 우경화, 그리고 글로벌 자본주의의 모순을 심각하게 시야에 넣을 수 없었다. 중요한 것은 탈민족주의나 식민지근대화론, 그리고 탈근대론과 반국가주의를 내포한 식민지근대성론의 역사인식이 단지 학계나 지식인들의 것이 아니라 이제 대중의 세계상이나 역사인식의 복잡한 층을 이루고 있다는 점이다.

2) 노동/젠더와 민족

'진보 좌파'들은 위의 우익적 논리와 다른 견지에서 반일 민족주의에 반대하는 입장을 취하기도 했다. 그중에는 노동자 국제주의나 '한일 민중연대' 같은 이상을 주창·실천하자는 것도 있었고, 단순한 좌익적 환원론도 있

---

[78] 천정환, 「탈근대론과 한국 지식문화(1987~2016)—전개 과정과 계기들」, 『민족문학사연구소』 67, 2018. 8.

었다. 예컨대 사회진보연대는 "식민 지배는 법적 부당함이 아니라 자본주의적 야만으로서 부당한 것"이라 주장하고, 문재인 정부의 정세 분석과 선동은 "전형적인 포퓰리즘 정치"일 뿐이라고 단언했다. 또한 "반일 민족주의 장벽을 세우자는 청와대와 여당의 선동은 트럼프와 매우 닮았다"[79]는 주장도 폈다.

홍세화 등의 논객은 문재인 정부의 관제 민족주의를 비판하며 일본과의 대결이 지닌 환상적 효과를 비판했다.

> 지금 강남 한복판, 만 60살의 김용희 씨는 한 평도 안되는 철탑 위에서 60일 넘게 농성하고 있다. 노동조합을 결성하려다 삼성 재벌의 잔혹한 탄압으로 만신창이가 된 몸으로 마지막 사투를 벌이고 있다. 그가 소멸하도록 놔둔 채 일본 전범기업에 강제동원된 조선 노동자의 인권을 말하려는 것인가. 우리 자신부터 돌아보자.[80]

자유주의 정부에 의해 선동되는 반일 민족주의가 가난한 노동자·민중의 삶 자체와는 무관한 동원의 논리라는 비판이다. 타당한 면이 있으며, 동시에 계급(노동)과 민족의 대립이라는 매우 고전적인 논제를 떠올릴 수 있다. 그런데 식민주의 문제의 복잡성을 사상하면 안 되지 않을까? 앞에서도 말했듯 오늘날의 반일 민족주의 문제는 젠더, 경제, 민주주의 등과 얽힌 다층성을 가지고 있다. 민족과 계급의 이 고전적 논제의 21세기 버전은 어떻

---

79 한지원, 「반일 포퓰리즘의 국운을 건 도박」, 『매일노동뉴스』 2019. 8. 8(http://www.pssp.org/bbs/view.php?board=focus&nid=7871&page=1&fbclid=IwAR2hvfLgl0_Nu_3hIzizmm4bt-mhHJ2ebW3OcuDIE-Qp24GhItfhAM98wKE).

80 홍세화, 「관제 민족주의의 함정」, 『한겨레』 2019. 8. 8.

게 풀려야 할까? 한편 전 세계적으로 불안정노동과 노동분할이 극심해지고 '노동'의 지위는 갈수록 하락하지만 '노동계급 단결'의 조건과 환경은 매우 취약하다. 국경을 넘는 계급적 단결의 실제적 가능성이 어디 있을까?[81]

그래서 진보 좌파적 지향을 가진 논자나 단체들은 민족주의 열풍이 포함할 수밖에 없는 애국주의, 국수주의, 인종주의적 계기를 경계하며 한일 시민연대나 민중연대를 대안으로 주창했다.[82] '연대'의 이상은 아름다웠지만 그 실행·실천은 현실에서는 폭이 좁았다. 구두선이나 구체성 없는 슬로건에 그친 경우도 많았다. 와다 하루키의 말대로, 무엇보다 한일 양측 시민의 역사인식에 큰 차이가 있고,[83] 양국 인민이 연루된 핵심 이해관계에도 침해할 수 없는 문제가 있는 것이다. 이를테면 광범위한 양국 시민사회가 동참하는 '위안부' 문제의 해결이나 도쿄올림픽 반대 한일 녹색연대 같은 것은 현실적으로는 어려웠다.[84]

정치적으로 올바르고 계급적으로도 정당한 민족주의적 투쟁이 가능할까? '아베 타도', '일본 재무장 반대'와 함께 국수적 민족주의 반대, 한일 시민(민중)연대 등을 결합하는 실천이 가능할까? 실제 반일 보이콧 행동에 나

---

81 발리바르는 「세계시민주의와 국제주의─두 가지 모델, 두 가지 유산」에서 다음과 같이 말한다. "프롤레타리아 국제주의는 '현실 사회주의'(또는 당과 국가의 공산주의)가 가장 신속하게 파묻고, 20세기 역사에 걸쳐 가장 철저하게 왜곡시킨 맑스주의 전통의 측면인데, 현실 사회주의는 국제주의를 헤게모니적, 심지어 그 자체 (하위적인 방식의) 제국주의적 민족 정치에 봉사하게 만들었다. 이는 그 관념의 명예를 극도로 실추시켰다. 다른 한편에서 이 관념은 공산주의의 비극적 경험 후에도 경향적으로 살아남아 새로운 저항 운동들의 실천 안에서 해방의 희망을 품게 한다(데리다는 이것을 '맑스의 유령들'이라고 불렀고, '새로운 인터내셔널'이라는 관념과 명시적으로 결합시켰다)."

82 「한·일 시민단체 '반아베 공동전선'으로 연대한다」, 『한겨레』 2019. 8. 5; 「일본 시민단체 "경제보복, 비열한 행위… 한일 '반 아베' 연대 강화해야"」, 『한겨레』 2019. 8. 21.

83 「도쿄대 명예교수 "위안부 문제 해결, 공통된 이해 부재"─와다 하루키, 오늘 '동아시아 화해와…' 심포지엄서 발표」, 『아시아경제』 2019. 12. 21.

84 「일 와다 하루키 도쿄대 명예교수 "한·일, 도쿄올림픽 맞춰 '올림픽 휴전'"」, 『경향신문』 2019. 12. 1.

선 대중 중에는 '촛불'의 주요한 주체였던 조직 노동자들도 있었다. 예컨대 2019년 7월 전국택배연대노동조합은 유니클로 제품의 배송 거부를 선언하고 운동에 선도적으로 참여했다. "유니클로는 전범기인 욱일기를 디자인에 지속적으로 사용해온 대표적인 일본 기업"이라며 "[유니클로는] '한국의 일본 제품 불매운동 영향은 오래 가지 못할 것'이라고 하는 등 촛불로 아베의 경제보복을 태워버리기 위한 우리 국민들의 투쟁을 폄훼하고 있다"고 했다.[85] 소위 긱(gig) 경제체제가 들어서는 지금 택배노동조합은 중요한 위상을 지닌 노조로서, 이 동참은 조합을 알리는 데도 작지 않은 도움이 되었던 듯하다. 민주노총은 2016년부터 전국 곳곳에 강제징용 노동자상을 건립하는 등 "일제 강제동원 사죄 배상 촉구 운동 등 선배 노동자들의 역사를 기억하고 청산하기 위한 활동에 매진해 오고 있다." 또한 '문희상안'에 대한 반대 운동을 강하게 진행했다.[86]

민주노총은 오랫동안 국제연대 활동을 해왔다. 2019년 전국노동자대회에도 일본 노동자 단체와 '민주화' 시위 중인 홍콩 노총의 활동가가 초대되었다. 8월의 반일 보이콧 행동의 민감한 시기에도 일본 노총 젠로렌(全勞聯, 전국노동조합총연합회)과 공동행동에 나서기도 했다.[87] 분명 가치 있는 연대 행동이지만, 민주노총과 한국 노동계급이 '민족'의 문제에 독자적인 언어와 방침으로, 그리고 온전하고도 일관되게 개입해왔다고 평가하기는 쉽지 않다.

2018년 8월 11일 상암 월드컵경기장에서 민주노총과 북한의 조선직업

---

85 「노동 '일파만파' 퍼지는 반일행동, 노동현장에서도 확산」, 『민플러스』 2019. 7. 24.

86 「"문희상안은 '친일매국노법'… 입법 저지 투쟁할 것" 민주노총, 12일 용산역 강제징용노동자상 앞 규탄 기자회견 열어」, 『노동과세계』 2019. 12. 12(worknworld.kctu.org).

87 「보도자료: 일본 젠로렌 의장 초청 한일…」, 『민주노총』 2019. 8. 14(www.nodong.org).

총동맹이 주최하여 열린 '남북노동자 통일축구대회'와 그 이후의 작은 논란은 민족주의와 다른 차원의 민주주의가 가진 복잡하고 어려운 의미를 생각하게 한다. 이날 대회에서는 "우리 민족끼리", "조국 통일" 같은 구호가 끊임없이 울려 퍼졌는데, 그중 특히 민주노총과 조선직업총동맹이 낸 공동합의문의 표현이 문제가 되었다. "남과 북의 노동자들은 (…) 민족의 맏아들답게 겨레 앞에 지닌 자기의 위대한 사명과 임무를 다해 나갈 것"이라 했던 것이다. 이에 대해 김은주 전 민주노총 부위원장이 SNS에 "부끄럽고 창피해서 낯을 들 수가 없다"며 "어이상실이다 못해 웃음이 난다"고 비판하는 등,[88] 몰계급적일 뿐 아니라 여성노동자·이주노동자에 대한 차별을 내포한 구시대적 발상의 표현이라는 비판이 거세게 제기되었다. 그러자 민주노총은 정정공지를 내고 "성 평등하지 않고, 가부장적 위계를 함의하는 '맏아들'이라는 표현을 미처 확인하고 수정하지 못했"다면서 이 표현을 "민족의 대들보"로 정정하겠다고 했다.[89] '민족의 대들보'나 '민족의 맏아들'이나 별로 큰 차이는 없어 보인다.

한편 '위안부' 문제의 페미니즘적 해석 가능성은 2019년의 반일 민족주의 붐과 '젠더'를 대체로 대립하지 않게 만들었다.[90] 대일 보이콧 운동의 와중에 개봉된 다큐멘터리 영화 〈주전장〉, 〈김복동〉은 여성계에 의해 권장되는 영화였다. '문희상안'에 대한 반대에 이르기까지[91] 여성의 국제연대라는

88 「"민족의 맏아들답게…" 남북 노동계 합의문 문구 논란」, 『오마이뉴스』 2018. 8. 16.

89 김진영, 「"우리 민족끼리 만나야 통일이다"를 넘어서―한반도 평화를 위한 남한 노동자 운동의 과제」, 『오늘보다』 제45호, 2018. 10(http://todayboda.net/article/7666).

90 예컨대, 박주연, 「"미투"의 시초였던 '위안부' 할머니들은 지금… 15차 일본군 성노예제 문제 해결을 위한 아시아연대회의 열려」, 『일다』 2018. 3. 9(http://m.ildaro.com/a.html?uid=8147&sc=sc1).

91 박주연, 「피해자, 활동가, 연구자 입 모아 '문희상안 폐기하라'―국익을 명분으로 역사의식이라고는 없는 국회의장의 제안」, 『일다』 2019. 12. 9.

원칙과 반식민주의의 페미니즘적 계기는 '전선'을 유지할 수 있게 했다. 이는 오늘날 민주주의의 전선이 교차적이고 다차원적임을 보여주는 한 사례다.[92]

5. 민족주의를 넘어, 새로운 공동체를 꿈꾸며

한반도에서 민족주의는 다가적이며 비균형적인 상태로 유지될 것이다. 민족주의가 여전히 지배적인 동원의 담론으로 통용될 수 있는 상황, 즉 미국 패권주의와 분단의 효력이 지배하는 '절반의 주권국'으로서의 모순과, 반대로 상주 외국인이 200만 명을 넘고 한국인의 이동량도 유례없이 큰 다문화+글로벌 자본주의의 상황은 공존하기 때문일 것이다. 전자는 통일과 통합에 대한 상상을 계속 생산할 것이며, 후자는 계속 민족주의를 정치적으로 올바르지도 않고 '구린' 무엇인가로 만들 수밖에 없다. 서두에서 언급했던 대로 타자에 대한 배제와 동일성의 동원 기제로서의 민족주의의 위험은 사라지지 않는다.

그러하기에 쉽게 대중정치에 개재된 민족주의의 문제를 일차원적으로 규정하지 않는 것이 중요하다. 그것은 시민의 글로벌한 삶의 실상에도, 동아시아의 현실에도 맞지 않는다. 필요한 것은 반식민·탈식민의 새로운 평화정치이겠지만, 민족주의적이고 애국주의적인 운동에 동참하기 위해서도 이제는 단지 애국심이 아니라 이 공동체 자체의 (아리스토텔레스적) '좋음'에

---

92   이에 대한 상론은 이 책 1부의 「촛불항쟁 이후의 대중민주주의와 포퓰리즘 문제」를 참고하라.

대한 신념과 민주적 동의가 필요한 상황이다. 그리고 한국 지식계는 미국이나 일본을 경유하여 수용된 종래의 탈식민주의·탈민족주의를 갱신하고 새로운 공동체와 세계시민적 규범을 함께 논해야 하는 과제를 가지고 있다. 그 언어와 앎은 잘 개척되지 못하고 있다.

02

'역사전쟁'과 역사영화 전쟁
— 근·현대사 역사영화의 재현 체계와 수용 양상

1. 영화를 통한 문화투쟁·이념전쟁

3·1운동과 대한민국 임시정부 수립 100주년이 되는 해였던 2019년에도 '역사'를 둘러싼 한국사회의 진영 대립은 끊이지 않았다. 문재인 정부는 '100주년'과 일본과의 외교 마찰을 계기로 대대적인 반일 민족주의 붐을 기획했고, 그 지지자들은 이에 호응하며 반대 세력을 '토착 왜구'로 지목하고 공격했다.[01] 물론 이는 반작용을 불러왔다. 뉴라이트계의 『반일 민족주의』는 10만 부가 넘게 팔려 나갔다. 일본에서도 30만부 넘게 팔린 이례적인 책이 되었다 한다. 한국 안에서뿐 아니라 동아시아 '역사전쟁'[02]은 계속되고 있다.

2019년에도 많은 역사영화가 개봉되었다. 신년벽두에 일제 말기의 조선

---

01 「"토착왜구가 누군지 알려드립니다" 전우용 저격글」, 『국민일보』 2019. 3. 20.

02 '역사전쟁'은 물론 비유다. 학술적인 용어로 '역사 논란', '역사 논쟁' 정도가 더 적절할지 모른다. 그러나 사회적 갈등이 '논란', '논쟁'보다 강하다는 점에서 '역사전쟁'을 택했다. '역사전쟁'은 김정인, 『역사전쟁, 과거를 해석하는 싸움』(2016), 심용환, 『역사전쟁—권력은 왜 역사를 장악하려 하는가?』(2015) 등의 책 제목으로 쓰였다. 2004년 이후 '역사전쟁'의 전개 과정에 대한 최근의 정리로는 홍석률, 「역사전쟁을 성찰하며—정사(正史)·정통성(正統性)론의 함정」, 『역사비평』 128, 2019. 8 등을 참고.

어학회 사건을 소재로 한 〈말모이〉가, 3·1절을 앞두고 〈자전차왕 엄복동〉과 〈항거: 유관순 이야기〉가 개봉되었으며, 한창 반일 불매운동이 벌어지던 8월에는 광복절에 맞춰 〈봉오동 전투〉가 나와 흥행했다. 이 영화들은 물론 2019년의 정세에 어울리는(?) 나름의 '세계관'을 갖고 있었다. 한편으로 '나라를 빼앗겼어도 우리는 지지 않았다'라는 반일 저항투쟁과 승리의 서사를 계승하고, 다른 한편으로 "잘 알려진 인물이나 계몽적인 지도자보다 역사 속에 묻힌 이름 없는 사람들의 의로운 행동을 복원하고, 그들의 저항이 광복을 이끈 힘이었다는 이야기"를 새로이 더했다. 이는 1919년 3·1운동 이후 한국의 역사를 4·19혁명, 광주항쟁, 6월항쟁, 그리고 2016/17 촛불항쟁에 이르는 "'광장의 민주주의'와 연결하는 문화적 시도로 해석될 수"[03]도 있었다.

2019년의 영화들은 〈암살〉(2015)의 대성공 이후 나온 〈밀정〉(2016), 〈덕혜옹주〉(2017), 〈군함도〉(2017) 등 일제강점기를 배경으로 한 역사영화들을 이은 것이었다. 이 중 〈암살〉, 〈밀정〉은 당당 1,000만이 넘는 관객을 동원했고, 〈덕혜옹주〉, 〈군함도〉도 흥행에 실패했지만 대규모 자금과 마케팅으로 관객 독점을 시도했다. 가히 우리는 대중적 '역사전쟁'과 역사영화의 시대를 사는 것 아닌가? 그 문화정치적 맥락과 경과를 짚어보자.

보수 세력과 특권 동맹은 2007년 말의 정권 재장악 이래 쉼 없는 이념전쟁과 '문화투쟁'을 전개해왔는데, 한국 근현대사는 그 주요 소재가 되었다. 그래서 '역사전쟁'이라는 저널리스틱한 용어도 일반화되었다.

특히 문화계 블랙리스트 사건과 '최순실 게이트'를 통해 드러난 바, 아예 '문화(부)'를 대통령과 그 주변의 치부와 권력 유지, 확대의 도구로 노골적으로 도구화했다. 문화부 관료들이 마치 최순실의 수족처럼 이권에 개입하고,

---

03 이화진, 「3·1운동 100주년의 역사영화와 여성」, 『역사비평』 130, 2020. 2.

CJ 같은 독점적 문화 기업을 권력이 직접 탄압(?)·간섭했던 정황도 드러났다. 심지어 국정원이 직접 영화를 검열한 사례도 있다.[04] '이념전쟁' 또는 '문화투쟁'은 현재까지 대략 다음의 주요 범주로 진행되어온 듯하다.

- '종북몰이'
- 방송 및 미디어의 장악
- '역사전쟁'
- 언론 및 공연예술 등에 대한 검열

- 반노조, 반노동 정책
- 웹 공간의 장악 및 '일베화'
- 문화·예술장의 미시권력 장악

각각을 상론할 여유는 없지만, 이명박·박근혜 정권기의 이념전쟁 또는 문화투쟁의 특징적인 점 몇 가지를 지적하고 지나갈 필요는 있어 보인다. 이 글에서 다룰 역사영화와 그 수용도 같은 맥락 아래에 있기 때문이다.

우선 '종북몰이'와 반노조·반노동 선동은 해방 이후 지속되어온 지배 전략이지만 이 시대에 이르러 변형되고 한층 고도화되었다. 냉전이 종결되어 과거와 같은 식의 공산주의에 대한 공포가 완화 또는 해소되고 중국·러시아 같은 나라도 언제든 왕래할 수 있는 '글로벌' 신자유주의 시대가 열린 뒤에도, 이명박·박근혜 정권과 수구 세력은 북한과의 적대를 국내 정치에서 헤게모니를 확보하고 계급투쟁을 관리하는 수단으로 잘 사용할 수 있었다. 국가보안법체제와 내전의 기억을 가진 세대가 잔존하기 때문만은 아니었다. 북한이 여전히 가난하고 폐쇄적인 사회일 뿐 아니라, 김정일 사후 세계

---

04 이 글이 처음 써진 2016년 가을에는 블랙리스트 사건의 전모가 파악되지 않았다. 블랙리스트 사건은 역사전쟁의 일환이었으며, 노골적으로 영화는 물론 모든 문화예술장에 개입했다. 이 책 1부에 실린 「블랙리스트 사건의 문화사적 의미」와 블랙리스트 진상규명위원회가 발간한 백서를 참고하기 바란다. http://www.blacklist-free.kr/board/index.php?code=pds에 모두 공개돼 있다.

현대 정치사에서 유례를 찾기 어려운 3대 세습체제를 구축하고 핵·미사일 개발로 '남한 인민을 볼모로 삼는다'는 인식이 확산됨으로써, 북한에 대한 대중의 적개심·혐오도 높아져왔다.

분단체제와 반노조·반노동의 정책·이데올로기가 긴밀한 상호관계를 맺어왔다는 점은 남한 사회사에서 언제나 중요한 문제였는데, 오늘날의 신자유주의사회에서는 반노조·반노동 이데올로기의 새로운 버전이 작동하고 있다. '노동'은 고립되고 노동의 앎과 문화는 신분제사회의 그것처럼 천시되고 돌봐지지 않는다. 노동분업과 정신/육체노동의 위계는 더할 나위없이 극대화되고, 육체노동의 문화적·정신적 지위는 더 낮아졌다. 사회 전반의 양극화와 '노동 분할' 상황은 노동과 노동운동에 대한 혐오로 전이되었다. 노무현 정권 이래 지배 세력은 민주노총 등의 조직 노동운동을 지속적으로 공격해왔다. 상층 노동자계급에 대해서는 '귀족노조' 따위의 프레임으로, 노동자계급 전반의 불만이나 분노에 대해서는 능력주의나 자기책임주의를 통해 저항의 가능성을 무마해왔다.[05]

한편 2000년대 이후 웹 공간의 중요성을 뒤늦게 인식하게 된 우파와 '조중동' 등은 방송·미디어 장악과 웹 공간 우편향화를 주요 전략으로 채택했다. 이로 인해 방송·미디어와 사이버 공간은 새로운 투쟁과 갈등으로 아수라장이 되었다. 이명박·박근혜 정권 시기에는 공중파 방송국 등에 대한 인사 장악과 기자·PD 들의 대량해고, 미디어 관련법 날치기(2009)와 종편 출범

---

05 능력주의나 자기책임주의는 세계적인 신자유주의체제의 핵심 이데올로기로서, 신자유주의는 단지 경제 정책이 아니라 반공·반노조 전략을 주요 내용으로 하는 우파와 부르주아의 계급투쟁의 복합 전략과 유관하다. 관련된 논의로 데이비드 하비 지음, 황성원 옮김, 『자본의 17가지 모순』, 동녘, 2015; 셀리나 토드 지음, 서영표 옮김, 『민중—영국 노동계급의 사회사 1910~2010』, 클, 2016; 스티븐 J. 맥나미·로버트 K. 밀러 주니어 지음, 김현정 옮김, 『능력주의는 허구다』, 사이, 2015 등을 참조.

(2011) 등으로 한국의 공론장이 '민주화' 이래 최악의 상황에 빠졌다. 또한 보수정권과 특권 동맹은 사이버 공간의 개방성과 익명성을 악용하여 공공연한 조작과 왜곡을 감행했다. 2012년 대선에서 국정원과 국방부 등의 사이버 부대가 여론 조작을 획책했으며, 세월호 사건 등에서도 소위 '십알단'이나 '댓글부대'를 통한 여론 조작과 왜곡이 심각했다. 지금은 유튜브와 SNS를 주요한 매개로 '가짜 뉴스'를 양산하는 등의 미디어투쟁을 벌이고 있다.

환기할 것은 그들의 이념전쟁, 문화투쟁이 단지 권력과 이권을 위한 조작만이 아니라는 점이다. 이명박·박근혜의 문화 및 정보 기관은 시대의 정동과 시민성 자체를 왜곡하려 했다. 그들은 사이버 공간의 안팎에서 약자와 타자를 혐오하는 '일베형' 인간을 양성·조장하고 웹 공간을 혐오의 인식으로 물들인다. 한국사회는 보수 정권하에서 어느새 '혐오사회'가 되었다. 세월호 특별법 제정 과정에서 있었던 '폭식투쟁' 등과 세월호 유족에 대한 다양한 모욕을 통해 알 수 있듯, 혐오와 조롱이 심성과 문화의 주조처럼 되었다. 혐오와 조롱은 권력과 자본의 구체적인 도구이기도 하다. 이는 때로는 국회의원 등 정치인들의 망언으로 노골적으로 조장된다.

2016/17 촛불항쟁 초기, '최순실 게이트 정국'의 '2차 사과'(2016. 11. 4)에서 박근혜 스스로 말한 바 '문화융성' 정책은 "미래 성장 동력을 위한 국정과제"이며, 4대강사업으로 상징되는 이명박 정권의 토건 중심 정책과 차별성을 확장·선전하기 위한 '소프트 전략'으로도 정위되어왔다.[06] 문화부 등 문화 정책에 관련된 고위직의 장악 기도와 공연물·기획물 등에 대한 검열은 유인촌 장관 시절부터 상당히 교묘하고 뻔뻔하게 자행되어왔으나, 2016년

---

06   그 구체적 성격에 대해서는 이동연, 「박근혜 통치성과 이데올로기의 정치」; 허민, 「문화를 보호해야 한다—문화융성 시대의 문화적 위기들」, 『문화/과학』 77, 2014. 3 등을 참조.

잇달아 문화·예술계에 '블랙리스트' 1만 여 명이 있다는 사실이 폭로됐다.

　마지막으로 이명박·박근혜 정권하의 이념전쟁·문화전쟁은 2000년대에 여러 새로운 문화 현상을 야기하고 또 그 맥락이 되었다는 점도 지적하고 싶다. 예컨대 손석희 앵커와 JTBC의 활약이나 〈뉴스타파〉 같은 대안 언론과 자생적 팟캐스트·유튜브들의 생장은 이전에 없던 현상으로서, 단지 뉴미디어의 득세에 따른 현상인 것만이 아니라, '이명박근혜' 정권의 노골적인 문화 장악과 언론 조작에 대한 시민사회와 대중의 대응 과정에서 파생되었다고 봐야 할 것이다.

2. '역사전쟁'과 역사–영화–전쟁

1) '대한민국 이데올로기'

　이명박 정권 이래의 '역사전쟁' 또한 위에서 서술한 맥락 안에서 이해할 수 있다. 근·현대사에 관한 '역사전쟁'은 특히 뉴라이트나 『조선일보』로 대표되는 극우 기득권 이데올로그들에 의해 지속적으로 야기되어왔다. 소모적이고 냉전적인 이념 논란의 늪 속에 많은 역사학자와 학계가 끌려들어간 지 오래다. 그 구체적인 내용을 일일이 설명할 필요는 없다. 다만 2016년 온 나라를 논쟁과 혼란에 빠뜨린 '국정' 역사교과서가 그 정점에 있는 사안이며, 건국절 논란 등의 배면에 우파적 '대한민국 이데올로기'가 있었다는 점을 환기하고 싶다. '대한민국 이데올로기'는 21세기에 형성된 것으로 대한민국의 정통성과 '합법성'을 신봉하는 새로운 국가주의이자 민족주의다.[07]

07　천정환, 「'황우석 사태'의 대중 현상과 민족주의」, 『역사비평』 77, 2006. 11.

이는 우파적인 역사-서사의 주요한 내용을 구성하고 있지만, 문재인 정부 또한 이를 약간 다른 방식으로 전유하고 있다.

한국 역사학계는 대한민국 임시정부 법통론과 복잡한 관계를 맺어왔으며, 특히 진보적 역사학계는 임정 법통론과 거리를 두어왔다. 왜냐하면 "남북 분단 상황에서는 임정 법통론이 임정을 계승했다고 자임한 남한(대한민국)의 배타적 정통성을 주장하는 체제 경쟁의 논리로 작용하였"기 때문이다.[08] 남북 분단이 있어서는 안 될 역사적 비극이자 극복 가능한 잠정적 상태이며 남북 간의 대화·타협으로 통일을 이루는 것이 지상의 가치라면, 남북 양자는 '통일 민족국가'라는 궁극적인 목표에 비겨 한계가 있는 비완성·과정태의 근대국가로 인식된다. 이런 인식은 우리 학계나 시민사회에서 상당히 폭넓게 공유되어왔다.[09] 대한민국과 북조선은 각각 정통성·정당성을 배타적으로 주장해서는 안 되는데, 그것은 역사적 사실에도, 또한 미래의 민족적 대의에도 부합하지 않는다는 것이다.

그런데 이 같은 인식은 2000년대 이후 남한 사회 내부에서 두 방향으로부터 부정당하고 있다. 첫째, 대중의 인식이다. 대중은 남북 사이에서 중립적이지 않다. 대중적인 대한민국 이데올로기는 '민주화 이후' 한국사회의 변화와 성장뿐 아니라 1990년대 이후 북한 체제의 쇠퇴와 정당성 결여라는 현실에 대한 전유의 결과이다. 2000년대 초의 사회조사 결과에 의하면, 민족과 지리적 특수성보다 '대한민국 국민'이라는 정치공동체의 소속감이 한국인의 정체성(正體性)을 구성하는 핵심적 요인이 되고 있다. 즉 오늘날 남한 주민의 대다수는 남한과 북한이 현실적으로 별개의 독립적인 국가라고 인

---

08 이용기, 「임정 법통론의 신성화와 '대한민국 민족주의'」, 『역사비평』 128, 2019. 11. 더불어 이용기는 정통론·법통론 자체가 갖는 문제점을 지적하고 있다.

09 창비 그룹의 소위 이중과제론을 보라.

식하면서, 동시에 정통성을 지닌 '국가'는 대한민국뿐이라고 생각한다.[10] 남한은 통일 논의나 체제경쟁에서 완연한 우위를 점하게 되었(거나 그렇게 표상되고 있)을 뿐 아니라 '유일한' 정통 정체로 간주된다. 이는 한편으로 냉전의 종식과 세계화라는 새로운 국제 현실에 대한 대중적인 반응이다. 두 국가를 따로 생각하는 것도 상호 체제에 대한 인정이 아니라, 북한 체제에 대한 혐오와 거부, 또는 통일에 대한 공포와 혐오를 수반한 것이다.

둘째, 우파의 기획이다. 소위 '뉴라이트' 학자들과 『조선일보』 등의 언론이 대표적이다. 그들은 일제강점기의 역사뿐 아니라 이후 대한민국 정부 탄생 과정의 학살·전쟁 등 '어두운' 과거를 지우고 남한 지배체제의 정당성을 강변·강요하기 위해 대한민국 이데올로기를 유포해왔다. 이는 정사(正史)·정통론을 추구하지만 기실 반공주의, 국가주의, 발전주의 이데올로기를 수반한다.[11]

과거를 한번 돌아보자. 민주정부 자체는 물론 그 10년 동안 진행된 '과거사 청산'작업(의문사진상규명위원회, 진실과화해를위한과거사정리위원회, 친일반민족행위 진상규명위원회 등)은 특권 동맹과 우파에게 위기감을 조성했다. 그 즈음 등장한 뉴라이트는 기존 역사학계의 관점을 '자학사관' 운운하며 공격하고, 대한민국이 건국 이후 공산주의와 싸우며 자유민주주의를 이룩하고 경제 발전과 민주화를 동시에 이뤄냈다고 정당화하려 했다. 특히 뉴라이트는

---

10 강원택 교수의 조사 결과에 의해 『중앙일보』에 보도된 내용이다. 기사에 의하면 한국인은 자신을 한민족(64%)보다 한국 국민(77%)에 더 가까운 것으로 느끼고 있다. 또한 남한과 북한이 현실적으로 별개의 독립적인 국가라 생각하는 사람이 78%였다. 이에 대해 강원택은 "남한만의 민족국가적 정체성이 형성된 것"이라며 이를 '대한민국 민족주의'라 지칭했다. 강원택 등, 「한국인은 누구인가—창간 40주년 기념 특집 여론조사」, 『중앙일보』 2005. 10. 13.

11 최근 이에 대한 비판적 논의로 홍석률, 「역사전쟁을 성찰하며—정사(正史)·정통성(正統性) 론의 함정」, 『역사비평』 128, 2019. 8; 임종명, 「건국절 제정론과 비(非)·몰(沒)·반(反)역사성—1948년 8월 직후 대한민국의 자유민주주의성을 중심으로」, 『역사비평』 128, 2019. 8 참조.

2005년 '교과서포럼'을 결성하고 본격적으로 역사전쟁에 나섰다. 2013년 그 계통의 학자가 주도해서 만든 허름한 교학사 역사교과서가 나오고 정권이 이를 검정에 통과시키며 역사전쟁의 당사자로 나서자, '전쟁'은 전 사회 영역으로 번져갔다.[12] 이 '전쟁'은 '박정희의 딸'이 정권을 맡자 더 심각해졌다. 일제시대 이래 박정희 개인의 행적과 박정희 집권 시기의 온갖 부정적 유산은 '과거사 청산'의 대상으로 주목되어왔지 않은가? 뉴라이트 역사관을 주입(?) 받은 박근혜는 국정 교과서를 추진하는 한편 느닷없고 비현실적인 통일대박론, 북한붕괴론 따위를 유포했다. 이는 특히 승공·멸공의 이데올로기로써 '대한민국 이데올로기'를 강화했다.

2) 역사영화 전쟁의 경과

영화가 대중의 망탈리테에 큰 영향을 끼치고 있다는 것을 뒤늦게 안, 그리고 한국 영화판이 봉준호·박찬욱·이창동 감독 같은 '좌빨(?)'들에 의해 움직이고 있다는 것을 깨달은 우파·기득권 세력은 영화판에 적극 개입하기 시작했다. 〈공동경비구역 JSA〉, 〈웰컴 투 동막골〉 같은 2000년대의 흥행작들이 김대중·노무현 정권 시기의 사회 변화와 남북화해와 통일에 대한 대중의 희망을 맥락으로 했다는 사실도 우파에게는 큰 충격이었던 모양이다.

1부의 「블랙리스트 사건의 문화사적 의미」에서도 다루었지만, 2008년 8월 청와대 기획관리비서관실이 작성한 악명 높은 「문화권력 균형화 전략」이라는 문건이 있다. 이에 의하면 "문화를 국민의식개조 및 정권유지를 위한 선전·선동의 수단으로 생각하는 좌파"들이 "대중이 쉽게 접하고 무의식중에 좌파 메시지에 동조하게 만드는 좋은 수단인 영화를 중심으로 국민의

---

12 김정인, 앞의 책 참조.

식 좌경화(를) 추진"하였다고 한다. 그들이 "반미 및 정부의 무능을 부각시킨 〈괴물〉, 북한을 동지로 묘사한 〈JSA〉, 국가권력의 몰인정성을 비판한 〈효자동 이발사〉 등을 지속적으로 제작·배급"[13]했다는 것이다.

이 문건에 나타난 우리 사회 이념 지형과 문화예술에 대한 인식은 흥미롭고도 심각하다. 무엇보다 우선 이들에게는 세상이 딱 둘로 나뉘어 있다. '좌파'와 '우파'로. 영화에도 '좌파 영화'와 '우파 영화'가 있다. "작품성과 상업성을 두루 갖춘 우파 영화가 영화 시장을 주도하도록" 하자고 한다. 큰 목표는 '좌파'를 척결하고, 궁극적으로 "좌파를 대신할 건전한 우파의 구심점을 신진 세력 중심으로 조직화"하고, "의도적으로 자금을 우파 쪽으로만 배정하고 체계적으로 관리하여 문화예술인 전반이 우파로 전향하도록 추진"한다는 것이다.[14] 「문화권력 균형화 전략」의 또 다른 수단은 '문화펀드'의 조성이었다. 이명박 정권하의 영화진흥위원회는 1천억 원(15편 규모) 정도의 펀드를 조성하고 SKT 같은 대기업과 함께 6·25 전쟁영웅에 관한 영화 제작 계획을 세우기도 했다. '우파 영화'를 만들고 싶었던 것이다.

이런 인식과 행동양식은 박근혜 정권에서도 이어져, 청와대 민정비서실은 2013년 3월 「문화예술계 건전화로 '문화융성' 기반 정비」라는 문건을 작성했다. 박근혜 정권은 더 적극적으로 영화를 검열하고 영화 제작과 유통에 개입했다. 박근혜는 특히 〈광해〉(2012), 〈변호인〉(2013) 같은 영화를 싫어했는지, 이를 제작한 CJ그룹에 직접 압력을 행사해서 이미경 부회장을 물러나게 했다.[15]

---

13 청와대 기획관리비서관실, 「문화권력 균형화 전략」, 2008. 3, 1~2쪽.

14 위의 글.

15 「CJ가 박근혜 '눈 밖에 난' 3가지 이유… 'SNL·광해·변호인'」, 『연합뉴스』 2017. 3. 28; 「"박근혜가 CJ 이미경이 물러났으면 좋겠다고 했다"」, 『시사IN』 540, 2018. 1. 22(https://www.sisain.co.kr/

적극적인 개입의 효과는 컸다. 2000년대 후반부터 다양한 사극과 역사 영화들이 진영 논리에 의해 구분되어 평가·수용되기 시작했다. '좌파 영화', '우파 영화', 또는 '야당 영화', '여당 영화'라는 말까지 생겨났다. 사이버 공간에서 영화 진영 투쟁에 본격적인 불을 붙인 것은 〈26년〉, 〈남영동 1985〉 등이었고, 노무현 대통령 전기 영화인 〈변호인〉도 폭발적인 기폭제가 됐다.

'영화를 통한 역사전쟁', 즉 역사영화 전쟁은 자못 심각했다. 대통령을 위시한 여야 정치인들의 '떼거리식' 영화 관람이나 네이버 등에서의 평점 조작(테러)이 상례화되었다. 〈국제시장〉, 〈인천상륙작전〉의 관람에 학생이나 군인들이 단체 동원되기도 하고, CJ나 롯데 등 재벌 배급사의 스크린 몰아주기 같은 공공연한 '흥행 조작'도 기도되기에 이르렀다.

특히 2016년 10월에 개봉된 영화 〈인천상륙작전〉을 둘러싼 우파와 정권의 행태는 거의 횡포에 가까웠다. 이 영화에 대한 긍정적인 평을 보도하라는 상부의 지시를 거부한 KBS 기자들에게 징계가 내려졌다.[16] 『중앙일보』에 따르면 역대 대통령 중에서도 "영화 관람을 통해 가장 뚜렷한 정치적 메시지를 전달한 이는" 단연 박근혜였다. 〈인천상륙작전〉 관람 후 박근혜는 "북한의 도발에 단호하고 강력하게 응징하라"는 지시를 내리는 등 '안보통치'를 강화했다고 한다.[17] 코미디 아닌가?

요컨대 그들 박근혜 일당이 벌인 이념전쟁·역사전쟁과 문화판·영화에 대한 개입을 후경으로 하면서, 역사영화 붐도 있었던 것이다. 물론 이 붐은 단지 보수·수구 정권 치하의 수동적인 대중문화 현상만은 아니었다. 그것은 2000년대 이후의 새로운 동아시아 정세에 대한 한국 대중의 민족주의 발

---

news/articleView.html?idxno=31066).

16 「인천상륙작전 보도 지시 거부, KBS 기자들 징계 '확정'」, 『미디어오늘』 2016. 10. 21.

17 「문재인은 '국제시장' 안철수는 '내부자들', 영화관람의 정치학」, 『중앙일보』 2016. 10. 5.

로로서의 의미도 지니고 있었고, 이명박·박근혜 정권하의 정치적 무의식을 담은 영화들을 계승했다. 또 한편 12·28 '위안부' 합의로 상징되는 한국 기득권 세력과 박 정권의 '새로운 굴욕'에 대한 분노, 그리고 여성 재현의 새로운 차원도 관계되어 있었다.[18]

영화는 수많은 기억들을 마름질하여 그것을 이해와 공감에 가장 효과적인 방식이라고 증명된 '스토리텔링'으로 제시하는 가장 강력한 매체다. 영화는 시대를 환기하는 시각적 이미지들을 제작·배치하고, 청각적 자극을 통해 기억을 정서적으로 고양시키는 강력한 정동의 장치다. 게다가 영화관이라는 공공의 공간에서 집단적 감상이 이루어지는 수용적 특징으로 인해,

---

18 이에 관해 손희정, 「21세기 한국 영화와 네이션」 중앙대학교 박사학위논문, 2014; 황호덕, 「후기식민 70년, 피식민주체의 기억과 표상—'헬조선'의 계보와 쾌락장치로서의 민족서사」, 『황해문화』 88, 2015. 9 등을 참조.

영화 관람은 단순한 문화 체험이 아니라 사회·정치적 현상이 된다.[19] 이러한 영화-스토리텔링-기억의 관계를 살피기에 역사영화만큼 잘 들어맞는 장르는 없을 것이다.

3절에서는 오늘날 한국 역사영화의 개념과 수용 체계에 대해 논의하고 4절에서는 역사영화의 사회적 역능과 소비 방식을 살펴볼 것이다. 5, 6절에서는 최근 개봉된 근현대사 영화 몇 편을 중심으로 역사영화의 이데올로기가 현실에서 작동하는 방식을 살피려 한다.

3. 역사영화의 개념과 수용 체계

1) 개념 확장의 필요

'역사영화'의 개념과 범주를 획정하는 것은 쉽지 않다. 우선 '한국사의 실존 인물을 주요 등장인물로 삼고 실제 사건을 배경 또는 소재로 하여, 역사적 과거에 대한 해석뿐 아니라 현재의 정치·사회에 대한 해석을 제공하는 영화'를 역사영화로 규정해보자. 즉 사실(史實)과 현재성(정치성)이 중요한 요건이다. 그러나 이 정의와 요건 하나하나가 깊은 논쟁거리가 될 수 있다. 우선 '실존 인물', '실제 사건'이라 했으나 알다시피 역사영화에는 가공·창조된 인물들이—실존 인물들과 함께—무수히 등장한다. 역사상의 '실제'와 '실존'의 개념 자체가 토론거리일 수도 있다.

실제 사례를 들면 이 같은 범주화·개념화는 더 어렵다. 〈광해〉는 역사에 기록된 바 없는 사건과 인물(만담꾼 하선)을 내세웠지만 좋은 역사영화로

---

19   김지미, 「국가와 아버지—자수성가에 대한 두 개의 판타지」, 『황해문화』, 91, 2016. 6, 56쪽.

대접 받고 흥행에도 크게 성공했다. 대한제국의 국새가 가짜였다는 설정하에 진짜 국새를 찾는다는 줄거리의 영화 〈한반도〉는 있지 않은 사건을 다룬 '가상역사'물이지만 남북화해에 관한 제작 당시의 강한 해석을 담고 있다. 조선 초기를 다룬 〈해적〉도 당시의 정치사에 대한 상상력을 담고 있어서 역사영화라 볼 수 있다. 전 성균관대 교수의 판사에 대한 '석궁 테러' 사건을 토대로 제작된 〈부러진 화살〉(2012) 같은 영화는 어떤가? 현재에 가까운 과거를 다루고 있지만 실존 인물과 실화를 소재로 했고 '정치적으로' 수용됐으나 '현대사'에 대한 해석이 담겨 있다고 보지는 않는다.

　일제강점기를 시대 배경으로 한 박찬욱 감독의 〈아가씨〉(2016)도 역사영화로 간주될 수 있을까? 이 탁월하고 탐미적인 영화는 레즈비언 페미니즘에 기반한 서사로써 그 적대적 축인 남성(성)을 묘사하며 식민지성과 연관시켰다. 영화에는 이제껏 만들어진 한국의 어떤 영화나 소설에서도 보지 못

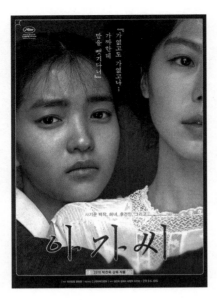

했던 여성과 '식민지'에 대한 독특한 (역사적) 상상력도 표현된다. 이는 영국을 배경으로 한 유명한 원작 소설의 서사를 변용하는 과정에서 나타난 것으로 볼 수도 있겠지만, 영화에서 그린 여성이나 '식민지성'은 공식 역사는 물론 통용되는 '대문자 역사-서사'에 거의 나타나지 않는 것이었다. 그러하기에 〈아가씨〉에서의 '역사'란 매우 미묘하고 모호하게 느껴진다. 〈아가씨〉는 '역사영화'에 포함될 수 있을까? 긍정하기 쉽진 않다.

그럼에도 이 사례를 통해 생각할 것은 '역사영화'의 '역사'에 대한 '확장적 사유'가 필요하다는 점이다. 반복컨대 역사영화는 역사의 제 국면에 대한 해석과 사관을 담아낸 일종의 정치영화다. 그런데 '역사'를 둘러싼 정치성과 논쟁이란 대개 통념적이고 헤게모니적인 역사-서사 내부의 문제다. 즉 '역사'란 '남성' '대문자 역사'를 의미하며, 현재성·정치성도 그 안에서만 사고된다. 이제껏 기술되지 않았거나 '역사'로 등재되지 않았던 역사-서사, 예컨대 성적 소수자의 역사, 장애인이나 이주민의 역사, 또는 노동자 투쟁이나 도시빈민·농민 반란 등을 다룬다면 어떤가? 그러니까 아직 우리의 역사영화와 영화계의 역사적 상상력의 폭은 무척 좁다는 것을 알 수 있다.

〈말모이〉, 〈봉오동 전투〉, 〈군함도〉 같은 영화는 '이름 없는 인물'들의 항일 투쟁을 다뤘다고 하지만, 그래도 그 서사는 '인민해방' 같은 데가 아니라 '네이션'에 귀착한다. 아직까지 거의 대부분의 한국 역사영화는 여전히 국가와 민족의 구심력 안에서만 구성돼 있다고 단언해도 된다. 이는 물론 영화의 문제만이 아니라 한국의 역사교육과 역사—서사의 지배적 양식에도 적용되는 문제다.

2) 역사적 진실과 '사실에 충실할 의무'

사실(史實)의 영화화[20] 문제도 복잡하다. 이는 오래된 역사소설·역사영화 등의 문제와 함께 역사 서술에 관한 근본 문제를 소환한다. 1990년대 이후 한국에서도 '포스트모던'(이라 간주된) 이론들이 득세하면서 '실증주의'(라 지목된 것들)가 강하게 공격 받고, '역사 또한 서술된 것'일 뿐이라는 명제가 다각도로 강하게 옹호되었다. 이를 배경으로 다기한 역사적 상상력의 산물과 팩션 등에 역사 해석의 '자유'를 부여할 것이 제안되었다.[21] 이는 '공식 역사' 나 지배권력의 기억 독점을 비판할 때는 매우 효과적인 힘을 발휘한다. 역사영화나 역사소설(나아가 2000년대의 팩션)에 대해 '사실(史實)과 다르다'는 말만 반복할 뿐, 역사적 상상력의 문제나 '기억', '재현(표상)' 등의 범주를 이해하지 못했던 과거 역사학계의 몰이해가 이런 입장을 더 강화시켜온 듯하다.

고루한 실증사가의 입장에 서지 않고 또한 '해체(주의)'를 피하면서 역사소설과 역사영화를, 또 그 역사적 상상력을 비판·비평할 수 있을까? 허구 창작물이 사실에 근거하지 않아도 된다거나 '영화는 영화일 뿐'이라는 식으로 손쉽게 '상상력'이나 자의적 해석 모두를 무한정 옹호할 수는 없다. 만약 김구와 임시정부를 IS와 비슷한 비인간적이고 패륜적인 범죄 조직으로 묘

---

20 '소설화, 허구화'라 말해도 되며, 따라서 '허구로서의' 문학의 문제도 이와 비슷하게 다뤄질 수 있다.
21 김기봉, 『팩션시대 영화와 역사를 중매하다』, 프로네시스, 2006; 정여울, 「팩션 공화국에서 역사소설 읽기」, 천정환·소영현·임태훈 외, 『문학사 이후의 문학사』, 푸른역사, 2013 등의 논의를 참조.

사하는 영화가 있다면 어떤가? 또는 나치의 유대인 학살을 유대인들이 조작한 것으로 그리는 영화는 어떤가? 실례를 들어보자. 박정희를 20대 여대생·연예인을 밝히는 변태 영감으로 묘사한 〈그때 그 사람들〉은 어떤가? 그에 대한 박정희 아들의 상영금지 가처분 소송은 어떤가? 드라마 〈바람의 화원〉에서 조선 후기의 화가 신윤복이 남장 여성이었다는 설정 같은 것은 어떤가? 임권택의 영화 〈태백산맥〉에 대한 우익의 고소 고발은 어떤가?

역사 자체가 기억투쟁의 대상이며 역사소설과 영화는 대중적 기억투쟁의 치열한 전장이다.[22] 그래서 역사의 허구화는 두 가지 '사회적' 책무를 '내재적'으로 지닌다. 첫째는 무엇이 '역사적 진실'인가 하는 문제이며, 둘째는 '가급적 사실에 충실할 의무'다. 각각은 차원이 다르지만 다 중요하다고 생각한다.

이런 관점에 의해서만 역사소설과 역사영화에 대한, 또 그 역사적 상상력에 대한 비판·비평이 가능해진다. 그것은 생산과 수용의 사회적 맥락에 의해 성립할 수 있고 또 수행되어야만 한다. 오늘날 관객에게 이런 관점은 이미 영향을 미치고 있다. 〈고산자〉, 〈덕혜옹주〉, 〈군함도〉 등의 흥행 성적에는 역사 왜곡 문제가 작지 않게 작용했다. 그리고 영화 작가와 제작사들도 나름 이에 대해 책임을 지려 하고, 또 지고 있다.

이런 견지에서 보면 〈덕혜옹주〉는 가장 무책임한(?) 사례의 하나였다. 이 영화는 아예 있지도 않은 일(덕혜옹주의 독립운동 가담)을 영화 전체의 서사적 '중핵(kernel)'으로 삼으면서도, 다른 서사적 장치들은 실제 사실을 환기하는 것으로 사용했다. 이를테면 가장 중요한 인물의 이름으로 '식혜옹주'나 '망친왕'이 아니라 '덕혜'나 '영친왕' 같은 사실(史實)의 기호를 사용했다. 말할

---

22 물론 그 전장에서의 싸움이 역사교과서 문제 같은 싸움과 성격이 같지는 않다.

나위 없이 이 기호들은 영화의 이야기를 '실제 있었던 사실'로 간주하게 하며, 전체 서사를 지지하고 또 보족한다. 묘사되는 허구의 사건과 영화 전체의 '사실효과(reality effect)'를 결정적으로 높이는 것이다. 그리고 그런 장치들은 영화의 역사 해석뿐 아니라, 현실 자체에 대해서도 매우 큰 효과를 발휘할 수 있다. 없는 사실과 있었던 실제를 뒤섞는 일은 일종의 '반칙'인가? 사실 그런 일을 하지 않는 영화나 소설은 없다. 그러하기에 해당 요소가 서사 전체에서 수행하는 기능과 맥락이 문제다.

수용자-관객도 이중적인 태도를 가진다. 즉, 우리는 어떤 허구가 사실을 지시하지 않거나 '사실적'이지 않으면 아예 영화를 보러 가지 않거나 몰입하지 못하여 감명을 받지 않는다. 그리고 허구이며 개연성이 낮은 것인 줄 알고 볼 때도 막상 영화를 보며 허구를 수용할 때는 그것이 (일시적으로나마) 사실적이라고 느끼며 본다.

작가나 감독은 '사실 효과'를 노려 (영화 속에서나마) 사실이었다고 믿게 만들면서도, '사실'과 거리를 두어 정치적 부담이나 논란을 비껴 가려는 경우도 있다. 박정희의 아들은 10·26을 다룬 영화 〈그때 그 사람들〉에 대해 상영금지 가처분조치 등의 소송을 한 바 있다. 얼마 전 개봉된 〈남산의 부장들〉은 중앙정보부장뿐 아니라 모든 인물의 이름을 가공했다. 단지 법적인 문제를 피하기 위해서만은 아니었을 것이다. 〈덕혜옹주〉의 감독은 인터뷰나 타이틀 자막을 통해 다른 역사영화에 비해 강하게 이 영화의 이야기가 '사실이 아님'을 강조해야 했다.[23] 그러나 그러면서도 역사적 진실과 사실 자체에도 별로 충실하지 않았기에 이 영화는 악평을 받았다. 요컨대 창작가들에게는 표현과 상상력의 자유가, 수용자인 우리에게는 비평·비판의 자유가 있다. 그러나 상상력과 표현의 자유는 맥락적인 것이며 여기에 '무한 면책' 따위는 존재하지 않는다. 물론 수용자의 비평·비판에도 '무책임'이 원리가 될수 없다.

4. 역사영화의 사회적 역능

1) 역사영화의 소구력과 정치적·계몽적 기능

역사영화의 대중 소구력과 인기는 〈표 6-1〉과 〈표 6-2〉에 잘 드러나 있다. 두 표는 영화진흥위원회 KOFIC 영화관 입장권 통합전산망(http://www.kobis.or.kr/)에서 추출한 자료(2016년)를 가공한 것이다.[24]

---

23 「인터뷰: 허진호 감독, '덕혜옹주' 역사왜곡 논란에 답하다」, 『세계일보』 2016. 8. 15 등 참조.

24 〈표 6-1〉, 〈표 6-2〉는 각각 2016년 10월 31일의 자료이다. 〈표 6-2〉에서 '내용'과 '시대배경'은 필자가 만들어 첨가한 것으로 오늘날 역사학의 일반적 시대구분과 비슷하게 조선시대, 일제

<표 6-1> 역대 한국영화 박스오피스 상위 40위(2016년 10월 31일)

순위	영화명	개봉일	매출액	관객수	스크린수	상영횟수	배급사
1	명량	2014-07-30	135,753,322,310	17,615,057	1,587	188,656	씨제이이앤엠(주)
2	국제시장	2014-12-17	110,933,990,730	14,262,199	1,044	212,668	씨제이이앤엠(주)
3	베테랑	2015-08-05	105,169,264,250	13,414,200	1,115	199,240	씨제이이앤엠(주)
4	도둑들	2012-07-25	93,667,250,500	12,983,841	1,091	155,409	(주)쇼박스
5	7번방의 선물	2013-01-23	91,431,950,670	12,811,213	866	166,817	(주)넥스트엔터테인먼트월드(NEW)
6	암살	2015-07-22	98,464,218,781	12,705,899	1,519	175,192	(주)쇼박스
7	광해, 왕이 된 남자	2012-09-13	88,909,157,769	12,323,555	1,001	203,442	씨제이이앤엠(주)
8	부산행	2016-07-20	93,177,726,048	11,565,386	1,788	151,303	(주)넥스트엔터테인먼트월드(NEW)
9	변호인	2013-12-18	82,872,264,800	11,374,861	925	152,276	(주)넥스트엔터테인먼트월드(NEW)
10	해운대	2009-07-22	81,025,734,000	11,324,545	764	154,278	씨제이엔터테인먼트
11	괴물	2006-07-27	66,716,104,300	10,917,221	647	113,101	(주)쇼박스
12	왕의 남자	2005-12-29	66,015,436,400	10,513,715	313	111,176	(주)시네마서비스
13	검사외전	2016-02-03	77,316,248,964	9,706,696	1,812	153,507	(주)쇼박스
14	설국열차	2013-08-01	67,012,235,200	9,350,323	1,128	124,859	씨제이이앤엠(주)
15	관상	2013-09-11	66,009,791,500	9,135,802	1,240	125,105	(주)쇼박스
16	해적: 바다로 간 산적	2014-08-06	66,372,140,706	8,666,208	910	133,354	롯데쇼핑·롯데엔터테인먼트
17	수상한 그녀	2014-01-22	62,712,072,849	8,659,098	1,027	136,986	씨제이이앤엠(주)
18	과속스캔들	2008-12-03	53,801,341,400	8,223,342	408	145,556	롯데쇼핑·롯데엔터테인먼트
19	국가대표	2009-07-29	57,570,773,000	8,035,181	570	131,671	(주)쇼박스
20	디워	2007-08-01	49,340,084,700	7,855,474	622	96,439	(주)쇼박스
21	히말라야	2015-12-16	60,174,732,015	7,759,659	1,095	142,706	씨제이이앤엠(주)
22	밀정	2016-09-07	61,266,764,831	7,499,753	1,444	138,116	워너브러더스 코리아(주)

강점기(근대), 현대로 단순화해서 시공간을 다뤘다. '현대'는 1945년부터 현재까지를 의미한다. 통상 역사학계에서 '근대'는 개항부터 해방 이전까지, 대한제국기와 일제강점기를 포함하는 시대구분인데, 일제강점기 이외의 개항기나 대한제국기를 본격적으로 다루는 영화가 거의 없기 때문에 '일제강점기'를 택했다.

23	최종병기 활	2011-08-10	55,827,861,500	7,470,633	615	130,054	롯데쇼핑·롯데엔터테인먼트
24	써니	2011-05-04	54,037,760,700	7,363,010	546	149,153	씨제이이앤엠(주)
25	베를린	2013-01-30	52,356,646,637	7,166,473	894	111,752	씨제이이앤엠(주)
26	터널	2016-08-10	57,529,477,417	7,120,507	1,105	113,193	(주)쇼박스
27	내부자들	2015-11-19	56,598,279,057	7,072,057	1,129	152,628	(주)쇼박스
28	인천상륙작전	2016-07-27	55,091,559,303	7,047,644	1,049	97,007	씨제이이앤엠(주)
29	은밀하게 위대하게	2013-06-05	48,700,887,413	6,959,083	1,341	117,461	(주)쇼박스
30	곡성	2016-05-12	55,863,520,382	6,879,908	1,485	130,322	이십세기폭스코리아(주)
31	화려한 휴가	2007-07-25	44,098,824,600	6,855,433	551	96,536	씨제이엔터테인먼트
32	좋은 놈, 나쁜 놈, 이상한 놈	2008-07-17	43,755,789,000	6,686,054	824	93,584	씨제이엔터테인먼트
33	늑대소년	2012-10-31	46,594,767,400	6,655,061	854	109,164	씨제이이앤엠(주)
34	웰컴 투 동막골	2005-08-04	40,329,355,500	6,436,900	356	72,129	(주)쇼박스
35	사도	2015-09-16	48,844,889,501	6,247,166	1,210	124,251	(주)쇼박스
36	아저씨	2010-08-04	47,103,385,500	6,178,569	501	109,881	씨제이엔터테인먼트
37	미녀는 괴로워	2006-12-14	36,292,848,900	6,081,480	418	87,141	(주)쇼박스
38	전우치	2009-12-23	44,093,407,200	6,065,474	612	102,357	씨제이엔터테인먼트
39	연평해전	2015-06-24	45,566,111,330	6,044,688	1,013	114,479	(주)넥스트엔터테인먼트월드(NEW)
40	타짜	2006-09-28	36,182,617,500	5,685,715	492	76,887	씨제이엔터테인먼트

표를 통해 우선 다음과 같은 표면적 사실부터 확인하고 가자. 첫째, 흥행 순위 100대 국산 대중영화 중 1/3에 해당하는 32편이 역사영화의 범주에 속한다. 그 전체가 2000년대 이후 제작된 것이고, 상당수는 이명박·박근혜 정권 시기에 발표된 것이다. 물론 이는 2000년대 이후 영화 수용의 구조가 변하고, 소위 '천만 영화'가 늘어난 것과 관련이 있다. 둘째, 100대 국산 대중영화 중 특히 우파적 역사인식을 담고 있거나 냉전적 현실 인식을 표현한 영화들은 이명박·박근혜 정권 시기에 제작된 것이다. 〈인천상륙작전〉, 〈연평

순위	제목	개봉일	시대 배경	내용·소재
1	명량	2014-07-30	조선시대	임진왜란, 이순신
2	국제시장	2014-12-17	현대	분단·한국전쟁, 근대화
6	암살	2015-07-22	일제강점기	의열단, 항일무장투쟁
7	광해, 왕이 된 남자	2012-09-13	조선시대	광해군 시기 사회사, 불평등 문제
9	변호인	2013-12-18	현대	노무현, 민주화운동, 인권
12	왕의 남자	2005-12-29	조선시대	연산군, 광대
15	관상	2013-09-11	조선시대	계유정난
16	해적: 바다로 간 산적	2014-08-06	조선시대	조선 건국
22	밀정	2016-09-07	일제강점기	의열단 투쟁, 친일파 문제
23	최종병기 활	2011-08-10	조선시대	병자호란
28	인천상륙작전	2016-07-27	현대	한국전쟁, 정보전
31	화려한 휴가	2007-07-25	현대	광주민중항쟁
34	웰컴 투 동막골	2005-08-04	현대	한국전쟁
35	사도	2015-09-16	조선시대	임오화변
39	연평해전	2015-06-24	현대	NLL 갈등
43	덕혜옹주	2016-08-03	일제강점기	조선 왕실
52	바람과 함께 사라지다	2012-08-08	조선시대	양반의 부패
54	조선명탐정 : 각시투구꽃의 비밀	2011-01-27	조선시대	18세기 사회, 천주교 유입
55	군도: 민란의 시대	2014-07-23	조선시대	19세기 농민반란
56	범죄와의 전쟁: 나쁜놈들 전성시대	2012-02-02	현대	6공화국기 사회
63	아가씨	2016-06-01	일제강점기	식민지 초기, 여성주의 성
72	조선명탐정 : 사라진 놉의 딸	2015-02-11	조선시대	18세기 사회
73	역린	2014-04-30	조선시대	정조 암살 의혹
74	쌍화점	2008-12-30	고려시대	여말 정치 혼란
75	신기전	2008-09-04	조선시대	세종 시기 국제정세
76	귀향	2016-02-24	일제강점기	'위안부' 문제
83	한반도	2006-07-13	현대	남북화해 관련 가상역사
84	포화속으로	2010-06-16	현대	한국전쟁, 영천 전투
94	방자전	2010-06-02	조선시대	춘향전의 재해석, 조선 후기 사회
99	26년	2012-11-29	현대	광주민중항쟁, 책임자 처벌
100	고지전	2011-07-20	현대	한국전쟁, 백마고지 전투

해전〉, 〈포화 속으로〉 등이 그렇다. 셋째, 100편의 영화 가운데 조선시대를 다룬 영화는 13편, 현대를 다룬 영화는 12편, 나머지는 일제강점기를 다룬

영화이다. 조선시대를 다룬 영화 중에는 영·정조 시대를 다룬 영화가 상당히 많고, 현대사를 다룬 영화 중에는 한국전쟁을 다룬 영화가 압도적으로 많다.

오늘날 한국의 역사영화는 일종의 정치영화로서 기능한다. 즉 국가와 공동체, 개인의 관계를 환기하고 그것을 재현하고 또 상상적·상징적으로 구조화하는 역할을 한다. 손희정의 말처럼 한국 영화는 언제나 "네이션(국가·국민—인용자)의 정체성과 상상력을 탐구하고, 재현하며, 그 형성에 적극적으로 개입해왔"는데, 역사영화는 직접적으로 "'시원적 민족'을 지향하기도 하고, 때로는 대한민국이라는 근대 '국민국가'를 지지하는 '역사적 국민'의 성격을 띠기도" 한다. 영화는 "'우리/공동체'라는 모호한 관념을 짜는 정치적 상상력(네이션)이 펼쳐지는 장"이자 "당대의 전 지구적 지배체제인 자유민주주의의 효과적 장치"이기도 하다.[25] 아마 역사영화는 이런 한국 영화의 구실을 가장 적극적·노골적으로 수행하는 장르일 것이다.

그리고 역사영화는 한국에서 잘 제작되지 않는 리얼리즘 영화의 대체재 역할을 하기도 한다. 이 '대체'의 차원은 여러 가지다. 첫째, 역사영화는 비유적·간접적으로 현실을 환기한다. 물론 전통시대를 배경으로 한 많은 영화들이 그렇다. 역사영화 속의 사건과 상황은 현실에 대한 알레고리로 받아들여져 널리 수용된다. 이를테면 박근혜 정권 시기 발표된 〈광해〉나 〈명량〉 등의 영화에서 묘사된 조선의 붕당정치는 민생을 외면하는 여의도 정치의, 폭군·암군은 박근혜 같은 대통령의 알레고리다. 둘째, 역사영화는 근과거에 대한 평가적 해석을 담아 정치성을 획득하고 현실에 대한 비판 또는 긍정의 의미를 띠게 된다. 이는 근현대사의 여러 사건들을 다루는 영화가 하는

---

25 손희정, 앞의 논문.

직접적 역할이다. 〈밀정〉에서 〈항거〉, 〈봉오동 전투〉에 이르기까지, 이들이 다루는 사건은 일제하 독립운동이나 분단 같이 현재에도 직접 영향을 미치고 있는 것들이다.

네이버는 국내 최대의 포털 사이트인데, 그 영화 페이지에도 한 영화당 수천 또는 수만 명의 네티즌들이 '리뷰'에 참여한다. 그래서 영화에 대한 대중적 수용 양상을 보는 데 참고할 만하다.

역사영화에 대한 관객 리뷰 가운데는 '이런 역사가 있는 줄 몰랐다', '아픈 역사를 잊지 말자'처럼 역사 지식이나 역사의식을 강조하는 경우가 특히 많다. 잘 모르던 사실(史實)을 영화를 보고 비로소 알게 됐고, 그로 인해 깨달음을 얻었다는 식의 계몽적 기능에 대한 평가와 관객의 자기계몽은 상당히 중요한 요소다. 아래는 각각 〈덕혜옹주〉, 〈귀향〉, 〈인천상륙작전〉, 〈암살〉, 〈밀정〉에 대한 네이버 댓글 중 가장 '호감 지수'가 높은 것들 일부다.

"재밌다길래 조조로 보고 나왔는데 아침부터 펑펑 울다 나왔어요. 잊지 말아야 할 가슴 아픈 역사. 가슴이 먹먹하네요."—어호이(yuio****), 2016. 8. 3.

"이번 영화를 통해서 당시 위안부에 강제로 끌려간 여성들이 겪었을 신체적 피해뿐만 아니라 정신적 피해의 심각함과 일본의 무자비함을 깨닫고 대한민국 국민으로서 잊지 못할 가슴 아픈 역사적 순간으로 영원히 남았으면 한다."—jyh9****, 2016. 2. 24.

"그래도 이러한 역사가 있었다는 것을 돌아보게 해주어서 뭉클했음."—젬마(rim_****), 2016. 7. 27.

"고문씬에서 마음이 아팠고 영화가 끝나고 난 뒤 아주 잠시 반성했어요. 그 토록 바라던 독립이 이루어졌고 지금 이 땅에서 살고 있는 내가 자랑스러워졌 던 순간을 만들어준 영화입니다." —미나미(algu****), 2016. 9. 7.

"일제강점기 때 일본인보다 더 악랄하고 잔인한 인간들이 친일파였다는 데… 그놈들 후손들이 대대로 잘먹고 잘사는 이 세상이 정말 분하네요. 2시간 동안 시간 가는 줄 모르고 빠져들며 본 영화! 역시 믿고 봤습니다!"—국이짜요 (gjs8****), 2015. 7. 22.

물론 이렇게 순진하게(?) 영화의 표면적 서사와 메시지에 계몽되고 역사 적 사실에 새삼 감동 받았다는 감상과는 대조적으로, 영화의 기술적·텍스 트적 장치의 훌륭함을 칭찬하거나 배우에 대한 '팬심'을 드러내 '베스트 리 뷰'의 자리에 오르는 경우도 적지 않다. 양자는 병존한다.

네이버 영화 리뷰는 영화에 대한 대중의 자기 참조 기능, 즉 입소문 같 은 데 적지 않은 영향을 끼치기 때문에 그 자체로 '영화 역사전쟁'에서 치 열한 전장이 된다. 위의 '베댓' 중 "그래도 이러한 역사가 있었다는 것을 돌 아보게 해주어서 뭉클했음"은 〈인천상륙작전〉에 대한 호평이었는데, 이는 11,548개의 '공감'을 얻었으나 3,011개의 '비공감'도 얻었다.

반면 〈인천상륙작전〉 리뷰 중 "평점 믿지 마요. 방금 보고 왔는데 평점이 죄다 알바라는 이유를 알겠음"이라는 댓글(김지훈(chob****), 2016. 7. 27)에는 8,558 개의 공감과 3,270의 '비공감'이 붙었다. 이 영화를 둘러싼 치열한 논란을 반 영한다. 대조적으로 "고문씬에서 마음이 아팠고 영화가 끝나고 난 뒤…" 운 운한 〈밀정〉의 베스트 리뷰에 대한 '공감' 대 '비공감' 분포는 3,516 대 210 정 도였다(2016년 11월 6일 현재). 별 논란이 없었다는 뜻이다. 〈밀정〉에는 최하점(1

점)을 준 관객도 7%에 불과했다.

2) 볼거리(스펙터클)로서의 역사, 볼거리로서의 정치

그런데 모든 관객이 언제나 정치적 입장을 갖고 정치적 재현물로서 영화를 보지는 않는다. 그리고 영화는 고유의 문법과 전달방식으로 '정치적인 것'을 표현하고 전달한다. 이를테면 "빼어난 연출력과 함께 짜임새 있는 스토리 라인, 다양한 볼거리, 배우들의 열연"이라든가 "할리우드 영화 못지않은 다양한 볼거리도 관객들의 시선을 붙잡"고 "시대상을 반영한 작은 소품부터 장엄한 스케일의 역사적 사건까지 깔끔하게 재현해냈다"[26]는 식의 '텍스트 내부' 요인들도 어떤 역사영화들이 대중에게 수용되기 위한 결정적인 요인이 된다. 이는 박근혜·문재인 등이 울면서 봤다는―또 그렇게 선전된―우익적 대중영화 〈국제시장〉에 대한 '내재적' 평가이다. 그러니 역사영화에서 특히 '정치적인 것'과 '볼거리로서의 역사'가 결합되어 있다고 해도, (상업)영화로서의 성공은 내용과 함께 '볼거리'를 관객에게 얼마나 제대로 전달하는가의 여부에 달려 있는 것이다.

〈국제시장〉의 예를 좀 더 생각해보자. 〈국제시장〉은 당시 최고의 영화미술, 제작기술, 특수효과, 특수분장 따위가 총동원된 영화였으며, 그 동원은 '세계적인' 수준이었다고 한다. 국내 3개의 특수촬영팀뿐 아니라 "나라와 시대별로 각기 다른 색감과 질감을 구분해 보여주"기 위해 "한국은 소니 F65, 체코에서 찍은 서독 탄광씬은 알렉사, 타이에서 찍은 베트남전은 레드에픽으로 촬영했다." 또한 시대에 따라 변하는 인물의 얼굴을 "노인 얼굴은 스웨

---

26 김호일, 「영화 '국제시장' 흥행요인은?」, 『부산일보』 2014. 12. 26.

덴 특수분장팀이, 젊은 시절 얼굴은 일본 VFX팀이 작업했다."[27]

오늘날의 영화 관람문화에서 이런 기술집약적 완성도가 뒷받침되지 않는 영화는 대규모 관객을 동원하기 어렵다. 즉 고도로 기술집약적인 '볼거리(스펙터클)'야말로 '재현산업(서사산업)'의 교환가치와 사용가치 양면에서 가장 중요한 요소가 되었다. 다시 말해 스크린의 '볼거리' 수준은 그것이 역사적 과거의 재현이든, SF적 미래든, 관객이 소비하는 일상적인 미디어-시각장의 그것에 대해 비교우위를 갖지 않으면 안 된다. 이런 점은 오늘날 수입 영화 전체와 맞먹는 할리우드 영화의 수용에서 특히 두드러진다. 역대 흥행 20위까지 거의 모든 수입 영화는 SF 액션, 슈퍼히어로물, 애니매이션으로서 최고의 FX·디지털 기술이 동원된 것들이다.[28] 이는 수입 흥행영화의 관객이 비주얼에 민감한 수용자, 즉 젊은 세대로 이뤄져 있음을 나타내기도 한다.

그래서 주목할 것은 할리우드 영화와 한국 흥행영화 관객성의 차이다. 물론 한국 영화의 대규모 흥행은 '우월한 기술적 재현'만으로는 가능하지 않고, 거기에 재밌는 이야깃거리나 그 외의 '한국적' 맥락이 합쳐진 결과다. 예컨대 〈7번방의 선물〉, 〈수상한 그녀〉, 〈과속스캔들〉 따위는 '재현'의 기술과 거의 무관하게 성공한 작품들이고, 〈7광구〉, 〈타워〉, 〈신기전〉 들은 대규모 자본과 첨단기술이 투입됐음에도 흥행에 성공하지 못했다. 그러니 대규모 흥행 한국 영화들의 '이야기의 성공 법칙'이나 '필패의 장르' 따위는 존재하지 않는다고 봐야 한다. 그중에는 〈명량〉, 〈해운대〉, 〈수상한 그녀〉, 〈도둑들〉, 〈디워〉, 〈베를린〉, 〈왕의 남자〉, 〈설국열차〉 등과 같이 서로 완전히 이질적인 장르와 이야기 구조를 지닌 작품들이 공존한다. 이것이 거의 SF 액

---

27 김성훈, 「마, 타임머신 탈 준비 됐나?!」, 『씨네21』 983, 2014. 12. 18.

28 〈겨울왕국〉과 〈레미제라블〉이 예외라 할 수 있는데 이들은 강력한 뮤지컬적 '볼거리'를 동반했다.

션, 슈퍼히어로로 서사가 전경화된 흥행 외화의 관객성과 사뭇 다른 관객성을 만든다. 그럼에도 대규모로 흥행한 한국 영화 안에는 반드시 시대·가족·국가·한국전쟁 따위에 관련된 다분히 '역사적이며' '한국적인' 코드와 당대의 맥락이 가동되고 있다. 바로 이것이 문화학적 분석을 요하는 것이다. 이는 바로 지금 운동하고 있는 문화정치와 이데올로기적 요소이기 때문에 역사가의 중요한 관심사여야 한다.

따라서 종합하면 '역사적인 것'+'한국적인 것'+기술집약적 재현이 추출할 수 있는 흥행의 최대공약수가 아닐까? 흥행하는 역사영화들은 오늘날의 관객들 중 누구도 실제로는 본 적 없는, 역사책에 단지 몇 줄 문장으로만 존재하는 일제강점기 의열단의 폭탄 테러, 엄복동의 자전거 경주, 유관순의 피(被)고문, 심지어 '위안부'들에 대한 일본군의 집단 강간, 한국전쟁 당시의 흥남철수, 인천상륙작전, 고지전 등과 같은 역사의 장면들을 가시화하고 '볼거리화'한다. 이런 역사에 대한 재현과 스펙터클화에는 큰 자본과 집약된 기술, 그리고 높은 연출력도 필요하다. 이는 문학과 역사뿐 아니라 웬만한 드라마에서도 불가능한 '재현'이었다. 이 같은 역사의 볼거리화, 스펙터클화는 다음의 수용 요인과 곧잘 이어진다.

3) 과정으로서의 흥행과 독점 효과

대중적 관람 행위라는 수용 행위는 '텍스트의 선택-감상의 과정-삶의 재구조화'로 구성된다. 흥행과 대중의 수용은 철저히 '과정'으로 간주되어야 한다. 다시 말해 텍스트는 그 속에 처음부터 흥행의 요인들을 내장하고 있는 것이 아니라, 사회적 수용의 과정 속에서 야기되는 이런저런 개입과 실천을 통해 수용의 의미를 변용하여 실현해 나간다. 그것은 몇 달, 혹은 며칠 사이에 벌어지는, 언제나 예상 밖의 일이다.

우리는 오늘날 한국에서 '천만영화'가 만들어지는 시간을 대략 감각하고 있는데, 중요한 것은 그 속도가 점점 빨라지고 있다는 점이다. 한국 거주자 1,000만여 명이 약 90일 사이에 모두 같은 영화를 보러 가는 '사건'은 이제 자주 벌어진다.[29] 대략 1,000여 개의 스크린에서 200,000번 정도 반복 상영되는 동안 온갖 일이 벌어진다. 오프라인의 입소문에서부터 신문·잡지 같은 올드미디어, 그리고 인터넷과 SNS 등의 뉴미디어 등 모든 미디어가 논란과 화제를 매개한다. 수천 수백만 개의 '포스팅, 리트윗, 좋아요' 따위들이 영화에 대한 평가를 옮긴다. 그래서 이를테면 2014년 12월 개봉 날의 〈국제시장〉은 2015년 1월 29일 박근혜가 김무성·문재인보다 약 한 달 늦게 영화를 관람하고 미리 준비해간 손수건으로 눈물을 닦았을(또는 닦는 척했을) 때, 다른 '사회적' 텍스트로 진화·변이했다는 것이다.

역대 한국 영화 흥행순위(표 6-1)를 보면 2010년대 이후 상영된 영화들이 2/3 이상을 차지한다. 즉, 2000년대 중후반 이후 상업영화의 관객 규모 자체에 변화가 있었다. 그 이전은 물론이고 〈괴물〉, 〈해운대〉, 〈왕의 남자〉 들이 제작 상영됐던 2000년대 후반과도 다른 성격의 관객 동원 방식이나 관람성의 구조가 있다는 뜻이다. 아마 앞으로도 신규 진입할 영화들이 이 순위를 점하고 바꾸게 될 가능성이 있다. 또한 관객을 동원하는 속도도 더 빨라진다. 예컨대 2015년 4월 23일에 개봉한 할리우드 SF 액션 〈어벤져스 2: 에이지 오브 울트론〉은 흥행 출발점에서부터 "역대 외화 박스오피스 평일 최고 오프닝" 기록을 세웠다. 그리고 단 9일 만인 5월 1일, 2년 전 〈아이언맨 3〉가 세

---

29 정병기, 『천만 관객의 영화 천만 표의 정치』, 갈무리, 2016은 영화 자체를 '사건'으로 보고 그 정치적 의미를 내재적인 방법으로 분석하고자 했다. 그러나 이 글은 영화를 관람하는 행위는 일상의 주요한 의례이며 소비 행위라 보고, 그 행위를 단기간에 1천만 명 이상의 대중-시민이 함께 수행한다는 것은 '사건'으로 간주한다.

운 역대 외화 최단기간 500만 돌파 기록(10일)을 1일 이상 당겼다. 더불어 〈트랜스포머 3〉(11일), 〈인터스텔라〉(12일), 〈아바타〉(15일), 〈겨울왕국〉(16일)의 흥행속도 대비 절대우위를 차지하고 있다. 이는 모든 국산 영화까지 포함된 '천만영화'를 통틀어 〈도둑들〉(10일), 〈국제시장〉(15일), 〈7번방의 선물〉(17일), 〈광해: 왕이 된 남자〉(18일)의 기록을 뛰어넘은 것이다.[30]

대규모 마케팅 능력을 가진 대자본은 형성돼 있는 관람문화와 '주어진 변수'를 통제하려 한다. 즉 제작 또는 투자부터 시작해서 스크린 배정 등을 통해 관객의 수용에 이르는 과정 전체에 '인위적' 작용력을 발휘하려 한다.[31] 알다시피 오늘날 한국 상업영화 수용과 마케팅 구조를 근저에서 결정하는 힘은 독점의 구조이다.[32] 독점의 힘은 점점 강화되며 영화문화 자체를 규정하고 있다. 대규모 흥행 영화들은 거의 모두 CJ, 쇼박스, 롯데 등의 재벌 독점 배급사에 의해 만들어졌다. 결국 흥행이란 압도적인 스크린수와 상영 횟수를 통해 달성되는 것이라 해도 된다. 이 같은 90%의 독점 구조가 영화산업과 관객성에 미치는 영향[33]은 엄청나다.[34]

총 제작비 140억 원(마케팅비 등을 포함하면 180억 원)이 투입된 〈국제시장〉은 자본 규모 국내 1위인 CJ E&M이 투자·배급을 맡은 작품이다. CJ E&M은 2014년 여름 〈명량〉(1,761만 명)에 이어, 2014년 12월 17일에 개봉한 〈국제시장〉으로 '대박'을 터뜨렸다. 이 흥행에는 극장 체인을 가진 대형 투자배급사의

---

30 「'어벤져스2' 500만 관객 돌파… 주말 흥행 질주 가속화」, 『스포츠동아』, 2015. 5. 2.

31 한국 상업영화 수용 구조에 대한 최근의 논의로는, 김현정·박영은, 「한국 영화관객의 관람구매 결정요인과 마케팅 방안 연구」, 영화진흥위원회, 2005. 12.

32 위의 글.

33 최현용, 「한국 영화산업 지배 구조에 대한 새로운 이해」, 문화/과학편집위원회, 『누가 문화자본을 지배하는가?』, 문화과학사, 2015 등 참조.

34 2016년 국민의당 안철수는 이와 관련된 법안을 제출했다. 「안철수, 영화배급·상영 겸업 금지법 발의… CJ·롯데 조준」, 『머니투데이』, 2016. 10. 31.

힘이 결정적인 요인으로 작용했다. 즉 독점적인 힘을 가진 "CJ가 작년 후반기에 가장 공을 들인 영화이다 보니 스크린을 충분히 잡고 시작했"으며 "공격적인 마케팅이 영화 흥행에 주요하게 작용한 측면이 있다"는 것이다. 실제로 개봉 첫날 무려 931개 스크린으로 출발한 〈국제시장〉은 크리스마스를 전후하여 스크린 개수가 700여 개로 다소 줄었지만, 며칠 지나지 않아 다시 800개 이상의 스크린을 확보했다.[35] 이 미묘한(?) 변화의 과정은 중요하다. 이는 극장가의 성수기인 크리스마스에 개봉된 다른 영화들에 영향을 받은 것이다. 이렇다 할 만한 대형 경쟁작이 없었던 것이 〈국제시장〉의 흥행에 결정적인 역할을 했음을 알 수 있다. 이 점은 CJ를 비롯한 독점 배급사들이 스크린수를 배분해서 나눠먹는 메커니즘을 보여준다. 즉 〈국제시장〉보다 한 주 뒤인 12월 24일 크리스마스이브에 개봉된 한국 영화 〈기술자들〉, 〈상의원〉은 각각 CJ의 경쟁사인 롯데와 쇼박스가 배급을 맡은 영화들로서, 해당 주에는 〈국제시장〉의 스크린수를 어느 정도 잠식했으나 곧 다시 스크린을 내주고 소리 없이 사라지다시피 했다. 외화 가운데 같은 시기에 개봉한 〈호빗: 다섯 군대 전투〉(12월 17일)와 〈테이큰 3〉(1월 1일)도 별 볼일이 없었다.

5. 근대사 역사영화의 재현 체계와 반일 민족주의

1) 소재와 이념 지우기

근래 개봉된 근대사 소재 역사영화들은 분명 진일보한 면을 지니고 있다. 〈암살〉과 〈밀정〉은 의열단의 투쟁과 친일파 문제를, 〈동주〉(2016)는 시인

---

35 장하나, 「'국제시장' 1천만 관객 발길 끌어당긴 비결은」, 『연합뉴스』 2014. 12. 13.

218 촛불 이후, K-민주주의와 문화정치

윤동주의 삶과 일제 말기의 상황을, 〈귀향〉(2016)은 일본군 '위안부' 피해자의 이야기를 다뤘다.[36] 이제껏 영화라는 대중적 미디어로 아예 재현되지 않았거나 재현되었다 해도 피상적인 수준에 그쳤던 소재의 한계를 일정하게 넘어선 것이다. 그럼에도 여전히 근대사 영화 소재의 한계는 뚜렷하다. 동학농민전쟁, 6·10 만세운동 또는 일제하 노동조합이나 농민투쟁 등 민중의 저항은 물론, 김구·여운형·박헌영·이범석·최승희 등 복잡다단하고 비극적인 삶을 산 무수한 근대사의 혁명가·예술가들이나 '영웅'조차 영화화된 적이 거의 없다. 근대사에 대한 재현 체계는 매우 편중되어 있기 때문이다.

여전히 근대사 소재 영화들은 이념적으로 편향되어 있거나 '탈이념화'되어 있다. 한국의 근대사 영화는 '일차원적 민족주의'의 테두리를 벗어난 적이 거의 없는데, 거명한 영화들도 마찬가지다. 이를테면 실제 있었던 '황옥 사건'을 모델로 한 〈밀정〉은 송강호라는 탁월한 배우에 의지하여 밀도 있게 친일파 문제를 말하는 듯했으나, 민족주의는 서사 구성의 한계를 야기한 강력한 '간섭력'이었다. 극중 총독부 경부 이정출(송강호 분)이 의열단원(공유 분)과 '형제'가 되고, 또 그가 의열단장을 만나 포섭되는 과정은 어색하고 설득력이 없었다. 또한 송강호가 석방되고 난 이후의 이야기는 군더더기였으며 "우리는 실패해도 앞으로 나아가야 합니다. 그 실패가 쌓이고 쌓여…" 운운한 결말은 일종의 '정신 승리' 아닌가?

의열단의 대일 테러 활동이 상대적으로 자주(?) 영화화된 것은, 아마 대중적 액션영화로 만들기 좋은 소재이기 때문일 것이다. 일제 경찰과 벌이는 총격전 장면이나 첩보전도 민족주의를 자극하기에 좋은 장치다. 그런데

---

[36] 3·1운동과 임시정부 수립 100주년을 맞은 2019년에는 더 많은 근대사 소재 역사영화가 만들어졌다. 〈항거〉, 〈봉오동 전투〉 등은 독립운동을 다룬 영화로 주목을 받았고, 〈주전장〉, 〈김복동〉 같은 '위안부' 관련 다큐멘터리 영화도 꽤 관객을 모았다.

이런 민족주의는 다른 차원의 이데올로기적 맹목에 의지해서만 성립하거나 또 그것을 부추긴다는 점에서 뚜렷한 한계를 갖는다. 이를테면 의열단이나 김원봉을 새롭게 조명한 것은 진일보라 할 수 있지만,[37] 여전히 〈밀정〉 등은 일제하 독립운동사에 대한 좁은 이해만을 재생산한다. '의열단=대일무장투쟁=상해 임정'이라는 상상은 현하 우파의 역사 조작 기도에 대한 비판의 의미를 지닐지 모르나, 사실에 부합하지 않으며 '역사적 진실'과도 맞지 않는다. 또한 여전히 이념을 배제한다. 의열단이 무정부주의에 기반한 단체였다든지, 술 잘먹고 옷 잘입고 '간지 넘치는' '단장님'(김원봉)이 북한 정권에 참여한 사회주의자였다는 사실은 영화에서 다뤄지지 않는다.[38] 대신 의열단 투쟁을 김구와 우파 민족주의의 성과로 만들어버리는 작지 않은 '왜곡'이 행해지는 것이다.

2) 민족주의와 재현의 윤리

'일차원적 민족주의'의 폐해는 〈귀향〉에서도 심각해 보인다. 주지하듯한일 간의 심각한 현안인 12·28 합의와 『제국의 위안부』 논란 따위가 이 영화 개봉과 수용의 명백한 맥락이 되어주었다. 이 영화는 여러모로 문제적이다. 그중 가장 심각한 것은 감상적이면서도 폭력적인 성폭력의 재현이다.[39]

---

37 이 영화에 대한 극우파의 걱정은 다음 기사를 참조. 「'덕혜옹주' 이어 '밀정' 김원봉까지… 기울어진 위험한 영화판」, 『미디어펜』, 2016. 10. 1.

38 이렇게 김원봉이 영화에서 다뤄진 후 2019년에 김원봉을 소재로 한 작은 '역사전투'가 벌어졌다. 2019년 6월 6일 문재인 대통령의 현충일 추념사에서 김원봉이 언급되는 등 그 독립운동을 재평가하고 서훈 대상자로 삼아야 한다는 민주당 일각의 주장에 대해서, 나경원 등 자한당이 피우진 국가보훈처장 사퇴 등을 요구하며 정쟁을 일으켰다. 2019년 9월 현재 국가보훈처는 김원봉 등 북조선 정권 참여자에 대한 서훈은 불가능하다는 입장이다.

39 여성주의 학자들 사이에서도 이 장면에 관련된 논쟁이 있었다. 오혜진, 「기록 소녀, 귀신, 매춘부—제18회 서울국제여성영화제 쟁점포럼 후기」, 『말과 활』 11, 2016. 9 참조.

이 영화는 위안부로 강제동원된 조선 소녀들이 위안소에서 일본 군인에게
강간당하는 장면을 집단 성폭행처럼 그렸다. 두 번에 걸쳐 낭자한 비명과
울음소리와 함께 부감하는 카메라에 의해서였다. 여성에게나 한국 남성에
게나, 또는—만약 있다면—일본인 관객 모두에게 서로 다른 이유로 매우 '불
편'할 이 장면은, 기본적으로 넓은 의미의 '강간문화'[40]에 기초한 것이라 보
인다. 즉 여성의 피강간이나 몸을 폭력적으로 시각화·소비하는 데 대한 자
의식이 없이 '재현의 윤리'를 위배한 것이다. 이런 문제와 관련하여, 노벨상
수상 작가 스베틀라나 알렉시예비치(Svetlana Alexievich)는 2차대전에 참전한 구
소련 여성들의 여성으로서의 수난과 고통을 다룬 책 『전쟁은 여자의 얼굴
을 하지 않았다』에서 "그들의 울음과 비극을 극화(劇化)해서는 안 된다. (…)

40　리베카 솔닛 지음, 김명남 옮김, 『남자들은 자꾸 나를 가르치려 든다』, 창비, 2015 참조.

그러지 않으면 그들의 울음과 비명이 아닌, 극화 자체가 더 중요해질 테니까. 삶 대신 문학이 그 자리를 차지해버릴 테니까. (···) 그렇게 적당한 온도를 유지해야 한다. 늘 아슬아슬하게 경계를 넘나든다"[41]라고 말한 바 있다. 실제로 〈잊혀진 필리핀의 위안부〉를 만든 필리핀의 비욘 옌센(Bjorn Jensen) 감독도 이 문제를 고민하여 '위안부'들의 고통을 직접 '재현'하지 않는 방식을 택했다고 한다.[42]

또한 〈귀향〉의 서사는 위안부 문제를 둘러싼 국가책임, 전시 성폭력, 매매춘, 가부장제 등의 복잡한 문제에 대한 사회적 논의에 비하면 나이브한 것이었다. 이 영화에서 조선 '민족'은 어떤 망설임도 없이 그대로 '나약한' '소녀'에 유비되고 있으며, 피해자들의 고통을 해소할 방법은 무속에 의지하는 것밖에 없다. 물론 이런 점조차 역사적 진실의 일부를 반영한다고 냉정하게 말할 수 있겠으나, 영화는 '위안부' 문제를 둘러싼 현실을 직시하지도 못했고 외설적 민족주의에 의지했음이 분명하다. 그럼에도 이 영화를 '위안부' 문제와 식민지 피해에 대한 재현의 역사에서의 성과라고 인정해야 하고, 영화가 소셜 펀딩에 의해 제작되고 꽤 많은 관객들이 보았다는 점은 오히려 또 다른 과제를 제기하는 것이라 해야겠다.[43]

3) 〈덕혜옹주〉의 수용과 아이러니

〈덕혜옹주〉는 정신승리식 민족주의가 만들어낸 심각한 경우에 속한다.

---

41 스베틀라나 알렉시예비치 지음, 박은정 옮김, 『전쟁은 여자의 얼굴을 하지 않았다』, 문학동네, 2015, 31쪽.

42 오혜진, 앞의 글.

43 〈아이캔스피크〉, 〈허스토리〉 등의 새로운 '위안부' 영화가 나와서 이 문제를 한 단계 진전시켰다.

그 수용 현상은 흥미롭다. 가장 아이러니컬한 건 〈덕혜옹주〉가 '야당영화, 좌파영화'로 치부되었다는 것이다. 이는 박근혜 정권 시기 반일 민족주의를 둘러싼 이데올로기 전선의 우스꽝스러움을 잘 보여준다.

왕실의 '개돼지'를 자처하는 인간들이 옹주님을 위해 한평생 목숨을 바치며 충성한다는 근왕주의, '복벽'을 담은 이런 영화야말로 박근혜의 청와대나 태극기부대 소속 사람들이 '인생영화'로 꼽을 만하지 않았을까? 더구나 새로운 왕—영화에서 박정희로 묘사된 인물—이 아량을 베풀어 덕혜옹주와 이씨 일족을 안치시켜줬다는 훈훈한 결말도 있다. 그러나 실제로는 반대였다.[44] 오히려 이 반(反)공화주의적인 영화를 보면서 무려 네 번이나 눈물을 흘렸다고 고백한 이는 야당의 유력자 박지원이었으며, 『미디어펜』 같은 극우매체는 〈덕혜옹주〉에 대한 극렬한 비난 칼럼을 게재했다. 옹주가 지체를 유지하지 못하고 결국 미쳤다는 결말 때문일까? 아니면 박정희가 성사시킨 한일회담의 성과를 영화가 은근히 비판하기 때문일까?

이 영화가 반일 민족주의를 부추기고 있다는 것이 가장 유력한 이유였다. 따라서 이 영화의 퇴행적 복벽주의보다는, 반일 민족주의가 더 유력하고 핵심적인 (대중적) 수용의 코드였고 또 그렇게 해석됐던 것이다. 물론 이는 고종의 딸 덕혜가 반일 민족주의의 아이콘이었으며, 영친왕과 함께 임정이 있던 상해로 망명하려 했다는 판타지-서사 덕분이다. 역사교과서 파동을 중심으로 한 논란에서, 박근혜 정권의 핵심과 한나라당 중심의 지배계급은 '친일파'라는 대중적 지탄을 싫어하고 두려워했기 때문일 것이다.

---

44 「'덕혜옹주' 띄우는 야당, 우상호 "나라 잃는 것은 한순간… 많이 느꼈다"」, 『헤럴드경제』 2016. 8. 4; 「'인천상륙작전' 두 번 본 정진석, '덕혜옹주' 본 김종인·박지원」, 『중앙일보』 2016. 8. 20; 「與野의 서로 다른 영화 선택, '인천상륙작전' vs '덕혜옹주'」, 『조선일보』 2016. 8. 4 등의 기사 참조.

근래 동아시아 정세는 급변하여 소위 '신냉전' 국면을 맞고 있다. 12·28 한일합의는 '한미일 삼각동맹'을 구축하려는 미국과 일본의 요구에 박근혜 정부가 굴복한 것이다. 한국은 북한의 핵개발 성공, 일본의 재무장, 중국의 굴기 등의 변화에 당황해 하지만, 일관성 있고 '동아시아 공영'에 기여할 수 있는 평화와 자주의 방법론을 견지하기란 매우 어렵다. 뚜렷한 것은 대중들 사이에서 새로운 버전의 민족주의 또는 탈식민주의가 대두되고 있다는 점이다. 이런 점이 근대사에 대한 관심의 배경을 이룬다. 또 민족주의를 둘러싼 여러 가지 아이러니를 야기한다.

6. 시대착오와 현대사 영화

1) 정치적 논란과 흥행

쇼비니지스 '홍행의 사건'은 정치적·이데올로기적·윤리적인 의도와 다양한 층위의 비평 행위에 의해 영향을 받는다. 영화를 보러 가는 행위는 다른 모든 일상의 행위와 마찬가지로 정치적이다. 이 정치성은 물론 '일상의 정치'나 '문화정치'에서의 '정치'와 비슷한 함의를 갖는다. 달리 말하면 영화는 '순수'하게 현실정치를 운반하거나 '반영'하지는 않지만, 이데올로기적·도덕적 계급투쟁과 문화실천으로서의 의미를 내포한다. 오늘날 신문과 방송은 홍행작이 나오면 다투어 '홍행 요인'을 분석하는 기사를 내보낸다. 흥미로운 점은 저널리즘의 '홍행 요인 분석'도 다시 수용(특히 선택)의 과정에 포함된다는 사실이다. 다시 말해 '홍행 요인 분석'도 홍행에 영향을 미치는 담론의 구조와 오늘날 한국 영화문화의 일부를 차지한다. 물론 대부분의 '홍행 요인 분석'은 결과론에 불과하며, 원인과 결과는 자주 혼동된다. 하지만 이는 거의 불가피하다. 왜냐하면 자본의 투입이나 정치적 의도 따위가 흥행의 결과라는 '미래'를 예측할 수 있는 것은 아니며, 결과는 다차원의 함수관계나 불확정성의 원리 같은 것으로부터 영향을 받기 때문이다. 따라서 '요인'은 인과의 한두 개 '원인'이 아니라 맥락으로 간주되어야 한다.[45]

2016년까지 현대사 소재 영화 중 가장 좋은 흥행 성적을 올렸던 〈국제시장〉은 최대의 영화 제작·배급 자본이 의식적으로 조직한 마케팅에 정치적 논란이 가미됨으로써 성공했다. 영화의 텍스트 내적 요소는 정치적 논란과 정치인들의 행태 덕분에 다시 맥락화되고, 〈국제시장〉을 고농도의 우파 정치영화로 자리매김하게 했다. 텍스트 내부의 몇몇 요소—즉 '가족영화'나 '현대사영화'라 포장 가능한—는 그 자체로 의도된 기획의 산물이었다고 보인다. 이는 논란(노이즈)을 흥행 요인으로 삼기에 적절한 요소였던 것이다.

다시 말해 정치적 논란·논쟁 그 자체가 강력한 흥행의 요인이 될 수 있다. 남북정상회담 당시 노무현의 NLL 관련 발언, 문재인의 UN 인권선언 관련 사례에서 보듯, 우파와 극우 언론은 때로는 이런 논란을 일부러 만들어내고 즐겨왔다. 이른바 '종북몰이'는 헤게모니 전략의 주요 수단이 될 수 있었다. 종편과 유튜브 등에 의해 구축된 '탈진실' 옐로 저널리즘이 이를 강력하게 거든다. 권력정치를 장악해왔으나 학계·문화예술계에서는 자연스럽고 지적인 헤게모니를 전혀 갖지 못한 극우·수구파는 '의도된 논란'을 필요로 했고, '노이즈'는 마케팅의 절대적 요소가 된다.

무능하고 정당성이 약한 박근혜 정권은 통치 기간 내내 반공·반북과 안보위기론을 헤게모니 전략으로 삼았다. 이런 정황에 가장 잘 어울리는 영화

---

45 〈국제시장〉에 대해서도 다기한 '분석'이 이루어졌고, 진지한 텍스트 분석과 비판도 나왔다. 강정석, 앞의 글; 이승한, 「대화하지 않는 과거」, 『시네 21』 989, 2015. 1. 29 등 참조.

는 〈인천상륙작전〉이다. 후지이 다케시는 "'인민군'이나 '공산주의(자)'는 역사적 실체와 무관하게, 놀라울 정도로 잔인하고 비열하게만" 그린 이 영화를 "혐오영화"로 적절히 규정했다. 이 영화의 "좌익에 대한 학살과 악마화"[46]는, 마음대로 죽여도 되는 '호모사케르' 같은 존재인 한국 현대사의 '빨갱이 만들기'와 상통한다는 것이다. 후지이 다케시는 1949~50년 어간의 역사를 맥락으로 이 영화를 흥미롭게 읽었지만, 사실 영화에서의 '놀라울 정도로 잔인·비열한 빨갱이 재현'은 한국 영화사에서는 지루하고도 오랜 전통을 갖고 있다. 그래서 더 중요한 점은, 그럼에도 이런 시대착오적인 영화가 그럭저럭 흥행에 성공했다는 사실이다. 앞에서 말한 새로운 재현과 다채로운 볼거리, 즉 인천상륙작전이라는 전쟁영화 특유의 '역사의 스펙터클화' 외에도 이유들이 있겠다.

2) '생활적 보수주의'와 〈국제시장〉

〈인천상륙작전〉은 너무 강한 우파 이데올로기가 오히려 독이 된 경우인데, 최고에 가까운 1천 4백만 관람의 흥행 기록을 세운 〈국제시장〉의 우파적 이데올로기는 더 '생활적'이면서도 논쟁적이었다. 〈국제시장〉은 "영화 내에서 묘사된 한국 근현대사의 모습 때문에 영화 외적으로도 많은 이야깃거리를 만들어냈"고 박정희 시대를 미화한다는 "이념 논쟁이 오히려 흥행(에) 부채질"이 됐다. 듀나, 허지웅 같은 영화평론가들은 자신의 트위터 등에 "역사를 다루면서 역사에 대한 아무런 생각이 없다"라거나 "토 나온다"는 식으로 강하게 비판했으나, 오히려 이는 역설적으로 영화의 마케팅을 도와준 셈이

---

46 후지이 다케시, 「혐오와 사드」, 『한겨레』 2016. 8. 14(http://www.hani.co.kr/arti/opinion/column/756631.html#csidx038db31c524fa0b83e668ddd0c06892).

됐다. "정치권을 비롯한 단체관람이 줄을 이은 가운데 대구시교육청은 중학생의 〈국제시장〉 단체관람을 지원해 논란을 빚은 데 이어 고등학생의 관람료도 추가 지원하기로 해 구설에 오르기도 했다."[47] 이런 과정을 통해 영화는 가족과 세대에 걸친 문제를 중심으로 한국사회에 내재한 가부장제와 세대 갈등 문제에서의 보혁 구도, 그리고 성장 이데올로기와 국가주의 문제를 중심으로 논란과 대립의 가운데를 횡단했다. 그래서 텍스트의 가치 전체를 위협하는 노골적인 이데올로기적 성격을 우회하며 흥행할 수 있었다.

원래 문화적 수용 현상에는 젠더·계급·종족·세대 등에 겹친 정체성의 구조가 반영된다. 〈국제시장〉의 관객성을 결정한 결정적인 요인의 하나는 '세대'였다. 오늘날 "통상 영화는 20대에서 먼저 흥행을 한 뒤 40대 이상으로 관객층이 확대되는 게 일반적이지만 〈국제시장〉의 경우 초반부터 중장년층 관객이 많았"다.[48] 실제로 〈국제시장〉이 흥행 가도를 달리던 2014년 12월 "영화 예매 사이트 맥스무비에서도 40대 이상의 예매율이 47%에 달"했다. 자녀 관객이 부모를 위해 예매하는 경우가 꽤 많다는 점을 감안하면 40대 이상의 비중은 더 높을 것으로 짐작된다. 이례적인 것 아닌가? 늙은이와 중늙은이는 아무래도 극장에 덜 가지 않는가? 이와 관련된 중요한 두 가지 보고가 있다.

첫째, 2010년대 이래 장·노년층의 영화 관람이 증가하고 있다. 실제로 CGV리서치센터에서 2014년 한 해 CGV를 찾은 관객을 연령대별로 분석한 결과, "45세 이상은 전년 대비 30% 증가했고, 60대 이상은 40.2%가 늘었을 정도로 최근 중장년층의 영화 관람 횟수는 눈에 띄게 증가하며 흥행을 주도"

---

47 장하나, 앞의 글; 강정석, 「〈명량〉에서 〈국제시장〉까지―천만 관객 영화의 감정 구조」, 『문화/과학』 81, 2014. 3.

48 장하나, 앞의 글.

했다.[49] 이는 한국사회 전반의 '노령화'와 어떤 연관을 가진 것 아닐까? 그런데 장·노년층의 영화 소비 중 압도적인 비중을 차지하는 것은 분명 한국 영화이며, 그중 역사영화라는 점이 중요하다.

둘째, 〈국제시장〉의 경우 800만 명을 기점으로 4인 이상 단체관람과 50대 이상 관객이 증가했다고 한다. "1,000만 명이 봤다는 것은 당연히 20대 관객도 많이 봤다는 것이"며 "〈국제시장〉 역시 최근 1,000만 영화의 평균치로 수렴할 것이"지만, 그보다 더 의미 있는 것은 아무래도 장·노년층의 인입과 '가족영화'로서의 면모이다.[50]

처음부터 이 영화는 장년층 이상 '아버지 세대' 관객에게 어필하게 만들어진 게 사실이다. "아버지 세대에 대한 헌사를 내건 영화답게 극중 가족을 위해 평생 자신을 희생하는 '덕수'(황정민 분)의 일대기는 아버지의 눈물샘을 자극하며 중장년층을 극장으로 불러모았"다. 이와 관련해서 배급사 CJ E&M 홍보팀장은 "중장년층에게 '그때 나도 저렇게 힘들게 살았지'라는 공감과 위로를 불러일으킨 것 같다"고 말했다.[51] 특히 주인공이 "아버지, 내 약속 잘 지켰지예. 이만하면 내 잘 살았지예. 근데 내 진짜 힘들었거든예"라며 흐느끼는 장면은 거실에서 즐겁게 놀고 있는 자녀와 손주들의 모습과 선명히 대비되며 관객들을 감상에 젖게 했다.

49 장하나, 앞의 글; 강정석, 「〈명량〉에서 〈국제시장〉까지: 천만 관객 영화의 감정 구조」, 『문화/과학』 81, 2014. 3.
50 「'국제시장' 가족영화 완결판… "과제 남겼다"—개봉 전부터 1천만 관객 예측해온 칼럼니스트가 전하는 국제시장 이야기」, 〈CBS노컷뉴스〉 2015. 1. 15.
51 장하나, 앞의 글.

3) 세대투쟁의 이면=계급

이상에서 말한 세대 현상의 이면에는 과연 무엇이 있는가? 이 영화는 '가난하고 못 배운' 것으로만 쉽게 의미화된 그 세대 소속원들의 공통감각에 호소해 성공한 듯하다. 그리고 그런 공통감각을 전 국민적 서사로 재구조화하고 있다. 그런데 과연 그 세대 소속의 모든 지역·계급·계층의 소속원이 저 감각과 서사에 동의하고 있는가? 편만한 노인 자살과 절대빈곤에 직면해 있는 저 세대 계층의 남성·여성 노인들도 이 서사에 동의할까? 영화를 장·노년층이 많이 본 건 사실로 보고되어 있지만, 그 속내는 기실 중간층 이상 영남 출신 또는 서울의 장·노년층으로 구성돼 있지 않을까?

필자는 우리 사회의 소위 '엘리트' 중상층(upper middle class)이라 할 노년과 중년의 교수들이 모인 어느 행사에서 〈국제시장〉이 인용되는 것을 여러 번 보았다. 또 특히 "아버지 이만하면 잘 살았지예, 근데 참 힘들었어예"라는 대사가 그렇게 심금을 울렸는지(?), 이 대사를 사학재단의 이사장이 정년퇴임하는 교수에게 '헌정'하는 광경도 보았다. 그리고 태극기집회에 나오는 장·노년들이 가난한 남자 노인 계층일 뿐이라 치부하는 것도 사태를 완전히 잘못 보고 있는 것이다. 실제로 집회에 가보라. TK, 개신교 신자를 위시한 극우적 기득권 엘리트 계층과 경북고·부산고 등 비평준화 시대의 '명문고' 출신들, ROTC 장교 출신들이 가난한 남자 노인 계층과 함께 행동하고 있다. 따라서 '우익 노인'에 대해서는 더 깊은 조사가 필요하다.[52] 영화 〈국제시장〉의 서사는 계층을 넘어 그 세대가 공유하는 감각이면서 동시에 그 일부가 조장하는 지배 이데올로기에 근거하고 있다.

〈국제시장〉은 그 시대의 속도, 영광(?), 아수라, 참혹 등을 연속된 폭발 장

---

52 이에 관한 가장 모범적인 사례는 최현숙, 『할배의 탄생』, 이매진, 2016.

면으로 스펙터클화했다. 〈국제시장〉 외에도 대한민국사와 개발연대에 관한 이야기는 무수히 많다. 여성 측에서 써진 『공장의 불빛』, 『외딴 방』, 『소금꽃나무』 같은 서사도 있다. 그런데 헤게모니를 가진 서사는 여전히 〈국제시장〉에 가까운 것이며, 대규모 관객 동원은 이를 확인하는 과정이기도 했다. 〈국제시장〉은 세계적이며 동시에 동아시아적인 산업화시대의 '기적'에 의해 '졸부'가 되거나(이명박 부류?) 또는 그 정도는 아니어도 자수성가한 남자 한국인들(이를 '아버지'라 부른다)의 마인드를 반영한 것이었다. 그들은 불안하고 외로운데 그 경험을 성찰할 지력이나 마음의 능력은 없는 듯하다. 그 '기억'을 (의도된) 망각, 선별적 기억, 자화자찬 등으로 구성하려 한다. 이는 한국의 지배계급이 현대사를 전유하는 이데올로기적 태도이기도 하다. '내가 해봐서 아는데'(이명박)와 같은 정체성은, 현재를 정당화하고 친일·부패 등과 같은 지배의 역사적 기원을 세탁하는 기능이 있다. 이에 비해 북한 공산당과의 전쟁이나 가난 같은 '나쁜 기억'이 '재연'되지 않을까 하는 불안과 공포는 피지배계급과 중간층적인 모든 불안과 연계돼 있다. 이는 사실 극우파와 특권 동맹의 '밥'과 같다.

긍정적으로 봐줄 요소는 없나? 압축적 근대화가 〈국제시장〉 같은 대규모 서사의 후경에 있으며, '가난 공동체'에 살고 있(었)다는 개발연대 한국인의 공통감각(common sense) 혹은 착각이 이러한 서사를 전 국민적인 것으로 만들어냈을 가능성이 있다. 물론 이 전 국민적인 공통감각 속에는 신파성과 초월적 도덕(영성)이 함께 섞여 있다. 다시 말해 '빈자들의 눈물과 빈자들에 대한 눈물'의 집합적 심성이 작동하고 있다.

〈국제시장〉은 특히 '남성신파'의 일종이라 주인공 남성 노인의 자기연민과 오이디푸스 콤플렉스가 흘러넘친다.[53] 흥미롭게도 친구 천가(오달수 분)는 주인공 덕수에게 "너는 어른이 아니다"라고 단언한다. 그저 영화가 표방한 '이념의 마리오네트'에 불과한 덕수라는 평면적인 인물은 죄의식과 흥남철수 당시의 소년기에 고착된 인물로 제시된다. 흥남철수의 비참과 고통은 영화의 반공주의를 '가족'과 겹쳐놓기 위한 중요한 장치다. 〈국제시장〉의 많은 눈물은 1960~70년대식 개발독재와 민중주의가 공유하는 양가적인 윤리적 기반이었던 것이다. 자, 박근혜 덕분에 박정희 신화가 몰락한 지금, 이를 무엇으로 대체할 것인가?

7. 역사영화와 역사적 상상력

〈암살〉 〈밀정〉 같은 대규모 흥행작 외에 〈귀향〉이나 〈동주〉 같은 '작은' 영화도 예상외의 흥행 성적(각각 358만여 명, 116만여 명, 2019년 9월 현재)을 냈다. 근현대사에 대한 대중의 관심이 크게 증폭돼 있음을 새삼 확인할 수 있다. 사실 오늘날 역사에 대한 대중의 관심은 영화 외의 분야에서도 뜨겁다. 이는 여전한 '아래로부터의' '역덕'의 생산과 팟캐스트 시장에서의 역사 콘텐츠 호황,[54] 그리고 설민석 등의 책이 전체 도서 시장에서 베스트셀러가 되는 현상과 대중 역사 강연의 호황 등으로 표출된다.

물론 문학가들이나 영화감독에게도 책임감이 요청되지만, 역사가들과

---

53 한국 남성신파의 계보에 대해서는 이호걸, 『눈물과 정치—'아리랑'에서 '하얀 거탑'까지』, 따비, 2018.
54 〈이이제이〉, 〈지대넓얕〉, 〈벙커1〉, 〈그것은 알기 싫다〉 등 인기 시사교양 팟캐스트의 주요 내용을 '역사'가 점하고 있다. 팟빵(www.podbbang.com) 참조.

역사 교사들은 '역사전쟁'의 다양한 장과 역사적 상상력에 대해 책임을 느껴야 한다. 그래서 영화나 드라마들이 다루는 사실과 역사적 진실에 대해 자신의 생각을 통해 개입할 필요가 있다. 앞에서 말한 대로 역사적 상상력에 대한 비판·비평은 영화 생산과 수용의 사회적 맥락에 의해 성립할 수 있고, 또 적극적으로 수행되어야만 한다. 앞으로도 역사영화는 많이많이 만들어질 것이기 때문이다.

03

1980년대의 '역사기억'과 〈응답하라 1988〉

1. 〈응팔〉, 비판적 대중 서사인가 보수적 판타지인가

'천만영화'나 베스트셀러 서적처럼 대규모로 수용되고 전례 없던 '붐'을 일으키는 텍스트는 그 자체로 무언가를 새로 생산한다. 새로운 장르적 규범이나 서사 문법이 창출되고, 텍스트 외부에서는 이런저런 문화적 부대 효과들이 파생된다. 그리고 텍스트는 사람들의 표상 체계나 집합기억뿐 아니라, 사고방식에도 영향을 미치며 현실에서의 '정치'가 된다. 이때의 '정치'는 물론 '일상의 정치'나 문화정치에서의 '정치'와 비슷한 함의를 갖는다. 달리 말하면 대중문화 텍스트는 곧 현실정치를 '반영'하지는 않지만, 이데올로기적·도덕적 계급투쟁과 문화실천의 의미를 갖게 된다.

'문화연구(cultural studies)'는 그 같은 대규모 수용 현상을 분석하여 우선 대중의 수용 행위에 담긴 지배의 이데올로기적 구조를 분석하는 것을 중요한 과제로 삼는다. 이는 문화적 코드(code)와 상징체계에 대한 해독작업으로서 '문화연구'의 일반 절차에 해당한다. 물론 이는 단지 현상을 관찰·기술하기 위한 행위만은 아니고, 대중문화에 대한 개입과 실천을 위한 과정에 해당한다. '비평'은 그 개입의 한 방식이다.

일상에서 수백만 명이 동시에 함께 보는 TV 프로그램도 그 대상이다. 그야말로 '일상'을 파고든다. 드라마 〈응답하라 1988〉(이하 〈응팔〉)은 최고 시청률 19.6%를 기록하며 종편 TV의 역사를 다시 쓰고 2015년 최대의 히트상품이 되었다. 10대부터 50대까지 아우른 〈응팔〉 열풍은 1980년대에 대한 대중적 역사상과 집합기억에 작지 않은 영향을 미쳤다.

〈응팔〉은 붐에 값하는 서사적 풍부함과 흥미성을 갖고 있었다. 재벌 2세나 '막장'을 소재로 삼는 한국 주류 드라마 문법을 벗어나 '보통의 삶'을 초점화했으며, 1980~90년대를 살았던 한국인들의 공통감각(common sense)을 자극했다. 또한 '응답하라' 시리즈의 익숙한 틀을 반복하면서도 잘 만든 캐릭터나 새로운 서사요소들을 통해 '익숙한 새로움'이라는 대중 서사의 중요 원리를 잘 구현했다. 특히 시리즈의 전편들에 비해 '여성 서사'를 소재적으로 보강하고[01] 텍스트 작자와 수용자들 사이의 '서사게임'도 강화하여 적극적인 '수용'[02]을 끌어낼 수 있었다. 즉 '어남택', '어남류'[03]로 불린 '남편 찾기 놀이'는 젊은 여성 수용자들을 중심으로 인기의 핵심 요인이 되기도 했다. 또한 〈응팔〉은 어떤 정치성을 내포하고 있었기에, 통상의 드라마 수용자층이 아닌 계층도 TV 앞으로 모았다. 쌍문동 골목의 삶에 대한 재현 자체가

---

01 '덕선이' 자매와 여고에서의 일상과 '풍습', 그리고 '응답하라' 전 시리즈에는 없던 동네 주부들 이야기 등. 그러나 이런 소재와 달리 '응답하라' 시리즈의 전편들에 비해 〈응팔〉의 '여성주의'는 오히려 퇴보·퇴색했다는 것이 여성주의자들의 평가인 듯하다. 여주인공들의 젠더적·문화적 자율성은 외려 줄어들고 가족주의나 결혼(서사) 따위가 가진 비중이 더 강화되었다는 것이다. 이 문제에 관한 조언과 토론은 문학평론가 오혜진으로부터 구했다.

02 문화연구에서 '수용' 자체가 텍스트와 독자·관객·관중 들 사이의 적극적인 상호작용을 내포하는 개념이다.

03 삼각관계에 있는 덕선은 남자 주인공들 중 누구와 결혼하게 되는가? 드라마의 복선을 통해 그 답을 추측하는 일종의 놀이다. 서사가 어떻게 흘러가도 '어차피 남편은 택이가 될 것이다'라면 '어남택', '어차피 남편은 류준열이다'라고 추측하는 사람들은 '어남류'가 된다.

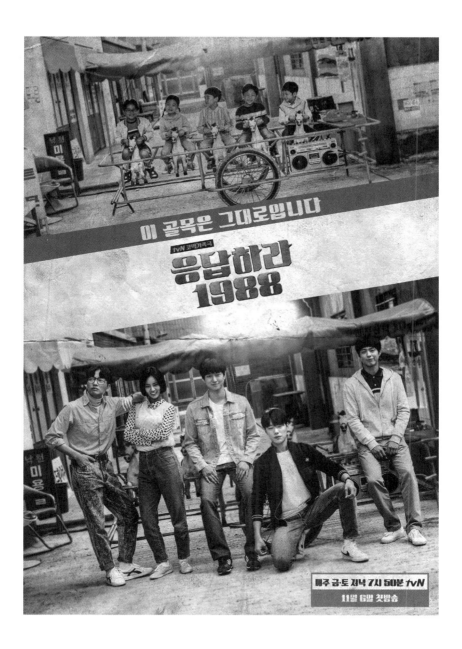

그런 요소를 지니고 있었으며, 서울대 운동권 학생이었던 '보라'를 주요 인물로 등장시켜 1980년대 말의 정치적 상황을 담아내기도 했다.

그럼에도 〈응답하라 1988〉은 보수적인 '판타지'일 뿐이라는 비판을 피하기 어렵다. 한 시대의 욕망과 그 그늘을 가감 없이 보여주는 '비판적 대중 서사'로서 자리매김되기에는 한계가 많았던 것이다. 그중에는 〈응팔〉이 전 시리즈에 비해 여성의 관점이 훨씬 후퇴한,[04] 멜로드라마에서 흔한 '신데렐라 서사의 변종'이라는 비판도 있었고, '영화 〈국제시장〉의 86세대 버전'이라는 비판도 있었다.

이 글에서는 〈응답하라 1988〉의 텍스트가 직조해낸 1980년대 역사상과 대규모 수용의 의미를 짚어보고자 한다. 특히 이 대중 서사가 1980~90년대의 기억을 전유한 방법과 그 의미에 대해 생각해볼 바가 많다고 생각한다.

2. 〈응팔〉의 '시간'과 역사화의 방법

1) 과도기 혹은 이행의 시간: 왜 1988, 94, 97년인가?

〈응팔〉뿐만 아니다. 영화 〈변호인〉, '응답하라' 시리즈 전체, 영화 〈벌새〉, 또 2019년 양준일 열풍을 일으킨 〈슈가맨을 찾아서〉, 심지어 2015년 한국 문학장을 혼란과 논쟁으로 몰아넣은 '신경숙 표절 사태'와 그 후과로 제기된 이슈도 여기에 닿아 있다. 1980년대와 90년대를 어떻게 평가할 것인가, 또는 1980년대에서 90년대로의 이행과 연속성의 문제를 어떻게 볼 것인가에 대

---

04 최지은, 「'응답하라' 패밀리즘 ② 누구의 딸일 수밖에 없는 덕선·나정·시원」, 『ize』 2015. 12. 15(http://m.ize.co.kr/view.html?no=2015121310287248798).

한 최근 연구자들과 대중문화 장의 관심도 커지고 있다. 이는 그 시기 대중문화와 이데올로기적 지형의 근본적 변화와 함께 여성주의(문학)의 대두나 포스트모더니즘의 흥기 등과 같은 복잡한 문제들을 포함한다. 또한 그것은 근저에서 '87년체제'의 이행과 문화적·정치적 자유주의의 확산과도 관련된다.[05] 1987년 6월항쟁에서 1997년 IMF 경제위기 전까지 시기는 비균질성과 비동시성을 내포하는 과도기이다.[06] 이를테면 88올림픽과 지속된 경제성장으로 인해 한국의 세계적 위상과 경제적 상황은 이전과 비교할 수 없이 달라졌다. 그것은 한국의 지식계나 운동권의 인식 능력보다 더 빠른 속도였던 것 같다. 주지하듯, 1980년대 사회구성체 논쟁에서 NL그룹 등은 식민지반봉건론 또는 식민지반자본주의론을 주장했다. 이는 한국 자본주의의 근대성을 폄하하고 제국주의에 대한 종속성과 후진성을 강조하는 논리였다. 1980년대 한국사회에는 프리모던(pre-modern)과 하이모던(high modern)이 공존하고 있었던 것일까? 그래서 대학가에서도 〈농민가〉와 오렌지족과 신해철 음악이 병존할 수 있었던 것일까?

1989~91년에 걸친 사회주의권의 몰락으로 급격한 '자유주의화'가 근저에서 밀어닥치지만, 군부독재 이후의 지배체제나 그에 대한 반작용으로서의 운동정치는 그와 걸맞지 않는 상태에 있었다. 노동조합운동은 6월항쟁 이후에야 본격 개화하여 1995~96년 민주노총의 결성과 총파업까지 성장한다. 반면 1991년 사회주의권의 몰락과 5월투쟁의 패배로 지식인사회와 학생운동은 혼란에 빠지고 퇴조하기 시작한다. '민주화'와 '자유(주의)화'는 급물살을 탔고, 방향도 총체적이었다. 이 문화적 급물살 속에서 많은 모순되고

---

05 천정환, 「'창비'와 '신경숙'이 만났을 때─1990년대 한국 문학장의 재편과 여성문학의 발흥」, 『역사비평』 112, 2015. 8, 278~301쪽 참조.

06 노태우 정권에서 김영삼 정권기까지와 겹친다.

도 흥미로운 멜로디와 표상이 생산되었다. 그것이 '응답하라 시리즈'에 묘사된 여러 문화적 정황들과 음악과 미술(소품과 미장센 등)이다.

이제까지 1980년대에 대한 집합기억을 주로 생산·재생산해온 세 가지 주체를 생각해볼 수 있다. 그 내용은 주로 '민주화'라는 정치·경제적 이행과 그 주체에 대한 것이었다. 첫 번째는 정부이다. 정부는 '참여-투쟁-고난-극복-승리-보상-공식화-화해'를 골조로 한 서사를 '공식기억'의 내용으로 만들어왔다. 특히 김대중·노무현 정부는 '민주화운동'에 대한 보상이나 기념사업, 그리고 '화해와 진실을 위한' 과거사진상규명위원회 등을 통해 '민주화'를 국가정체성의 일부로 기입했다.

둘째, 이에 반해 극우·국가주의 세력은 1980년대 '운동권'에 대한 혐오와 함께 더 큰 범위에서 '민주화'에 대한 폄훼를 내용으로 하는 '반(反)기억'을 주조해왔다. 이는 노무현 정부 시절 이후 더 강화되어 노무현 정부의 정치적 실패와 이른바 '친노좌파', '운동권' 등에 대한 염증을 매개로 했다. 최근에는 여기에 더해 이른바 '민주화'의 과실을 누릴 뿐 현재의 상황에 대해 무책임한 '86세대'에 대한 염오의 정서도 크게 확산되었다.

셋째는 이른바 '386세대' 남성 엘리트들의 회고록 등에 나타나는 집합기억이다. 여기에서는 특유의 방법으로 미시적인 것과 거시적인 것, 주체와 세계의 관계가 결합되고 있어 주목된다. 2010년대 초반의 사례로는 이건범의 『내 청춘의 감옥』(2011), 김명인의 『내면 산책자의 시간』(2012), 류동민의 『기억의 몽타주』(2013), 이근원의 『아빠의 현대사』(2013), 유시민의 『나의 한국 현대사』(2014), 김영환의 『시대정신을 말하다』(2012) 등이 있다. 이들 회고는 하나 같이 70~80년대 '민주화운동 세대' 기억의 양식과 윤리를 건드리고 있다. 약간 다른 결을 갖고 있기는 하지만 이들의 기억작업은 모종의 역사주의를 품고서 왜 80년대가 '586'들에게 특별한 시대로 반추되는지를 보여준다. '80년대'라는 시간의 구조와 그 인식의 특징은 시대의 주체에게 비가역적인 성장과 몰락, 상승과 전락의 경험으로서 계속 특별한 의미를 갖는다. 5·18 광주민중항쟁, 6월항쟁, 1991년 5월투쟁, 사회주의권의 몰락 등 '대문자 역사'를 조형한 사건들이 깊고도 결정적으로 개별자들의 내면에 작용하고 있다. 80년대에 청년기를 경과한 그들은 '이상의 형성과 좌절'이라는 주체의 '성장서사'를 한국사회나 세계사의 변화 과정과 동일시하게 되었다. 그래서 그들은 마음과 '기억' 속에서 자신들이 '세계사적 개인'(헤겔)이라는 착각 혹은 (무)의식을 갖고 있는 듯하다.[07] 이는 90년대가 오자마자 나오기 시작하여 2000년대 초까지 쓰여지고 있는 이른바 '후일담' 소설들과 비교 가능한데, 어쨌든 열거한 기억서사는 모두 엘리트-남성에 의해 수행되었다. 위에서 거론한 책의 저자 중 중앙대 출신 이근원(80학번)을 빼면 모두 77~84학번 서울대 출신 남자다.

그러나 누가 거대한 시대와 미시기억을 독점할 수 있으랴? 〈응팔〉에서 기억은 아주 평범한 사회적 신원을 가진 가난한 집안의 여고생 '덕선'과 그 친구·이웃들의 시선과 목소리(voice)로 80년대를 그렸다. 그러니까 80년대를 향한 시좌(視座) 자체가 달랐다고 할 수 있다. 물론 〈응팔〉에서도 '보라'를 통해 '민주화운동'이 조금 다뤄지긴 했으나 희화화된 후경일 뿐이거나, '보라'와 아빠의 갈등을 통해 〈응팔〉이 제일의로 내세운 가족의 가치에[08] 배치되는 모험적인 행동 정도로 묘사되었다. 사실 서울대생이라는 '보라'의 등장 자체가 '학생운동의 시대'[09]였던 80년대에 대한 서사로서 〈응팔〉이 가진 의미를 구현하는 데 핵심적인 것이 될 수도 있었으나, 이를 제대로 다룰 시야

---

07 천정환, 「1980년대와 '민주화운동'에 대한 '세대기억'의 정치」, 『대중서사연구』 33, 2014. 12.
08 〈응팔〉은 '코믹가족극'을 표방했고 1회에서부터 "결국은 가족입니다"를 강조했다.
09 이호룡·정근식 엮음, 『학생운동의 시대』, 선인, 2013 참조.

나 힘은 없어 보였다. '보라'에 관한 묘사는 다른 인물들에 비해 대체로 모호하고 나이브했다. 종장에 이르러 부모의 기대대로 '보라'가 사법시험에 합격했을 때, '정권이 바뀌어서 보라 같은 운동권도 사시 패스에 문제가 없다'는 정도로 '민주화'의 가치가 사사(私事)화되었다.

〈응팔〉은 여고생 '덕선'의 시야와 목소리로 시대와 미시기억을 소재로 하고, 그 집합기억의 정동과 세목을 주조해냈다. 〈응팔〉은 88올림픽에 관한 일화로부터 시작한다. 88올림픽을 둘러싼 이야기가 제1화로 채택되었다는 것은, 대한민국 '보통 사람'들에게 가장 중요한 사건이 올림픽이었고 다양한 '국민'들이 거기 연루되었다는 점을 환기시켰다. 소설가 박완서의 눈에 포착된 강남의 졸부들뿐 아니라, 〈상계동 올림픽〉(김동원 감독, 1988)에 그려진 바 용역깡패·철거 공무원들과 올림픽을 치른 가난한 시민들에게나, 올림픽 대목에 잠시 '노가 났던' 것으로 묘사된 영화 〈창: 노는계집〉(임권택 감독, 1997)의 성매매 노동자들에게나 '쌍팔년'은 어떤 변곡점이었을 것이다.

그러나 이제껏 그 국제 메가 이벤트의 효과에 대한 세밀한 재현은 거의 없었다. 또한—올림픽이 남한의 대북·대북방관계에 끼친 영향에 대한 연구는 있지만—조성만 '열사'처럼 남북 공동 올림픽을 외친 대학생들도 있었고 '축제'에서 배제된 '비국민'들도 많았는데, 88올림픽이 당시 평범한 일상인들과 시민의 삶에 어떤 의미를 지닌 것이었는지 제대로 연구된 바도 없다.[10]

이처럼 평범한 사람들의 '아래로부터의' 기억과 나름의 성실한 고증을 통한 시대 재현은 〈응팔〉의 가장 중요한 방법론이자 동시에 흥미성의 요소

---

10 최근 몇 편의 논문이 나오기 시작했다. 박해남, 「1988 서울올림픽과 시선의 사회정치」, 『사회와 역사』 110, 2016. 6; 박해남, 「서울올림픽과 1980년대의 사회정치」, 서울대 박사학위논문, 2018; 오자은, 「올림픽의 무의식—1987년 6월 항쟁과 88년 서울 올림픽 사이」, 『한국근대문학연구』 38, 2018. 10 등을 참고.

였다. 〈응팔〉은 쌍문동을 재현하기 위해서만도 수백 명을 인터뷰해서 고증의 정확성을 기하고자 했고, 자료 조사에 많은 노력을 들였다고 한다.[11] 그 고증은 단지 개인사적이고 미시적인 것뿐만 아니라 '사회학적 상상력'에 이르러, 그 시대의 인구·교육 제도 등을 주요한 소재로 삼고 서사 전개의 핵심적인 장치로 삼기도 했다. 예컨대 '덕선이'와 친구들이 이른바 '2차 베이비붐 세대'에 속하는 존재들이고, 그래서 그들이 대입에 응시할 때 응시자가 사상 최대인 89만 명에 달했다든지 하는 이야기도 다른 드라마에서 쉽게 볼 수 있는 것은 아니었다.

농담을 섞어 말하자면 〈응팔〉은 '웰메이드 사극' 아닌가? 이 드라마만큼 많은 문화적 상징물들로 사회사·문화사·미시사적 자극을 주기란 어려울 것이다. 이 드라마가 시대를 재현하는 방법은 다른 사극이나 시대극과 기본적으론 다르지 않았다. 그것은 넓은 의미의 풍속[12]을 재현하는 것이었다. 하지만 보다 정밀하게 하기 위해 수백 명의 보통 사람들을 인터뷰했다는 것 외에도 몇 가지를 더 짚을 수 있다.

2) 미시사인가 소비사인가?

10대부터 50대까지 아우른 〈응팔〉 열풍의 중핵은 '근(近) 과거'[13]의 매력이다. 즉 그것은 분명 '이제 없는 것'이되 다시 기억하고 말할 수 있고, 세세하고도 실감나게 되살려 재연·재현할 수 있는 '살아 있는' 과거의 것들이다. 고증 인터뷰의 대상이 된 사람들도 살아 있는 사람들이다. 그래서 시청자

---

11 「'응답하라 1988'이 불 지핀 때아닌 '곤로 논쟁'」, 『노컷뉴스』, 2015. 11. 6 등.
12 이는 리얼리즘 문예이론에서는 (엥겔스의 용어로) '디테일' 또는 '소설의 육체'라 말하는 것으로서, 좋은 문학작품이 가져야 할 필수 요건이다.
13 '근과거'는 학문적으로 개념화된 용어는 아니다.

들은 석유곤로와 가스레인지 중에 무엇이 그 시대의 소품으로 더 적절한지 다툴 수 있었고, 〈응팔〉의 유행어들과 노래들은 '현재의 감각으로' 재연·편곡되어 히트할 수 있었다.[14]

특히 이 같은 요소는 대중 서사가 시대를 재현하고 기억을 전유하는 방법론으로서 고유하면서도 새로운, 한편 사회의 다른 영역에서는 급격히 확장되고 있는 방법을 사용한 것이다. 그것은 '게임화(gamification)'이다.[15] 고증의 정확함에 관한 논쟁은 시대극·사극이 언제나 야기할 수 있는 바이지만, 일반 시청자들까지 그 논쟁에 대거 참여하는 일이 흔치는 않았다. 시청자들이 관련 자료를 스스로 찾아 글을 올리고 실시간으로 지지 혹은 반대를 받아 논쟁하는 일 자체가 〈응팔〉 '수용'의 중요한 의례이자 메커니즘이었는데, 이 드라마는 서사 자체 속에 이를 극대화할 수 있는 매개를 가졌다(뒤에서 보겠지만 이는 '어남택·어남류' 문제에서도 변형되어 작동한다). 요컨대 〈응팔〉은 그 시대의 온갖 생활소품과 음악(BGM)으로 시대사를 썼고, 미시사·생활사적 텍스트로서의 〈응팔〉은 다른 사극들과 달리 수용자들이 직접 개입된 시대에 대한 정동 그 자체를 '콘텐츠화'할 수 있었던 것이다.

그런데 흥미로운 것은, 〈응팔〉에 사용된 소품과 음악에 의한 기억 중 상당 부분을 상품과 그 광고가 차지한다는 점이다. 그들 중 대부분은 당시 청소년들의 소비재인 먹거리(가나초콜릿, 밀키스 등)와 의류들(나이키, 조다쉬, 빈폴 등의 옷과 신발 등)이었다. 〈응팔〉을 통해 많은 광고가 옛날 TV 화면에서 재연되

---

14 한편 이는 결말부에 이르러 남용되기도 했다. 1989년부터 1993년까지의 삶이 모두 연말 가요 대상 TV 프로그램 앞에서 쉽게 요약되고 나머지 서사의 요소들이 가져야 할 긴밀함이 희생당했다.

15 사회 전반에서 게임화가 진행되고 있다. 기업의 마케팅 기법에서 정부 정책 홍보, 교육, 강연, 금융 거래와 군사안보에 이르기까지 게임이 아닌 것에 게임처럼 재미의 요소를 부여하여 게임처럼 만드는 것을 '게이미피케이션(gamification)'이라고 한다. 임태훈, 「프로메테우스 만물상 (29) 게이미피케이션 사회」, 『한국일보』, 2015. 11. 15.

었는데, 이 또한 결코 작지 않은 논제를 제기한다. 사물들과 음악은 '과거'를 파편이나 절편처럼 단속적으로 끄집어내고 또 이어 붙인다. 마르셀 프루스트(Marcel Proust)는 이를 방법론 삼아 『잃어버린 시간을 찾아서(A la recherche du temps perdu)』 같은 모더니즘 문학의 걸작을 썼다지만, '과거'란 인물·사건·공간, 그리고 맥락 등으로 이뤄진 '총체적인 이야기' 아닌가? '역사(가)'는 어쩌면 당연히 이를 긍정해야겠지만 실제는 그렇지 않고 파편들의 조합과 그들의 환상적 조합이 '과거'나 역사일 수 있다는 점 또한 우리는 알고 있다.

그리고 과연 우리의 (미시적·생활사적) 기억은 곧 '소비의 기억'이자, '상품의 기억'인가? 확답하기 쉽지 않다. 다만 소비대중으로서 삶을 살아가는 현대인들에게 상품과 그 광고의 이미지와 음률이 정동을 생산하고 또 그것을 기억하게 하는 유력한 매개물임은 분명하다. 다시 말해 기억을 매개하는 것은 구체적인 사물들과 감각(청각·후각 등)인데, 그 기능을 상품이 담당할 수 있다는 점을 '응답하라' 시리즈가 일깨웠고 또는 '그렇다'고 강하게 주장한 것이다.[16]

아무튼 이 같은 '기억의 상품화'는 드라마 제작에도 매우 영리한 전략이었다. 노골적인 간접광고(PPL)가 모두 정당화될 뿐 아니라, 불식간에 광고가 자연스럽게 서사의 일부가 되었다. 물론 새로운 수요도 창출했다. 드라마의 주인공들이 수십 억 원의 광고 수입을 올리게 됐다는 점도 짚고 넘어가자.

---

16 이 문제는 더 깊은 토론을 요한다. 인지나 기억을 매개하는 것으로서의 사물과 상품 사이의 차이와 동일함의 문제다.

3. 보수적 유토피스틱스[17] ⟨응팔⟩은 86세대판 ⟨국제시장⟩?

1) 공간의 무의식: 쉽고 안전한, 그러나 불가능하고 없는 세계

개발연대의 쌍문동에 살았던 건 둘리와 덕선이네만이 아니다. 전태일도 있었다. ⟨응팔⟩ 주인공들이 태어났을 즈음인 1970년 서거 당시 전태일의 주소는 '서울 성북구 쌍문동 208번지'였다. 그는 버스비 30원을 아껴 어린 노동자들에게 풀빵을 사 먹이려 쌍문동에서 청계천까지 걸어 다녔다. 그러니까 쌍문동이라는 공간의 (정치적) 무의식은 그저 재밌고 간단한 것만은 아니다.

한국 영화운동사의 '전설'로 꼽히는 다큐멘터리 ⟨상계동 올림픽⟩에 묘사된 올림픽 당시의 서울 개발과 '이웃'의 모습을 상기해보면 어떨까? 1986년부터 88년 사이를 시간적 배경으로 삼은 이 다큐는 어쩌면 ⟨응팔⟩의 '프리퀄' 같다. ⟨응팔⟩에서와 달리 상계동의 가난한 선우네나 덕선이네들은 철거 이후에 실제로 갈 데가 없었다. 4백여 가구가 명동성당 농성장을 거쳐 부천의 고속도로변 천막으로 밀려났고, 또다시 어디론가 강제로 쫓겨 갔다. 하필 그 도로로 올림픽 성화가 지나갔기 때문이다.

졸부지만 넉넉한 이웃인 '정환 엄마'도 물론 없다. ⟨응팔⟩의 주요 미장센은 무언가 함께 먹는 장면이다. 찐 고구마, 옥수수 그리고 라면 등등 늘 더 가진 자가 가난한 자에게 먹거리를 베풀 뿐 아니라, 가난한 자도 덜 가난한 자와 나누었다. 또 가난한 자와 더 가진 자의 아들딸들은 허드레 음식이라도 늘 나눠 먹고 있다. 그래서 ⟨상계동 올림픽⟩의 나레이터가(그 마을에 함께 살고 싸웠던 수녀다) 읊는 대사 하나는 상징적이다. "매일 반찬도 나눠먹던 이웃들이 하루아침에 서로 등지게 되었다." 돈(보상금 등)이 갈라놓았기 때문이다.

---

17 utopistics: 유토피아에 대한 상상력과 지적 고민을 이르는 조어.

〈상계동올림픽〉 사진들은 제11회 전주국제영화제 당시 소개되었던 〈상계동올림픽〉 관련 영상에서 일부 장면을 캡쳐한 것이다.

사실은 등지게 된 정도가 아니라 초기 철거 과정에서만 네 명이 죽었다. 아니, 천막농성 와중에도 가난한 사람들은 뭔가 나눠 먹기는 한다. 어른들은 쭈그리고 앉아 두붓국 같은 걸 함께 떠먹고, 어린 '진주'들은 그 사이를 뛰어다녔다. 그러다 또 마치 선우 같은 고등학생이 어머니를 지키려다 부천시 공무원들에게 집단폭행을 당하고 울부짖는다.

그러니 바깥 세계로부터 격절된 유토피아처럼 묘사된 쌍문동 골목은 존재할 법은 했으나 '개연성'이 낮은 공간이다. 저 골목은 반복된 젠트리피케이션(gentrification)[18]과 뉴타운 탓에 물리적으로도 유지되지 못했다. '골목'은 자살, (면식범) 성폭력, 고독사, 1인 가구들로 차 있다. 〈응팔〉의 깊은 정치성 혹은 그 반대의 낭만성(비현실성)은 모두 그 갈 수 없는 나라, 없는 '이웃'과 골

---

[18] 이 글에서는 도시 재개발을 통해 마을이 파괴·해체되고 원주민이 도시 외곽 등으로 밀려나는 현상·상황 일반을 지칭한다.

목, 또 허물어진 '우리집'을 그린 데 있었다. '우리는 모두 집을 그리고 골목을 떠났다.'[19]

이런 견지에서 〈응팔〉의 마지막회는 양가적이다. '판교' 운운하며 '아파트 신화'를 복창한 어이없는 장미빛 결말은 〈응팔〉이 1994년의 시점에서 1988년을 회고한다는 이중의 과거시제를 갖고 있다는 점에서 양해를 얻을 수 있을지 모른다. 그 신화는 1994년엔 '진행 중'이었고 광범위한 중간층을 포섭할 수 있었기 때문이다. 그러나 다른 한편 〈응팔〉 마지막회는 (폐허가 되어) 그 골목으로 갈 수 없음을 말하기도 했다.

2) 관계: '헬조선'에서 '남편 찾기'

〈응팔〉에 묘사된 '관계'도 마찬가지다. 쌍팔년 쌍문동 그 낭만적 시공간으로 돌아가지 못하는 것은 무엇 때문일까? 사실 우리가 '가족-친구-연인-이웃'들로부터 돌이킬 수 없는 상처를 받거나 반대로 상처를 주었기 때문일 것이다. 이미 많이 지적된 대로 '관계'에 대한 〈응팔〉의 서사는 기본적으로 목가적인 동시에 상식적·보수적이었다.

그런데 〈응팔〉에서 묘사된 사적 세계에는 흥미로운 점이 있었다. 주로 '가족/친구/연인/이웃'의 연쇄로 이루어진 그 골목의 세계에서 '가족/친구/연인/이웃'은 혼동되고 또 혼거(混居)한다. '응답하라' 시리즈의 창작자들은 이성애 중심 사고를 하지만, '가족/친구/연인/이웃'의 (몰)경계 자체에 관심이 많은 듯하다. 즉 '타인과의 거리'라는 관계론적이며 동시에 존재론적인 물음이 거기 담겨 있다는 뜻이다.

---

19 김현미의 동명 책 제목에서 가져옴. 그래서 한 논자는 〈응팔〉을 빌어 '마을 회복운동'의 의미에 대해 논하기도 했다. 「김종휘의 횡단보도: '인간등급'」, 『경향신문』, 2015. 12. 2.

유년기부터 함께 자라온 골목의 친구나 대학 동기, 신입생 시절 첫 하숙집의 하우스메이트 같은 존재와 그들을 만난 '순수의 공간'은 '가족/친구/연인/이웃'의 경계를 흐리게 만들 수 있다. 그 경계 없는 세상은 가족주의로부터 자유롭고 개인주의의 폐해가 억제된 곳일 수 있다. 실제로 '가족/친구/연인/이웃' 사이에는 각각 비교적 뚜렷한 경계가 있고, 저 중에 그래도 믿을 만하다고 간주되는 것은 가족밖엔 없다. '이웃'은 특히 지옥일지 모른다. 그래서 〈응팔〉은 모순적이다. 제1회부터 "결국은 가족입니다"라며 가족주의를 공공연히 표방했기 때문이다. 이 모순은 쉬운 방법으로 해소된다. 그것은 결혼이다. 〈응팔〉의 결말에서 겹겹의 결혼을 통해 혼거·혼동은 다른 방식으로 보존된다. 심지어 이 무리한 '결혼' 해결 방식은 한국식 가부장제의 법적 현실이었던 동성동본 금혼과 '겹사돈' 문제를 환기하는 데로 나아가기도 했다.

물론 결혼은 삶의 '불가역적' 종말이나 종착역은 아니다. 그럼에도 〈응답하라 1994〉에 이어 〈응팔〉도 그 같은 대단원에 이른 것은, 근본적으로 이 보수적인 서사의 내포 작가가 누구이며 또한 '내포 수용자'가 누군지를 드러낸다. 그것은 낭만적 이성애와 결혼에 여전히 환상을 가진 (젊은) 여성이거나 이성애자 남성들이다. 〈응팔〉이 하이틴로맨스의 일종이거나 '로맨스 사극'이라는 비판도 여기에 근거를 두고 있다.

'어남류', '어남택' 남편 찾기는 〈응답하라 1997〉로부터 이어진 일종의 게임이자 수용자를 대거 드라마 수용에 끌어들인 중요한 동인이었다. 특히 '응답하라' 시리즈는 하이틴로맨스의 미적·정서적 장치를 적극 활용했으며, 수용자들은 남편이 누군지 진짜 궁금해서가 아니라, 로맨스 등을 통해 학습된 서사 문법과 장치들을 근거로 결과를 추론하는 재미에 몰입했다. 그러니까 이 '재미'의 핵심은 온갖 대중 서사를 통해 학습된 자신의 서사 감각을 스스로 시험하는 데 있었다.[20] 드라마가 '어남택'으로 종료된 후에도 일부 시청자들이 그 복선을 찾거나 반대 근거를 찾아내는 일에 나선 것을 이를 통해 이해할 수 있다.

이러한 '재미'는 근대 대중 서사의 전통 안에서 꽤 오랜 역사를 가진 것이자, 앞서 말한 대로 최근에 더욱 확장된 것이다. 단지 독자 한 사람이 혼자 추리 서사 속에 작가나 편집자가 설치한 미스터리나 퀴즈를 푸는 게 아니라, 시청자 게시판이나 SNS 등의 '공적' 공간에서 공중이 집단적으로 이 퀘스트를 해결해 나가는 게임을 한다. 그리고 텍스트 또한 이 '참여'와 상호작용하면서 변형되어간다. 〈응팔〉은 처음부터 끝까지 이 같은 '게임화'를 내장하고 있었다. 물론 '응팔 팬픽' 등의 '2차 텍스트'도 생산되었다. 오늘날 텍스트와 그 배우들이 일정 수준 이상의 인기를 모으면 '2차 텍스트'의 생산은 매우 당연한 문화적 양식(관례)이 되었다. 특히 〈응답하라 1997〉의 여주인공들이 바로 HOT 팬덤과 팬픽 작가로 설정돼 있다는 데 주목할 필요가 있다.[21] 오늘날 '팬질'과 '덕질'은 여성 대중문화의 가장 중요한 항목 중 하나이기 때문이다.

3) '내 꿈이 이뤄지는 나라': 86세대판 〈국제시장〉?

조급한 결말에 이르러 〈응팔〉은 서사의 완성도가 급격히 손상당하고 이데올로기적 성격도 노골적으로 드러났다. 특히 17회 이후 '후일담'처럼 요약 제시된 주인공들의 성공담은 드라마가 가졌던 미덕을 많이 깎아먹었다.

평범하다 못해 뭔가 좀 부족한 정겨운 친구·이웃들은 어느새 사라지고,

---

20 오혜진, 「1980년대 여성독서사와 '타자'들의 역설」, 반교어문학회 발표문, 2016. 1. 30.
21 '2차 텍스트'는 정립된 용어는 아니지만 팬픽뿐 아니라 팬덤에 의해 제작되는 각종 패러디와 팬북, 메모리북 등을 지칭하는 용어로 널리 사용된다.

1994년 그들은 모두 서울에서 '내 꿈이 이뤄진 나라'를 살고 있다. 그 친구·이웃들은 원래는 전교 989등에, 6수생에, 때로는 간질 환자이기도 했고 반지하 집에 살며 빚보증에 시달리기도 한다는 것 때문에 친밀했다. 그러나 모든 주인공들은 1994년 혹은 현재 시점에서 의사, 변호사(검사?), 조종사, '셰프' 등으로 '꿈'을 이뤘다. 왜 '사'짜 직업이어야 할까? 저 '꿈-이뤄짐'은 지극히 중산층적이고, 또 욕망 중심적이다.

이 같은 '성공'에 이른 주인공들의 사회화나 성장 과정이 모두 생략되고 없다는 것 또한 약점이었다. 현실은 어떤가? '성장'이 불가능한 사회, 연애·주택 구입·결혼·육아 등에 대한 '5포·7포'가 운위되는 '헬조선'에서 흘러간 고도성장기의 이야기와 결혼담·성공담은 어떤 의미를 갖는 것일까? 그래서 〈응팔〉은 86세대판 〈국제시장〉이라는 따가운 비판도 받는다.

〈응팔〉은 가까운 과거로부터 무엇을 배워야 하는지를 보여주지 못하고 현재를 너무 정당화했다. 서사의 이중시제(1994년과 현재라는 두 개의 시점에서 1980년대라는 과거를 돌아본다는)가 80년대를 오늘의 '헬'과 무관하게 그릴 수 있는 장치였는지 모른다. 그러나 적어도 최소한의 성찰성을 가진 그 세대라면 이제 아무도 자신 있게 80년대를 정당화하며 청년들 앞에서 "라떼는 말이야" 운운하는 이야기를 할 수 없다.

4. 기억의 현재성

1980년대에 대한 기억의 현재성은 오늘날 한국 민주주의의 한계와 다층적인 '주체의 위기'를 맥락으로 했다. 이명박·박근혜 9년, 신자유주의 20년, 민주정부의 실패 속에서 민주노조 운동과 진보정치의 위기, 보수의 장기집권 가능성과 그 효과에 따른 주체의 해체와 삶의 파편화는 자못 심각하기 때문이다. '헬조선'의 현실에서 마음 가난한 우리가 유토피틱스를 게을리하다 보니, '과거' 밖에 매달릴 게 없었던 것인가. 문득 소설 『난장이가 쏘아올린 작은 공』의 유명한 구절이 떠오른다. 지금 보니 이는 '헬조선'과 젠트리피케이션에 관한 명제다.

"천국에 사는 사람들은 지옥을 생각할 필요가 없다. 그러나 우리 다섯 식구는 지옥에 살면서 천국을 생각했다. (…) 우리의 생활은 전쟁과 같았다. 우리는 그 전쟁에서 날마다 지기만 했다." 난쏘공은 쌍문동과 크게 다를 바 없던 바로 옆 동네 면목동을 배경으로 했다.[22]

지옥에 살며 맨날 지기만 하기에 우리는 '천국'을 생각한다. 그것을 생각할 의무, 또는 생각하는 위로를 부정할 수 없다. 그래서 〈응팔〉은 즐겁고 또 괴로웠다. 그런데 '촛불'에서 우리는, 아니 586세대는 이겼다. 〈영화 1987〉로써 '라떼는 말이야(Latte is Horse)'를 완성했다.

---

22 더 정확히는 면목동과 함께 인천을 배경으로 삼았다.

3부
K-민주주의의 계급, 젠더, 세대

01

강남역 살인사건부터 '메갈리아' 논쟁까지
—'페미니즘 봉기'와 한국 남성성의 위기

2015년 이후 지난 5년간 한국사회에서 일어난 가장 큰 변화 중 하나는 젠더관계의 변화다. 페미니즘 운동과 붐이 이전에도 있었지만, 대중성·지속성·치열함에서 근래와 비교하기 어렵다. 여성사의 과거로부터 돌아보면 이 붐의 '이름'은 손희정이 써서 유명해진 말 '페미니즘 리부트'[01]가 적절하다. '혁명' 좋아하는 사람들에게는 '젠더혁명'이라 할 만큼 근년의 변화는 급진적이다. 거기 결부된 여성들의 인식과 집합행동의 강렬함을 생각하면 '페미니즘 봉기'라고도 부를 만하다. 지난 5년여 사이에 기존의 가부장 지배질서와 남성 우월주의는 심대한 타격을 받았다. 사회의 변화가 여전히 충분하다고 말할 수는 없지만, 여성들은 계층과 세대를 넘어 돌이킬 수 없이 변했다.

그래서 권김현영이 2019년에 낸 책의 제목과 부제 『다시는 그 전으로 돌아가지 않을 것이다—진화하는 페미니즘』[02]은 이 리부트/봉기/혁명의 역사적 의미를 잘 함축했다. 권김현영은 책의 서문에서 이 '돌아갈 수 없음—불

---

01 손희정, 「페미니즘 리부트—한국 영화를 통해 보는 포스트-페미니즘, 그리고 그 이후」, 『문화/과학』 83, 2015. 9.
02 권김현영, 『다시는 그전으로 돌아가지 않을 것이다』, 휴머니스트, 2019.

가역성'을 주로 페미니즘 내부의 역사성으로 설명하고 있지만, 여성들은 물론 한국사회의 가부장제 자체도 다시 과거로 돌아가지 못하지(/않지) 않을까? 남자들은 어떨까? 한편에서는 젊은 남성들도 '페미니즘 세대'[03]임을 자처하고 있지만, 반동(백래시)과 구습도 여전히 만만치 않다.

2015년 이래 5년간의 변화가 크고 급진적이었던 만큼 페미니즘과 젠더, 그리고 성적 소수자성에 대한 논의 또한 학계·지식계 전체에서 가장 크게 깊게 '진화'한 분야다. 백만 부를 훌쩍 넘게 팔린 소설 『82년생 김지영』을 위시하여, 쏟아져 나온 페미니즘의 서적이 보여주는 지적 전복의 성격을 허윤은 다음과 같이 설명한다.

> 여성들은 자신의 삶을 구성하는 토대를 의심하고 다시 보게 되었다. 이 다시 보기/수정(re-vision)은 페미니스트 비평의 첫 단계이기도 하다. 자신이 경험하는 억압의 근본적인 원인이 젠더에 있다는 고민이 시작되고 2018년의 페미니스트 독자는 텍스트를 해석하는 주체로 거듭나고 있다. 그렇기 때문에 비평가와 독자의 구분은 사라진다. 『82년생 김지영』을 둘러싼 논의를 해석하는 첫 번째 단계는 독자가 과소평가되었다는 데서 출발해야 한다.[04]

지금도 진행 중인 이 '다시 보기'와 전방위적 '전복'을 온전히 따라잡기란 거의 불가능해 보인다. 그런데 한국 남성성에 대한 논의는 그다지 크게 진전된 것 같지는 않다. '역사적 남성성'에 대한 논의가 진전되고[05] 『할배의

---

03 박동수, 「페미니즘 세대 선언」, 『한편 1호—세대』, 민음사, 2020.

04 허윤, 「로맨스 대신 페미니즘을!―'김지영 현상'과 '읽는 여성'의 욕망」, 『문학과사회』 31(2), 2018. 5.

05 권김현영·루인·엄기호·정희진·준우·한채윤, 『한국 남성을 분석한다』, 교양인, 2017; 최태섭,

탄생』 같은 뛰어난 분석이 나오고, '20대 남자'에 대한 논의가 언론에서 꽤 활발하게 전개되고, 또 재현되는 남성성의 문제를 학계에서 꽤 자주 다루긴 한다.[06] 그러나 아직 실증적으로나 민족지적 방법으로나, 세대별·계급별 남성성의 구체적인 역사적 변화나 가부장제의 해체(재구성)에 대한 고찰은 부족하다.

이 글은 2016년 7월에 처음 쓴 것으로, 강남역 사건 이후 초기(?) 페미니즘 '리부트'와 남성들의 반발을 주된 소재로 삼았다. 당시로서는 꽤 많이 읽히고 인용도 많이 되었다. 상황은 변했지만 당시의 결론은 지금도 문면 그 자체로 유효한 듯하다. 일련의 페미니즘 관련 논쟁과 사건을 통해 교훈을 얻어 우선 변해야 할 것은 한국 남성이며, 만연한 성차별과 혐오의 문화를 극복하고, 평등과 인권존중의 사회로 나아가기 위해 여성들의 목소리에 귀를 기울여야 한다는 것이다. 성찰적이고 새로운 남성성을 상상하고 실천하는 일은 여전히 쉽지 않다. 그것은 남성에게도 고통을 안겨다 주는 기존의 가부장제를 대안적-공동체로써 대체해가며 다양한 다른 사적 세계를 만들어가야 한다는 원칙과 병치되는 일일 것이다.

1. 페미니즘 붐과 변화들

2016년 5월 강남역 살인사건 이후 폭발한 여성들의 분노와 '여성혐오' 반대의 언어·담론·정동은 한국사회를 어떻게 바꾸고 있는가? 이 글을 쓰고

『한국, 남자』, 은행나무, 2018.

06 연세대학교 젠더연구소 엮음, 허윤·손희정 기획, 『그런 남자는 없다―혐오사회에서 한국 남성성 질문하기』, 오월의봄, 2017.

있는 2016년 8월 현재까지, 메갈리아와 '티셔츠 논란'을 정점으로 논쟁은 끝없이 이어졌다. 일련의 논쟁과 움직임이 한국의 젠더 상황 전체의 변화를 야기하고 있다. 남성중심주의와 가부장제에 근거한 연애·결혼은 물론, 여성의 외모 꾸미기 등도 모두 '재검토'의 대상이 되고 있다. 강남역 살인사건 직후 사법권력은 사건의 '원인'과 성격을 규정하며 '여성혐오 범죄가 아니'라는 언사를 반복하면서도 '여성안전 특별치안대책'을 추진했다.[07] 물론 이는 대중적인 것이며 '공안적인 것'이다. 이를 통해 여성의 불안이 해소되고 남성의 행동양식에 변화가 생기고 있을까? 예컨대 이전에는 '데이트폭력'이라는 단어조차 없었거나 그런 폭력이 범죄라는 인식을 갖지 못한 남성도 허다했다.

그러나 공론장은 좀 다르다. 2016년 7월 게임회사 넥슨이 메갈리아 지지자인 여자 성우를 계약 해지한 사건 이래, 논란은 새롭게 뜨거워졌다. 남녀 성대결의 구도를 띤 논란과 함께 페미니즘에 대한 탄압과 반동이 확산되었다. '일베'는 물론 디시인사이드, 오늘의 유머, 루리웹 등 웹상의 서브컬처에 몸 담은 남성들이 집단적으로 몰려다니며 메갈리안과 그걸 지지하는 여성들(뿐 아니라 일부 남성들)에 대해 신상털이를 비롯한 갖은 폭력적 행위를 자행했다.[08] 또 이 논란은 특히 정의당이나 〈오늘의 유머〉 같은 게시판에서도 비화되어, '진보'의 의미를 되묻게 했다.

역사적으로 페미니스트·페미니즘에 대한 적개심과 '낙인찍기'는 별로

---

07 「경찰 '여성치안대책' 시행 후 "불안신고 하루 450건"」, 『머니투데이』 2016. 6. 20. 각 지역의 경찰이 데이트폭력사범 등 '여성 불안 사범'을 수백 건씩 입건하고 구속하여 '실적'을 발표하고 있다. 그 전체적인 집계도 앞으로 발표될 듯하다. 「전북 경찰, 여성 대상 범죄 37명 중 5명 구속」, 『뉴스 1』 2016. 7. 13; 「서울 경찰, 여성 대상 범죄 적극 구속수사 방침」, 『연합뉴스』 2016. 6. 17 등 참조.
08 「메갈리아 논란, 기자들 신상까지 털어 공격했다」, 『미디어오늘』 2016. 7. 25.

낯설지 않은 행태다.[09] '일베와 메갈은 똑같고, 메갈은 진정한 페미니즘이 아니다'라는 식의 논리(?)는, 새로운 페미니즘 정치에 위기감을 느낀 남성들의 페미니즘에 대한 또 다른 '낙인찍기'의 일부라 보인다. 뒤에서 상술하겠지만, 문제는 (주로 웹에서) 몰려다니며 여성(주의)을 공격하고 성대결을 벌이는 바로 그 행동이 오늘날 한국 남성성의 주요 형식이자 내용 그 자체가 되고 있다는 점이다. 물론 그것은 심대한 위기에 처한 남성성의 표현이다.

2015~16년에 한국에서 페미니즘은 완전히 새로운 전기를 맞았다.[10] 백출하는 페미니즘 담론과 새로 생겨난 여성단체나 그룹, 그리고 대중적인 페미니즘 강의나 도서의 출간·수용이 가히 새로운 시대의 도래를 느끼게 했다. 문제는 언어화되어 인식되는 지적·문화적 '페미니즘'의 차원을 넘는다. 심상치 않은 여성 대중의 동향, 특히 20대를 중심으로 한 젊은 여성들의 '아래로부터의 봉기'에 가까운 행동주의와 새로운 담론(공간) 창출의 의미는 실로 깊다. '포스트잇 민주주의'로 명명되기도 한 추모 공간 설치와 이어진 여성들의 (밤)거리 행진은 한국 역사상 유례가 많지 않은 일이었다. 다각도로 펼쳐지는 직접행동과 '지적 봉기'는 미투 운동과 '혜화동 시위'를 거쳐 2019년에도 지속되었다.

오늘날 20~30대 여성은 거의 모든 '고급' 대중문화와 '교양'의 '지킴이'들이기도 하다. 인문학 강좌, 영화, 연극, 뮤지컬 등의 영역은 20~30대 여성이 주도한다. 예컨대 교보문고의 2015년 젠더별-연령대별 '구매 독자' 분석에 의하면, 전체 독자층 중에서 가장 중요한 계층은 20대 여성 〉 30대 여성이고, 이를 40대 여성 〉 40대 남성 〉 30대 남성 〉 20대 남성이 뒤따른다. 각 연령

---

09 조주은, 『페미니스트라는 낙인』, 민연, 2007 참고.

10 손희정, 「페미니즘 리부트」, 『문화/과학』, 83, 2015. 9; 「이화여대 정년퇴임하는 장필화 교수 "여성혐오 30년 전 퇴행한 듯… 여성학은 이제 시작"」, 『한겨레』, 2016. 7. 13 등 참조.

여자라 살해당했다 강남역 10번 출구 인근 건물에서 한 여성이 일면식도 없던 이에게 살해당했다. 사건의 원인이 여성혐오라고 생각한 이들이 모이기 시작했고, '여자여서 죽였다', '화장실도 두려워서 못 가겠다', '살고 싶어요', '나는 우연히 살아남았다' 등 수많은 포스트잇이 강남역 10번 출구에 붙었다. * 사진 출처 『변혁정치』 65, 2018. 5. 16.

대 안에서 남녀의 비율은 각각 다른데, 10대 남성은 10대 여성에 비해 무려 4 배 정도나 책을 안 사고, 20대 남자는 20대 여성보다 3배 정도로 안 산다. 이런 남녀 간 격차는 30대나 40대에 2~1.5배 정도로 완화되고 50대 이상(이는 물론 무척 낮은 비중이다)에 이르러서야 비슷하거나 역전된다. '구매 독자' 중 남성은 32~34%에 불과하다. 즉 '책 사 읽는' 남자는 여자의 반밖에 안된다. 오늘날 책 읽기의 사회적 의미를 생각해보라. 교보문고 구매 독자만을 대상으로 한 조사지만 그 결과는 한국 젠더문화의 중요한 사실을 연상시킨다.[11] 이는 '일베'와 '혐오'로 표상되는 남성문화, 그리고 20~30세대와 50~60세대의 문

---

11 「김DB의 최종분석」, 교보문고 홈페이지(http://news.kyobobook.co.kr/it_life/kimdbView.ink?sntn
    _id=11192&expr_sttg_dy=20151214083000, 검색 2016. 8. 2).

화적 격차와 어떤 관련을 맺고 있을까?

성·가족·섹슈얼리티의 이론이자 실천으로서의 페미니즘은 한국사회에서 공동적이고 보편적 해방운동의 새 지표일 수 있을까? 또는 '전략과 전술' 같은 인식을 페미니즘이 매개하며 어떤 현실의 자원을 동원하며 '정치화'할 수 있을까?[12] 오늘날 20~30대 여성은 단지 문화 수용의 영역을 넘어 우리나라 민주주의 문화의 수호자이다.[13] 세월호 사건 등 각종 집회의 참가자들과 진보정당 당원들의 성비는 어떨까? 촛불 참가자의 비율에서도 여성은 남성을 상회했다.[14] 이제 여성은 세대를 막론하고 결코 정치에 대한 수동적 참여자나 국외자가 아니다.

20~30대 여성들은 현재의 '아래로부터의'[15] '페미니즘 봉기'의 주역들이다. 오늘날 '주체 재생산'의 부재가 한국 시민사회나 운동정치의 핵심적인 문제라면, 우리는 당연히 이 여성들을 주목해야 할 것이다. 페미니즘이 또는 '페미니즘적 주체'가 생활세계에서의 문화 수용과 창조뿐 아니라 전체 한국사회의 인권과 민주주의 투쟁에서 새로운 주체 형성의 매개자가 되고 있기 때문이다.

덧붙여 이런 페미니즘과 반(反)여성혐오 운동은 학계·언론계 등에 걸친 '여성 지성'의 변화에도 영향을 미칠 것이다. 왜냐하면 우선 '미소지니(misogyny)' 개념은 날카로운 정치성을 가진 담론적 구성물이기 때문이다. 반

---

12 마리아 미즈는 이에 대해 페미니즘이 일종의 '아나키' 운동이며 '타워' 같은 것을 갖지 않는 '독립성'을 지닌다고 설명한 바 있다. 그러나 실제 참정권 운동 이래 여성 정당이 건설된 나라들은 많다.

13 천정환, 「한국 독서사 서술 방법론 (1) 독서사의 주체와 베스트셀러 문화를 중심으로」, 『반교어문연구』 43, 2016. 8.

14 서복경 외, 『탄핵 광장의 안과 밖』, 책담, 2018.

15 워마드·메갈리아 등의 사이트에 나타난 일부의 급진성과 자생성은 이런 성격을 보여준다. 이는 여성 지식인, 문학자, 사회운동가 들이 중심이 된 과거의 페미니즘과 차이로 볼 수 있다.

여성혐오 담론은 모든 가부장제의 담론과 문화 양식에 대해 문제제기하는 효력을 지닌다. 그것은 초역사적 성격을 띤 채 '남성문명'(동서고금의 가부장제)과 그것이 창출한 문화의 모든 것에 대해 성찰하고 또 극복할 것을 요구한다.[16] 서양의 여성 지성이 1960년대 이래로 서구의 철학, 문학이나 문화 전반에서 여성혐오를 찾아냈듯이, 한국 여성 지식인이나 연구자들도 자기 영역에서 지극히 가부장적이며 때로는 봉건적인 담론과 관행을 공격하고 부술지 궁금하다. 그래서 1990년대 초반에 여성주의의 융기로 한국 지성사·문화사의 새 장이 열렸듯, 우리가 또다시 새로운 지성사의 한 장을 맞을지 관심이 가지 않을 수 없다. 그리고 미투 운동은 그 현실적 계기가 되어 한국 인문·사회과학을 바꿔가고 있다.[17]

이상에서 대략 묘사한 바와 같이 터져 나온 여성의 목소리와 행동은 현재 생활세계, 사회세계, 지성 및 담론 공간, 제도정치 공간 등에서 각각 다른 수준에서 변화를 만들어내고 있거나 장애물과 대치하고 있다. 이를 점검하는 일은 중요한 문화학적·지성사적 과제이다.

이런 상황을 염두에 두고 강남역 사건 이후 젠더문화의 변화를 남성 발화와 남성성의 문제를 통해 살펴보고자 한다. 특히 '페미니즘 봉기'에 대한 남성들의 작용·반작용이 소재다. 두 가지 이유가 있다. 첫째 사회적 여성성

---

16 우에노 치즈코나 정희진은 문명 전체와 자국(즉, 일본과 한국)사를 함께 거론한다. 우에노 치즈코 지음, 나일등 옮김, 『여성 혐오를 혐오한다』, 은행나무, 2012; 정희진, 「가장 오래된 문명, 여성 혐오」, 경향신문 사회부 사건팀, 『강남역 10번 출구, 1004개의 포스트잇—어떤 애도와 싸움의 기록』, 나무연필, 2016.

17 예컨대 오혜진 외, 『문학을 부수는 문학들—페미니스트 시각으로 읽는 한국 현대문학사』, 민음사, 2018이나 오혜진 외, 『원본 없는 판타지—페미니스트 시각으로 읽는 한국 현대문화사』, 후마니타스, 2020은 한국 문학과 문화사 분야에서의 변화를 보여주는 두드러진 성과다. 다른 인문·사회과학 분야에서는 이와 같은 방식의 변화가 선명하지 않다. 인문·사회과학 전반의 침체와 여성 연구자들의 곤궁한 처지와 유관한 현상이라 보인다.

과 남성성이 상호작용과 간섭에 의해 구조화된다고 할 때, 강남역 살인사건과 메갈리아 논란은 극명한 재재로서 페미니즘의 효과와 오늘날의 젠더문화를 보여주기 때문이다. 둘째 '일베', '오유'를 위시한 인터넷 공간에서의 오늘날 청년세대 남성의 의식의 특징과 그 재생산의 기제는 그 자체로 한국 민주주의의 진로나 사회세계의 변화에 중요한 의미를 갖기 때문이다.

2. 강남역 살인사건 이후 남성 담론

'여성혐오'가 원인이 된 강남역 살인사건에 대한 여성들의 의미화와 행동에 대해 남성들은 다기한 반응을 보이면서 새로운 젠더 갈등을 빚어내거나 여성들의 목소리를 수용했다. 그 반응을 반작용, 개입, 침묵, 성찰 등으로 나눠볼 수 있다.

1) 반작용/백래시
반작용은 우선 강남역 사건의 해석을 둘러싼 담론 전투에서 시작됐다. 여성들은 살인사건 자체를, 또는 여성혐오 개념을 어떻게 이해할 것인가를 두고 '남자들'뿐 아니라 정부(사법권력)와 보수언론 등과도 전투를 벌여야 했다. 그러나 '여혐' 개념을 둔 싸움은 이미 전개 중이었다. 물론 더 중요한 것은, 앙상한 사법 언어로 설명된 소위 '범행동기'나 범인을 환자로 몰아가려는 상황과 별도로, 강남역 살인사건이 '여성혐오' 문제로 인식되고 확산된 맥락 자체였다. '원인'이 아니라 '맥락'이며, 맥락이 곧 현실이기 때문이다.

당연히 남성들 '전체'가 잠재적 살인자나 성범죄자는 아니지만, 여성 '전체'는 고통 받고 있다. 양자는 둘 다 '팩트'일텐데, 큰 인식의 격차를 빚었다.

이 엇갈림은 어디서 생겨났을까? '남성/여성'이라는 이항대립과 호명의 유명론 때문인가? 분명한 것은 젠더의식이든 공감의 부재 탓이든, 대부분의 남성이 성희롱·성폭력 피해의 고통이나 피강간의 공포를 이해하지 못하거나 가벼운 것으로 치부하는 경향이 있다는 것이다.

또 중요한 것은, 강남역 살인사건의 성격규정 문제가 새로운 '젠더 대결', 즉 '남성혐오'라는 의미화의 소재가 되거나 그렇게 잘못 재현되어갔다는 것이다. 왜 그럴까? 젊은 우익적 '혐오자'들뿐 아니라, 이제 상당수 평범한 젊은 층의 남성들에게는 여성이 한국사회의 약자라는 의식이 없다. 그런 상황 속에서 페미니스트들의 일부 언어는 대결의식이나 콤플렉스를 자극한다. 이런 사고방식은 오늘날 한국 남성성의 한 측면을 구성한다. 그 구조와 연유는 다음 절에서 더 자세히 이야기해보자.

2) 개입('자지랖') 혹은 침묵

페미니즘 담론과 운동이 확산되자 다른 논쟁도 시작되었다. 즉 담론장의 '남성 진보' 또는 남성 지식인이 딴죽을 걸며, 페미니즘 담론의 '과잉'이나 급진주의적 경향에 대해 지적하거나 '페미니즘 대 맑스주의'의 고전적인 논점을 꺼내 오늘날의 경향을 재단하고자 하는 흐름이 나타난 것이다.

결과적으로 이는 공론장에서 많은 '남성 진보' 또는 남성 지식인의 권위를 추락시키는 효과를 발했다. 2015년 봄~여름 사이에 여성들은 이전에 볼 수 없는 강한 분노와 불신으로 남성 중심적 비판 담론을 대부분 일축했다. '자지랖'(자지+오지랖) 같은 말은 그 일축의 강렬한 예이다. 이는 수입된 '맨스플레인' 같은 단어의 완벽한, 아니 더 강렬한 역어라 하겠다. '자지랖' 같은 미러링의 거친 언어의 조제와 사용은 페미니즘의 하나의 자생적 전술이자 문화의 일부였다. 미러링 이후 반-여성혐오 전선은 새로운 '정치'를 창출했다. 한국 남성의 여성 지배와 성차별적 행태 전체가 이른바 '미러링'에 의해 고발되었다. '씹치남' 같은 단어 또한 도발적이면서 신선하게 한국 남자의 섹슈얼리티와 콤플렉스를 치고 들어간 적실한 풍자이자 비판이었다. 그렇게 미러링은 이제껏 없던 새로운 차원의 '여성정치'였다. 여성들 자신에 대한 미러링의 '의식화' 효과 또한 광범위했다. 그러나 이 미러링의 기제가 문제를 구조나 전체성으로부터 떼어내고 의도와 달리 문제를 '인격화'(예컨대 '한남충' 같은 호명)하는 한계를 갖고, 또 그에 대한 반작용이 문제의 본질을 가려버리는 역효과 등을 고려할 때, '지속가능한' 운동 방식이라 평가되진 않는다.[18] 대표적인 페미니스트 논객 정희진 또한 '맨스플레인', '자지랖' 문제에 대해 다음과 같이 발언했다.

> 남성은 여성의 경험은커녕 자기가 누구인지도 이해하기 어려운 구조에서 살아간다. 이는 이번 사건에서도 극명한 결과를 낳았다. 남성의 사회성 부재와 남성 우월주의는 남성의 지적, 문화적 지체 현상을 초래했고 성별 문제에 대한 대화를 불가능하게 만들었다. (⋯) '정신을 차리고 일찍 일어나 청소하고 밥하고 사회의식을 가져야 할 사람'은 여성이 아니라 남성이다. 남자들은 우리를 가르치려 한다? 나는 그렇게 생각하지 않는다. 남성에게, 백인에게, 이성애자에게 배울 것은 없다. 문제는 맨스플레인이 아니라 그들이 가르칠 내용이 없다는 것이다."[19]

---

18 미러링에 대한 복잡한 여러 논의들의 목록을 제시하지는 않는다. 『미디어오늘』, 『경향신문』 등의 연속 기획기사를 참조. 그리고 미래(맑스주의 페미니스트), 「'미러링'의 정당성과 한계, 그리고 메갈리아는 왜 범죄집단이 아닌가」, 『경향신문』 2016. 8. 3; 황성필, 「메갈리아에 대한 낙인과 배제는 해결책이 될 수 없다」, 『미디어오늘』 2016. 8. 3 등이 현재 필자의 입장에 가깝다고 생각한다.

19 정희진, 앞의 글, 186쪽.

페미니즘은 보편적이면서 동시에 '정체성의 정치'로서의 성격을 지닌다. 억압자의 구미와 취향에 맞아 그들을 불편하지 않게 하는 피억압자의 투쟁·언어·이념이란 잘못된 것이다. '오빠가 허락한 페미니즘' 또는 '제국주의가 허락한 민족해방운동' 같은 데 비유할 수 있을 것이다. 많은 남성들의 침묵의 의미도 이런 맥락과 닿아 있다. 즉 '자지랖', '맨스플레인' 비판에 대한 반응으로 침묵을 택하거나, '일베화' 아니면 '꼰대화'된 다른 남성들의 반여성-반페미니즘에 대한 최소한의 반대로써 차라리 침묵을 택한 경우가 많았다. 물론 침묵은 페미니즘에 대한 소극적 보이콧 또는 소극적 반대의 의미를 지니기도 했다. 이런 경향은 미투 운동 이후 더욱 심화되었다.

3) 성찰과 친(pro)페미니즘

일부 남성들은 적극적으로 여성들의 주장을 수용했다. SNS뿐 아니라 강남역 추모 공간에서도 '포스트잇'을 통해 남성들은 "남자라서 미안하고 죄송합니다", "저는 잠재적 가해자입니다"라고 고백했다. 또한 "우린 우리가 언제라도 잠재적 폭력자가 될 수 있음을 너무 쉽게 잊고 살아왔습니다. 남성으로서 죄송합니다. 잘못했습니다. 용서를 빕니다"라는 자기반성의 자세를 취했다.[20]

이 같이 구래의 '남성 진보'와 구별되는 세대적·젠더적 정체성을 지닌(그렇다고 주장하는?) '새로운' 남성[21]들이 나타나는 것은 흥미롭다. 그들은 '몰(沒)젠더'한 86세대 '아재'들이나 '마르크스주의에 쩐' 운동권(또는 굳이 그렇게 표상

---

20 김서영, 앞의 글, 175쪽.

21 이처럼 페미니즘에 공감하며 여성을 배려하며 비-가부장적 관계를 맺는 남성을 '신남성'이라 일컫기도 한다. 아직 '신조어'로 확실히 등재되지는 않았다. 다음 기사들을 참조 「사소한 소다 (1) 젠더불평등에 관심 갖는 남성모임 '시시콜콜'—남자들의 수다에 '음담패설' 꼭 끼어야 하나요」, 『한국일보』 2016. 8. 3.

되는)과 자신을 구별하는 듯하다. 그런 '친여성주의' 주체 또는 이른바 '남성 페미니스트'의 형성 자체가 한국 남성성 재구성의 일부일 수 있다.

남성 페미니스트는 물론 소수다. 한국에서 연대-주체 형성을 어렵게 하는 요소들은 많다. '지배자로서의 남성'이 '도달하기 어려운' 소수자성, 그리고 생물학적이면서 동시에 문화정치적인 '차이', '남성 진보'의 한계 등이 포함되겠다.[22] 당사자 운동으로서의 여성주의 운동에 대해 '남성'이 발언권이 있는지, 또는 여성들이 벌이는 이 싸움이 정체성의 차이를 지닌 주체 간의 '연대'의 문제인지, 아니면 남성들이 괜한 오지랖을 발하거나 '맨스플레인' 할 위험을 피해 '아닥'하고, 여성들의 입장과 호소에 마음을 열고 경청하되 당사자들에게 맡기는 편이 나은지, 아니면 어차피 자고동서로 페미니즘도 한 갈래가 아니니 각자의 '여성운동' 혹은 성해방 운동을 하면 되는지? '남성'의 위치는 혼란스럽다. 어쨌든 2016년 7월 '메갈리아 논쟁' 때문에 진보적인(?) '남성'의 위치는 더욱 모호해지고 내파되고 있다. 이는 '페미니즘 봉기'의 효과 중에서 가장 확실하고 중요한 것 중 하나다. 남성-페미니즘의 문제는 한국에서도 본격적으로 고민되기 시작했다.

3. 남성성의 자리들

1) 일베, 고독사 또는 자살: 남성성의 '일반적 위기'와 경제

오늘날 한국의 여성혐오는 두 가지 벡터, 즉 ① 전통적이고 고질적인 가

---

22 톰 디그비 지음, 김고연주·이장원 옮김, 『남성 페미니스트』, 또하나의문화, 2004는 이런 문제
    의 미국 상황을 다루고 있다.

부장제와 차별의 구조,[23] ② 신자유주의의 심화에 따른 고용과 경제적 위기가 초래한 남성성의 요동이나 위기와 유관하다. 다음과 같은 설명이 일단 설득력 있다.

> 경제력은 남성 매력의 중요한 부분으로 여겨진다. 그리고 남성에 대한 여성의 경제력 의존이라는 구도는 성별 권력관계에서 남성이 우위를 점하는 물질적 기반이기도 하다. 남성들은 데이트 비용, 결혼 비용, 가족 부양 비용을 충분히 감당할 수 있음을 여성에게 어필해왔다. 그러나 오늘날 전통적인 성역할에 대한 남성 청년들의 부담감이 커지자 여성의 속물근성을 비난하기 시작한 것이다. (…) 성역할 수행이 불가능하다는 남성의 좌절감은 여성혐오라는 퇴행으로 치닫고 있다. 남성이 사회적으로 남성성을 인정받는 경로는 노동을 통해 처자식을 부양하는 것이다. 즉 남성은 아내와 자녀를 소유하고 통제하는 남성 생계 부양 가족을 구성해야 한다는 의미다. 그러나 청년들은 생계 부양자 남성으로서의 전망이 요원하여 사회적 남성성을 획득하기가 어려워졌다. (…) 어려움에 처한 것은 가족 구성과 유지만이 아니다. 남성과 여성의 성역할과 관계 역시 위기에 직면했다.[24]

남성성의 위기는 가족 부양자로서의 지위 상실과 학교와 취업시장 등에서 여성과 경쟁해야 하는 경제 상황과 유관하다. 이는 상층과 하층 계층에서 일면 같고 일면 다른 양상으로 현상한다. 조귀동에 따르면 중산층 이상의 '번듯한 일자리' 가운데 여성의 상대적 몫은 2000년대 이후 큰 폭으로 늘

---

23 마리아 미즈 지음, 최재인 옮김, 『가부장제와 자본주의』, 갈무리, 2014에서는 일국성을 넘는 여성혐오의 초국적 생산 구조에 대해 역설한다.

24 이유미, 「한국 여자들은 어떻게 '김치녀'가 되었나」, 『월간 오늘보다』 18, 2016. 7, 14쪽.

었다고 한다. 최상위의 '가장 좋은 일자리'는 예나 지금이나 남성이 차지하지만, 특히 '대기업 취업'의 경계선이나 공공 기관 등에 있는 일자리에서 남성의 상대 비율은 줄고 여성 비율은 커지고 있다. 소득 8~6분위에서 남성의 비중은 급감하고, 대신 최하위 30%(1~3분위)에서 남성 비중이 큰 폭으로 늘어났다. 즉 젊은 여성에게 배당된 일자리의 몫은 번듯한 일자리의 '경계'에서 집중적으로 일어났다. 이 자리는 상경 계열, 사회 계열 등 '문과 계열' 대기업 근로자의 비중이 높은 곳이다. 이처럼 1차 노동시장의 주변부 및 '탈숙련화'된 대기업 일자리에서 남성의 몫이 급속히 줄어들자, 2000년대 중반 이후 대학에 입학한 남성 입장에서는 준거집단인 3~4년 전 선배들에 비해 여성이 강력한 경쟁자처럼 비춰질 수 있을 것이라는 설명이다. 요컨대 남성 취업자 및 구직자는 노동시장에서 첨예한 경험을 하게 되는데, '페미니즘 이슈'에 중산층 남성들이 민감하게 반응하는 데는 노동시장에서 그들의 지위 악화가 영향을 미치고 있는 것이다.[25]

실제로는 약 50%에 달하는 남성 청년이 고졸이나 지역대학 출신이다. 그들은 '번듯한 일자리'에 낄 수 없고, 임금 수준은 세습 중상층(upper middle class)이 차지하는 '번듯한 일자리'의 60% 수준에 불과하다. 물론 하층 여성들은 이보다도 더 열악한 처지에 놓이고 더 목소리가 없다. 중간 서열 이하의 대학이나 전문대를 나온 여성들, 고졸 여성들의 일자리와 임금 수준은 과연 어떨까? 하지만 남성들의 반응은 다음과 같은 식으로 현상한다.

학교 성적이나 각종 취업시험에서 여성들과 경쟁하는 남성들은 여성을 약

---

25 조귀동, 『세습 중산층 사회—90년대생이 경험하는 불평등은 어떻게 다른가』, 생각의힘, 2020, 76~77쪽.

자로 볼 이유가 없다고 생각한다. 게다가 취업을 준비하는 시기에 남성은 군 복무를 감수해야 한다는 생각에 피해의식이 증폭된다. 그러다 보니 군가산점제를 폐지하고 사회적 약자로서 여성을 위한 할당제 같은 정책을 추진하는 여성가족부에 반감이 크다. 이는 앞의 연구에서 남성들이 여성혐오의 원인으로 여성가족부를 가장 많이 지목한 사실에서도 드러난다. 여성가족부는 남성들에게 경쟁을 통한 생존이라는 게임의 룰을 위반하는 대표적 존재인 것이다.[26]

그래서 심지어 그들은 "한국사회에서 가장 살기 좋은 세대가 '20~30대 여성'이라고"[27] 생각한다. 물론 이는 여성이 어떤 삶을 살아가는지, 사회 전체를 볼 수 있는 시야를 가지지 못한 탓이며, 남성들의 세대 경험에 대한 좁고 즉자적인 해석에서 비롯한다고 보인다.

그런데 위 글은 주로 청년-남성의 혐오의식을 다룬 것이라서 전체 한국 남성(성)의 위기를 다룬 것은 아니다. 여성혐오의 양상이 취업경쟁 등에 나선 청년 남성층에 국한된 것은 아니다. 소위 '주변적 남성성'[28]만이 아니라 기존의 한국 남성(성)은 전체적으로 위기와 전환의 국면에 처해 있다. 예컨대 중장년부터 노령층에 이르는 남성 전체의 자살률이 엄청나게 높고, 중장년의 자살률 증가 현상도 남성에서 뚜렷했다. 실업·부채와 사업 실패 등의 경제적 위기가 이 연령대의 자살률과 관련이 있다. 그리고 특히 "남성 노인은 비정상적으로 높은 자살률을 보인다." 2013년 기준 80세 이상 남성의 인구 10만 명당 자살률은 168.9명으로 전 연령과 성별을 통틀어 가장 높았다.

---

26 이유미, 앞의 글, 13쪽.
27 한국여성정책연구원, 『남성의 삶에 관한 기초연구 II. 청년층 남성의 성평등 가치 갈등 요인을 중심으로』, 2015.
28 R. W. 코넬 지음, 현민·안상욱 옮김, 『남성성들』, 이매진, 2013.

또한 70~79세 남성은 인구 10만 명당 자살률이 110.4명이었다.[29] 노인 자살의 문제 상황(원인)은 여러 가지가 있겠지만, 경제적 곤궁과 지지(인간적 유대)의 부재 탓이 클 것이다. 한국 노년층이 처한 사회안전망의 부재와 경제적 곤궁이야 말할 것도 없지만, 두 번째도 심각하다. 지지의 사라짐은 기존의 가부장제의 위기와 관련이 있다.

독거-고독사-자살은 밀접한 관계를 갖는다. 연관된 이 현상들은 가난한 한국 남자 노인이 실제로 이 사회에서 문화적·경제적으로 곤궁한 존재라는 증거다. 그들 스스로도 '나는 (더 살 필요가 없는) 잉여'라는 의식을 갖게 되는 경향이 크다.[30] 물론 자살은 기본적으로 삶에 대한 윤리적인 자세와 유관하다. 독거(노인)-고독사-자살의 긴밀한 관계를 생각해보자. 그들이야말로 주관적 요인(여생에 대한 기대)과 의지(가족, 친구 등) 양면에서 취약하기 때문에 높은 자살률의 주체가 되고 있을 것이다. 특히 이 같은 "애착관계의 형성의 실패"[31]는 단지 노년층에 해당하는 문제만은 아니다.

현재대로라면 '3무'나 출산·결혼 파업 같은 현상도 줄어들 가능성이 없다.[32] 젠더 문제와 가족 문제가 겹쳐져 만들어지는 거대한 재생산의 위기와 이것이 야기할 재난적 효력에서 남녀를 초월해서 자유로울 수 없다. 연애·

---

29 「'위기의 가장들'… 40~50대 자살률 급증」, 『헤럴드경제』 2015. 5. 8. 2013년 기준 전체 인구에서 여성의 10만 명당 자살률은 17.3명이고 남성은 그보다 2.3배 많은 39.8명이었다. 연령별 자살 분포에서 가장 자살률이 높은 집단은 남성 노인이었다. 남성은 나이가 들수록 자살률이 높아지지만, 여성은 그렇지 않았다.

30 「'혼밥' 노인 우울증 위험 높다」, 『코메디닷컴』 2018. 11. 6; 「"남자라 더 힘들다"… 남성들의 극단적 선택, 여성보다 2.5배 많아」, 『세계일보』 2019. 6. 11; 「노인 고독사 해마다 증가… 5년간 3,000명 넘어」, 『한국일보』 2018. 10. 26. 고독사 노인 중 남자가 여자의 2배 정도다.

31 김형경, 「남자를 위하여 "나는 황야에서 죽을 것이다" 말하는 남자」, 『중앙일보』 2016. 7. 16.

32 2018년에 한국은 사실상 세계 최저인 0.98의 출산율을 기록했다. 김준일, 「출산율 0.98명… '저출산 대책' 대신 비정규직 철폐가 낫다」, 『뉴스토프』 2019. 8. 29(http://www.newstof.com/news/articleView.html?idxno=1953).

결혼·출산이 더 어려워지는 것은 경제적 빈궁 때문만이 아니라—여성이나 가족과—관계를 만들어 나갈 남성들의 능력의 빈곤 때문이기도 하다. 이를 테면 '여혐-3포-생애비혼-고독사-자살'이 남자들의 생애사에서 어떤 연관을 갖고 있는지 검토할 필요가 있다. 이 경험들 사이의 고독하고 비참한 생의 과정이 '약자 괴롭히기'나 더 많은 성매매·성폭력과 연관된 것은 아닌지 고려해봐야 한다. 남성들 사이는 물론 여성들과의 '다른 관계'가 필요한 것이다.

2) 청년 세대 남성성의 망탈리테: 학교와 군대

평범한 20~30대 남성들의 상상 또는 생활감각 속에서 남녀는 끝없이 '동등한' 주체로 상상되고 재현되고 있다. 그리고 상당수 남성은 자신들을 역차별의 피해자로 생각한다. 그래서 다른 세대 남성과 달리 이들의 사회경제적 상황과 '여성혐오'는 매우 직접적인 연관성을 갖고 있는 것으로 보인다.

그들의 눈에는 여성들이 겪는 차별과 고통이 보이지 않는다. 왜 안 보일까? 여성에 대한 구조화된 차별에 대한 무지와 탓인가? 이는 정치경제학적 상황을 배경으로 한 것이며, 10~20대 남성들 자신의 생활세계에서 '확증'된다. 정의당이 2016년 심각한 페미니즘 논란을 겪을 당시에 당원 게시판에 올라온 글의 예를 보자. 제목이 "남자 청년들의 삶은 철저히 피폐해지고 망가졌습니다"이다.

고등학생 때 보수적인 학교 재단은 학생들에게 경제언론인 M사의 청소년 신문을 배급해주었습니다. / 거기에 자주 나오던 기사 내용은 이런 것이었습니다. 앞으로 여학생들의 사회 진출이 활발해질 것이고, 남학생들은 위축될 것이라는 것, 그래서 '알파걸'들이 대두될 동안 '베타남'들도 짙게 깔릴 거라는 것. /

이제 중앙 무대는 여자들의 것이랍니다. / 이런 상황을 모두가 박수치며 환영하는 분위기였습니다. 모두들 저희에게 함께 박수치라고 했습니다. / 예, 물론 여학생들이 취업 시에 불이익을 당하는 일은 없어야 합니다. 저희가 그걸 갖고 뭐라 항변하려 한다면 그거야말로 성차별적이며 이기적인 태도겠지요. / 저도 그런 분위기에 긍정적입니다. 하지만 뭘까요, 다들 말은 안 했지만, 내심은 소외감을 많이 느꼈습니다.[33]

이처럼 10~20대 남성의 피해의식은 초·중고등학교에서의 경험으로부터 시발된다. 예전과 같은 남녀차별이 없고 오히려 여학생들이 학교 생활에서 우수한 성적과 활동을 보이기도 하는 오늘의 학교에서도 남학생들은 '남성-사회화'의 과정을 겪는다. 이는 급격히 성적 주체화되어가는 시기와 맞물리면서 여성을 차별적·폭력적으로 성적 대상화하는 언행과 겹칠 것이다. 한국에서 남성-사회화의 과정은 주로 군대와 학교에서 진행되며, 강하고 폭력적인 '남성성'을 취득하는 것은 여성을 매개로 하는 경향이 크다. 'N번방 사건'에서 드러난 것처럼, 디지털 기술과 웹 공간 등은 오늘날의 젊은 남성들이 더 집요하고 폭력적이며 은밀한 집합적 성폭력의 주체가 될 수 있음을 보여주었다.

10~20대 남학생들의 상당수는 '여자로 사는 게 힘들다'는 말을 이해하거나 수긍할 여유나 관점을 갖지 못한다. 페미니즘과 『82년생 김지영』에 대한 거부감이 이를 보여주는 하나의 증거다. 천관율·정한울의 조사는 20대 남성들이 정치적으로 보수화된 것이 아니라 '반페미니즘'으로 의식화되고 자신

---

33 쯤쯤이, 「남자 청년들의 삶은 철저히 피폐해지고 망가졌습니다」, 정의당 당원게시판(justice21.org), 2016. 7. 23.

들끼리 단결해 있음을 증명해 보여주었다.[34] 그런데 이들 중 일부는 남성으로서 그들이 겪는 위기나 지는 부담을, 진짜 권력자나 사회적 구조가 아니라 여성뿐 아니라 다른 약자에게 투사하거나 증오함으로써 해소·전가하는 경우도 있다.[35] 일베 류의 남자들의 인식 속에서 여성은 결코 약자가 아닐 뿐 아니라, 세월호 유가족이나 외국인 노동자들 같은 '무임승차자'들이다. 그들 때문에 자신들이 피해를 보며 역차별을 당한다고 생각한다.[36] 여기엔 실제와 환각이 뒤섞여 있다.

그리고 20대 초의 징집은 한국 남성들에게 결정적인 박탈의 경험으로 의미화된다. 젊은 남성들은 끝없이 군대 얘기를 해댄다. 기실 한국식 징병제는 심각한 문제이다. 이는 사회와 관계로부터 (준강제로) 단절되는 일종의 죽음 체험이자 노동권·학습권에 대한 심각한 박탈이며, 부정적 (남성) 사회화 또는 부정적 냉전적 주체화의 과정이기 때문이다. '신성한 국방의 의무' 따위로 아무리 포장해도 이런 면을 결코 지우기 어렵다.[37]

그래서 남자들이 해야 할 일은, 군 복무 기간을 더 줄이자든지, '안보'로 포장된 착취를 혁파하고 월급을 현실화하자든지, 아니면 대체복무제를 도입하자든지 등등, '노동시장과 연동된 징집제 및 안보 체계의 변화'일 것이다. 최소한(?) 군 인권과 병영문화 개선 등 군 개혁을 요구해야 한다. 그리고

---

34 천관율·정한울, 『20대 남자—'남성 마이터리티' 자의식의 탄생』, 시사인북, 2019.

35 이 책 3부의 「'스카이캐슬'을 어떻게 부술까?—가족·계급과 교육개혁에 대한 일고」를 보라.

36 이 같은 일베 코드는 일본 넷우익의 혐한 또는 재일한국인에 대한 인식과 유사한 것으로 분석되었다. 대표적인 관련 논저 몇 개만 거론한다. 오찬호, 『우리는 차별에 찬성합니다』, 개마고원, 2013; 「'일베 현상 연구' 양정혜 계명대 교수」, 『영남일보』, 2016. 6. 10; 한윤형, 「내 안의 일베가 '일베'를 키웠다고? '일베'에 대한 배제로는 혐오를 넘어설 수 없다」, 『미디어스』, 2015. 4. 22; 박권일, 「당신은 '일베 코드'에서 자유로운가」, 『한겨레21』 1058, 2015. 4. 22; 이원재, 「상상하라!」, 『한겨레』 2013. 5. 28 등 참조.

37 군대와 학교 관련 경험에 관한 상세한 논의를 바탕으로 한 남성성에 대한 논의는 최태섭, 앞의 책이 가장 적실하다.

문제의 연평해전, 천안함 사건 같은 젊은이의 희생이 다시 생기지 않게 대화·타협으로 안보 환경을 개선하자고 정부나 사회에 요구하는 일이다.

홍미롭게도 일베가 2016년 5월 이와 비슷한 이슈를 갖고 서울 시내 한복판에서 시위를 벌였다. 시위는 특히 예비군 처우에 대한 것이었는데, 사병 월급을 최저임금 수준으로 하자는 요구도 나왔다고 한다. 집회에서 일베는 그들답지 않은 진중한(?) 모습을 보여 '일베'라는 단어를 사용하는 것도 자제하며, 방산비리 척결과 군 개혁을 요구했다고 한다. 그런데 이런 그들의 안보관과 '실천 의지'는 '삐딱선'을 탔다. 결국 "여성에게 화살"을 돌렸던 것이다. 즉, 안보와 군대 문제에 문제의식을 가진 젊은 남자(특히 보수 지향의)들의 일관된 투쟁 대상은 무능한 정권이나 안보 위협 세력(즉 북한·미국·일본)이 아니라, '군대 안 가서 좋은' 한국 여자들이다. 『오마이뉴스』의 분석대로 그들의 '국민의식'은 왜곡돼 있다.[38] 어떤 일베 유저는 강남역 살인사건 직후 마련된 추모 공간에 '남자라서 죽은 천안함 용사…' 운운하는 화환을 보냈다. 2014년 9월 단식하던 세월호 유가족들 앞에서 치킨을 시켜 먹던 짓에 비교될 만큼 유치하고 비윤리적인 짓이며 동시에 무척 상징적이다. 즉 오히려 일베 류들이야말로 여성 의존적이며, 여성의 인정을 갈구하며,—'우리가 군대 가서 너희를 지켜준다'는 허위의식—"'남성됨'이라는 성적 주체화를 이루기 위해 '여성'이라는 타자에게 의존할 수밖에 없는 모순"[39]된 존재라는 점을 확인시켜주기 때문이다.

---

38 하지율, 「분석: "우리 희생 인정하라"는 일베의 인정 투쟁, 왜 여성에게 화살이 돌아가나—시민들 박수 받은 '일베 집회', 왜 엉뚱하게 튀었나」, 『오마이뉴스』 2016. 5. 20; 오찬호, 『그 남자는 왜 이상해졌을까?』, 동양북스, 2016 참조.

39 우에노 치즈코 지음, 나일등 옮김, 『여성 혐오를 혐오한다』, 은행나무, 2012, 16쪽.

3) 고통과 '찌질함'

오늘날 젊은 남성들의 어깨 위에 한국사회가 부여하는 책임과 의무, 부자유와 불평등이 이런 사태의 근본적인 맥락일 것이다. 거기엔 586세대를 위시한 기성세대와 지배계급의 책임이 무엇보다 크다. 그런데 소수의 특권층으로 태어나지 않은 이상, 착취·차별·학살·국가폭력·디아스포라는 한국의 역사 그 자체이자 민중의 운명이었다. 그러므로 만약 책임감 있는 시민이라면, 소수자들의 고통을 더 이해한다면, 언제나 사회적 약자였던 장애인·여성·노인·어린이들이 더 많은 고통을 당하고 있음을 이해해야 한다.

현실의 구조를 바꾸려 하지 않고 약자들에게 화풀이하는 데는 책임지지 않으려 하거나 아직 '주체'가 못 된(될 수 없는) 존재의 사회심리가 작동하는 것으로 보인다. 그런 망탈리테나 인지장애는 경쟁과 효율로만 세상을 이해하는 주체성에 영향 받는다는 점이 중요하다.[40] "사회적 지위가 높아질수록 여성 비율이 급격히 줄어드는 성비 불균형을 해소하기 위해 도입한 '여성 할당제'나 여성 대상 성범죄를 예방할 목적으로 만들어진 여성 전용 주차장, 지하철 여성 배려칸 등을 대표적 역차별 사례로 꼽는"[41] 심리적 상황은 소위 '공정' 이데올로기나 일종의 사회적 응석 등이 겹친 결과라 보인다.

오늘날 젊은 남녀들에게 데이트나 결혼 비용의 동등 분담(더치페이)도 무척 중요한 이슈다. 메갈리아 논쟁 중에 꽤 유명한 인터넷 게시판에는 '정상적인 페미니스트를 판단하는 기준은 더치페이입니다'라는 글이 올라오기도 했고, 반페미니즘 지식 사이트로 유명한 '나무위키'에는 아예 더치페이라는 항목이 따로 있을 정도다. 이 사이트는 열정적으로 더치페이의 개념과

---

40 이 문제를 다룬 책으로는 이승욱·김은산, 『애완의 시대—길들여진 어른들의 나라, 대한민국의 자화상』, 문학동네, 2013.

41 「"왜 여성만 우대" 꿈틀대는 남권 운동 논란」, 『한국일보』 2016. 7. 15.

유래, 한국에서의 상황 등을 설명하면서 일부 페미니스트들이 더치페이를 반대한다는 식의 논리를 편다.[42] 데이트 더치페이 발화에서 사라진 것은 '가족 부양자 모델'에서의 주체(남성)뿐만이 아니다. 열정적·낭만적 사랑의 주체도 사라진다. 정말 가난해서 연애를 할 수 없는가? 한국 여자들이 정말 그렇게 돈과 소비에 미쳐, 남자와 사랑을 경제적 능력으로만 재단하는가? 저 더치페이론도 일종의 평등주의, '공정' 이데올로기와 유관한 것인데, 이는 능력주의와 결합할 때 신자유주의적인 것이 된다. 물론 여기에는 또 다른 신자유주의적 주체, 즉 여성과의 상호작용이 있을 것이다.

이상이 '찌질함'의 사회경제적 배경이다. '찌질함'은 오늘날 남성성의 중요 구성 요소가 되었다. 이 지리멸렬과 비루함의 감각은 2010년대 초중반의 한국사회를 지배했다.[43] 이제 '찌질함'은 부끄러운 것도 아니다. '내 찌질하다, 어쩔래 시발…'.

> 찌질해 보이시죠? / 네, 맞습니다. 저희 정말 찌질해요 찌질이들 투성이에요
>
> 길거리를 걷다 보면 자신감도 없고 지쳐서 고개를 숙이고 다니는 남자애들,
>
> 이젠 정말 찌질해 보이고 불쌍해요 / 성비가 가장 극단적으로 차이가 나는 게
>
> 저희 세대인거 알고 계시죠? / 혈기왕성한 남자애들, 사랑스런 눈빛 하나 주고받
>
> 을 짝이 없어요.[44]

---

42 나무위키, '더치페이' 항. "일부 여성주의자들이 더치페이를 반대하기 위해서 더치페이는 적게 먹는 사람이 손해이기 때문에 여성에게 더치페이는 부당하고 남성들이 대부분 부담하는 게 맞다고 주장하는 경우도 있는데, 이들의 논리대로면 남자에게만 돈을 내게 하는건 더욱더 불합리하다. 이 논리는 한쪽이 더 상대적으로 많이 내는게 부당하다는 뜻이므로 오히려 더치페이의 타당성을 입증하는 꼴이다." (https://namu.wiki/w/%EB%8D%94%EC%B9%98%20%ED%8E%98%EC%9D%B4)

43 서동진·소영현·이길호 외, 『속물과 잉여』, 지식공작소, 2013.

44 쯤쯤이, 앞의 글.

그런 의식 자체는 다양한 문화정치적 가능성을 내포한다.[45] 평론가 한영인은 김성근 감독 재임 시절 프로야구팀 한화 이글스의 팬덤을 분석하면서 지리멸렬한 남성 주체가 역설적으로 강렬한 신자유주의적 주체일 수 있음을 보여준다.

> 시대착오적인 한화의 야구에 신세대들이 열광하는 이유가 뭘까? (…) 목표를 달성하기 위해 수단방법 가리지 않고 매진하는 자세에 대한 젊은층들의 매료이겠다. 우리 세대는 그렇게 거창하고 절박한 목표가 없다. 스스로를 잉여와 루저로 표상하는 데 스스럼이 없다. 하지만 이러한 지리멸렬이 어떤 성취감과 행복감을 선사하지는 않는다. 외려 잉여와 루저로 스스로를 표상하는 사람들 중 다수는 제대로 된 뚜렷한 목표만 있다면 전심전력으로 뛰어들고 싶지만 그렇게 뛰어들 장을 갖지 못한 사람들로 보인다. / 이런 젊은 층에게 승리라는 명확한 목표와 그걸 달성하기 위해 수단과 방법을 가리지 않는 한화의 야구는 기묘한 욕망의 대리충족을 안겨준다. 비록 내 삶은 지리멸렬하고 잉여적이고 어중간한 것이지만, 저기 야구장엔 필사의 집념으로 눈앞의 목표에 매진하는 사람들이 있는 것이다.[46]

배려 받아야 할 차이와 열위에 대한 감각의 부족이나 사회의식 또는 공동체의 구성 원리에 대한 몰각은, 신자유주의와 그 이데올로기의 효과일 것이다. 사회는 반드시 약자들을 포함하고 또 비후천적 약자가 생겨날 수밖에 없으며, 그에 대한 배려는 인륜성의 문제일 뿐 아니라 공동체의 유지를 위

---

45 웹툰·주거·음식문화 등과 관련해서는 최서윤 외 지음, 인문학협동조합 기획, 『흙흙청춘』, 세창미디어, 2016 참조.
46 한영인 페이스북(https://www.facebook.com/youngin.han?fref=ts), 2016. 7. 22.

해 반드시 필요하다는 것. 이 배려는 일종의 사회계약이기도 해서, 어떤 주체도 언제든 약자와 필연적으로 관계 맺고 있으며 또한 자기 자신이 바로—장애인이나 노인 같은—약자가 될 가능성이 있다는 것, 원초적으로 불평등한 사회에서는 능력주의가 사실은 기득권 지배계급의 기만이라는 것, 능력주의를 무비판적으로 인정하는 것이야말로 다름 아닌 노예의식이란 것. 이 모두는 치열한 경쟁과 시장 원리 외에 다른 대안을 알지 못하게 하는 사회 체제의 산물이다. 2016년의 한 조사에 의하면 오도된 능력주의와 공정이데올로기는 청소년들 사이에도 광범위하게 퍼져 있다. 이 시대의 가장 무서운 지배 이데올로기인 것이다.[47] 이전과 달리 그들에게 여성이나 페미니즘은 대결해서 이겨야 할 힘겨운 상대가 되었다. 논리와 사회적 분위기는 물론 심지어 물리적 힘에 있어서도 그렇다.[48] 이런 정황이 10~30대 남성의 설득과 계몽이 결코 쉽지 않은 이유와 또 다른 성대결 악순환이 발생하는 배경을 보여준다. 결국 사회경제적 변화와 이데올로기 구조의 변화 없이 이 상황은 근본적으로는 고쳐지기 어렵다.

4. 남성성의 변화 가능성

1) 바람직하고 긍정적인 남성상?

'젊은 남자'는 이렇게 한탄한다.

---

47 「"흙수저 배려할 이유 있나" 청소년들, 위험한 능력주의 맹신」, 『한국일보』 2016. 8. 10.
48 「남혐도 여혐도 아니다? '이수역 사건' 쌍방 폭행 결론」, 『경향신문』 2018. 12. 26.

살아가면서, 단 한 번도 긍정적인 남성상을 꿈꿔볼 수조차 없었어요. 우리 세대부터 남성성 자체는 죄악시되고, 극복해야 할 대상이 되었네요. 왜 하필 우리 세대부터… 왜 하필 우리 세대부터… 이런 생각이 이기적이라는 건 알지만, 사실은 그래요. / 우리가 추구할 만한 긍정적인 남성상이 없는 건가요? 저희의 망가진 삶을 다시 쌓아 올릴 토대가 될 만한 남성상은 필요가 없는 건가요?[49]

'바람직하고 긍정적인' 남성상은 과연 무엇일까? '책임 있는 가부장'이 다시 필요한가? 한때 대중문화 영역에서는 '대인배', '상남자' 따위의 어휘가 유행한 적이 있다. 이는 젊은 세대나 여성들이나, '병맛'이나 응석에 찌들지 않은 '바람직하고 긍정적인' 남성상에 대한 추구가 있다는 것을 나타낸다. 그게 얼마나 바람직한지, 또 어떻게 가능한 것인지 말하기란 쉽지 않다. 그러나 우선은 "파블로프의 개"[50]나 벌레('한남충', '애비충' 등)처럼 비하되고 있는 남성(성)의 재구성이 한국사회 전체를 위해서도 필요할 것이다.[51]

서두에서도 말했듯 한국 남성성의 역사적 구성과 변이에 대한 치밀하고 집중적인 연구는 아직 없다. 정희진 등의 논자는 한국 가부장제의 특징을 "가부장 없는 가부장제"로 규정하며 "한국의 남성성은 책임감, 부양자/보호자의식, 자율성 등 전통적인 서구 백인 중산층의 남성성이 아니"며 "제3세계나 피식민 지배를 경험한 남성성과 제국의 남성성은 같을 수 없다"고 단언한 적이 있다. "남성이 가부장으로서 책임을 다하지 않는, 혹은 할 수 없는 사회"였다는 것이다. 식민지 상황이 근대 초기 한국 남성성의 형성에 지대

---

49 쯤쯤이, 앞의 글.
50 우에노 치즈코, 앞의 책에서 빈번하게 이렇게 비유한다.
51 정희진, 「메갈리아는 일베에 조직적으로 대응한 유일한 당사자」, 『한겨레』 2016. 7. 30.

한 영향을 끼친 것은 사실이라 해도 이런 단언은 동의하기 어렵다.[52] 무엇보다 '서구-백인 대 식민지-한국'의 이분법을 사용하여 전자에 가치를 부여하고 있거니와, 어떤 남성중심사회의 역사를 봐도 '책임감·부양자/보호자의식·자율성'에 기초하지 않은 가부장제란 존재하지 않기 때문이다. 이를테면 한국의 민족주의 자체가 남성적 '책임감·부양자/보호자의식·자율성'에 대한 추구에 기초해 있다.[53] 개발연대의 가부장제 또한 '애비가 먹여 살린다'는 강렬한 부양자/보호자의식에 근거해 있었던 것 아닌가? 오히려 이 같은 의식이 해체되고 유지될 수 없는 상황에 처해 도래한 것이 한국에서의 '포스트 가부장제'일 것이다.

2) 초식(동물)의 상상력과 자본주의

맨부커상 수상으로 한껏 주가를 올린 한강의 소설 『채식주의자』나 『소년이 온다』, 그리고 디즈니 만화영화 〈주토피아〉는 이 세계의 폭력·비참에 대해 초식(동물)의 상상력을 제출한다는 점에서 비슷하다. 맥락은 좀 다르지만 2010년대 대중문화와 페미니즘 논의에서도 '초식남'이 크게 부각된 바 있다. 탈-육식동물적인, 즉 비-공격적이며 사실상 탈-남성적인, 다시 말해 공격적인 DNA나 수컷 호르몬의 '공격 본능'과 또 그로 인한 가해로부터 해방된 문명사회·인간을 상상하는 것이다. 여기서 '초식'은 폭력/차별/혐오의 철폐(한강), 그리고 다문화주의의 구현(주토피아)을 위한 방법론이다.

특히 한강의 소설에는 이런 류의 상상이 강하게 내재해 있다. 『소년이

---

52 권김현영·루인·엄기호·정희진·준우·한채윤, 『한국 남성을 분석한다』, 교양인, 2017; 식민지 남성성론에 대한 또다른 비판은 오혜진, 「'식민지 남성성'은 무엇의 이름인가」, 『황해문화』 96, 2017. 9 등 참조.

53 조선시대의 규범적·헤게모니적 남성성에 대한 논의는 백승종, 『조선의 아버지들—우리가 다시 찾아야 할 진정한 아버지다움』, 사우, 2016.

온다』는 광주의 저항자–시민들을, 총을 들고 저항할 힘과 다기한 모순을 가진 '사람'이 아니라 초식동물처럼 그리며 '피해자화'했다. 그러나 광주의 저항자들은 '반폭력의 폭력'[54]을 행사한 시민+군이었다. '폭력'에 대해 초보적인 인식을 가졌거나 죄의식에 들린 한강은 1980년 국가폭력의 구체성을 지우며 광주를 탈-역사화했다. 5·18문학과 담론의 계보를 생각하면, 작가–서술자가 '피해자'에 샤먼으로 빙의하는 『소년이 온다』는 광주항쟁(뿐 아니라 학살의 역사)에 대한 우리의 인식을 진전시킨 점이 거의 없다.[55]

한편 대단히 '미국적인' 문제틀을 지닌 〈주토피아〉는 주로 인종–다문화 문제를 제시한다. 그 서사는 비교적 뚜렷하게 젠더의 문제와 엉켜 있기도 하다. 주인공 토끼는 초식동물이면서 분명 '암컷'이며, 표면 서사가 명시하지는 않지만 육식동물은 남성에 유비될 여지를 갖고 있다.

그런데 한편 의문이 드는 것은, 야성이나 자연적(?) 본성을 극복한다는 것과 다문화·문명에 적응한다는 것의 문제다. 영화에는 탄수화물(도넛)에 중독돼 뚱뚱해진 치타는 나오지만, 다른 육식동물, 즉 사자나 여우가 뭘 먹고 사는지는 그려지지 않았다. 육식 입맛을 속이는 고기맛 콩떡(실제 한국 승려들이 먹는) 같은 걸 먹는가? 아니면 모두 '채식주의자'가 됐나? 이것은 종–다양성과 '난 그대로', '자연 그대로' 인정받아야 한다는 원리에 위배되는 상상 아닌가? 이는 생태주의의 아포리아의 하나다. 인간은 곰이나 개 등과 함께 자연계에서 얼마 되지 않는 잡식동물이다. 이는 오랜 진화의 결과이며 동시에 지극히 문화적인 것이다. 그러할 때 인간의 채식(주의)은 과연 초식동물적인 것, 즉 '약한 자', '피해자' 그리고 비폭력주의자의 논리인가? 아닐 것이다.

---

54 김정한, 『1980, 대중봉기의 민주주의』, 소명출판, 2013.
55 이 같은 문제의식의 한계·오류에 대해서는 천정환, 「'세월', '노동', 오늘의 '사실'과 정동을 다룰 때—논픽션과 르포의 부흥에 부쳐」, 『세계의 문학』 155, 2015. 3.

인간의 초식은 의식적인 것이며 실천적인 것이다. 한강의 상상과는 전혀 다른 채식주의자-마초들도 있다. '초식남' 또는 게이가 되는 것이 아니라, 이성애자-남성이면서 친여성주의자, 즉 "남성인 자신에 대한 긍정적인 비전을 유지하는"[56] 남성 페미니스트가 되는 길도 성립할 것이다.

생물학적 이유가 남성의 폭력성이나 성폭력·성매매 따위를 옹호하는 논리가 될 수는 없다. 이를테면 '남성은 성욕을 못 참는다'는 식의 말은 설득력이 약하다. 따라서 진화심리학 따위가 말하는 것처럼 섹슈얼리티를 생물학에 환원하지 말아야 하며 동시에 조야한 구성주의도 넘어야 한다. 성적 주체에 '도착(倒錯)'하여,[57] 즉 남성-여성이라는 명목이나 분리에 맺히고 꽂혀 사회 속에서 수행되고 구조화되고 발현되는 성차와 성을 파악하고, 한국식 성문화와 성정치를 개선 또는 혁파해야 한다. 남성도 기존의 인식 틀과 한국식 가부장제에서 해방되어야 한다.

여성학자들도 지적하듯 여성혐오나 여성차별이 생산되는 공간은 남자 '동성사회'이다. 남초 웹사이트, 일베, 군대, 남학교, 생산현장 등 '하위적' 동성사회는 새로운(?) 여성혐오의 문화와 언어를 생산하고 있다. 그러나 더 심각한 남초-동성사회는 기업인, 관료, 의사, 검찰, 교수, 목사, 정치인들의 제도와 사회 아닐까? 이런 데서 생산되는 '여혐'을 저지할 방도가 있는가? 단지 '유리천장'의 문제로 단순화하기 어렵다.

그래서 또 문제는 자본주의와 인권 일반, 또는 포괄적 민주주의(즉 차별금지)의 문제로 귀착된다. 과연 어떤 사회적 남성성을 새롭게 상상해야 할까? 범죄(성폭력, 성매매 등)를 저지르지 않는, 단지 '정치적으로 올바른' 행동양식

---

56 톰 디그비 외 지음, 김고연주·이장원 옮김, 『남성 페미니스트』, 또하나의문화, 2004, 31쪽.

57 이 '도착'은 프로이트주의의 용어이다. 최원, 「정동 이론 비판」, 『문화/과학』 86, 2016. 6.

을 지닌 시민-남성이면 되는가? Y염색체나 테스토스테론만큼 오래 묵은 가부장제, 국가 간 체제, 전쟁, 그리고 매일의 자본주의적 경쟁이 폭력적 남성성을 재생산하는 것 아닌가? 대체 이는 어떻게 극복 가능한가?

5. '함께 바꾸자'는 제안

　페미니즘 운동은 한국사회에 계속 변화를 가져오고 있는 중이다. 강남역 살인사건으로부터 '메갈리아 논쟁'을 거쳐 미투 운동까지, 페미니즘은 강렬한 정치성을 지닌 언어와 지적 조류가 되고, 페미니스트는 논쟁적이고 '불편한', 그러나 새로운 사회를 꿈꾸는 이 사회의 주체들이 경과하거나 고려해야 할 주체성이 되었다.

　강남역 살인사건 이래 터져 나온 여성의 목소리와 행동은 생활세계, 사회세계, 지성 및 담론 공간, 제도정치의 공간 등에서 각각 다른 수준의 변화를 계속 만들어내고 있다. 21세기 한국사회에서 여성혐오란 감정의 상태가 아니라 여성의 이미지로 매개되는 사회적 권력관계다. 특히 이 사회적 권력관계는 여-남 양성 간의 권력관계일 뿐 아니라 여성을 교환가치로 환산하는 남-남 간의 권력관계이기도 하며, 이를 '자기혐오'로서 경험하는 여-여 관계이기도 하다. 그리고 바로 그렇게 이성애적 교환경제를 바탕으로 하기 때문에 문화적일 뿐만 아니라 경제적이고 정치적인 권력관계이기도 하다. 따라서 '여성혐오'는 상상의 영역에 존재하는 판타지일 뿐이라고 주장한다고 해서 간단히 폐기되지 않는다.

　여성들은 '남성 일반'이나 개별 남성들에게 성찰이나 '공부'를 요구하거나 '혐오 일반'의 문제를 넘어서기 위해 교육[58]과 법 제도의 정비를 요청하기도 한다. 포괄적 차별금지법이나 혐오 발화 규제에 관한 법제화[59]가 대안으로 제시되기도 한다. 그처럼 문제의 스펙트럼은 넓고 필요한 조치도 다양할 수밖에 없다. 기본적으로는 이 사회의 성차별·여성억압의 구조, 문화, 관행이 너무나 광범위한 탓일 것이다.

성차별·여성혐오 혁파라는 과제를 해소·환치하지 않으면서 동시에 한국에서 노동·경제의 범주나 소수자 인권 일반 문제를 향한 공동의 고리를 찾아내야 한다. 소모적인 온라인의 논란을 지양하며, 차별금지법을 위시한 법·제도개혁으로 나아가는 것은 여성과 소수자의 실질적 권익 향상을 위해 반드시 필요할 것이다.

처음에 말했던 대로 먼저 성찰하고 변해야 할 것은 남성들임이 분명하다. 남성들은 여성들이 시작한 싸움과 '운 좋게 살아남아 있다'는 호소를 '함께 바꾸자'는 연대의 요청으로 받아들이고, 한국 남성성에 대한 구체적인 탐구와 사회과학적 성찰 등의 수행을 통해 한국 남성성의 내파와 재구성에 이르러야 한다. 즉 남성 스스로 가부장제가 만든 질곡으로부터 해방되어야 한다. 그러니 남성들은 보편 인권 운동으로서의 페미니즘 운동의 '다른 당사자'라 할 수 있다.

---

58 「고등학교에서 페미니즘 가르치기—이론에서 실천으로」, 『페미디아: 여성주의 정보생산자 조합』(https://www.facebook.com/femidea.co/), 2016. 6. 29.

59 권명아, 「신냉전 질서의 도래와 혐오발화」, 『역사문제연구』 35, 2016. 4.

02

'스카이캐슬'을 어떻게 부술까?
—가족·계급과 교육개혁에 대한 일고

1. '엄친아'의 민낯?

2019년 벽두 공론장과 SNS에서 크게 문제가 된 사회 현상을 통해 계급·가족, 그리고 세대·젠더의 문제가 뒤엉킨 이 시대 문화정치의 한 단면을 묘사하고 진단해볼까 한다.

첫째는 드라마 〈스카이캐슬〉의 인기 몰이다. 이 드라마는 "대한민국 상위 0.1%가 모여 사는 SKY캐슬 안에서 남편은 왕으로, 제 자식은 천하제일 왕자와 공주로 키우고 싶은 명문가 출신 사모님들의 처절한 욕망을 샅샅이 들여다보는 리얼 코믹 풍자극"[01]으로 기획되어 비공중파 TV 드라마로서는 25% 내외의 역대 최고 시청률을 기록하고 큰 화제를 불러일으켰다. 특히 이 드라마는 한국사회 계급재생산의 핵심 기제인 교육과 대학입시 문제에 대한 매우 익숙하면서도 새로운 화두를 던지고 공론을 활성화했다. 0.1%라는 이 사회 극소수 상위 계층에 해당할 의대 교수 가족과 그 이웃의 이야기는

---

01 〈스카이캐슬〉JTBC 프로그램 정보(http://tv.JTBC.joins.com/plan/pr10010969).

문제적인 대중 서사물이 그러하듯 혼란스러운 서사의 전개 가운데서도 '현실'을 여지없이 '외설적으로' 드러냈다.

　병원장이나 서울대 의대 진학 같은 목표를 가진 0.1% 계층의 이야기가 왜 대중에게 그리 큰 관심을 끌었을까? 그들만의 '캐슬'에 대한 관음증이나 호기심 때문이 아니라 0.1%도 피해갈 수 없고, 또는 그들조차 동등한(?) 행위자처럼 돼 있기에 더더욱 고통스러운 경쟁체제와 욕망의 구조를 보여주었기 때문이겠다. 평범한 다수의 시청자들은 "학원도 다니지 않고 스스로의 힘으로 전교 상위권에 든 우주(찬희 분)와 혜나(김보라 분)보다 예서에게 더 공감했"[02]으며, 또 그렇기에 입바른 소리를 해대며 소위 '강남 좌파'를 상징하

02　「드라마 '스카이 캐슬'이 한국 교육 현실에 던진 뼈아픈 질문」, 『서울신문』 2019. 1. 30.

는 이수임(이태란 분)보다는 한미한 집안에서 자라 계층상승(유지)을 위해 처절히 투쟁하는 한서진(염정아 분)에 더 공감했다고 한다.[03]

이 글 전반부에서 다룰 다른 하나의 소재는, 2018년 연말부터 2019년 벽두 사이에 일어난 신재민 전 기획재정부 사무관의 '공익제보(?)'와 그로부터 이어진 자살 기도 사건이다. 어떻게든 문재인 정부의 실정을 부각하고 싶은 보수언론에 의해 그의 행위는 크게 부풀려졌다. 그러나 자살 시도로까지 이어진 큰 소란과 신재민 씨의 행동은 공론장에서 대체로 미숙함이나 '철없음의 발로'로 간주되었다.[04]

그런데 정부 중앙부처 엘리트 공무원의 '철없음'은 그 자체가 문제적인 것 아닌가? 32세나 된 청년 엘리트는 진짜 철이 없는가? 또는 왜 철이 없는가? 신재민 씨의 행동과 그를 둘러싸고 생산된 언어도 어떤 새로운 징후들을 표현한다. 이는 특히 오늘날 20~30대 남성의 의식과 행태와 연관된다.

최근 젊은 남성층의 반(反)문재인 정서가 크게 문제가 되었는데, 관련하여 SNS에서의 '우유당번 논란'도 환기해볼 수 있다. 이는 고려대 재학 중이라는 임모 씨가 『중앙일보』가 마련한 좌담회에서 한 발언 때문에 일어났다. 임씨는 자칭 '페미니즘 정부'라는 문재인 정부와 "사회의 낙인(?)"에 대해 "20대 남성들이 분노하는 이유"를 말하다가 "성차별적인 문화를 만들고 가부장문화에서 혜택을 본 세대는 사오십대 남성이다. 『82년생 김지영』 책을 봐도 그렇다. 우리는 오히려 차별을 받았다. 초등학교 때 우유당번 등 궂은

---

03 「드라마 'SKY캐슬' 신드롬 'SKY캐슬'이 묻는다… 피라미드 정점에 선 당신, 행복하십니까」, 『한국일보』 2019. 1. 26.

04 다음 기사들과 SNS의 글들을 참고했다. 두 소재에 대한 수많은 기사의 목록을 일일이 제시하지 못함을 양해바란다. 「HOT 브리핑: 공익신고자? 철없는 젊은이?… 신재민 논란 계속」, 〈SBS 뉴스〉 2019. 1. 4; 「평화당 "신재민 폭로 관련 진실 밝히는 게 우선"」, 『뉴시스』 2019. 1. 8.

일은 남자가 많이 했다"고 말했다.[05] 이 보도가 알려지며 그는 곧 비판과 놀림감이 되고,[06] 그는 SNS 등에서 자신을 조롱한 사람들을 경찰에 고발하려고도 했다. 이 '우유당번' 발언은 오늘날 젊은 남성층의 의식을 '지나치게 솔직하게' 드러낸 것으로 평가받았다. 또한 그런 반페미니즘 논리가 공소(空疏)하고 '철없음'을 보여주는 선명한 증거로 간주되었다. 이는 청년층에서 재구조화·재정체화하는 남성 젠더의식의 단면을 보여주는데, 발언의 주체가 신재민 씨와 유사한 학벌 엘리트라는 점을 짚고 싶다.

아울러 서울대학교 시설관리 노동자들의 파업에 대한 서울대생들의 반응도 이와 같은 결의 문제를 갖고 있다. 서울대 총학생회가 도서관을 파업 대상 시설에서 제외해줄 것을 노조에 요청해서 큰 논란이 일었는데, '학생들을 인질로 잡지 말라'든가 노동자들이 붙인 대자보에 학생이 쓴 것으로 보이는 "가정부가 보일러실 점거하고 집주인 행세 하려는 꼴" 같은 언동은 큰 공분을 일으켰다. '조국 사태' 때도 고려대·서울대 학생들이 주도해서 연집회는 따가운 비판의 대상이 될 수밖에 없었다. 구조적 '불평등'을 몰각하고 불공정한 일을 벌인 조국 가족과 크게 다를 바 없는, '공정주의'의 화신처럼 간주되었기 때문이다.

과연 '스카이'의 '엄친아'(또는 엄친딸)들은 어떤 의식을 갖고 있을까? 부모(세대)가 만들고 주도해온 구조 안에서 그야말로 경쟁의 승리자로서 성장해온 그들은 어떤 '청년'으로 살아가고 있는 것일까? 신재민 씨 사건과 드라마 〈스카이캐슬〉과 그 수용에 나타나는 계급과 가족의 문제가 자아정체성과

---

05 「"20대 남성도 약자… 성차별 덕 본건 페미니즘 찾는 4050"」, 『중앙일보』, 2019. 1. 30.

06 「도우리의 미러볼: 해일이 몰려오는데 우유나 줍고 있는 이는 누구인가?」, 『미디어스』, 2019. 2. 2 등.

세대의 문제와 어떤 교차점[07]을 만들어내는지를 짚어보려 한다.

우선 2절에서는 신재민 씨가 〈고파스〉라는 고려대 동문 인터넷 게시판에 올렸던 유서를 분석해보았다. "다음 생엔 잘생기고 키 크게 태어날게요, 저희 부모님 욕은 제발 하지 말아주세요"라고 마무리된 신재민 씨의 유서에는 이 사회에서 살아온 한 30대 초반 청년의 구구한 '개인사정'이 들어 있다. 그래서 거기에는 오늘날 '자아'들의 정황과 문화, 그리고 세대와 계층을 둘러싼 문화정치의 정황이 날것에 가까운 상태로 들어 있었다.

3절에서는 교육격차의 실제 양상과 그것이 어떤 욕망의 구조를 만들어 확산했는지를 되짚어볼 것이다. 한국에서 부모의 사회적 지위와 경제적 자원은 자녀의 삶의 '출발선'을 다르게 할 뿐 아니라 중간중간 삶의 지점이나 위기마다 삶을 다르게 지탱하게 하는 결정적 요소가 된다. 이런 과정과 치열한 생존경쟁 때문에 자식은 부모와 협상하거나 부모에게 의지해야 한다. 그래서 이 관계가 연령에 따른 역할행동이나 가족주의의 새로운 양상을 창출한다. 중간층 이상의 계층에서 부모(세대)의 권력은 더 커지고 있고 자식은 더 '어려진다'. 그러나 한국사회의 학벌 구조와 교육격차는 이미 굳어져 계층별로 서로 다른 효과를 발하는 듯하다. 이를 해소하는 방법은 무엇일까?

2. 순수한(?) 자아=외모+가족

1) 유서와 외모

자살자(또는 자살 기도자)의 유서는 언제나 논쟁적이며 미스테리한 텍스트

---

07   이에 관한 연구서로 김병권, 『사회적 상속—세습사회를 뛰어넘는 더 공정한 계획』, 이음, 2020.

다.[08] 유서는 흔히 '진정한 것'으로 간주된다. 자살이—또는 죽음이—가장 진정한 궁극적 행위로 여겨지기 때문이다. 그러나 유서 또한 상징계에서의 언어일 뿐이며, 모든 자살자들이 자신의 심경이나 문제상황을 제대로 표현할 인식이나 능력을 가진 것이 아니기 때문에, 자살자의 '문제상황'을 둘러싼 100%의 진실을 투명하게 나타낸다 할 수 없다. 게다가 자살자의 약 30%만이 유서를 남긴다. 하지만 유서는 누구와도 나눌 수 없는 고통에 처한 당사자가 자기의 내면을 어떤 식으로든 표현하고 또 소통하고자 하는 의지의 산물이라 볼 수 있다.[09] 신재민 씨는 유서의 마지막 문장으로 "그래도 죽으면 제가 하는 말을 믿어주겠죠"라고 썼다.[10] 이는 유서의 모순된 기능을 이해하고, 죽음으로써 자기 행동의 정당성과 신뢰성을 얻겠다는 언술이다.

유서는 내밀하고도 사적인 특징을 가질 수밖에 없지만, 반드시 '내포 독자'가 있는 텍스트이기도 하다. 누군가 읽기를 예상하거나 독자를 상정하고 쓰는 글이라는 뜻이다. 오히려 그 때문에 많은 자살자들은 최후의 순간에 유서 쓰기를 거부하지만, 반대로 어떤 자살자는 세세하게 자기의 심경을 고백·토로하며, 사적인 유언과 공적인 유언을 구분하여 여러 통의 유서를 남기기도 한다. 고 노회찬은 가족과 정의당 앞으로 세 통의 유서를 남겼으며, 박근혜 정권 시절 청와대 문건 유출 혐의로 조사를 받다 스스로 목숨을 끊은 파견경찰 최경락 경위의 유서는 14장이나 됐다. 신재민 씨도 두 통의 유서를 남겼다는데, 〈고파스〉에 올라온 글은 경어체와 평서체가 뒤섞여 있는

---

08 고 노무현, 노회찬의 유서에 대해 아직도 진위 여부를 의심하는 이들이 있다.

09 박형민, 『자살, 차악의 선택—자살의 성찰성과 소통 지향성』, 이학사, 2010 참조.

10 이하 유서는 「전문: 신재민 추정 인물, 고파스에 유서 올려… "이젠 진짜 갈게요"」, 『동아일보』, 2019. 1. 3에서 인용. 그의 자살 기도와 유서는 『조선일보』, 『동아일보』의 속보로 널리 알려졌다.

등 일관되게 써진 글이 아니며 사적인 것과 공적인 내용이 뒤섞여 있다. 이런 면은 그가 자신의 죽음을 충분히 숙고하거나 자신의 유서가 어떻게 누구에게 읽히고 어떤 효과를 발할 것인지에 대해 제대로 생각해볼 여유가 없었거나, 그에 관한 인식론을 갖지 못했다는 증거라 할 수 있다. 어쨌든 우리는 유서를 통해 자살하는 사람의 내면과 그를 둘러싼 사적 관계까지 본의 아니게 보게 되는 경우가 있다. 이는 때로 비참하고 때로 매우 민망한 일이지만, 연구자들에게는 중요한 자료가 된다.

유서를 읽어보면 신재민 씨가 자살 기도를 한 이유는 "제가 죽어서 조금 더 좋은 나라가 되었으면 좋겠어요"라는 말에 표현된 바와 같은 국가관이나 사명의식 같은 것 때문이라 할 수 있다.[11] 그러나 "비상식적인 정책결정을 하지 않고 정책결정 과정을 국민들에게 최대한 공개하는 문화" 등의 언명은 사실 이해하거나 동감하기 어렵다. 정부가 벌이는 많은 일 가운데 국채의 추가 발행이나 KT&G 사장 인사에 개입했다는 것이 자기 밥벌이뿐 아니라 인생 전체를 걸고 폭로(?)할 문제라고 생각하기 쉽지 않다. 그런 '비위(?)'를 저질렀다는 이유로 문재인 정부 전체를 박근혜 정부와 비교하는 정치의식 또한 분명 뭔가 비총체적이고 신뢰하기가 쉽지 않다.

하지만 필자의 눈에는 그의 유서나 행동에 담긴 다른 이야기들이 더 중요해 보인다. 바로 신재민 씨 스스로 생각하는 '자아'에 대한 사고와 그 회로이다. 그것은 외모, 학벌, 그리고 가족과 결부된 무엇이다. 그가 세상에 마지막으로 남기고자 했던 키 크고 잘 생긴 사람으로 '다시' 태어나고 싶다는 말은 실로 함축적이다. 이 외에도 자신의 외모에 대해 언급한 대목이 또 있다.

---

11 "내부 고발을 인정해주고 당연시 여기는 문화"도 거론했다.

살이 너무너무 많이 쪘어요. 일하지 않는 동안 스트레스를 너무 받다 보니…
정신이 피폐해졌나 봐요. 어차피 폭로할 거라면 이렇게 했어서는 안 됐었는데. /
죽음으로라도 제 진심을 인정해주셨으면 좋겠어요. 제가 폭로한 건 일을 하면서
느꼈던 부채의식 때문이었어요. / 이걸 말하지 않으면 다른 것을 못할 거라는 부
채의식에 퇴사하고 6개월 동안은 정말 폐인+쓰레기처럼 살았어요. 맨날 쓰레기
처럼 술만 마시고 있는 돈으로 양주 마셔대고… 양주는 원 없이 먹은 것 같아요.
돈도 원 없이 썼구요. 카드값 갚아야 하는데… 회사 나오고 아무 생각 없이 강사
할 수가 없었어요. 계약은 맺었었지만. 도저히…

외모는 거의 모든 인간에게 자기의식의 중요한 요소다. 특히 오늘날 자
아존중감과 외모의 문제는 대단히 중요한 사회학적·심리학적 주제가 되었
다. 세계적인 성형수술 대국이자 '자살공화국'인 한국에서 외모 지상주의는
단지 매력자본(erotic capital)[12]의 문제를 넘어선다. 거의 모든 연령대의 한국 여
성이 외모 지상주의의 피해자(또는 그 수행 주체)가 되었으며, 근년 외모 지상
주의는 남자들도 포로로 삼았다. 2009년에 벌어진 소위 '루저의 난'은 그 예
가 아닐까? 루저의 난은 〈미녀들의 수다〉라는 TV 프로그램에 출연한 한 여
성의 '180cm가 안되는 남자는 루저'라는 말이 큰 파장을 일으킨 일이다.[13] 상
당수 남성 네티즌들이 분기탱천하며 발언한 여성을 '조리돌림' 했다. 그러나

---

12   영국의 사회학자 캐서린 하킴에 의해 널리 퍼진 개념이다. erotic이라는 말이 보여주듯 매력
     은 주로 성적 매력을 의미한다. 캐서린 하킴 지음, 이현주 옮김, 『매력자본』, 민음사, 2013. 이
     책에 따르면 평균적인 사람들이 100만 원을 벌 때 비만인 사람들은 86만 원을 번다든가, 북미
     에서는 매력적인 남성이 14~28%를 더 벌고, 매력적인 여성은 12~20%를 더 번다는 등의 연구
     결과가 있다고 한다. 즉 외모는 신자유주의사회의 개인적 자원으로 기능해서, 실제로 한 개
     인이 얼마나 매력적인가에 따라 연봉이 달라진다. 그런데 이 책은 매력자본을 활용할 것을
     주장하며 친 (신)자유주의, 반 (급진) 페미니즘의 태도를 취한다.
13   「손석희 "180cm 안되니 나도 루저"」, 『아시아경제』 2009. 11. 13 등을 참조.

바로 이것이야말로 그들이 키 프레임의 포로라는 증거겠다.

그럼에도 외모를 표피적인 것이나 '진정하지 않은 것'으로 간주하고 외모 지상주의의 폭력성에 저항하며, (과도한) 성형시술이나 몸 꾸미기를 넘어 '본연적 자아'를 추구하고 지키는 것이 성숙하고 올바른 태도라는 오래된 인식도 유지되고 있다. 물론 남성에게 있어서도 그렇다. 2000년대 이후 한국에서도 메트로섹슈얼이나 남성 화장의 문화가 상당히 넓게 퍼졌다. 하지만 여전히 주류적인 남성성은 욕망의 정치경제에서 외모에 대해 이중적인 태도를 취한다. 한편—특히 여성의—외모를 주요한 욕망의 대상으로 삼으면서도, 다른 한편 외모를 부차적인 것으로 간주하고 외모 같은 외적 한계를 넘는 것을 '본연적인 것'으로 생각한다.

그런데 신씨는 유서에서 매우 솔직하게 살과 키에 대해 이야기했다. 외모 지상주의사회에서, 또는 신자유주의가 자아를 경영의 대상으로 삼게 만드는 사회에서, 살이 쪘다는 것은 자신을 제대로 관리하지 않거나 자아존중감이 나쁜 상태(우울감, 소외감)를 나타내는 주요 표지가 된다. 비만은 상당히 자주 혐오의 대상이 되기도 한다. 그는 과음 등 자신의 일련의 '실패'를 말하며 "쓰레기"같이 산 스스로를 질책하면서 살쪘다는 사실을 든다.

어쨌든 이 유서의 필자는 외모를 과도하게 예민하게 인식했다고 볼 수밖에 없다. 그는 '삶 전체'라는 것을 생각할 수밖에 없는 유서 쓰는 순간에도 시야가 좁은 것 아닌가? 이 좁음이나 '미숙함'은 그나 그의 동료들이 말한 "순수함"의 일종일까?

2) 가족과 세대: 강한 부모와 '여린' 아들

신재민 씨는 유서에서 자신을 일컬어 "저는 정말 어린애네요. 하지만 제가 있는 곳 어디에도 순수하게 대하고 싶었어요"라고 했다. 자신이 '어리다'

고 말하거나 생각하는 사람은 어떤 사람인가? 아마도 어른으로 그냥 인정받거나 그것을 내면화한 사람이 아니라, 미숙과 성숙 사이에서 자신의 모호한 상태를 의식하는 존재일 것이다. 맥락은 다소 다르지만, 신재민 씨를 도와달라고 호소한 고려대 동아리 선후배들의 '호소문'도 신재민과 자신들을 가리켜 "미숙"이라는 단어를 여러 번 썼다.

오늘날 한국사회에서 32세는 어떤 나이인가? 여전히 '청년'의 범주에 속하지만[14] '어린' 나이는 결코 아니다. 그런데 기실 신재민 씨를 미숙한 존재로 만든 것은 그의 부모들이었다. 그의 부모는 대국민 사과문에서 "심성이 여린 재민이"라 아들을 지칭하며 대신 사과했다. 부모의 이런 대리 사과가 한국에서는 흔치 않았다. 이는 한국에서의 새로운 부모-자식 세대 사이의 관계를 표상하는 것으로 볼 수 있을까?

가라타니 고진(柄谷行人)은 일본 사회에서 종종 큰 사고를 친 (주로) 아들 대신 사과하는 부모가 어떤 사회적 상황을 표상하는지 논한 바 있다. 부모가 매스컴에 나와 자기가 저지르지도 않은 (주로) 성인 아들의 죄를 사과하거나 공동체가 부모에게 도덕적 책임을 추궁하는 것은, 결국 도덕적 책임을 져야 할 당사자의 주체로서의 존재를 인정하지 않는 것이라는 내용이었다. 그리고 이 해석은 전쟁책임의 회피와 같은 전후 일본 사회 전체의 무책임의 심리 구조와 연관이 있다는 것으로 확장된다.[15] 이런 일본의 상황과 직접 비교하기에 무리가 있겠으되, 고용불안과 고령화 등의 정황을 배경으로 아들딸(세대)은 더욱 사회화·주체화가 늦어지고 의존적이 되며, 베이비붐+586 부모 세대의 권력·권위는 상대적으로 더 커지고 영속화되는 상황과 유관한

---

14 국가나 지자체가 벌이는 각종 청년 관련 사업에서 39세까지를 흔히 '청년'으로 간주한다.
15 가라타니 고진 지음, 송태욱 옮김, 『윤리 21』, 사회평론, 2001.

것이 아닐까?

신씨의 〈고파스〉 유서가 대체로 혼란스러웠던 데 비해, 그의 부모는 시종 단정하고 이성적인 어조로 "저희 아들이 극단적 선택으로 사회적 물의를 일으킨 점 국민 여러분과 정부 관계자 여러분, 그리고 민주사회를 위한 변호사 모임을 포함한 주변 분들께"[16] 사과했다. 또한 그들은 "재민이를 무사하게 돌려보내주신 경찰 소방 당국에 다시 한 번 깊은 감사드"린다고 한 뒤, 부모로서 아들의 입장을 변호해주는 것도 잊지 않았다. "스트레스가 심각해서 잘못된 선택을 하려 한 것 같"으니 부디 "너그럽게 이해해주시기를 부탁드"린다며, 아들이 "이후 필요한 모든 조사 절차에 성실히 임할 수 있도록 돕겠"으며 "그에 앞서 먼저 하나뿐인 자식이 안정을 취하도록 하는 것이 부모의 역할이라고 생각"한다고 썼다. 상당히 용의주도하고 '좋은' 사과문 아닌가? 이 사과문은 시민들이 가진 '부모된 마음', 즉 "하나뿐인 자식" 때문에 노심초사 하는 부모들의 입장을 겨냥하여 써진 글처럼 보인다. 말하자면 신재민의 부모들은 이 사회의 가족주의의 감정을 파고든 것이다.

『경향신문』 박은하 기자는 사회학자 장경섭의 『내일의 종언?—가족 자유주의와 사회재생산 위기』에 대한 서평에서 흥미로운 예를 들어 바로 이 같은 한국식 가족주의의 본질에 대한 화제를 꺼낸다. 서비스업에 종사하는 나이 어린 노동자들을 함부로 대하는 '진상 고객'에 대처하기 위해 주점·카페 같은 곳에서 "남의 집 귀한 자식"이라는 문구가 새겨진 티셔츠를 직원들에게 입혀 SNS에서 화제가 된 적이 있었다. 또 젊은 누군가가 부당하게 괴롭힘을 당하는 내용의 뉴스는 흔히 "남의 집 귀한 자식에게 저래도 되느냐"

---

16 이 단락 인용은 「신재민 전 사무관 부모 "아들의 극단적 선택, 국민께 사과드린다"」, 『경향신문』 2019. 1. 3.

는 '공분'을 자아낸다. "인권은 분명 개개인에게 귀속된 개념일 텐데, 우리는 누군가의 존엄성을 상상할 때 그 사람 자체로 상상하는 것이 아니라, '남의 집 자식'이라는, 즉 누군가의 '가족'이라는 필터링을 거친다"는 것이다. 한국사회는 "남한테 함부로 대하지 마세요"가 아니라 "남의 집 귀한 자식에게 함부로 대하지 마세요"가 훨씬 설득력 있는 사회가 아닌가?[17]

장경섭에 의하면 한국사회를 이루는 기본 단위는 개인이 아니라 가족이며, 한국은 서구 같은 개인 중심적 자유주의가 아닌 '가족 자유주의(familial liberalism)'가 지배하는 사회다. 한국인들에게 가족은 단순히 사적인 삶이 영위되는 공간이나 혈연관계가 아니라, 기본적이고 배타적인 책임과 권리, 그리고 자유의 양과 질을 규제하는 정치적·경제적 단위이다.[18] 그래서 가족은 한국의 "압축성 근대성의 미시적 기초" 그 자체였다. 험난한 현대사를 겪어 온 한국인들은 거시적 혼란이나 위기에 가족 단위로 매우 긴밀하게 반응해왔고, 전략적 생존을 위해 가족구성과 관계를 적극적으로 조정·재조정해왔다.[19] 엄청난 교육열, 원정출산 같은 현상은 물론 그 양(+)의 작용이며, 최근의 출산파업, 만혼, 비혼 등으로 표상되는 "가족 이탈" 혹은 '탈가족'화 추세도 역설적으로 가족관계의 유효한 범위, 강도, 기간을 실용적으로 재조정하려는 한국인들의 광범위한 노력에서 비롯된다는 것이 장경섭의 설명이다.

오늘날의 인구 붕괴 조짐은 가족 자유주의의 고질성에 대한 하나의 증거이다. 즉 그것은 "가족 자유주의적 개인과 가족들의 사회재생산에 관한 일종의 자기부과적인 구조조정의 결과"이며, 만혼, 비혼, 만연한 이혼, 심지

---

17 박은하 기자의 SNS 서평, 2018. 12. 29(https://www.facebook.com/eunha.park.9406/posts/18695423 03158093).

18 장경섭, 『내일의 종언?―가족자유주의와 사회재생산 위기』, 집문당, 2018.

19 장경섭, 『가족 생애 정치경제―압축성 근대성의 미시적 기초』, 창비, 2009.

어 역병처럼 번지는 자살은 모두 초저출산과 같은 뿌리의 근본 원인을 갖고 있다는 것이다.[20] 다소 모호하거나 과도한 면이 있지만 통찰을 준다.

조주은이 『기획된 가족』에서 진단하고 있는 바를 함께 고려한다면, 오늘날의 현상은 '가족 신자유주의'라 해야 더 잘 설명되지 않을까? 오늘날 가족은 새로운 무한경쟁의 기획 및 전술의 단위이며, 부부는 일종의 경제적 동맹자다. 그들은 특히 자식의 생산·교육·양육을 중심으로 시간 사용, 직장 생활 등을 통해 역할분담하여 다른 가족들 또는 사회와 경쟁하는 전사와 같은 존재들이다.[21] 〈스카이 캐슬〉이나 '조국 사태'에서 나타난 바는 최상위층 가족의 주부나 엄마가 맡은 '전투적인' 역할이었다. 아빠는 너무 바쁘거나 '나랏일' 하느라 뒤에 물러나 계신다.

거친 대로 정리해보면 ① (신자유주의적) 가족 단위의 생존주의와 (무한)경쟁, ② 그 경쟁의 곤궁함, 윤리적 난경과 피로, ③ ②로부터의 개인들의 도피 또는 기존 가족과 그 윤리의 붕괴, ④ 한국식 가부장제와 결합된 가족 신자유주의의 여전한 억압성과, ⑤ 그로부터의 도피, 퇴행, 저항 등이 오늘날 가족-젠더-세대가 얽힌 구조와 행동을 묘사하는 큰 틀이 될 수 있을 듯하다. '가족 (신)자유주의'가 여전히 관철되는 한편, 가족주의를 새로운 현실에 맞게 조정하기 위한 처절한 몸부림이 새로운 자아를, 그리고 계층·젠더·세대의 구조를 다시 짜고 있다.

1인가구의 폭발적 증가에서 보듯, 한국사회에서는 일면 급격한 탈가족화·탈공동체화가 진행되고 있다.[22] 혼밥·혼술·혼자여행 등 '혼삶'은 이미 일

---

20 장경섭, 『내일의 종언?—가족자유주의와 사회재생산 위기』, 집문당, 2018.
21 조주은 『기획된 가족』, 서해문집, 2013 참조. 이 책은 특히 중산층 주부들의 삶에 초점을 두고 가족을 연구한 책이다.
22 「"나 혼자 산다" 급증… 올해 1인가구 비중 30% 육박」, 『연합뉴스』 2019. 2. 3.

	탈가족화와 인구 위기	⇄	가족의 유지
배경과 이념	개인적 자유주의		전통적 가족주의+신(자유주의)가족주의
	포스트가부장제		가부장제
	페미니즘 붐, 여권 확대		고용불안, 자립의 어려움 청년 및 여성 빈곤, 무한경쟁, 학벌경쟁
현상	가족으로부터의 탈출·도피		캥거루족
	1인가구, 혼삶, 혼밥, 비혼		비독립

반적인 삶의 형식이 되었다. '인싸', '아싸' 같은 유행어의 출현이나 예능 분야 TV 리얼리티 프로그램 1등을 차지할 만큼 인기가 높은 〈나 혼자 산다〉, 젊은 여성들에게 큰 호응을 얻었던 웹툰 〈혼자를 키운다는 것〉 등은 그 작은 반영물이다. 역사상 가장 강력한 페미니즘 붐 같은 현상은 ④를 보여주고 ⑤와 함께한다. 확실히 가부장제의 약화도 가족의 구심력 약화와 병진되고 있다.

그러나 한국에서 결정적으로 '가족'이 해체되거나 약화되고 있다고 말하기는 어렵다. 새로운 공동체주의나 '대체가족'에 대한 상상과 담론은 제출되고 있지만 아직 대중화되는 단계에는 못 미치고 있다. 또한 가족을 지키고 싶어 하는 보수층이나 구(舊)세대가 문화적 헤게모니는 잃었지만 경제적 헤게모니를 갖고 있기 때문에, 강요된 이유로 가족은 유지되고 있다고 봐야 되지 않을까? 다시 말해 고용불안과 청년 빈곤 등의 이유로 자녀 세대는 '어른'으로서 자립·독립하기 어렵다. 그러나 계급에 따라 ①~⑤는 차이가 있겠다. 다음 절에서 이에 대해 살펴보기로 한다.

3. 가족·계급, 그리고 학벌

1) 〈스카이캐슬〉의 자식과 부모

드라마 〈스카이캐슬〉에 재현된 것은 ①과 ②에 관한 최상층계급의 행태이다. 〈스카이캐슬〉의 586세대 주인공들은 계층 유지와 상징자본(위신)의 재생산에 광기 어린 집착을 보이며 엄청나게 큰 경제적 자원을 쓴다. 그러나 드라마가 보여주듯 최상층계급에게도 경쟁을 통해 이를 획득하는 것은 쉽지 않은 일이다.

그런데, 뒤늦게 "자기 인생은 없었"노라고 "엄마"에게 항변하는 50대 강준상(정준호 분)이 표상하듯, 가족 자유주의는 한국에서 3대째 재생산되고 있다는 점이 중요하다. 전체 한국사회의 공적(公敵)이 되다시피 한 586세대의 주류 또한 개발연대 가족 자유주의의 대상(아들·딸)이면서 동시에 더 강한 가족 자유주의의 주체다.[23] 이제 586세대는 모든 면에서 이 사회에서 압도적이다. 그들은 인구도 많고 정치적·경제적 자원도 다른 세대에 비해 훨씬 크다. 그들은 근대 이후 최초로 자식 세대보다 학력이 비슷하거나 낮지 않은 세대이며, 더 진보적(?)이고 정치적 주체성도 더 강하다.[24] 그들은 단지 '반독재 민주화'를 추동한 것만이 아니라, 세 번씩 자신들의 구미에 맞는 자유주의 정부를 만들고 촛불'혁명'까지 수행했다.

그런데 그들의 자식 세대는 이에 대항할 정치적·이념적 지향이 희박하고, 고용불안 때문에 경제적 자립 능력도 약하다. 자식 세대는 점점 더 본의 아니게 부모에 의존하거나, 또 의존을 위한 전략으로—신재민이나 '우유당

---

23 이 계층을 조귀동은 '학번 있는 586'이라 부른다. 조귀동, 『세습 중산층 사회』, 생각의힘, 2020.
24 이철승, 『불평등의 세대—누가 한국 사회를 불평등하게 만들었는가』, 문학과지성사, 2019.

번' 같은—"연약함"이나 '어림'을 택할 수도 있다. "아직 젖을 떼지 못한 대학생들"이라는 제목을 달고 20대들의 '어림'을 묘사한 다음 인용문이 과장인지 아닌지 독자들께서 판단해보시기 바란다.

> 학점을 놓고 부모가 교수에게 따진다. 아픈 아이 대신 부모가 출석한다. 대학생이 초등학생 수준의 돌봄을 '당연히' 받는다. '부모 주도'로 살아온 이들은 대학 졸업반이 되어도 '무엇을 해야 할지, 무엇을 할 수 있는지'조차 모른다. / (…) 이제는 법에 저촉되니 대놓고 '돈질'은 못하지만 강사에게 교묘하게 회유와 협박을 해오는 학부모도 있단다. 당장 신고감이다. / 대학도 이런 부모들의 설레발을 암암리에 이용한다. 입학식을 전후해 이런저런 명분의 부모 모임 자리를 만들기도 한다. 발전기금 마련을 위한 게 아니라면 이해가 가지 않는다.[25]

그래서 어떤 부모들은 학부모 단톡방을 만들어 "'우리만의 리그'에 끼었"음을 표내며 "강의 정보, 학점 정보를 나누다 이후 취업, 유학, 로스쿨, 기타 등등 정보까지 챙긴다"는 것이다.[26]

계급의 요소는 어떨까? 위 글의 지적대로 부모의 학력·재력이 클수록 자식은 '부모 주도'로 살아왔을 가능성이 크다. 그래서 "엄친딸, 엄친아일수록 혹시라도 대접받지 못할까, 불리할까 조바심치며 더 더 '스펙' 쌓기에 매달린다"[27]고 할 수 있을 것이다.

그런데 부모가 최소한의 자원을 가진 중산층 이상인 경우에도 자식의

---

25 김소희(학부모·칼럼니스트), 「아직 젖을 떼지 못한 대학생들」, 『시사인』 593, 2019. 1. 25.
26 위의 글. 20대의 '어림'에 대해 이 기사에 달린 많은 댓글 중에는 '판사가 엄마한테 전화해서 판결을 묻는다'는 등 믿기지 않는 것도 있었다.
27 위의 글.

부모에 대한 의지·의존이 더 커지는 상황이 있다. 상당히 문제가 많은 책이 지만 『복학왕의 사회학』[28]에는 지방대 출신의 중간(또는 중하위) 계층에서도 부모에 대한 의존이 심각해지고 있다는 사실이 보고되어 있다. 지방대학을 나온 청년들이 수도권의 취업시장 진입이 어렵기 때문에 경쟁 회피의 방법으로 부모(가족)에의 의존을 선택하고 있다는 것이다.[29] 조귀동의 책은 단지 '지방'이 아니라 하위 계층 부모의 아들딸이 어떻게 경쟁을 포기하게 되는지를 보여준다.

경제적인 이유 때문에 이제 '캥거루족'이 40~50대까지 확장되어 있다는 보고도 있다. "자립에 어려움을 겪는 청년들이 결혼을 늦추거나 포기하면서 출산률이 저하되는" 현상 자체가 이미 "십수 년"이 되었고, "취업에 실패한 청년은 말할 것도 없고, 취업에 성공하더라도 천정부지의 주거비, 생활비 탓에 분가를 포기하는 경우가 많"[30]기 때문이다. 이런 비자립·미성숙은 강요된 것이라 볼 수 있으며 구조적인 요인에 의한 것이다.

2) 학벌의 효과: 〈스카이캐슬〉과 메가스터디

기재부를 나온 신재민 씨는 메가스터디라는 대형 사교육 업체에 취직해서 돈을 벌려 했고, 고려대 졸업생·재학생만 가입할 수 있는 커뮤니티 사이트에 유서를 올린다. 해당 부분은 다음과 같다.

---

28 "지방 청년들의 우짖는 소리"라는 당혹스러운 부제목에서부터 보듯, 이 책은 상당히 쉽게 '지방 청년'을 일반화하고 타자화한다. 책의 발화 위치 자체에 문제가 있는 것이다. 그리고 역설적으로 신자유주의적 경쟁을 정당화한다.

29 최종렬, 『복학왕의 사회학—지방 청년들의 우짖는 소리』, 오월의봄, 2018 참조.

30 「암울한 청년풍속—캥거루족 증가 '세대의 재생산' 막혀」, 『헤럴드경제』 2017. 3. 7. 캥거루족 증가가 세계적인 현상이라는 보고도 있다. 「EU 16~29세 '캥거루족' 증가세… 남성이 여성보다 10%P 높아」, 『연합뉴스』 2018. 12. 25 등.

이젠 진짜 갈게요 안녕히계세요 행복했습니다. 운화회 친구들이 고파스 하지 말라 그랬는데ㅎㅎㅎ. 하지만 성향이 어떻고 간에, 고려대 동문들이 있다는 것이 좋았어요 마음의 안정을 얻고 지지를 받고 싶었나 봐요.

그는 어떻게 메가스터디와 계약할 수 있었고, 또 어떻게 "고려대 동문들"을 통해 "마음의 안정을 얻고 지지를 받고 싶"는 사람이 되었을까? '고려대 동문'이란 과연 무엇인가?

그 같은 행로에서 우리는 이 사회를 사는 사람들 개인과 사회 자체를 지배하는 강력한 원리를 재삼 발견한다. 사교육을 통해 취득하는 학벌과 그 의미·효과에 대한 것이다. 근대화가 개시된 이래 학벌을 위한 "무한경쟁의 수레바퀴"[31]는 멈춘 적이 없다. 전두환의 강압적인 조치로 1980년대 초반에 잠시 과외 금지 조치가 취해진 적이 있다. 또한 이 시기에는 고교평준화와 대학졸업정원제의 효과로 학벌경쟁에서 사교육과 부모 자산의 결정력이 약화되었다. 그러나 이 같은 1980년대의 상황은 대한민국 교육사 전체에서 예외적인 시기였다. 〈스카이캐슬〉은 한국사회에서 학벌이 여전히 가장 중요한 개인적·집단적 상징자본이며 양극화의 주요 기제라는 점을 새삼 일깨워주었다.

그런데 이미 이 나라에서는 자신의 노력만으로는 계층 상승이 불가능하다. 최상층에서는 '입시 코디'에게 수십억을 지불한다 할 만큼 세습 자본주의의 상황을 돌이킬 수 없고 '문턱'은 무한대로 높아져 있다. '좋은' 학벌을 취득하기 위한 경쟁은 유치원에서부터 시작되고, 학력격차는 이미 초등학

---

31 이기훈의 책 제목에서 가져온 표현이다. 이기훈, 『무한경쟁의 수레바퀴—1960~1970년대 학교와 학생』, 서해문집, 2018.

교에서부터 구조화되어 있다. 서울 대치동의 아이들은 "초등학교 때 영어 끝내고, 중학교 때 수학을 마스터"한다니, 도시 하층이나 농촌의 학생은 초등 때부터 기초 학력에서 뒤지기 시작한다.[32] 그래서 그들은 스스로 역전 또는 진입이 불가능하다는 사실을 알고 있다.[33]

학벌주의의 효과는 2000년대 이후 실제와 개개인의 주관적 인식 양면에서 더 강력해져 '자연화'되고 구조화했다. 그래서 학벌의 의미는 중층적이다. 학벌이라는 대상은 단지 '타자의 욕망'이거나 타자의 기준이 아니다. 그것은 냉정한 현실인 동시에 판타지다. 즉 학벌에 따른 차별은 모든 계급의 구성원을 지배하는 현실이며, 학벌은 동시에 중간층 이상의 삶을 환각으로 기율하는 상징체계다. 모두가 그것을 원하기에 투쟁하지만 '승리자'는 몇 명 되지 않는다.

김영철 상명대 교수는 「행복은 성적순이 아니잖아요?―'학력(학벌)'의 비경제적 효과 추정」이라는 논문에서 9,997명의 패널을 출신 대학에 따라 상위권대(10개), 중상위권대(30개), 중위권대(40개), 기타 4년제대, 전문대, 고졸, 중졸 이하 등 7개 부류로 나눴다. 조사 결과 "학력 수준이 높을수록 전반적인 생활 및 현재의 일자리에 대해 만족할 확률이 현저히 높아지는 것으로 나타났다."[34] 객관적 이유는 현실의 차별 때문일 것이다. 유효 응답자 중 자신의 생활에 만족한다고 응답한 비율은 평균 30.2%(3,095명)였으나 상위권대 출신 중에서 만족한다고 답한 비율은 54.0%로 훨씬 높았다. 학력 수준이 낮을

---

32 「초등학생 어휘력, 집값과 비례?」, 『한겨레』 2019. 2. 9; 「진짜 대치동에서 말하는 '의대 로드맵'… 캐슬로 가는 길 맞을까요?」, 『한겨레』 2019. 2. 6.

33 조귀동, 앞의 책, 5장 참조.

34 김영철, 「행복은 성적순이 아니잖아요?―'학력(학벌)'의 비경제적 효과 추정」, 『經濟學研究』 64(1), 2015. 2, 107쪽. 한국노동패널조사(KLIPS) 7차년도 자료 중 9,997명을 상대로 '전반적인 삶에 대한 만족도' 등을 설문한 결과를 활용한 것이다.

수록 삶에 만족한다는 응답자 비율은 줄었다. 중상위권대 출신은 46.4%, 중위권대는 42.4%, 기타 4년제대는 46.2%를 기록해 상위권대 외 대졸자들은 대체로 비슷했으나, 전문대졸, 고졸, 중졸 이하는 각각 35.1%, 28.8%, 23.1%로 떨어졌다. 월평균 소득과 종사하는 직업의 지위가 같다고 가정하고 분석했을 때도 마찬가지였다. 학력이 낮은 사람들은 삶의 국면마다, 즉 취업, 승진, 사회 생활에서의 차별을 '인지'하고 있었다.[35] 차별을 느끼고 그것을 자기 마음속에 내재화한다는 것, 반대로 학벌을 자부심과 자존감의 최고 중요한 근거로 만드는 것을 생각하면 '고려대 동문'이라 마음이 편하다는 신재민이나, 학교 노동자를 자기 집 가정부에 비유한 서울대생의 사례는 놀라운 것이 아니다.[36]

3) 계층과 학벌

이런 의식은 격차와 그에 따른 차별의 실상을 반영한 것이겠다. 그런데 학벌이라는 자원이 어떻게 구체적으로 계층별로 다르게 기능하는지는 더 살펴봐야 할 필요가 있다.[37] 결론부터 말하자면, 〈스카이캐슬〉에 대한 일반의 관심이 보여주듯 오늘날 학벌은 특히 중간 이상 계층의 삶에서 가장 중요한 변수이다. 그 이하의 계층은 아예 그 전쟁과 문화에서 배제되어가고

---

35 위의 글, 146쪽.

36 따라서 2014년에 『한국일보』가 성인 1,000명을 대상으로 학벌에 대한 설문 조사한 결과도 매우 당연한 것일 테다. '교육 정도에 따라 인생이 결정된다'고 응답한 사람은 전체의 76.2%였다. 여기서 교육 정도란 단지 중졸이냐 대졸이냐는 학력이 아니라 '출신 학교'를 의미했는데, 그래서 '미래를 위해서라면 편입·재수를 해서라도 좋은 대학에 가는 것이 낫다'는 점에도 71.1%의 응답자가 동의했다. 「서울 지역 대학생 10명 중 7명 "편입·재수해서라도 명문대 가야"」, 『한국일보』 2014. 12. 9.

37 학력과 학벌은 서로 다른 개념이지만, 학력은 학벌의 의미에 포함될 수 있다. 이제 '고졸이냐, 대졸이냐' 하는 식의 학력의 문제는 하층계급 사람들에게만 문제가 된다.

있다고 봐야 할 듯하다.

　2017년 한국교육개발원이 발표한 『교육격차 실태 종합분석』의 실증 연구 결과는 흥미롭고도 끔찍하다. 초중등 때부터 대학 졸업 후까지 모든 면에서, 즉 초중등학교에서의 학업성취도나 대학 진학, 그리고 대졸자의 노동시장 진입에 이르기까지 교육 불평등은 체계적으로 구조화되어 있다. 중고교에서의 격차는 생략하고, 이 보고서의 제5장, 제6장이 보여주는 대입의 현실만 잠시 보자.

　"대학 진학에 부모의 사회·경제적 지위가 영향을" 미친다는 것은 엄연한 실증적 사실이다. 그런데 "변수들을 통제할 경우에 비진학 대비 전문대 진학, 전문대 진학 대비 기타 4년제 대학 진학에서는 부모의 사회·경제적 지위의 효과가 사라졌고, 기타 4년제 대비 상위권과 서울 4년제 대학 진학에서만 부모의 사회·경제적 지위의 효과가 유의하게 남았다"고 한다. 다시 말해 소위 '인서울' 정도 대학을 가느냐 마느냐 하는 문제에 관해서는 부모의 사회·경제적 지위가 결정적이다. 그 이하 레벨의 대학이나 비진학의 경우에는 큰 상관이 없다. 부모의 자원이 얼마나 많은 양으로 투여되느냐는 결국 더 높은 곳에 오르는 사다리 타기 경쟁에 주로 해당된다는 뜻이겠다.

　'부모의 사회·경제적 지위가 대학 경험과 노동시장 지위에 미치는 영향'도 교육을 매개로 계층이 대물림되는 상황 속에서 '좋은' 학벌이나 상위 대학(서열)의 문제가 사실 중산층 이상의 이슈임을 보여준다. "부모의 사회·경제적 지위가 전문대학부터 의학대학으로 구분하여 측정된 대학 유형을 매개로 자녀들의 노동시장 지위에 미치는 효과는 매우 체계적으로 나타"난다.[38] 부모의 소득이 상대적으로 낮은 그룹에서는 자녀들의 임금격차가 크

38　박경호 외, 『교육격차 실태 종합분석』, 한국교육개발원 연구보고 RR 2017-07, ii~iii쪽.

게 나타나지 않았지만, 부모 소득이 상대적으로 높은 집단(월 500만 원 이상)에서는 자녀들의 임금격차가 컸다. 즉 중위 이상의 계층에서 부모의 소득이 자식의 임금을 결정하는 변수가 될 가능성이 더 크다.[39] 어떤 사람이 어떤 대학을 나와서 어느 정도의 임금을 받느냐는 데 누적적으로 작용하는 제반의 변수 중 결국 부모의 사회경제적 지위가 가장 중요하다 하겠다.

따라서 "우리 사회는 이미 학력·학벌사회화되어 학력주의와 학벌주의가 편만하고 있"으며 학벌주의는 "특정 조직이나 집단에서 '파워게임(power game)'의 양상으로 보편화되고 있"[40]다고 할 수 있다. 그러나 특정 집단·조직에서의 그것은 상위의 '내부자들'에 미치는 영향 아닐까? 그러니까 대학 중에서도 SKY 같은 대학, 또는 같은 정규직이라도 더 큰 보상과 위신을 가져다준다고 생각되는 직업은 따로 있고, 이를 위한 경쟁은 이미 아무나 참여할 수 없는 일이 되었다는 것이다. 이를테면 대표적 재벌기업의 정규직, 의사, 교수, 교사, 5급 이상 공무원 등을 두고 벌이는 경쟁과 SKY 등을 향한 학벌경쟁은 중첩적으로 구조화되어 있어 이미 중고교에서부터 높아져 있는 허들을 통과한 부류들에 의해서만 수행된다.

이런 경쟁은 그러나 상위 계층에게도 쉬운 일이 아닐 것이다. 금융권 및 공기업 인사청탁, 숙명여고 시험지 유출 사건, 학생부 조작 사건, 그리고 미

---

39 예컨대 "부모 소득과 대학 유형이라는 두 변수를 조합하면 부모 소득 수준이 높고 서울 4년제를 나온 인원은 2008~2014년 기간에 첫 일자리 임금이 235만 7,000원부터 243만 8,000원까지 꾸준한 흐름을 보인다. 반면 부모 소득 수준이 낮지만 열심히 공부해 서울 4년제 대학에 진학한 청년의 노동 환경은 꾸준히 하락하고 있다. 첫 일자리 임금이 2011년 208만 7,000원에서 매년 하락해 2014년에는 188만 3,000원까지 떨어졌다. 고소득층과 저소득층 자녀가 비슷한 대학 간판을 따더라도 졸업해 사회에 나갈 때는 격차가 발생하며 점점 격차가 벌어진다." 「'계층 세습'의 통로로 전락한 교육… 더 견고해진 '스카이 캐슬'」, 『국민일보』, 2019. 1. 28. 위의 보고서를 해설한 기사다.

40 박경호 외, 『교육격차 실태 종합분석』, ii쪽.

성년 자녀를 논문 저자 명단에 끼워 넣는 소위 명문대 교수들의 행태와 '조국 사태'에서 드러난 행태 같은 것은 자신의 자원을 이용하여 '좋은 직장'을 간접 세습하려 한 중상층계급 부모들의 부도덕하고 소소한(?) 자원 동원이다.

아주 강력한 자원을 지닌 부모가 있으면 학벌경쟁을 우회·회피할 수도 있을까? 'SKY캐슬'을 향한 피곤한 전쟁을 피해서 중고교 때부터 외국 유학을 가거나, 글로벌 상위 랭커 대학의 학벌을 돈으로 구매할 수 있지 않나?[41] 즉 이는 더 많은 자원을 동원해서 한국식 경쟁을 우회하여 승리하는 전략이다.

중간 이하의 계층에게는 어떨까? 학벌과 좋은 직업 양자를 다 얻을 수 있게끔 유치원·초등학교 때부터 대규모 투자를 할 수 있는 중간계급은 많지 않을 것이다. 학부모든 자녀든 평범한 많은 사람들은 유치원에서부터 시작되는 치열한 학벌경쟁에서 승리자가 되기 어렵다. 그런데 학벌의 '서열'은 학교 바깥에도 있기 때문에, 많은 평범한 사람들은 중소기업이나 비정규직이나 자영업에 종사하게 된다. 그래서 많은 사람들은 (하위직) 공무원이라는 국가가 개입된 '평준화 기능'을 활용하거나, 투자자(특히 남성)를 꿈꾼다. 금융자본주의 시대이고 계속 큰 돈이 흘러 다니고 있기에 그 틈새를 노려 부를 만들려는 사람도 정말 많다. 비트코인 논란 때 20~30대 남성들이 보여준 행태나, 2018년 여름의 부동산 문제, 그리고 최근의 이른바 '동학개미운동'도 여기 결부될 것이다. 재산을 활용하여 재테크를 할 수 있는 능력도 중요해졌지만, 여기에도 물론 진입장벽이 있다. 중간이나 하층이 가진 자산의

---

41 조기유학 붐은 다소간 잦아들었지만 여전히 근 50%의 학부모는 고교 교육에 대한 불만 때문에 자녀의 조기유학을 원한다. 「학부모 47% "해외 고교에 유학 보내고 싶다"… 고교교육 불만 커」, 『뉴스1』 2019. 2. 6.

규모로 역전은 쉽지 않을 것이다. 하위 계층 여성의 삶이 어떤 것인지는 더 잘 보이지 않는다.

반면 하위계급에 속하는 사람들의 삶에서 학벌은 어떤 의미일까? 대졸자가 고졸자에 비해 월평균 임금이 약 23% 높고, 그래서 가난할수록 대학에 보내야 한다는 연구 결과도 있다.[42] 그러나 이미 대학 졸업장 값은 많이 내려가서 이제 약 30~40%의 사람들은 대학을 가지 않거나 전문대를 간다.[43] 대학을 나오고 좋은 학벌을 얻으면 좋겠지만, 이는 결코 쉬운 일이 아니다. 이 나라에서 그들은 젊을 때부터 자영업자나 노동자계급으로 살고, 편만한 '비정규직화' 때문에 직업을 자주 바꿔야 한다. 여기서는 출신과 전공이 중요하지 않고, 부모가 교육에 무관심해지거나 오늘날의 대입 방법 같은 복잡한 정보에서 멀어져버리는 경우도 늘어난다고 보인다.

4. '학종 대 정시'의 매트릭스

토마 피케티(Thomas Piketty) 같은 학자들의 지적대로 세습자본주의는 글로벌한 현상이지만, 앞에서 대략 살펴본 것처럼 한국사회의 세습자본주의는 학벌과 긴히 결부돼 있다. 학벌은 자아와 삶에 영향을 미치고, 이에 뛰어든 부모들의 경쟁이 자식 세대의 의식과 행동에 부정적인 영향을 미치고 있다.

---

42 이진영, 「자녀의 학력이 부자 간 소득계층 대물림에 미치는 영향」, 『노동경제논집』 40(3), 2017. 9.

43 교육부와 한국개발원이 발표한 '2016년 교육기본통계' 조사 결과에 따르면 고등학교 졸업자의 국내외 대학 진학률은 69.8%로 나타났다. 2011년 72.5%였던 대학 진학률은 2012년(71.3%), 2013년(70.7%), 2014년(70.9%), 2015년(70.8%)에 꾸준히 떨어지고 있다. 「취업시장 지각변동?… 대학 진학률 60%대 하락·고졸 취업률 상승」, 『매일경제』 2016. 8. 30.

덧붙이고 싶은 것은 학벌과 교육 모순의 완화·혁파에 대한 분분한 논의에 대한 이야기다. 우리 사회에서는 여전히 대입이 모순의 고리 중에서 가장 중요한 걸로 인식되고 있고, 특히 이에 대해 끝나지 않을 듯한 '학종(학생종합부) 대 정시(수능 정시모집)'의 논쟁이 있다. 〈스카이캐슬〉에 묘사된 것처럼 학종은 입시에서 지나치게 비중이 높고 돈과 정보력이 많은 자들에게 훨씬 유리하게끔 구조화되어 있는 게 사실이다. 소수의 상위 계층이 어떤 제도를 이용하기 위해 엄청난 돈을 쓰고, 반면 다수의 사람들이 제도를 이용하기 위한 정보와 자원에서 소외되어 있다면 그 제도는 제도로서의 정당성을 잃은 것이다. 따라서 적극적인 방법으로 학종 선발 제도를 고쳐야 한다.

하지만 일부 논자들이 주장하는 것처럼 이전의 학력고사 시절로 돌아가거나 단순히 정시(시험) 비중을 확대하는 것만으로 문제가 해결되지 않는다. 이미 학력 자체가 심각하게 차이 나기 때문이다. 학종에서 요구하는 이런저런 스펙과 역량만이 아니라, 강남이나 특목고 학생들은 학력 자체가 여타 지역과 계층의 학생들보다 이미 높고, 앞으로도 사교육을 동원하여 시험 점수를 높일 가능성이 크다. 따라서 초·중학교나 고교 등급화가 만들어놓은 구조적 차이를 간과하는 것은 대안이 되지 못한다. 정시나 학종도 초등학교 이래 누적된 차이 때문에 지배계급이 짜놓은 매트릭스 안에서의 경쟁인 것이다.

그러니까 '학종이냐 정시냐?'라는 구도를 넘는 발상과 물음이 필요하겠다. 대입은 결국 선발 방식이나 고등학교 교육만의 문제도 아니고, 또 교육 문제는 단지 대입의 문제만이 아니다. 난마처럼 얽혀 있는 구조적인 문제를 고치기 위해서는 한두 개의 처방만으로는 불가능하며, 단지 교육 현장만이 아니라 계급화·양극화에 연관된 핵심 고리를 타격하는 동시에 작은 문제들도 장기간에 걸쳐 함께 고쳐야 한다.

〈표 9-2〉 교육격차 개선 방안

교육격차 개선을 위한 협력적 학교 구현

교육여건	교수-학습	교육평가
가. 교사주도 교육격차 개선 협약학교 나. 학교 규모 및 학급당 학생수 적정화 다. 교사가 학생과 수업에 집중할 수 있는 행정지원 라. 지역자원 연계를 위한 전문 인력 배치	마. 교사 학습공동체 운영 및 강화 바. 학생의 특수성이 수업에 활용되는 교육과정 재구성 사. 탐구, 토론, 협동학습 등 학생 참여형 수업 아. 학생별 학업성취수준에 따른 보충학습	자. 학업성취수준 평가에 더한 향상도 평가 차. 학생 간 협력 활동에 대한 평가 카. 교육격차 개선을 위한 학교 자체평가

환경	타. 고등학교 계열화 완화 파. 학생부종합전형 평가 요소로 협력 활동 강조 하. 대학진학 지원 시스템 개선 갸. 교육을 매개로 한 임금격차 축소 및 사회안전망 확대

*출처: 박경호 외, 『교육격차 실태 종합분석』, 한국교육개발원 연구보고 RR 2017-07, v쪽.

　　『교육격차 실태 종합분석』은 고등학교 현장에 주로 초점을 두면서도 무려 27가지 대안을 제시하는 것으로 결론을 냈다. "교육여건, 교수-학습, 교육평가, 그리고 환경, 4가지 영역"에서 그만큼 고쳐야 할 게 많기 때문이겠다.

　　이 보고서가 거론한 "환경" 항목은 〈표 9-2〉에서 보듯 특히 고등학교 교육의 문제를 둘러싼 모순의 큰 고리들을 의미한다. 따라서 이는 큰 사회적 합의가 필요한 문제들이다. 그중 두 개만 보자면 첫째는 "고등학교 계열화 완화"다. "일반고등학교, 특수목적고등학교, 특성화고등학교, 자율고등학교 등으로 구분되어 있는 고등학교 유형을 줄여야 한다는 것"이다.[44] 사실 유형화가 아니라 서열화일 것이며, 이 서열화야말로 중학교 시기부터의 경쟁체

44　두 번째는 "학생부종합전형 평가요소로 협력 활동 강조"이며, 세 번째는 "대학진학지원시스템 개선" 등 작은(?) 것들이다. 『교육격차 실태 종합분석』, 212~214쪽.

제의 핵심이기 때문에 타당한 제안이다. 또 서열에 미친 대학이 암암리에 고교 서열화를 부추기고 악용하고 있기도 하다. 그런데 하나 상기할 필요가 있다. 실제로 서울교육청 등이 추진하는 자사고 축소 등의 정책에 대해 보수 세력과 학부모들이 어떤 저항을 했고, 지금도 하고 있는지?[45]

네 번째는 "교육을 매개로 한 임금격차 축소는 노동시장에서 고졸자와 대졸자, 출신 대학 또는 전공 등에 따른 임금의 격차를 현재보다 줄이자는 것"이다. "교육을 매개로 한 임금격차가 존재하는 한 교육격차는 필연적"이다. 옳은 말이다. "시간 순서로 보면 교육격차가 임금격차를 만드는 것처럼 보일 수 있지만, 우리는 교육을 매개로 한 임금격차를 경험하고 예측하면서 미래에 높은 임금을 받기 위해 가정에서 가용한 인적·물적 자원을 십분 활용하여 교육결과의 차이를 만들어내려고 노력"하는 단계에 이르러 있기 때문이다. 그래서 이런 정책은 학력이나 학벌 때문에 차별을 받지 않고 사람답게 살 수 있는 사회를 향한 것이라 할 수 있다. 이는 얼마 전 교육부가 발표한 고졸 출신 공무원 채용 확대 방침과 유관한 것이라 할 수 있다. 여기서도 하나 상기하자. 이 정책에 대해 '대졸자 역차별'이라며 공무원시험 준비생들이 강하게 반발하는 일이 벌어졌다.[46]

그러니까 이 사회의 서민들인 자사고 부모들이나 공시생들은 불평등을 완화하는 정책에 반대한다. 즉 "우리는 차별에 찬성한다!"[47] 이미 투여된 작은 자기 자원과 '노오력'이 아쉬워서 그것을 공정하지 못한 것이라 생각한

---

45 「자사고 폐지 정책은 정치 폭력… 사립학교 활성화 체계 필요」, 『문화일보』 2019. 2. 8; 「'자사고 폐지' 대성고 학부모 반발 계속… "올해도 등록금 거부"」, 『뉴스1』 2019. 1. 10; 「조희연 교육감 "2022년까지 자사고·외고 5곳 폐지"」, 『한국일보』 2018. 11. 7 등 참조.

46 「유 부총리 "고졸 공무원 확대, 대졸자 역차별 아냐"」, 〈EBS〉 2019. 1. 28.

47 오찬호, 『우리는 차별에 찬성합니다—괴물이 된 이십대의 자화상』, 개마고원, 2013.

다기보다도, 공포와 불안 때문일 것이다. 이처럼 한국의 교육 모순은 상층 계급도 힘겨워 할 지경이지만, 고치기는 어렵다. 대중 스스로가 기득권 세력이 만든 지배의 매트릭스 속에 포로 또는 주체가 돼 있기 때문이다.

교육 모순과 그 교정 불가능성은 물질적이고도 이념적인 헤게모니의 두터움을 보여준다. 모두가 '죄수의 딜레마'에 빠진 이런 사회를 만들기 위해 1990년대 말부터 이른바 '수월성' 이데올로기 따위를 미국 등에서 수입해온 교육 이데올로그들과 조중동이 고교 평준화 등을 폐지시키기 위해 노력했던 기억이 난다.

무엇이 가능할까? '더 강한 평등주의를 통해 계급의 피라미드에 균열을 내자'[48]는 말은 틀리지 않았다. 그러나 거기서 우리는 무한의 의문에 봉착한다. '강한 평등주의의 확산'은 어떻게 가능할까? 교육으로? 경제민주화로? 정치혁명으로? 그건 또 어떻게 가능할까? 사립학교법 개정, 고교 차별화 폐지, 국공립대학 및 지방대학 육성 등등 중 하나라도 가능하다면 그게 곧 '촛불혁명'의 수행이겠다.[49]

문재인 정부의 공약인 '기회는 평등하고 과정은 공정하고 결과는 정의로운 나라'로는 부족하다. 이미 기회가 불평등하게 체계적으로 구조화돼 있고, 과정(=시험)의 공정함은 환상일 뿐이기 때문이다. 결과의 정의는 저절로 달성되지 않는다. 사실 결과는 이미 나와 있다. 정부가 결과에의 개입을 시도하면 '역차별'이라 부르짖는다. 소위 '공정이데올로기'와 기득권과 허위의식의 장벽이 중간계층까지 쳐져 있다.

마음이 답답해진다. 언제나 한국 교육의 문제는 너무 큰 문제이기 때문

---

48 박권일, 「'스카이 캐슬'의 사회학─문제는 시험이 아니다」, 『뉴스민』 2019. 1. 21.
49 「문재인 정부 교육 정책, 결국 변죽만 울렸다」, 『시사저널』 2018. 8. 29.

에 몇 마디 '말'이나 부분적 실천으로는 그 전체 실상에 가닿기조차 어렵다. 대학만 한정해서 봐도 오늘날 신자유주의 대학체제는 '헬조선' 부패와 불평등의 전진 생산기지이기에 그야말로 전면적 개혁이 필요하다. 대학 바깥에서 대학의 발전에 대한 새로운 사회적 합의가 필요하며, 고등교육법과 사학법이 개정되어 교주·재단의 대학 사적 소유와 전횡을 제한해야 한다. 특히 당위적이고 전통적인 대학론이 아니라, 변화하고 있는 삶의 실제 모습에 입각한 새로운 담론과 실천이 필요하다. 즉 인구와 산업 구조의 변화, 직업과 복지, 고등교육과 평생교육, 지역 균형발전, 디지털 전환 등 삶의 구체적인 상황을 고려한 교육의 미래에 대한 구상과 실행이 절실하게 요청되고 있다.

그렇다면 차례차례 풀어가면 될까? 저 모든 문제를 고려하여 차분하게 하나하나 의제로 삼아야 하겠지만, 결국 실제로 강고한 기득권과 관료주의의 저항을 넘어 문제를 푸는 방법은 얽히고설킨 고르디우스의 매듭의 한쪽을 과감하게 칼로 내리쳐 잘라버리는 일일 것이다. 그리고 그렇게 할 수 있는 알렉산더가 나타나는 일이다. 물론 이는 영웅이 아니라 좌고우면하지 않고 과감한 개혁을 단행할 수 있는 집합적 주체의 형성을 의미한다.

03

세대 담론, 그리고 영화 〈1987〉
—586 vs 20대

1. '벌레 소년'의 문재인 탄핵송

2018년 1월 하순, 박근혜가 감옥에 간 지 1년도 안 돼서 '벌레(蟲)를 자처'하는 "소년"이 "최순실이 더 낫다"고 "태극기로 탄핵" 운운하며 문재인 정부를 전면 공격한다. 나아가 운동권, 김정일, 문재인, 문빠, 평창올림픽, 퍼주기 등을 싸잡아 "개○창 났다"며 극우파의 총론을 참요로 만들어 퍼뜨리는 상황이 벌어졌다.[01] 유튜브에서 127만 뷰 이상(2018년 2월 9일 현재) 급격하게 퍼진 랩송 〈평창유감〉의 작자 '벌레소년'은 자신이 "한국 남성이고, 이성애자이며, 이퀄리스트, 반종북주의, 안티 막시스트이자, 안티 페미니스트, 그리고

---

01 〈평창유감〉의 전반부 가사는 다음과 같다. "시작부터 문제인, / 인민민주주의는 안하무인 / 폭락하는 비트코인 같이 문꼴오소린 / 매일 자살골만 골인 / 지지자는 GG치고 발인 / 네이버엔 평화올림픽 / 검색어 올리기, 최저임금 올리기, / 태극기 내리고 한반도기 올리기, / 기자들은 담담하게 문빠욕은 참으라고 약올리고 지 욕하면 고소장 올리기 / 메달권 아니면 북한이 먼저. / 공정함과 희망 따윈 니들에겐 없어. / 투표 끝났으면 입닥치고 내 말에 복종 / (…) / 이 X같은 운동권 빨갱이 XX들아? / 니들 역사 공부 다시 해야 돼 / 니들 세상 공부 다시 해야 돼 / 니들 개념부터 챙겨 와야 돼 / FucXXXX 평양 올림픽." 「벌레소년—평창유감(가사, 원본영상)」, '지토'(https://uite1.blog.me/221197441113)에서 펌.

음악하는 일베 회원"이라고 했다.[02] 그는 "니들 역사 공부 다시 하라"고도 주장했다. 극우 유튜버 조갑제는 그를 상찬하며 이때 "니들"은 40~50대라 해석해주었다.[03]

사회경제적 불만이 누적된 20~30대는 평창올림픽 시기에 일시적으로 급격히 재중립화되거나 문재인 정부로부터 이반하기 시작했다. 그 귀추를 더 지켜볼 필요가 있지만, 이는 일부 논자들이 주장하는 촛불 '혁명' 담론의 성급함을 보여준 한편, 한국의 정치 지형에서 20~30대의 사회경제적 불안정성이 정치적 유동성과 어떻게 연결되는지 다시 보여준다. 노무현 정부의 실패와 신자유주의의 심화 이후, 20~30대는 2007년 대선에서 이명박에게 50% 이상의 지지를 보내기도 했고, 2012년에는 '안철수 현상'을 만들기도 했다. 출범 초기 80%를 상회하던 문재인 정부의 지지율은 암호화폐와 평창올림픽 논란을 거치며 한때 10% 가깝게 빠졌다.[04] 그리고 2020년 3월 현재 남성을 중심으로 한 20대의 문재인 정부에 대한 분노와 회의감은 매우 광범위하다. 이른바 '조국 사태'는 결정적 계기였다. 촛불은 "승리해본 경험이 없"어 "정치 냉소와 무력감"에 젖어 있었던 청년 세대에게는 "'해봤자 되겠어'에서 '해보니 되더라'로 경험의 감각회로가 변경"되게 했다는데,[05] '조국 사태'는 정치적 냉소를 다시 키웠다.

2018년 초의 암호화폐와 아이스하키 단일팀 논란을 강하게 연결지은 극

---

02 박주연, 「인터뷰: '평창유감' 벌레소년—"평창유감 인기에 당황… 더 잘 만들 걸"」, 『미래한국』 2018. 1. 31.

03 「'평창유감' 가수 벌레소년 인터뷰를 읽으니 안심이 된다」, 〈조갑제TV〉 2018. 2. 2(https://www.youtube.com/watch?v=Xr0n_TEWQe0).

04 「문재인 대통령 지지율 첫 50%대로… 청와대 "겸허히 수용"」, 『한국경제』 2018. 1. 25. 이후 반등도 있었다. 계속 유동적이다.

05 「촛불 1년—"촛불 이후, 나는 비로소 국민이 되었다"」, 『한국일보』 2017. 10. 28.

우와 조중동의 실력(?)도 여기에 한몫 했다. 그들은 실상 2030세대 '흙수저'의 가장 큰 적이지만, 그들을 동정하는 듯한 허구와 가상을 만들어내며 반격의 모멘텀을 만들고자 총력전을 폈다. 꽤 긴 청년 세대 담론의 역사에서 극우 세력과 조중동 등 소위 '보수'가 이렇게 적극적으로 '2030세대론'을 전유하거나 그에 편승한 사례가 없을 것이다. 조갑제·조우석 같은 극우 논객들도 나서서 "2030이 희망"[06]이라고 아부했다.

과연 세대 담론에는 어떤 이점이 있는가? 세대에 입각한 분석이나 시야는 확실히 인구학적 변화와 문화의 시계열적 변동에 대한 통찰을 준다. 그리고 '88만원세대'론(2007) 이후 세대 담론은 계속 반복적으로 청년층의 현실과 586세대 및 장·노년 세대를 대비시키면서 분노를 증폭시켜온 경향이 있다. 그러나 실제적인 '세대투쟁', 즉 젊은 세대의 586세대나 60~70대에 대한 정치·경제적 투쟁이 가능할까? 세대 담론은 이미 만연해 있는 것처럼 생활세계에서의 (심리적) 세대 갈등—서로에 대한 경멸과 지하철 자리 양보 문제 같은 일로 표현되는—을 만들어낼지는 몰라도 실질적인 사회개혁을 위한 동인이 되지는 못하는 게 아닌가?

물론 세대의식은 계급·젠더의식의 매개자나 우회로가 되기도 한다. 민주정부의 실패와 신자유주의의 심화 이후, '88만원세대' 이후의 세대론은 곡절을 겪다가 드디어 '위로'가 중심 화소가 되자 엉뚱하게 『아프니까 청춘이다』류가 선풍을 일으켰고, '찰스' 멘토가 그 변곡점의 한 끝에서 나타났음을 상기할 필요가 있다. 박근혜 정권 시기에 들어 세대 담론은 급격히 '흙

---

06 조우석, 「'평창유감'… 요즘 민심 변화 이끄는 2030세대의 두 목소리」, 『미디어펜』, 2018. 1. 28; 「'평창유감' 벌레소년 계기로 떠오른 '꼰대론' 386 VS 2030 대립구도?」, 『미래한국』, 2018. 2. 1(http://www.futurekorea.co.kr/news/articleView.html?idxno=102505); 구정우, 「2030세대에게 배우는 '공정'과 '정의'」, 『조선일보』 2018. 1. 22.

수저, 헬조선' 담론으로 변형되며 세습 문제를 (잠재적) 키워드로 삼았고 비로소 이는 계급 담론에 접속했다.

최근 한국사회는 두 가지 상이한 세대 담론의 교차 속에서 '586 대(對) 20~30대'라는 새로운 버전의 세대 갈등을 경험하고 있다. 세대 갈등은 앞서 말한 대로 잠재적이고 실천적으로 무용한 것일 수 있지만, 그 매개는 계급과 젠더 문제, 남북화해, 한반도 통일, 개혁의 진로 등과 연관된 자못 심각한 것들이다.

평창올림픽 단일팀 문제나 영화 〈1987〉 등은 2018년 버전의 세대 갈등의 소재였다. 양자는 서로 다른 사안이고 방향도 정반대이지만, 세대 문제의 이면에서 조우한다. 즉 전자는 2030세대의 곤궁한 사회경제적 상황에서 터져 나온 것이고, 후자는 586 민주화 운동 세대의 정치적·사회적 헤게모니를 상징하는 문화 현상이다. 2, 3절에서 각각 두 양상을 살필 것인데, 결론을 미리 말하자면 2018년 초의 세대 담론은 세대 갈등 그 자체의 실체성보다는 사회경제적 개혁과 안보위기 극복의 과제를 환기했다. 그리고 영화 〈1987〉의 흥행에서 보듯 2018년의 세대 갈등은 겉으로는 잘 봉합되는 듯했다. 그러나 속내는 어땠을까?

2. 2018년판 청년 세대론의 주체와 내용

1) '비어 있는' 그러나 끓고 있는 주체성

스테레오타입화 된 세대 서사 속에서 어떤 세대는 영원히 성인/주체가 되지 못한다. 이는 세대 담론의 대표적인 문제점이자 한계다. 세대 담론에서 민주화 세대와 근대화 세대를 제외한 모든 세대는 객체화·대상화되고,

그 담론 속에서 2030세대는 거의 언제나 '결여'로 인한 동정 또는 계도의 대상이었다.[07] 이는 그 자체로 실상과는 판이한 허구일 것이다. '88만원세대'부터 지금까지 근 11년, 당시 청년 세대 중에는 이제 기성세대에 편입된 경우도 많을 것이고, 그중에는 기득권층(또는 그 자녀)도 많을 것이다. 예컨대 2019년 서울 아파트 가격 상승이 심각한 문제였을 때, 서울의 이른바 '마용성' 지구 등 비싼 아파트를 많이 산 세대가 30대였으며, "전 연령대 최고 비율을 기록한 그들이 대출 통한 내집 마련 '인싸'"[08]임이 밝혀졌다. 30대 내부의 계급 격차도 심각할 것이다. 그런데 현재 30대는 계속 동정 받는 '청년'으로 세대 서사에 자리매김된다. 20대도 비슷하다. 20대의 처지는 부모의 처지에 따라 완전히 서로 다르지만 그런 차이는 잘 인식되지 않는다.

만약 2018년판 세대 담론이 2030세대를 '객체화, 대상화'하는 기성세대의 태도에 대해 분노하고, 특히 문재인 정부가 비트코인, 아이스하키 단일 팀 등의 사안에서 동의를 구하는 과정을 생략한 것[09]에 대해 화를 내는 것이라면 바람직한 것일 수 있겠다. 그러하다면 그들은 이미 주체이자 당사자이다. 그런데 대부분의 경우 정부를 압박하고 기득권층에 맞서야 할 '세대의 주체'가 모호하다. 2030세대의 주체는 웹과 SNS 여론의 주체나 세대 담론의 상상적 객체로서만 존재한다. 실제로 그들의 사회에 대한 분노는 상당히 높은 것으로 여론조사 등에 나타난다. 특히 20대가 그렇다.[10] 그러나 미지근하게 자기들끼리의 공간에서 지피는 분노를 매개할 구체적인 조직은 없고, 그

---

07 천정환, 「'헬' 바깥으로, 세대 담론을 넘어」, 『동국대학교 대학원신문』 193, 2015. 12. 7.

08 「30대, 서울 아파트 구매 비중 32%… 주택 소비 주력 계층 되다」, 『헤럴드경제』 2019. 11. 11.

09 특히 사태 초기에 이낙연 총리가 아이스하키 팀 선수를 함부로 취급하는 듯한 발언을 한 것이 큰 파장을 만들었다. 「이낙연 총리, '여자 아이스하키 메달권 밖' 발언 사과」, 『한겨레』 2018. 1. 19 등 참고.

10 천관율·정한울, 『20대 남자—남성 마이너리티 자의식의 탄생』, 시사IN북, 2019 등을 참조.

감정 또한 상당히 휘발적이다. 만약 2030세대의 통일된 이해관계란 것이 있다면 일베 회원 벌레소년의 주장과 배치되는 것일 테다. 예컨대 군사적 긴장 해소, 일자리 정책은 물론 특히 최저임금 및 부동산 정책은 기성세대와 2030이 대립할 수밖에 없는 이슈다. 그리고 그 근저에 있는 반세습·반강남·반카지노자본주의는 '금수저' 2030세대도 포함한 계급 문제이다.

2) 세대 담론과 착종된 새로운 냉전문화

2018년 초의 한반도기, 아이스하키 단일팀 논란을 둘러싼 인식에는 '우리는 북한과 같은 팀이 아니'라거나 '같은 팀이 되기 싫다'는 의식도 끼어 있었다. '공정한 룰, 선수들의 희생'을 운위하는 담론에도 ① 엷어진 민족주의+두터워진 개인주의, ② 북한 체제에 대한 적대감+새 버전의 냉전문화, ③ 소위 공정(=반무임승차) 이데올로기 등이 착종되어 있었다. 그 외 ④ '우리의 소원은 통일'이 아니라 '우리의 소원은 전쟁'[11]이라는 신세대의 인식을 초점화하는 논리들도 있으나 좀 더 확인해볼 필요가 있다. 올림픽 준비 과정의 남북 접촉과 대북관계의 변화를 '평양올림픽' 따위의 프레임으로 싸잡아 부정하거나 문재인 정부에 대한 반격의 빌미로 삼은 세력 중 상당수는 50대 이상의 우파로 보이기 때문이다. 어쨌든 '20~30대=개인주의, 비통일' vs '586=민족·국가주의·통일'은 매우 안일한 구분법이다.

굳이 세대 단위로 생각하자면 평창올림픽과 북핵 문제와 관련된 행위자는 세 개의 세대였다. 첫째, 반북 대결의식과 종북몰이를 주된 인식론으로 가진 소위 '안보 보수'가 주류인 노장년 세대, 둘째, 민주화 및 통일 운동

---

11 2016년 11월에 발표된 장강명 장편 소설의 제목이다. '통일 이후'의 한반도를 재앙의 관점으로 그렸다.

과 민주정부 시절 햇볕 정책으로 인해 분단사 전체에서 예외적인 남북화해·협력이 시도된 시기를 경험한 30~50대(흔히 이번 논란에서 '586'이라 지목됨), 마지막으로 이명박·박근혜식 신자유주의체제와 핵·미사일위기 속에서 자라난 10~20대(이번 논란에서 2030세대로 지목됨). 만약 '세대 간 인식 차이'가 객관적인 것이라면 문제에 관해 세대 경험이 서로 다르다는 데서 기인한 것일 수 있다. 20대는 '이명박근혜' 9년간에 걸친 종북몰이, 교류의 전면 단절, 햇볕정책에 대한 부정, 그리고 북핵 개발의 가속화에 따른 남북대결의 격화만 주로 경험했다. 그러나 50대 이상의 세대는 통일을 당위로 받아들이고 30대 이하는 그렇지 않다는 증거는 약하다. '2017 남북통합에 대한 국민의식조사'나 '서울대 통일평화연구원의 통일의식 연례조사'에서도 "통일에 대해 '항상 적극적인 기성세대'와 '언제나 소극적인 2030'의 극적인 대립은 허구다. 기성세대는 평화의 대의를, 2030은 절차적 정의를 우선시하는 가치의 평행선도 존재하지 않는다." 다만 "통일을 무조건 긍정해야 하는 의무감을 학습한 기성세대와 달리 2030은 솔직하게 표현했을 뿐이"며 "통일을 위해 희생할 의사가 있느냐는, 비교적 속마음을 드러내야 하는 질문에는 세대차이가 없었다." 그리고 "통일 필요성 의견이 지난 10년간 10% 줄었"다. "연도별 비교를 하면 모든 세대에서 하락한다."[12]

3) 공정함? '우리는 한 팀이 아니다'

'벌레소년'이나 『조선일보』가 편승한 '공정성' 문제는 최근 2018년 세대 담론에서 핵심이었지만, 그 속내는 복잡했다. "공정성에 예민한 집단은 청

---

12   이대근, 「나의 평화가 너의 폭력이라면」, 『경향신문』 2018. 2. 7; 「통일 바라지 않는다고? 2030 세대는 억울하다」, 『한국일보』 2018. 1. 31 등도 참조.

년 세대만이 아니"며, 그럼에도 "무한경쟁과 각자도생사회에서는 작은 차이가 생존과 탈락을" 가르기 때문에 "공정성에 극도로 민감해질 수밖에 없다"[13]는 것이 2030세대의 사정이라는 진단은 옳은 듯하다. 그러나 피상적 '공정함'에 대한 "집착"[14]은 오히려 불공정함과 접속하거나, 방향 없이 난반사되어 혐오와 접속하는 경향도 크다.

아이스하키 단일팀의 공정성 논란도 2030세대의 본뜻과 무관한 위선과 비논리에 접속했다. 만약 그것이 여자 비인기 종목 선수들(의 출전 기회 문제)에 대한 진정한 관심이나 주변적인 여성 시민의 삶에 대한 연민이었다면 긍정적으로 평가할 만할 것이다. 그런데 북한 선수들이 아이스하키 단일팀에 '끼어듦'(프리라이딩, 무임승차)으로써 '국가대표팀 선수들이 4년간 땀 흘린 보람과 기회'가 사라진다거나 정부가 그들의 기회를 침해했다는 논리는 자체로 설득력이 약했다.

그리고 비인기 종목(특히 여자) 선수들에 대한 국민적 관심이나 보수언론과 '태극기' 세력의 배려도 매우 낯선 것 아닌가? 여자 국가대표 아이스하키팀의 실화를 바탕으로 만들어진 〈국가대표 2〉라는 영화의 흥행 성적을 상기해보자. 2016년 여름에 개봉된 이 영화는 사회의 인정이나 관심으로부터 소외된 가난한 젊은 여성들이 스포츠로 자기 삶 자체를 위해 분투하고, 아이스하키로 남과 북의 '자매'가 만난다는 뭉클한 이야기였다. 이 영화의 흥행 성적은 누적 70만 정도에 불과했다. 모든 계층의 관객은 물론이고 영화 평론가들에게도 외면당했다. 바로 그 즈음에 박근혜와 그 추종 세력이 물심양면 지원한, 맥아더와 켈로부대를 기리는 한국전쟁 서사 〈인천상륙작전〉

---

13 「박권일, 다이내믹 도넛: 그 '공정성'의 의미」, 『한겨레』 2019. 2. 9.
14 「정유진의 사이시옷: 공정함에 집착하는 불공정사회」, 『경향신문』 2017. 11. 29.

이 절찬리에 상영되고 있었다.

'선수들에게는 몇 분 몇 초의 출전 기회가 가장 중요하다'라는 명제가 단일팀을 향한 비판과 결합하면서 결국 '평양올림픽'이라는 프레임으로 범우익과 반북·반공 세력을 결집하는 수단이 되었다. 끔찍한 불평등 구조에 대한 불만은 촛불항쟁을 계기로 터져 나왔지만, 공기업 채용 비리 문제에서 보듯 기회 불균등과 불평등을 구조화하는 결정적인 요소인 지대 문제나 학벌체제 같은 '구조'에 대한 문제제기와 저항은 미미하다. 아직은 시험이나 스펙 같은 요소를 '공정'하다고 보는 능력주의가 진리처럼 받아들여지고 있다.

4) 민족주의 대 개인주의?

북핵위기 국면의 다층적 대북인식에서 가장 눈에 띄는 것 중 하나가 '민족주의의 결락'이었다. 북핵위기에서 '반전반핵' 구호도 약했지만, 반미 민족주의의 흐름도 없다시피 했다. 이는 단지 박근혜 정권 초기의 통진당 사건 등에 의해 한국 정치와 시민사회에서 자주파들이 예전과 같은 영향력을 잃었기 때문만은 아닐 것이다.[15]

오늘날 한국은 여전히 강한 민족주의/국가주의/공동체주의/인종주의 사회지만, 그 실제의 층위(layer)는 이전과 다르게 구성되어 있다. 이는 주로 신자유주의적 세계화의 진전에 따른 결과일 것이다. 단일팀 문제에 대한 '국가가 명령하면 개인은 희생해야 하나'라는 비판론도 여기에 결부되어 있다. SNS에서는 '남북 단일팀을 위해 개인을 희생하라는 파시즘' 같은

---

15 천정환, 「냉전문화와 정동─한국 대중문화에 나타난 북핵위기의 공포와 무감」, 경남대 극동문제연구소 주최 토론회, 『변화하는 북한─분단, '대중' 문화, 그리고 일상』, 2017. 12. 13.

말도 떠돌았는데, 그 아이스하키 팀의 '개인'은 이미 '올림픽 국가대표'로서 거기 있다. 만약 '탈민족-개인주의' 입장에 확고하게 선다면 '국가대표팀'이 그들의 '유일한 기회'로 존재한다는 사실을 비판하거나, 환경파괴+국가주의+글로벌 상업주의 문화정치의 아수라장인 올림픽 자체를 반대해야 한다. 아마 실제로는 단일팀을 위시한 올림픽 관련 조치들이 '양해'나 여론 수렴 과정 없이 빨리 나아간 데 문제가 있겠다. 올림픽 기간 중 김여정 북한고위대표단의 방문과 예술단 공연에서 드러났듯이, 한국사회는 대북인식의 조정기 또는 과도기에 있었다.

5) 북한 혐오와 무임승차론

오늘날의 반북의식은 과거의 반공주의나 전쟁 공포의 계승이면서도 다른 맥락과 내포를 가진다. 북한 체제에 대한 공포·혐오·냉소는 단지 반북 선동의 결과만은 아니다. 현실의 징후적 '반영'이다. 미디어의 북한 표상(돼지 같은 세습 독재자, 탈북자, 핵전쟁 블러핑 등) 중 긍정적으로 읽을 수 있는 것도 없지만, 북한의 반민주성, 폐쇄성, 반인권 세습 특권사회로서의 성격은 여전히 '사실'로 인정된다. 중요한 것은 이것이 오늘날 남한에서 삶이 영위되는 대부분의 요소—즉 첨단의 기술 중심 경제체제, (과잉?)자유민주주의와 세계화, 극단적 경쟁주의, 젠더 구조의 변화와 개인주의 등과 병존하기 어려워 보인다는 것이다.

그리고 대북 온건파 시민이나 문재인 지지자들에게도 '평화공존'이면 충분하지, '통일'이나 '한민족(우리민족끼리)'은 불가능한 미션으로 보였다. 이런 상황에서 평창올림픽은 새로운 전기였다.

'공정함=반(反)무임승차'론은 일베 류뿐 아니라 광범위한 20~30대 남성들이 공유하는 망탈리테이다. 그들은 여성이나 이주노동자들을 일자리나 기타 '기회'를 위협하는 존재로 간주한다. 병역 같은 '의무'나 경쟁을 다하지 않고 무임승차한다는 것이다. 그래서 여성, 이주노동자뿐 아니라 기간제 교사, 비정규직 노조 같은 '경쟁' 이외의 모든 '승차'가 무임으로 간주되고 혐오의 대상이 된다. 무한경쟁체제 속에서 반무임승차론의 외연은 크고 깊다. 이는 지극히 시장 전체주의적이며 결국 '사회'나 공공성 따위를 부정한다. 각종 '비정규직의 정규직화' 반대론이나 시험만능론도 크게 다르지 않다. 이 사회는 15년간 일해온 비정규직 노동자를 정규직화하려 하자 "무임승차 웬말이냐"라는 데모가 벌어지는 '공정사회'가 되었다.[16] "역사상 어느 세대보다도 경쟁적인 환경에서 자란 지금의 20대에게 구조적 불공정을 설명하기는 어렵"기에 그것이 그들의 탓만은 아니다.[17] 당연히 무임승차자의 자리에 북한이 들어갈 수 있겠다. 그래서 '우리 세금으로 거지 같은 북한 참가단 지원 반대한다'는 인터넷 댓글이 인기를 끌고 '핵거지'라는 조어도 떠돈다.

무임승차론 없이도 말뜻 그대로의 '통일'에 반대할 근거는 2000년대 초보다 더 많아졌다. 젊은 세대를 대변하는 글을 써왔다고 평가받는 소설가 장강명은 "남한의 자본과 기술력에 북한의 노동력과 천연자원이 더해지면 놀라운 시너지 효과를 거둘 수 있다는" 주장에 대하여 "한국의 저임금 노동자 처지에서 바라보면 섬뜩하지 않나. 그들이 '싸고 풍부한' 북한의 노동력과 어떻게 경쟁할 수 있단 말인가. 남한의 육체노동자들에게도 통일은 대박인가"라고 했다.[18] '퍼주기'론이 먹혀든 이유도 이와 관련이 있다. 김대중·노무현의 대북 '퍼주기'가 핵위기의 원인이라는 선동은 소위 보수·조중동이 만든 가장 대표적인 악질적 프레임이었다.

---

16 「공정함에 집착하는 불공정사회」, 『경향신문』 2017. 11. 29.
17 한귀영, 「한겨레 프리즘: 20대의 잘못이 아니다」, 『한겨레』 2018. 2. 12.
18 장강명, 「우리의 소원은」, 『한국일보』 2018. 1. 25.

6) 암호화폐 논란과 세대

한편 비트코인 등 암호화폐 투기에 나섰다 손해를 본 이들이 꽤 심각한 논란을 일으켰다. 암호화폐 열풍에 기성세대보다 2030세대가 훨씬 많이 뛰어든 것으로 알려졌지만, 그 사실 자체보다는 이에 대한 정부와 기성세대의 담론이 세대 갈등을 야기했다.[19] 정부 정책의 혼선이 큰 이유가 되어 단일팀 논란과 유사하게 정부가 마치 '진보' 586세대를 대표하는 양 되는 상황이 벌어졌다.

암호화폐 논란은 그 자체로 흥미로운 논점을 여럿 포함하고 있다. JTBC가 연 유시민 대(對) 정재승 공개토론 때문에 '문과 대 이과' 담론이 불거졌지만,[20] 실제로 블록체인 기술 문제와 얽힌 그것은 '문과 대 이과'의 대립을 우회적으로 내포한다. 즉, (우파적) 기술결정론 경제주의나 자유주의적 과학기술 해방론 vs 현실적이고 정통적인 사회과학 또는 경제학 담론의 대결이 펼쳐진 것이다. 전자의 비현실성과 위험성은 쉽게 공박 가능한 것 같다. 한국 경제학자들뿐 아니라 로버트 실러(Robert James Shiller), 조지프 스티글리츠(Joseph Eugene Stiglitz) 같은 노벨 경제학상 수상자들도 암호화폐가 화폐일 수 없는 이유를 설명하고 투기를 비판했다.[21]

이처럼 암호화폐 열풍은 블록체인 기술 문제와 별도의 막무가내식 '투기'로 현상하는 사회 현상이라 기성세대에게는 '철없는' 행동처럼 여겨지고 또 그렇게 발화되었다. 그리고 오히려 이런 언사가 결정적인 '세대 갈등'

---

19 한편 이 현상은 '젠더 균등한' 현상이 아니다. 투기 자체의 공격성, 기술 연관성 등 때문인 것으로 보이지만 추가적 분석을 요한다.

20 「유시민 '문송하다'… '이과' 정재승과 엇갈린 전망」, 『이데일리』, 2018. 1. 19(http://www.edaily.co.kr/news/news_detail.asp?newsId=01410406619079360&mediaCodeNo=257).

21 「노벨 경제학상 받은 스티글리츠 "한국처럼 암호화폐 규제해야"」, 『중앙일보』, 2018. 1. 24 등.

과 정부 비판 여론으로 이어졌다. 하지만 '이제 이 사회에 어떤 계층 사다리가 있느냐'라는 반론과, '2030은 일확천금을 노리는 게 아니라 범 3포 5포 상황에 대한 극복 정도를 꿈꾼다'[22]라는 지극히 현실적인 반론 앞에서 기성세대의 말은 대부분 힘을 잃었다. 어쩌면 한국에서의 암호화폐 열풍은 지금도 강남 부동산값 상승으로 상징되는 카지노자본주의의 사후복수 같은 것이다. 이렇게 불로소득자와 자산 세습과 부동산 거품이 많은데 무슨 '투기금지'냐는 것이다.

초국적인 수준에서도 블록체인+암호화폐 열풍은 의미가 없지 않다. 트럼프 같은 부동산 재벌이 양극화가 극심한 미국의 대통령으로 세계에 군림하는 세계에서 어떤 '다른 꿈'인들 못 꾸겠는가? 세계를 좋게 바꿀 수 있는 규범적 이념과 조직이 없는 상황에서 언제든지 기술적 수단이 그것을 대체하는 상상력을 자극하리라는 것은 이해 가능하다. 물론 인터넷과 www 이후에도 그런 기술 유토피아에 대한 꿈은 차례차례 자본에 의해 전유·파괴된 지 오래다.

3. 영화 〈1987〉을 둘러싼 세대의 문화정치

1) 영화 〈1987〉 수용 현상의 특징

영화 〈1987〉은 2018년판 세대론의 전초이자 세대 간 이해 또는 세대 갈등의 매개물이 되었다. 이 영화는 586세대를 중심으로 한 세대적 문화정치적 경험의 역사적·정치적 분단선이 무엇인지 새삼 가르쳐주었다.

---

22 김민섭, 「직설: 이더리움을 샀다」, 『경향신문』 2018. 1. 29.

이 영화는 근래 만들어진 '역사영화' 중 가장 완성도가 높은 영화라 평가 받으며 중요한 정치적 수용 현상을 야기했다. 즉 한국 현대사의 중대한 국면에 대한 뚜렷한 해석을 담아 현존하는 진영·세대·정치 세력 간의 이해관계를 반영하고 또 거기에 영향을 끼쳤던 것이다.[23] 예컨대 문재인 대통령은 "고 박종철 씨 형 종부(60) 씨, 고문경찰 관련 정보를 외부에 전달한 한재동(71) 전 영등포교도소

교도관, 연세대 총학생회장이었던 더불어민주당 우상호 의원"들과 같이 영화를 보고, "2016~2017년 촛불집회를 '촛불항쟁'이라 부르며 1980년 광주민주화운동, 1987년 민주화운동을 잇는 사건으로 평가했다."[24]

부글부글 뜨겁게 '혁명'이 내연하던 1987년의 1월에서 6월 사이의 사건과 6월항쟁은 이렇게 성공한 대중영화를 통해 재현 체계 속으로 깊고 넓게

---

23 근래 한국 역사영화의 정치적 기능과 의미에 대해서는 이 책 2부에 실린 「'역사전쟁'과 역사영화 전쟁—근·현대사 역사영화의 재현 체계와 수용 양상」을 보라.

24 「文 대통령, 영화 〈1987〉 보면서 또 울었다」, 『조선일보』 2018. 1. 8.

인입되었다. 실제 있었던 일들, 즉 박종철의 죽음과 49제 날의 시위, 박종철 아버지의 유명한 "종철아 잘 가그래이", 이한열의 최루탄 피격, 천주교정의 구현사제단의 5월 18일 성명, 그리고 남영동 대공분실, 시청앞, 연대 정문 앞 등은 모두 1987년과 6월항쟁에 관한 유명한 서사 요소들이자 공간들이다. 그것은 모두 약 720만의 관객(2020년 2월 현재 누적)과 함께 다른 의미를 갖게 되었다. 또한 평범한 여대생 연희(김태리 분)의 시선으로 비춰지는 6월의 광장과 이어진 엔딩의 노래 〈그날이 오면〉, 그리고 문익환 목사의 〈열사여!〉 연설 장면도 당대의 참여자들이나 40대 이상 대졸자들만 주로 아는 '코드'였으나 상당히 넓은 계층·세대의 성원들에게 수용되었다. 관객들의 후기에는 청소년·중년을 망라하여 엔딩 자막이 올라가는 걸 끝까지 보고 눈물을 흘렸다는 글이 많았다.

반면 이 같은 '586 코드'가 확연하게 전경화된 영화에 대해 불편해 하며 경계하는 목소리도 나올 수밖에 없었다. 〈1987〉은 남성 중심적이고 586 헤게모니를 강화하는 영화로 간주될 만한 요소도 듬뿍 안고 있었다.[25] SNS 등에서도 영화가 "시대의 비극이자, 연출의 비극"이라며 "당시 항쟁을 이끌고 참여한 여성들이 많았음에도 제대로 그리지 않았다"거나, 여성이 등장해도 "힘없이 당하는 피해자 가족"이나 "삼촌이나 데모하던 오빠에 의해 계몽되는" 존재로 그려졌다는 비판도 많았다.[26]

이 영화의 관객이 다양한 층으로 이뤄질 수 있었던 것은 서사가 가진 복합적 성격 때문이기도 했다. 전반부는 박종철 고문 살해 사건을 중심으로

---

25 박우성, 「기울어진 극장—〈1987〉의 감동에 여성의 자리는 없었다」, 『여성신문』, 2018. 1. 10; 「커버스토리: 1987 그리고 나—"엘리트의 노력만으로 얻어진 건 아니다… 불편해할 여성·노동자를 생각하자"」, 『경향신문』, 2018. 1. 6 등을 참조.

26 「지금 SNS에선: 영화 〈1987〉의 연희」, 『경향신문』, 2018. 1. 8.

한 느와르 풍의 이야기고, 후반부는 이한열(강동원 분)과 가상의 '연희'(김태리 분)를 통해 청춘물의 문법을 차용했다. 영화는 박종철·이한열이 구체적으로 어떤 인간이었고 왜 '민주화운동'에 참여했는지는 설명하지 않는다. 전반부 고문치사의 진실을 밝혀가는 과정과 후반부 연희의 '깨어남'(또는 성장)의 플롯은 서로 이질적이다. 그럼에도 양자는 지극히 '시대적'인 요소와 함께 대규모 항쟁의 시발에 수렴하는 구조로 되어 있다. 그 같은 서사의 복합성은 거대한 항쟁의 복합성과 조응한다. 즉 정치사로서의 박종철 사건과 6월항쟁, 연희로 대표되는 항쟁 주체들의 '마음의 드라마'로서의 6월항쟁 등 서사의 겹이다. 유일한 허구의 인물인 연희의 배치와 그 면모는 절묘했다. 레즈비언 페미니즘적인 서사를 담은 영화 〈아가씨〉의 주연이자, 촛불항쟁에 참여했지만 박종철이 누군지도 몰랐다는 김태리라는 젊은 배우가 텍스트 안팎에서 영화 전체를 구원했다고 할까? 만약 이 같은 요소가 빠졌다면 영화 〈1987〉은 오늘날의 청년과 여성이 같이 볼 수 있는 영화가 아니라, 그저 586 '아재'들만 좋아할 시대극으로 의미가 한정되고 말았을지도 모른다.

2) 민주화와 6월항쟁에 대한 '국민서사'화

그러나 이 영화 텍스트는 여러 가지 내재적인 문제도 지니고 있었다. 첫째, 영화의 민주화투쟁과 6월항쟁에 대한 해석은 가장 상식적이고 일반적인 수준에 머무른다. 많은 이들이 지적한 대로 영화는 재야 시민사회, 언론, 학생운동, 그리고 평범한 시민들이 함께 6월항쟁의 주체였음을 보여주긴 한다. 그럼에도 이한열의 "너무 가슴이 아파서…"라는 대사가 상징하듯, 기본적으로는 순수하고 아름다운 청년들 대(對) 극악한 군부독재라는 대비가 기본 얼개다. 그 전의 현대사 역사영화 〈변호인〉이나 〈택시운전사〉와 마찬가지로 '순수한 민주화 운동'이 있(었)다는 생각이 서사를 지배하고 있다. 이 때문에 항쟁이 단지 '순수 청년' 박종철이나 이한열의 죽음 때문이 아니라 길고도 처절하게, 특히 '좌경 운동권 세력'의 희생과 투쟁에 의해 준비되어 온 것이었으며, 7월부터 1987년의 나머지 반은 또 다른 혁명—노동자대투쟁—과 반혁명으로 점철되었다는 점은 가려져버린다.[27]

둘째, 〈변호인〉, 〈택시운전사〉, 그리고 〈1987〉을 통해 이제 민주화투쟁과 6월항쟁은 '국민서사'가 되다시피 했으나 이 지점에서 대중화된 80년대 민주화운동 서사는 양가성을 갖는다.

이 국민서사는 나라의 정체성이 우익이나 노년 세대가 상상하고 정체화했던 '반공'이나 '애국' 따위가 아니라, 야만적인 극우·군부 세력으로부터 구해낸 '시민 민주주의 공화국'이라는 것, 또 광장(운동)의 정치가 의회나 법 제도보다 더 근본적인 헌법정신이라는 것을 강력하게 주장한다. 오늘날 2016/17 촛불항쟁이 이 같은 성격의 민주주의를 대유한다. 〈1987〉은 '시민혁명의 국가이념' 같은 것이 불가역하고 양보할 수 없는 상식이 되는 데 6월항쟁이라는 소재를 통해 일조했다. 바람직한 일이다.

반면 이 이념은 사실 새로운 것은 아니고 과거 민주정부의 이념이기도 했다. 그리고 '촛불정신'을 실천한다는 현 정부의 이념과 곧장 닿아 있다. 문재인 대통령과 이 정부의 핵심들이 바로 '6월항쟁의 아이들' 아닌가?[28] 그래

---

27 황경민, 「〈1987〉이 호명하지 않은 것」, 『국제신문』 2018. 1. 16 등을 참조.

28 데모당 당수 이은탁 씨(한양대 86학번이며 서울 민학련에서 활동)는 자신의 SNS에 2018년 초 현재 "청와대에서 근무하는 전대협, 한총련 등 386"들의 명단을 다음과 같이 정리한 바 있다. 사실관계 검토가 필요하지만 일단 참고할 만한 정리라 생각하여 주석으로 붙인다. "임종석 청와대 비서실장(전대협 3기 의장), 조국 민정수석(사노맹), 신동호 청와대 연설비서관(전대협 문화국장), 백원우 청와대 민정비서관(전대협 2기 연대사업국장), 한병도 청와대 정무비서관(전대협 3기 전북 지역 조국통일위원장), 은수미 청와대 여성가족비서관(사노맹), 유행렬 청와대 자치분권비서관실 행정관(충북대 학생회장, 전대협 3기 중앙위원), 윤건영 국정상황실장(국민대학교 총학생회장), 송인배 제1부속실장(부산대 총학생회장), 유송화 제2부속실장(이화여대 총학생회장), 김수현 사회수석(빈민운동), 하승창 사회혁신수석(삼민동

서 영화는 '(87년)체제'를 정당화하는 데 소용될 수 있었다.

덧붙일 것은 이 양가성은 지극히 맥락적이고 현재적인 시점에 놓여 있다는 사실이다. 2018년은 '이명박근혜' 시대의 뒤끝, 분명 혁명은 아니나 대규모 시민항쟁이 낳은 다소 모호한 열린 국면이다. 다양한 단체관람도 시도된 이 국민계몽적인 영화의 '뒷이야기'가 바로 '장기 1987년'의 종결, 즉 개헌이 되지는 못했다.

3) 586세대의 눈물

2017년 학계와 담론장에는 6월항쟁 30주년을 기념하는 학술적 논의와 기획기사들이 꽤 많이 제출되었지만, 현실에서 가장 강력하게 6월항쟁 30주년을 기념한 상징적 '의례'는 2016~17년 겨울과 봄의 촛불항쟁과 영화 〈1987〉 보기였다. 이 의례는 전국 곳곳에서 영화 단체관람으로 이어졌다.[29]

이 영화가 실어 나르는 서사와 감정은 그야말로 높고도 복잡한 '파동', 즉 '정동'을 형성할 수 있었다. 그런 의미에서 영화 〈1987〉은 잘 만든 작품이라 할 수 있겠다. 특히 이 영화는 586세대를 위시한 관객층에게는 뭔가 영혼의 심부를 때리며 저마다 지나온 30년 세월을 돌아보게 하는 효과를 지녔

맹), 정태호 정책기획비서관(삼민투), 진성준 정무기획비서관(전북대 부총학생회장), 김금옥 시민사회비서관(전북대 총여학생회장), 조한기 의전비서관(민예총), 문대림 제도개선비서관(제주대 사회대 학생회장), 권혁기 춘추관장(국민대 총학생회장), 오종식 정무기획비서관실 선임행정관(고려대 조국통일위원회 위원장), 여준성 사회수석실 행정관(상지대 총학생회장), 김종천 비서실장실 선임행정관(전대협 문화국)"(https://www.facebook.com/permalink. php?story_fbid=1148632588604857&id=100003743790767, 검색 2018. 1. 22). 한편 「문재인 정부서 날개 단 '전대협 세대'」, 『시사저널』 1477, 2018. 2. 5는 국회와 지자체까지 확장하여 586세대의 현 정권 진출 현황을 정리했다.

29   「서울대생들, 박종철 열사 동기와 영화 〈1987〉 관람한다」, 『뉴스 1』 2018. 1. 17; 「광주 서석고 〈1987〉 단체관람」, 『무등일보』 2018. 2. 5; 「제주도교육청, 영화 〈1987〉 단체관람」, 『제주도민일보』 2018. 1. 23.

다. 586세대의 그런 정서적 반응은 '눈물'이라는 말로 대표된다.[30]

2017년 연말과 2018년 1월의 SNS는 '온몸을 떨고 눈물로 적시며 결국 보았다'고 토로하는 586과, 영화를 굳이 '안(못) 보겠다'는 결심(?)을 밝히는 586들로 꽤 소란스러웠다. 양자는 결국 다르지 않겠지만, 보지 않겠다고 말하는 것은 1987년 6월항쟁의 '현재성'에 대한 인식과 감상(感傷)에 빠지지 않겠다는 마음의 발로다.

'눈물'에는 분명 '살아남은 자'의 죄의식, 자기연민, 지난 시간에 대한 애도 등이 뒤섞여 있을 것이다. 그중 상당부분은 이 영화의 기본 서사가 '열사'라 호명된 젊은 희생자가 1970~90년대 한국의 운동정치에서 도덕적 동원력을 발휘하던 '열사의 문화정치'[31]의 연장선상에 있고, 그리하여 80년대를 겪은 세대로서는 화면 속 서사와 자기 경험 사이의 거리두기가 불가능해서 쏟은 눈물이라 볼 수 있다. 그러나 '눈물'이 단지 개인이 아니라 집단적인 것일 때 문제적이다. 집단적 자기연민이나 지나가버린 시대에 대한 애도의 눈물이, 결국 다른 세대들에게 어떤 대가를 요구할지 모를 위험이 있기 때문이다. 『황해문화』 김명인 주간이나 또 다른 586세대는 '눈물'을 유발한 것이 '몸의 기억'이라 말하기도 했다.

"남영동 치안본부 대공분실에서 박처원, 이근안 등과 함께 30여 일을 보낸

---

30   영화 〈1987〉을 보고 눈물을 흘렸다는 소감도 많았다. 「"권총으로 위협받기도" 이재명, 영화 〈1987〉에 '폭풍눈물'」, 『오마이뉴스』 2018. 1. 15; 「'1987' 세대 간 소통 물꼬 텄다, "86학번 어머니가 우셨다"」, 『마이데일리』 2017. 12. 29; 「586세대가 부르는 〈그날이 오면〉」, 『서울경제』 2018. 1. 23; 백철, 「"1987년 태어난 아들과 함께 봤다"」, 『주간경향』 1260, 2018. 1. 16.

31   '살아남은 자'로서의 죄의식은 민주화운동 세대의 핵심 망탈리테이다. 이 메커니즘에 대해서는 김홍중, 『마음의 사회학』, 문학동네, 2010; 정고은, 「1980년대 노동소설에 나타난 죽음의 양상 연구」, 성균관대학교 석사학위논문, 2016; 천정환, 「열사의 정치학과 그 전환—2000년대 노동자의 죽음을 중심으로」, 『문화/과학』 74, 2013. 6 등을 참조.

경험이 있는 나로서는 이 영화를 보는 내내 마치 타임머신을 타고 직접 30년 전의 과거로 돌아간 듯한 기시감 이상의 격렬한 감회 속에 있었다. 하지만 그것은 잊었던 그 시절의 고난에 대한 향수어린 회고나 무용담을 피력하는 자의 감회와는 다른 것이었다. 지금도 생생한 치욕감과 수치감을 그저 부르기 쉽게 '감회'라 부른 것일 뿐이다. / 그럼에도 불구하고 평정심을 유지하려고 했다. 하지만 이한열의 죽음을 즈음한 장면들을 만나면서부터는 (…) 복받치는 감정을 다스리기가 쉽지 않았다. 그 무렵 기나긴 투쟁의 나날 속에서 일어났던 모든 '죽음의 사건'들에 나 자신이 깊이 연루되어 있다는 생각을, 나는 내가 죽는 날까지 결코 떨쳐버릴 수가 없기 때문이다."[32]

이처럼 다시 소환된 기억과 정신분석학적인 애도가 이들 세대의 〈1987〉 수용 태도를 결정했다는 점은 분명하다.

그런데 지난 30년 사이에 개인적으로나 사회적으로 그런 애도와 죄의식 갚음(극복?)의 의례는 여러 번 있었다. 분명 '살아남은' 그들은 과거의 자기자신과, 또 어떤 우정·사랑들과 결별하며 '현실'과 타협했을 것이다. 또 집합적으로 586세대는 전두환·노태우 구속(+사면), 5·18항쟁의 국가화·기념화, 민주정부의 탄생과 실패 등을 고루 경험하지 않았나? 그래서 의문은 아직도 남은 그 많은 눈물에 관한 것이며, 80년대 세대의 '살아남음'의 형식과 윤리적 대가에 관한 것이다. 〈택시운전사〉나 〈1987〉이 그린 것처럼 여전히 광주항쟁과 6월항쟁이 그들의 삶에서 '순수 원점' 같은 것인가? 586들은 여전히 자신의 과거와 순조롭게 화해 혹은 정리하지 못한 채 상처투성이인 것인가? '아니다'라는 것이 내 관찰의 결과다. 그 상처와 '살아남은 자의 슬픔'은 어

---

32 김명인 페이스북(https://www.facebook.com/critikim/posts/1537297839688516), 2018. 1. 4.

느 시점에서부터 자동화된 습속처럼 돼버렸다.

딱 한 세대 차이나는 20대와 50대가 단체로 함께 〈1987〉을 보는 행사가 여기저기서 열렸다. 물론 각자 표를 사서 모이는 게 아니라, 서울대나 성균관대에서 그랬던 것처럼 80년대 학번 '대학' '선배'들이 '후배'라 호명된—그러나 기실 아무런 문화적 경험의 공통점이나 이해관계의 공통점도 없는—20대들에게 표를 사주고 불러 모았다. 촛불항쟁과 문재인 정부 출범을 통해 586은 다시 정치의 중심에 재진입해 들어왔는데, 이처럼 영화는 한국사회의 '586 헤게모니'를 강화하는 기제가 되었다.

80년대에 대한 586 참여자들의 자기 서사는 '각성-투신-투쟁 / 고난(죽음)극복-승리(환멸) / 보상(이탈)-공식(권력)화-화해'의 3단계 플롯을 갖고 있다. 이는 '87년체제'와 완전히 결합되어 있다. 저 플롯에서 '승리'란 87년 6월 항쟁일 수도 있고 민주정부로의 정권교체일 수도 있다. 민주화운동에서 피해를 본 다양한 586들에게는 국가적 보상이 이뤄졌는데, 그들의 대표 격이었던 대학 총학생회장이나 주요 대학의 주요 정파 조직 출신 정치인들에겐 추가적이고 큰 상징자본이 주어졌다. 임종석, 조국, 김부겸, 우상호, 정청래, 안희정, 정봉주, 하태경, 김민석 등등이 그렇다. 여기 거론하지 못했지만 몇몇 지방 주요 대학들에서도 마찬가지였다. 이는 586세대의 인적·정신적 네트워크 구조에서 매우 흥미롭고 기이한 사실이다. 왜, 그리고 어떻게, 당시의 총학생회장이 지금도 '대표'일 수 있는가? 이들이 어떻게 민주화운동 참여를 정치적 상징자본으로 활용해왔는지는 잘 알려진 바, 영화 〈1987〉은 그들이 1987년 민주항쟁의 서사와 이념을 횡령하고 독점하는 데 기여했다.[33]

---

33 예컨대 '이한열의 선배' 민주당 우상호 의원은 서울시장 선거를 앞두고 영화 〈1987〉의 수혜를 가장 톡톡히 누렸다. 2018년 2월 2일 MBN 2002년 저녁뉴스는 우상호를 인터뷰하면서 "〈1987〉 민주화의 중심 우상호 서울시장 도전 경쟁력은?"이라는 자막을 내보냈다. 그 외 「썰

4. 586 헤게모니에 대한 반발

여성과 청년 세대가 지닌 586에 대한 분노에도 여러 가지가 얽혀 있을 것이다. 돈과 권력을 가진 기득권자들에 대한 보편적이고 자연스러운 분노 외에도, 민주화운동과 운동권 또는 민주정부의 '실패'에 대해 조중동 같은 세력이 퍼뜨려온 조롱과 폄하가 개재해 있을 수도 있다. 그러나 분노의 본령은 '헬조선'의 현실에 대한 것이며, 특히 '진보 꼰대'와 위선에 대한 실망과 분노일 것이다. 586세대가 '민주화운동 했노라고…', '우리 때는…'이라고 말하지만, 그들의 생활세계에서의 무능이나 보수성, 이중성, 위선, 한국사회 타자들의 현실에 대한 무감각, 시대에 동떨어진 젠더의식 등에 대해 분노하는 것이다. '586 개새끼론'이라는 꾸짖음 앞에서 한동안 586세대는 사실은 그런 게 아니라고, 권력욕이나 출세욕이 '민주화'니 '민중'이니 하는 운동의 이유가 결코 아니었다고 변명할 말과 힘을 갖지 못했는데, 촛불과 〈1987〉 이후 새삼 그들이 힘을 내고 있는 모습도 보여주었다. 또 다시 위로 받고, 또 인정받고 싶어 한다. 항변하기도 한다. 그러나 '조국 사태'를 통해 586세대의 위선과 지배계급-됨에 관한 분노와 환멸은 폭발했다.

만약 〈1987〉의 서사가 그토록 자랑스럽고 또 후대들에게 들려주고 싶어 못 견디게 마음이 간질거리는 그런 것이라면, 어느 신랄한 90년대 세대 학자가 필자에게 이야기해준 대로 '드디어 586이 6·25 때의 학도병이나 월남 참전용사나 중동 파견 노동자와 같은 정신을 획득한 것'인지 모른다. 이 '정신'은 일면 분명히 국가(주의)적이고 체제 내적이다.

전' 우상호 "영화 '1987' 배우 우현, 못생긴 줄 몰랐다"」, 『서울신문』, 2018. 1. 12; 「문재인 정부서 날개 단 '전대협 세대'」, 『시사저널』, 2018. 2. 5.

'586 헤게모니'의 강화는 노동자계급, 2030세대, 여성이 가져야 할 지분을 대가로 지불하게 한다. 가상화폐와 아이스하키 단일팀 논란에서 빚어진 586세대에 대한 비판과 정권에 대한 이반 가능성은, 명시화되진 않았지만 그 헤게모니에 대한 반발—그러나 즉자적일 수밖에 없는—과 연관되어 있다고 본다.

586에게 요구되는 것은 우선 김명인이 썼듯 지극한 성찰과 재각성[34]이며 동시에 6월항쟁의 이상을 실질적으로 계승·발전시키는 실천인데, 1987년에 있어서 그 '이상(理想)'은 '호헌철폐 독재타도' 그 이상(以上)이었다는 점이 중요하다. 그것이 30년 세월 동안 망하고 풍화하고 농숙하여 만들어진 고갱이가 없지 않을 것이다. 말하자면 그것은 한국사회의 기득권에 근본적으로 반대되는 생각들의 결정(結晶)이기도 하다. 토지공개념, 부와 사회적 지위의 세습 반대, 부유세, 페미니즘, 기본소득, 분배와 환경정의 등 새로운 공동체의 양식과 이념에 관계된 것들일 테다.[35]

---

34 "새로운 세대가 나를 자기들 대열의 끝자리에라도 끼워주리란 미망은 일도 없다. 그렇다고 지나간 세계의 눈으로 오고 있는 세계에 잔소리를 늘어놓을 생각도 없다. 다만 앞 세대의, 지나간 시절의 과오를 물려주지 않기 위하여, 그것이 새로운 세계의 몽니가 되지 않도록 하기 위하여 반성하고 반성하고 또 반성하는 것만으로도 내 남은 삶은 충분히 벅차고 힘겨울 것이다." 김명인 페이스북의 앞 페이지.

35 김병권, 『사회적 상속—세습사회를 뛰어넘는 더 공정한 계획』, 이음, 2020 참조.

부록

연표

촛불항쟁 전후(2015~2019)
한국사회와 문화정치

전사

2008년 2월	이명박 정권 출범
2008년 5-6월	광우병 소고기 반대, 검역 주권 촛불시위
2009년 1월 20일	용산 참사
2009년 5월 23일	노무현 대통령 투신 서거
2010년 3월 26일	천안함 사건
2011년 12월 17일	김정일 사망
2012년 4월 11일	총선에서 한나라당 승리
2013년 2월	박근혜 정권 출범
2014년 4월 16일	세월호 참사
2014년 11월 24일	세월호특별법 국회 상임위 통과
2014년 12월 19일	헌법재판소 통합진보당 해산 결정

2015년

1월 6일	세월호특별법 참사 발생 265일 만에 국회에서 타결
1월 7일	프랑스 주간지 『샤를리 엡도(Charlie Hebdo)』 사무실에 이슬람 괴한 침입 총격, 경찰 등 12명 사망
1월 25일	그리스 총선에서 급진좌파연합 시리자(SYRIZA) 압승
2월 8일	북한, 원산 일대에서 단거리 전술 미사일 5발 동해상 발사
2월 26일	헌법재판소, 간통죄 위헌 판결

3월 2일	한미연합 키리졸브(Key Resolve, KR)훈련 시작. 북한 단거리 탄도미사일 두 발 동해 발사
3월 3일	김영란법(부정청탁 및 금품 등 수수의 금지에 관한 법률) 국회 통과
3월 5일	서울 세종문화회관에서 마크 리퍼트(Mark Lippert) 주한 미국대사, 김기종의 흉기에 부상
4월 9일	이명박 정권의 자원외교 비리 관련 수사를 받던 성완종 경남기업 회장 자살. 시신 수습 과정에서 주요 정치인들의 비리 의혹이 담긴 '성완종 리스트' 발견
4월 19일	리비아에서 출발한 난민선이 지중해에서 전복하여 600~700여 명 사망
5월 9일	북한 잠수함 탄도미사일 발사 성공
5월 20일	국내 첫 중동호흡기증후군(메르스Middle East respiratory syndrome coronavirus) 감염자 발생, '메르스 사태' 시작
6월 1일	메르스 25번 환자 첫 번째 사망
6월 24일	영화 〈연평해전〉 개봉
6월 26일	미국 연방대법원에서 동성결혼 합법 판결
7월 14일	유럽연합과 미국, 이란이 핵 협상 타결
7월 16일	일본 집단자위권 법안 중의원 만장일치 통과
9월 2일	터키 보드룸 해안에서 3세 시리아 난민 어린이 알란 쿠르디(Alan Kurdi)의 시신 발견
9월 8일	일본 아베 신조(安倍晋三) 총리 자민당 총재 재선
9월 19일	일본 참의원 본회의에서 집단적 자위권 행사를 허용하는 안보법안 기습 통과
10월 8일	스베틀라나 알렉시예비치(Svetlana Alexievich)가 2015년 노벨 문학상을 수상
10월 12일	황우여 교육부장관 한국사교과서 국정화 발표. 각 대학 역사학 연구자·교수들, 지식인, 시민단체 반대 운동 시작
10월 20일	JYP 엔터테인먼트의 다국적 걸그룹 트와이스 데뷔
11월 3일	정부, 한국사교과서 발행체제 국정으로 확정 고시
11월 6일	〈응답하라 1988〉 방영 시작
11월 14일	서울 광화문광장에서 1차 민중총궐기. 경찰의 물대포 과잉진압으로 백남기 농민 치명상 (2016년 9월 25일 사망)
11월 22일	제14대 대통령 김영삼 서거
12월 28일	한·일 일본군 위안부 협상 타결 발표
12월 5일	종로와 대학로 일대에서 제2차 민중 총궐기시위

2016년

1월 6일	북한 수소폭탄 핵실험(4차 핵실험) 전격 실시. 이에 대한 대응조치로 휴전선에서 낮 12시부터 대북 확성기 방송 재개
1월 8일	트와이스의 대만 출신 멤버 쯔위가 한국 방송에서 대만 국기를 흔들었다가 중국 측에 사과
1월 16일	차이잉원(蔡英文)이 새 대만 총통으로 당선
2월 7일	북한이 장거리 발사체에 실린 인공위성(광명성 4호) 발사

2월 10일	개성공단 가동 전면 중단
2월 17일	미국이 F-22 랩터 전투기 4대를 오산 공군기지에 전개
2월 23일	여당의 테러방지법 직권상정. 더불어민주당과 정의당 주도로 필리버스터 시작
3월 15일	이세돌 9단과 알파고의 바둑대결에서 알파고가 5번국 승리. 이세돌 1승 4패
3월 18일	북한, 평안남도 숙천군에서 노동 미사일 발사. 일본 방공식별구역에 떨어짐
3월 21일	북한 단거리 미사일 5발 동해로 발사
4월 13일	제20대 국회의원 총선거. 여당인 새누리당 참패
5월 14일	가습기 살균제 사건 불거짐. 옥시 전 대표 등 4명 구속
5월 16일	소설가 한강, 맨부커 인터내셔널상 수상
5월 17일	서울 지하철 2호선 강남역 10번 출구 인근 업소에서 '묻지마 살인사건' 발생
5월 28일	서울 지하철 2호선 구의역 스크린도어 사고 발생. 19세 노동자 김모 씨 사망
6월 3일	그리스 남부 인근 해상에서 700명 탑승한 난민선 전복. 340명 구조, 4명 사망, 350명 실종
6월 22일	북한 원산 일대에서 무수단 미사일 2기 발사
6월 24일	유럽연합(EU) 잔류에 대한 찬반투표에서 영국이 유럽연합 공식 탈퇴 결정
7월 8일	한미 양국 군 당국이 사드(고고도미사일방어체계, THAAD) 배치 결정을 공식 발표. 중국의 대응 보복 조치 시작
7월 9일	북한 함경남도 신포군 동남쪽 해상에서 잠수함탄도미사일 발사
7월 10일	일본 참의원선거에서 자민당이 개헌 발의선 확보
7월 19일	북한 황해북도에서 탄도미사일 3발 발사
7월 28일	이화여대 학생들, 학교 측의 평생교육단과대학 신설에 반대하며 본관 점거
7월 30일	이화여대 캠퍼스에 1,600여 명의 경찰 병력 투입
9월 9일	북한 제5차 핵실험 강행
9월 13일	미국 B-1B 전략폭격기를 괌 기지에서 한반도로 전개
9월 20일	『한겨레』, 박근혜-최순실 게이트 폭로 시작
9월 21일	두 대의 B-1폭격기가 한반도 군사분계선 상공에 전개
10월 11일	국정감사 중 도종환 의원이 세월호 선언 등 9,473명의 문화계 인사 블랙리스트 존재 폭로
10월 19일	최경희 이화여대 총장, 미래라이프대학 설립 논란과 정유라 특혜 의혹 등에 책임 지고 사임
10월 21일	소설가 박범신 성폭력 의혹에 대해 사과했으나 오히려 사태 확산. 만화 『미지의 세계』 작가 등이 연루된 #오타쿠_내_성폭력 사건 등 문화계 전반으로 성폭력 문제제기 확산
10월 27일	성균관대·경북대 교수들 박근혜에게 최순실 게이트의 책임을 묻는 시국선언. 이후 시국선언이 전 대학과 사회단체로 번져 나감
10월 29일	제1차 촛불집회. "모이자! 분노하자! 내려와라_박근혜". 약 3만여 시민 참여
11월 4일	문화예술인들이 블랙리스트에 항의하며 광화문광장에서 시국선언, 텐트 농성 시도 경찰과 충돌
11월 6일	시인 송경동, 사진가 노순택 등 문화예술인들의 주도로 광화문광장 앞에 '퇴진 캠핑' 텐트 설치, 시민 사회단체들도 텐트촌 입주 시작

11월 9일	전국 1,500여 개 시민사회단체 박근혜 정권 퇴진 비상국민행동 출범
11월 9일	도널드 트럼프(Donald Trump) 제45대 미국 대통령 당선
11월 12일	제3차 촛불시위. 박근혜 대통령 퇴진 시위 군중 100만 명 초과. 풍자와 유머로 가득한 각종 깃발 등장
11월 19일	전국 각지에서 제4차 촛불시위. 약 95만 명 참가 추정
11월 19일	서울역광장에서 박사모, 자유총연맹, 나라사랑어머니연합 등 보수단체들이 박근혜 하야 및 탄핵 반대 시위 개최. 주최 측 추산 67,000명, 경찰 추산 11,000명. '태극기집회'의 본격 시발
11월 26일	제5차 촛불집회. 서울에서 150만 명, 전국 190만 명 참가 추정
12월 3일	제6차 촛불집회. 민주노총 등 횃불시위. 전국 232만 명 참여
12월 9일	박근혜 대통령 탄핵소추안 국회 통과. 오후 7시부터 대통령 직무 정지
12월 17일	헌법재판소 앞과 광화문광장에서 박근혜 탄핵 반대 이른바 '태극기집회'. 주최 측 추산 100만 명, 경찰 추산 3만 명 참가
12월 24일	제9차 촛불집회. '하야 크리스마스'. 전국적으로 약 70만 명 운집
12월 31일	'송구영신' 촛불집회. 부산에서 10만여 군중이 일본영사관 앞에 소녀상 설치하며 시위

2017년

1월 1일	박근혜 대통령, 청와대 출입기자들과 신년기자간담회 열고 국정농단에 대해 변명
1월 2일	정유라, 덴마크에서 도피 중 현지 경찰에 의해 체포
1월 20일	도널드 트럼프 미국 제45대 대통령으로 취임. 미국 각지에서 반대 시위
1월 27일	트럼프 미국 대통령, 이란·시리아·이라크 등 7개 국가 출신 무슬림 이민자들의 비자 발급 및 입국 금지
2월 13일	북한 김정일의 장남이자 김정은의 이복형인 김정남이 말레이시아 쿠알라룸푸르 국제공항에서 암살당함
3월 6일	주한미군이 사드(THAAD) 대탄도미사일 체계를 전격 배치
3월 10일	헌법재판소 박근혜 대통령 탄핵소추안 인용. 박근혜 파면. 대통령 임기 종료. 경찰이 갑호 비상령을 내린 상황에서 태극기시위 중 3명 사망
3월 22일	세월호 인양작업 본격 시작
3월 31일	박근혜 뇌물 혐의 등으로 구속 수감
4월 29일	제23차 '촛불' 범국민행동 집회. '촛불' 실질적 마무리
5월 7일	프랑스 대통령선거에서 에마뉘엘 마크롱(Emmanuel Macron) 당선
5월 9일	제19대 대통령선거에서 41% 득표로 문재인 당선(홍준표 24%, 안철수 21.4%, 심상정 6.2%)
5월 14일	'한경오'에 대한 문팬의 공격. 사태는 전 『한겨레21』 편집장이 취중에 페이스북에 "덤벼라 문빠"를 포스팅하며 확대 폭발
6월 24일	대구에서 '제9회 퀴어문화축제' 개최
7월 4일	북한 여섯 번째 ICBM 미사일 발사
7월 15일	서울광장에서 '제18회 퀴어문화축제'가 대규모로 열림

8월 25일	이재용 삼성전자 부회장 1심 재판에서 뇌물공여, 특정경제범죄가중처벌법상 횡령 등 5개 혐의 인정되어 징역 5년 선고 받음
9월 3일	북한 6차 핵실험. 북미 긴장 고조
9월 11일	유엔 안보리에서 대북 제재안(제2375호) 만장일치 채택
10월 7일	소설가 한강, 뉴욕타임스에 「While the U.S. Talks of War, South Korea Shudders(미국이 전쟁을 이야기할 때, 한국은 몸서리친다)」 기고
11월 13일	북한군 병사 귀순 총격 사건
11월 29일	북한 평남 평성서 동해로 화성-15형 미사일 발사
12월 6일	촛불시위 시민들 독일 에버트 인권상 수상 결정
12월 14일	검찰, 최순실에게 25년 구형
12월 15일	우병우 전 청와대 민정수석 구속
12월 18일	아이돌 그룹 샤이니의 멤버 종현 사망
12월 28일	정부, 암호화폐(가상통화) 투기 근절을 위한 특별대책 발표 이후 논란 가열

2018년

1월 3일	남북한 사이의 판문점 직통전화 23개월 만에 재가동
1월 27일	박항서 감독 베트남에서 노동훈장 수여 받음
1월 29일	서지현 검사, 검찰 내부통신망에 성폭력 피해 사실을 고발하고 〈JTBC 뉴스룸〉에 출연하여 전국적 '미투' 운동의 촉매가 됨
2월 6일	〈JTBC 뉴스룸〉에 시인 최영미 출연하여 문단 성폭력 고발(고은에 대한 폭로 시 「괴물」은 2017년 12월 발표)
2월 9일	2018 평창 동계올림픽 개막. 김정은의 동생 김여정 노동당중앙위 제1부부장 등 방남. 문재인 대통령과 회담
3월 5일	충남지사 안희정의 수행비서 김지은, 〈JTBC 뉴스룸〉에서 안희정의 지속적 성폭력 사실 폭로
3월 9일	배우 조민기 성범죄 의혹으로 인한 경찰 조사를 앞두고 자살
3월 11일	중국 전국인민대표대회에서 99%의 찬성으로 주석직 5년 중임제 폐지, 종신직으로 헌법 개정. 시진핑 독주체제 완성
3월 18일	러시아 대통령선거에서 블라디미르 푸틴(Vladimir Putin) 당선
3월 23일	이명박 전 대통령 뇌물·횡령 혐의로 수감
3월 31일	MBC TV 예능 프로그램 〈무한도전〉 13년 만에 종영
4월 27일	문재인 대통령과 김정은 국무위원장 판문점 평화의집에서 제1차 남북정상회담. 김정은, 조선민주주의인민공화국의 국가원수로서 처음으로 군사분계선을 넘어섬. 남북, 판문점 공동선언 발표
5월 4일	미투운동 여파로 인하여 스웨덴 한림원 종신위원들 대거 사퇴. 2018년 노벨 문학상 개최 및 시상 취소
5월 5일	북한, 평양시간 폐지
5월 8일	미국 트럼프 대통령, 이란 핵 합의 탈퇴

5월 18일	방탄소년단 정규 3집 앨범 〈LOVE YOURSELF 轉 'Tear'〉가 미국 빌보드 메인차트 1위 차지
5월 19일	경찰의 불법촬영물 편파수사를 규탄하는 페미니스트 그룹의 연합 시위가 혜화동에서 벌어짐. 주최 측 추산 1만 2천여 명 참가
5월 21일	한상균 전 민주노총 위원장 가석방
5월 26일	제2차 남북정상회담 판문점에서 '번개' 형식으로 열림
6월 12일	김정은과 트럼프, 싱가포르에서 사상 최초로 북미정상회담
6월 13일	제7회 전국 동시 지방선거, 여당 압승
6월 14일~7월 15일	FIFA 월드컵 러시아에서 열림
6월 18일	청와대 국민청원 게시판에 올라온 "제주도 불법난민신청 문제에 따른 난민법, 무사증 입국, 난민신청허가 폐지/개헌 청원", 즉 예멘 난민 반대 청원이 5일 만에 20만 돌파. 이후 70만까지 증가
6월 27일	월드컵 조별리그 3차전에서 한국이 독일에 2대 0 승리. 독일은 약 80년 만에 월드컵 1라운드 조별리그 탈락
6월 30일	서울 중심가에서 예멘 난민 반대 집회와 찬성 집회가 각각 열림
7월 15일	FIFA 월드컵 폐막. 프랑스 우승
7월 1일	300인 이상 기업에서부터 근로시간 주 52시간 단축 시행
7월 3일	국군기무사령부가 세월호 대응팀을 만들어 실종자 가족들을 사찰한 사실이 드러남
7월 5일	군인권센터, 기무사 등 군부가 박근혜 탄핵심판 선고를 앞둔 2017년 3월 한국 전역에 계엄령을 선포하고 쿠데타를 일으키려 음모를 꾸민 사실을 공개
7월 6일	일본 도쿄구치소에서 도쿄지하철 사린가스 사건의 주범 아사하라 쇼코와 간부 6명 사형 집행
7월 21일	코레일·철도노조 양측 KTX 여승무원 복직 합의
7월 23일	드루킹 사건에 연루된 정의당 소속 노회찬 의원 자살 서거
7월 27일	군복무 기간이 21개월에서 18개월로 단축됨(육군)
8월 1일	폭염으로 서울 최고 기온 39도 기록(관측 사상 최초). 강원도 홍천군 최고 기온은 41도
8월 1일	북한, 6·25전쟁 당시의 미군 전사자 유해 55구 미군에 인도
8월 3일	고용노동부 2019년도 최저임금 고시(8350원)
8월 8일	경찰이 음란물 유포 방조 혐의로 워마드 운영자 추적에 나섬
8월 13일	워마드 회원이었던 홍익대 몰카 사건 피고인 1심에서 징역 10월 선고 받음
8월 14일	안희정 전 충남지사 1심에서 성폭력 혐의 무죄. 여성들 크게 반발
8월 18일	인도네시아 자카르타 팔렘방에서 아시안게임 개막
9월 1일	아시안게임 축구 결승전에서 한국이 일본을 2대 1로 이김
9월 3일	교육부의 대학 기본역량 진단 최종 결과 발표. 재정지원제한대학 20개교 포함 총 116개 대학이 학생 정원 감축 대상으로 확정됨
9월 14일	쌍용자동차 노사 양측, 9년 만에 해고노동자 119명 전원 원상복직 합의
9월 18일	문재인 대통령 평양 도착. 제3차 남북정상회담
9월 19일	문재인 대통령 사상 최초로 평양 시민 상대 연설

9월 24일	방탄소년단(BTS) 유엔에서 연설
10월 11일	민주당 박용진 의원 '비리 유치원 명단' 공개
10월 15일	성균관대 학생 투표로 총여학생회 폐지, 이후 대학가에서 총여학생회 폐지 움직임 확산
10월 30일	대법원 일제 강제징용 피해자들에 대해 일본 기업의 배상책임을 인정. 1965년 한·일 청구권협정으로 징용 피해자들의 배상받을 권리가 사라지지는 않았다며 1인당 1억 원씩 지급하라고 판결
11월	미·중, 본격적 무역 분쟁 돌입
11월 12일	남북 '9·19 군사합의서'에 따라 군사분계선 내 GP 시범철거 시작
11월 12일	숙명여고 시험지 문제 유출 사건 경찰 수사 결과 전 교무부장 검찰 송치, 쌍둥이 자매 퇴학 조치 결정
11월 21일	3·1운동 및 한국임시정부 수립 100주년 기념사업추진위원회(위원장 한완상) 공식 출범. 대통령이 출범식에서 축사
11월 22일	경제사회노동위원회 전국민주노동조합총연맹 불참한 상태로 공식 출범
11월 24일	서울 KT 아현지사 건물 지하 통신구에서 화재 발생. 일대 KT망 통신장애 발생
11월 30일	도라산역에서 남북 공동 철도 조사 시작
12월 1일	이동통신 3사 5G(5세대 이동통신) 전파 첫 송출
12월 3일	프랑스에서 이른바 '노란 조끼' 시위가 격화해 폭력 사태로 비화
12월 7일	2018년 유엔 기후 변화 회의 개최. 196개국 대표들이 지구 온난화에 대한 파리협약 이행 규칙에 동의
12월 11일	한국발전기술 소속 계약직 노동자 김용균 씨(24)가 혼자 야간작업하던 도중 사고로 사망
12월 17일	영화 〈보헤미안 랩소디〉 열풍, 누적 관객 수 800만 명 돌파
12월 19일	검찰청 청와대 민정수석비서관실 내 사무실 여러 곳 압수수색. '민간인사찰 의혹' 본격 강제수사 착수
12월 19일	서울경찰청, 성폭력처벌법 위반(비동의 촬영·유포 및 동의 촬영·비동의 유포) 혐의로 일베 이용자 13명 검거
12월 27일	국회에서 태안화력발전소 사고에 대응하여 '김용균법'으로 불리는 산업안전보건법 개정안 통과

2019년

1월 3일	청와대가 기획재정부를 통해 KT&G 사장 교체를 시도하고 적자 국채 발행도 강요했다고 폭로한 신재민 전 기재부 사무관 자살 기도 생명에 지장 없이 발견
1월 8일	시진핑 주석과 김정은 국무위원장의 4차 정상회담 베이징에서 진행
1월 9일	일제 말기 조선어학회 사건을 다룬 영화 〈말모이〉 개봉
1월 11일	양승태 전 대법원장 직권남용·권리행사방해 등 혐의로 피의자 신분으로 검찰 출석
1월 17일	김영철 북한로동당중앙위 부위원장이 미국 방문. 폼페이오 국무장관과 2차 북미정상회담 개최에 대해 논의
2월 8일	2·8 독립선언 100주년. 일본 도쿄 재일본한국YMCA와 한국 동시에 기념식 개최
2월 9일	프랑스 전역에서 노란 조끼 운동 확산. 조세개혁 및 마크롱 대통령 사임 요구 시위로 확대

2월 27일	유관순의 옥중 투쟁을 다룬 영화 〈항거〉 개봉
2월 27일	자유한국당 전당대회에서 황교안 당대표 선출
2월 27~28일	베트남 수도 하노이에서 제2차 북미정상회담 개최. '노딜'
3월 1일	3·1운동 100주년. 전국에서 대규모 기념행사 진행
4월 1일	일본, 새 연호 '레이와(令和)' 공개
4월 3일	한국 5세대(5G) 이동통신 세계 최초 상용화
4월 11일	대한민국임시정부 수립 100주년. 전국에서 대대적인 행사. 중국 상하이에서도 독립유공자 후손, 정부 대표단, 나경원 포함 5당 원내대표 등 600여 명 참석
4월 11일	헌법재판소 낙태죄 헌법불합치 판결
4월 22일	서울시교육청 유치원 개학 연기 사건으로 물의를 일으킨 한국유치원총연합회 설립허가 취소 결정
4월 30일	아키히토(明仁) 일본 제125대 천황 퇴위. 헤이세이 시대 종료
5월 1일	나루히토(德仁) 일본 제126대 천황으로 즉위
5월 17일	대만 아시아 최초로 동성결혼 허용
5월 25일	봉준호 감독 〈기생충〉이 한국 영화 최초로 프랑스 칸영화제 황금종려상 수상
6월 9일	홍콩에서 중국이 추진 중인 범죄인인도법 반대 운동 본격화. 100만 군중 시위 참가
6월 30일	판문점에서 남북미정상회담. 별다른 성과 없음
7월 1일	일본 경제산업성이 한국에 대한 반도체 및 디스플레이 제조 핵심 소재 화이트리스트 국가 지정 해제 공표
7월 2일	유니클로 등 일본산 제품에 대한 반일 불매운동 시작
7월 10일	이영훈·김낙년 등이 공저한 「반일 종족주의」 발간
7월 12일	문재인 대통령 전남도청 방문한 자리에서 이순신 장군을 세 차례나 언급하며 "12척 배로 나라 지켰다" 발언
7월 14일	조국 청와대 민정수석이 자신의 페이스북에 동학농민혁명을 소재로 한 노래 〈죽창가〉 가사를 올림
7월 23일	러시아 군용기 독도 영공 침범. 공군 전투기 출격 경고사격
8월 1일	일본 나고야에서 개최된 국제예술제 '아이치 트리엔날레' 〈표현의 부자유〉전에 '평화의 소녀상'이 초청 전시됐다가 일본 우익 세력의 테러 위협과 협박 전화로 전시 중단
8월 2일	일본이 한국을 화이트리스트(수출우대국가) 목록에서 제외. 문재인 대통령 임시 국무회의에서 "우리는 다시는 일본에게 지지 않을 것입니다" 발언
8월 7일	영화 〈봉오동전투〉 개봉. 441만 관객 흥행
8월 7일	서울 중구청장이 명동 일대에 'No Japan' 깃발을 내걸려던 계획을 네티즌 압력으로 철회
8월 9일	문 대통령이 청와대 민정수석 조국을 법무부장관 후보로 지명. 이후 딸과 아들의 대학입학, 장학금, 논문 제1저자 등재, 인턴십, 표창장 등 온갖 의혹이 불거짐. 사모펀드와 웅동학원 등 가족의 부패·비리 혐의도 제기됨
8월 15일	광복 74주년. 문 대통령이 경축사에서 "아무도 흔들 수 없는 나라"를 다짐
8월 22일	정부, 지소미아(한일군사정보보호협정) 종료 및 파기 결정
8월 23일	고려대와 서울대에서 조국 법무부장관의 의혹에 대한 진상규명을 촉구하는 촛불집회가 열림

9월 2일	조국 사태와 관련하여 문재인 대통령이 대입 제도 개선 지시
9월 4일	홍콩 행정부 범죄인 인도법 철회. 그러나 홍콩 시민들은 '민주화'를 요구하며 시위 지속
9월 6일	조국 법무부장관 후보자 인사청문회
9월 28일	'조국수호 검찰개혁' 서초동집회가 200만 군중 집결하에 개최
10월 3일	조국 장관을 반대하는 시민들이 광화문광장에서 대규모 집회
10월 5일	'검찰개혁 조국수호' 대규모 집회가 여의도에서 열림
10월 14일	가수 설리 자살
10월 14일	대통령 지지율이 계속 떨어지자 조국 법무부장관 사퇴
10월 15일	평양 김일성경기장에서 한국과 북한 간의 2022년 월드컵 아시아 지역 예선전이 무관중 경기로 열림
10월 21일	검찰, 조국 부인 정경심 교수 구속영장 청구
10월 25일	한국 WTO 개발도상국 지위 포기 결정
11월 1일	중국공산당, 홍콩 전면 통제 선언
11월 2일	홍콩 시위대, 신화사 통신 공격
11월 9일	서울 홍대입구역 부근에서 일군의 시민, 대학생들이 홍콩 연대 시위를 벌임
11월 14일	『반일 종족주의』 일본판 발매. 베스트셀러에 등극
11월 23일	검찰청 앞 서초동 촛불집회. "끝까지 조국수호" 등이 구호
12월 18일	미국 하원에서 직권남용과 의회 업무 방해로 트럼프 탄핵소추
12월 31일	중국 후베이성 우한시에서 원인 불명 폐렴 환자 속출. 세계를 뒤흔든 '코로나19 사태' 시작

참고
문헌

※『한겨레』,『경향신문』,『노동과세계』,『한국일보』,『여성신문』,『문화일보』,『중앙일보』,『조선일보』 등 신문과 각종 온·오프라인 언론 기사, 정부 기관과 각종 사회단체의 보도자료나 성명서 등을 참고했으나 따로 정리하지 않았다.

논문·비평 등

「좌담: 3·1운동 100주년이 말하는 것들」, 이기훈 기획, 강경석·오제연 외,『촛불의 눈으로 3·1운동을 보다』, 창비, 2019.

강원택 등,「한국인은 누구인가—창간 40주년 기념 특집 여론조사」,『중앙일보』 2005. 10. 13.

강원택·박명림·박태균·천정환·한정훈·이기훈,「좌담: 6월 항쟁 30주년, '87년체제'를 평가한다」,『역사비평』 119, 2017. 5.

강정석,「〈명량〉에서 〈국제시장〉까지—천만 관객 영화의 감정 구조」,『문화/과학』 81, 2014. 3.

강정석,「블랙리스트와 예술검열 실태 분석—MB 정부에서 박근혜 정부까지」,『문화/과학』 89, 2017. 3.

강진숙 외,「2008 촛불집회 참여 경험에 대한 현상학적 연구—대학생 참여자 및 1인 미디어 이용자를 중심으로」,『한국방송학보』 23(4), 2009. 7

곽노현·오현철·이지문·이진순·김종철,「시민의회를 생각한다」,『녹색평론』 154, 2017. 5.

권명아,「신냉전 질서의 도래와 혐오발화」,『역사문제연구』 35, 2016. 4.

김동춘,「냉전, 반공주의 질서와 한국의 전쟁정치—국가폭력의 행사와 법치의 한계」,『경제와사회』 89, 2011. 3.

김동춘,「견고한 민주주의를 향한 한국의 촛불시위」, 제14회 칼 폴라니 국제학회(2017. 10. 12~14) 제5세션 발표문. 김미도,「김기춘과 아이히만」,『연극평론』 85, 2017. 6.

김서중,「촛불시위와 미디어」,『진보평론』 37, 2008. 9.

김성윤,「플랫폼과 '소중'—생산과 소비의 경합이라는 낡은 신화의 한계상황」,『문화/과학』 92, 2017. 12.

김성일,「대중의 탈근대적 변환과 참여적 군중에 관한 연구」, 고려대학교 박사학위논문, 2010.

김성일,「한국 우익 진영의 대응사회 운동」,『문화/과학』 91, 2017. 9.

김수아,「디지털 미디어 시대 '개인화'와 사회의 의미」,『문학과사회 하이픈』 2020년 봄, 2020. 2.

김영철,「행복은 성적순이 아니잖아요?—'학력(학벌)'의 비경제적 효과 추정」,『經濟學硏究』 64(1), 2015. 2.

김영택, 「5·18 광주민중항쟁의 초기 성격」, 『5·18민중항쟁과 정치·역사·사회 3』, 5·18기념재단, 2007.

김유미, 「2016년 촛불의 세 가지 특징」, 『오늘보다』 23, 2016. 12.

김지미, 「국가와 아버지—자수성가에 대한 두 개의 판타지」, 『황해문화』 91, 2016. 6.

김철규 외, 「촛불집회 10대 참여자의 정체성과 사회의식의 변화—추적조사 결과를 중심으로」, 『경제와사회』 85, 2010. 3.

남기정, 「한반도 평화프로세스에서 동북아 평화공동체로」, 웹진 『통일시대』 155, 2019. 9(http://webzine.nuac.go.kr/tongil/sub.php?number=2385).

노형일·양은경, 「비폭력 저항 주체의 형성—박근혜 대통령 탄핵 촛불집회에 대한 통치 분석」, 『한국방송학보』 31(3), 2017. 5.

도묘연, 「결사체 활동, 시민성 그리고 촛불집회 참여의 경로 구조」, 『현대정치연구』 10(2), 2017. 8.

박동수, 「페미니즘 세대 선언」, 『한편 1호—세대』, 민음사, 2020.

박승일, 「인터넷과 이중 관리권력 그리고 관리사회」, 서강대학교 박사학위논문, 2017.

박의경, 「한국민족주의와 민주주의」, 『사회과학 담론과 정책』 10(2), 2017. 10.

박창식, 「정치적 소통의 새로운 전망—20~30대 여성들의 온라인 정치 커뮤니티를 중심으로」 광운대학교 박사학위논문, 2010.

에티엔 발리바르, 「세계시민주의와 국제주의—두 가지 모델, 두 가지 유산」, 『사회운동』 75, 2007. 6(http://www.pssp.org/bbs/view.php?board=journal&cid=1756#home8).

백승덕, 「'비폭력의 스펙터클'을 넘어서—3·1운동 100주년의 폭력론」, 『역사비평』 129, 2019. 11.

손희정, 「21세기 한국 영화와 네이션」 중앙대학교 박사학위논문, 2014.

손희정, 「페미니즘 리부트—한국 영화를 통해 보는 포스트-페미니즘, 그리고 그 이후」, 『문화/과학』 83, 2015. 9.

손희정, 「어용 시민의 탄생—포스트-트루스 시대의 반지성주의」, 『말과 활』 14, 2017. 8.

손희정, 「혐오 담론 7년」, 『문화/과학』 93, 2018. 3.

송홍근, 「박영준 대통령기획조정비서관」, 『신동아』 2008년 4월호.

신진욱, 「사회운동의 문화, 정체성, 프레이밍」, 김동노 외, 『한국사회의 사회운동』, 다산출판사, 2013.

오혜진, 「1980년대 여성독서사와 '타자'들의 역설」, 반교어문학회 발표문, 2016. 1. 30.

오혜진, 「기록 소녀, 귀신, 매춘부—제18회 서울국제여성영화제 쟁점포럼 후기」, 『말과 활』 11, 2016. 9.

오혜진, 「'식민지 남성성'은 무엇의 이름인가」, 『황해문화』 96, 2017. 9.

옥은실, 「1970년대 금지곡과 공연윤리위원회의 검열」, 『문화/과학』 80, 2014. 12.

이기훈, 「집회와 깃발—저항 주체 형성의 문화사를 위하여」, 『학림』 39, 2017. 2.

이나바 (후지무라) 마이, 「광장이 가르쳐준 것—촛불시위와 광화문 텐트촌 예술가들」, 『내일을 여는 역사』 67, 2017. 6.

이나영, 「페미니스트 관점에서 본 '미투운동'의 사회적 의미 1」, 『복지동향』 200, 2015. 6.

이동연, 「박근혜 통치성과 이데올로기의 정치」, 『문화/과학』 77, 2014. 3.

이동연, 「블랙리스트와 유신의 종말」, 『문화/과학』 89, 2017. 3.

이승원, 「포퓰리즘 시대, 도시 커먼즈 운동과 정치의 재구성」, 『문화/과학』 101, 2020. 3.

이용기, 「임정 법통론의 신성화와 '대한민국 민족주의'」, 『역사비평』 128, 2019. 8.

이용수·이갑윤, 「촛불집회 참여자의 인구·사회학적 특성 및 정치적 정향과 태도」, 『한국정당학회보』 9(1), 2010. 2.

이용희, 「'3·1운동 100주년'과 '불매운동' 관련 대중 출판물의 경향과 수용」, 『역사비평』 131, 2020. 2.

이원재, 「블랙리스트 예술 검열에 저항하는 예술운동의 실천과 전망」, 『문화/과학』 89, 2017. 3.

이유미, 「한국 여자들은 어떻게 '김치녀'가 되었나」, 『월간 오늘보다』 18, 2016. 7.

이재철, 「2016년~2017년 촛불집회의 정치적 항의―수도권 유권자 분석」, 동국대학교 사회과학연구원, 『사회과학연구』 24(4), 2017. 12.

이주영, 「검열과 블랙리스트, 징후에서 연대로」 『한국극예술연구』 57, 2017. 9.

이진영, 「자녀의 학력이 부자 간 소득계층 대물림에 미치는 영향」, 『노동경제논집』 40(3), 2017. 9.

이창호·배애진, 「뉴미디어를 활용한 다양한 사회운동 방식에 대한 고찰―2008년 촛불집회를 중심으로」, 『한국언론정보학보』 44, 2008. 11.

이해진, 「촛불집회 10대 참여자들의 참여 경험과 주체 형성」, 『경제와사회』 80, 2008. 12.

임월산, 「신자유주의적 자본주의, 인종주의 그리고 한국의 이주노동자」, 『사회운동』 2011년 7·8월호.

임종명, 「건국절 제정론과 비(非)·몰(沒)·반(反)역사성―1948년 8월 직후 대한민국의 자유민주주의성을 중심으로」, 『역사비평』 128, 2019. 8.

임태훈, 「박정희체제의 사운드스케이프와 문학의 대응」, 성균관대학교 박사학위논문, 2014.

전성욱, 「반지성주의의 이면―인지 역량과 한국의 민주주의」, 『말과활』 14, 2017. 8.

정고은, 「1980년대 노동소설에 나타난 죽음의 양상 연구」, 성균관대학교 석사학위논문, 2016.

정나리, 「온라인 유연자발집단의 사회운동 참여 과정에 관한 연구―2008년 미국산 소고기 수입반대 촛불집회를 중심으로」, 고려대학교 석사학위논문, 2010.

정두언, 「정두언 회고록: 최고의 정치, 최악의 정치―정권은 왜 매번 실패하는가 16. MB 정부 민간인 사찰의 겉과 속」, 『허핑턴포스트코리아』 2016. 11. 22(https://www.huffingtonpost.kr/dooun-chung-/story_b_13139218.html).

정여울, 「팩션 공화국에서 역사소설 읽기」, 천정환·소영현·임태훈 외, 『문학사 이후의 문학사』, 푸른역사, 2013.

정원옥, 「배제와 차별, 혐오를 넘어 우리 안의 다양한 목소리 "듣기", 평등한 광장의 정치를 어떻게 만들 것인가?」, 광장토론위원회, 『네 번째 광장토론 자료집』 2016. 12. 20.

정호기, 「국가의 형성과 광장의 정치―미군정기의 대중동원과 집합행동」, 『사회와역사』 77, 2008. 3.

정희진, 「피해자 정체성의 정치와 페미니즘」, 권김현영 엮음, 『피해와 가해의 페미니즘』, 교양인, 2018.

조대엽, 「사회운동과 동원의 구조―사회운동조직과 '유연자발집단'」, 김동노 외, 『한국사회의 사회운동』, 다산출판사, 2013.

주현식, 「촛불집회, 블랙텐트, 그리고 사회적 퍼포먼스」, 『한국연극학』 66, 2018.

지은주, 「대만의 민주주의는 공고화되었는가」, 김호섭·이병택 공편, 『민주화운동의 세계사적 배경』, 한울아카데미, 2016.

천유철, 「5·18 광주민중항쟁 '현장'의 사운드스케이프(Soundscape)」, 『기억과 전망』 34, 2016. 6.

천정환, 「'황우석 사태'의 대중 현상과 민족주의」, 『역사비평』 77, 2006. 11.

천정환, 「소문(所聞)·방문(訪問)·신문(新聞)·격문(檄文)―3·1운동 시기의 미디어와 주체성」, 『한국문학연구』 36, 2009. 6.

천정환, 「해방기 거리의 정치와 표상의 생산」, 『상허학보』 26, 2009. 6.

천정환, 「서발턴은 쓸 수 있는가―1970~80년대 민중의 자기재현과 '민중문학'의 재평가를 위한 일고」, 『민족문학사연구』 47, 2011. 12.

천정환, 「열사의 정치학과 그 전환―2000년대 노동자의 죽음을 중심으로」, 『문화/과학』 74, 2013. 6.

천정환, 「그 많던 '외치는 돌멩이'들은 어디로 갔을까―1980~90년대 노동자문학회와 노동자문학」, 『역사비평』 106, 2014. 2.

천정환, 「1980년대와 '민주화운동'에 대한 '세대기억'의 정치」, 『대중서사연구』 33, 2014. 12.

천정환, 「'세월', '노동', 오늘의 '사실'과 정동을 다룰 때—논픽션과 르포의 부흥에 부쳐」, 『세계의 문학』 155, 2015. 3.

천정환, 「창비와 '신경숙'이 만났을 때—1990년대 한국 문학장의 재편과 여성문학의 발흥」, 『역사 비평』 112, 2015. 8.

천정환, 「한국 독서사 서술 방법론 (1) 독서사의 주체와 베스트셀러 문화를 중심으로」, 『반교어문 연구』 43, 2016. 8.

천정환, 「현대 한국 검열의 계보학—박정희 정권 시기의 검열과 문예진흥 정책을 중심으로」, 『문화/과학』 89, 2017. 3.

천정환, 「다시, 우리의 소원은 통일?—4·27 판문점선언과 북미회담 전후 통일·평화 담론의 전변」, 『역사비평』 124, 2018. 8.

천정환, 「탈근대론과 한국 지식문화(1987~2016)—전개 과정과 계기들」, 『민족문학사연구소』 67, 2018. 8.

천정환, 「2019 한국 문화연구, 현황과 과제」, 『안과 밖』 47, 2019. 11.

최원, 「정동 이론 비판」, 『문화/과학』 86, 2016. 6.

최현용, 「한국 영화산업 지배 구조에 대한 새로운 이해」, 문화/과학편집위원회, 『누가 문화자본을 지배하는가?』, 문화과학사, 2015.

하상복, 「전지구화, 신자유주의, 그리고 인종문화」, 『코기토』 73, 2013. 2.

허민, 「문화를 보호해야 한다—문화융성 시대의 문화적 위기들」, 『문화/과학』 77, 2014. 3.

허윤, 「로맨스 대신 페미니즘을!—'김지영 현상'과 '읽는 여성'의 욕망」, 『문학과사회』 31(2), 2018. 5.

홍석률, 「역사전쟁을 성찰하며—정사(正史)·정통성(正統性)론의 함정」, 『역사비평』 128, 2019. 8.

홍성민, 「민주화 이행과 감정의 역할」, 김석·김정주·김정한 외, 『학생운동, 1980』, 오월의봄, 2016.

황진태·박배균, 「2016년 촛불집회시위의 공간성에 관한 고찰」, 한국공간환경학회, 『공간과 사회』 28(3), 2018. 9.

황호덕, 「후기식민 70년, 피식민주체의 기억과 표상—'헬조선'의 계보와 쾌락장치로서의 민족서사」, 『황해문화』 88, 2015. 9.

단행본

강내희·홍성태 등, 『촛불집회와 한국사회』, 문화과학사, 2009.

강성현, 『탈진실의 시대, 역사 부정을 묻는다』, 푸른역사, 2020.

강준만, 『강남 좌파 2. 왜 정치는 불평등을 악화시킬까?』, 인물과사상사, 2019.

강준만, 『쇼핑은 투표보다 중요하다—정치적 소비자 운동을 위하여』, 인물과사상사, 2020.

경향신문 사회부 사건팀, 『강남역 10번 출구, 1004개의 포스트잇—어떤 애도와 싸움의 기록』, 나무연필, 2016.

가라타니 고진 지음, 송태욱 옮김, 『윤리 21』, 사회평론, 2001.

라나지트 구하 지음, 김택현 옮김, 『서발턴과 봉기』, 박종철출판사, 2008.

제프 굿윈·제임스 M. 재스퍼 외 지음, 박형신 외 옮김, 『열정적 정치—감정과 사회운동』, 한울아카데미, 2012.

권김현영, 『다시는 그전으로 돌아가지 않을 것이다』, 휴머니스트, 2019.

권김현영·루인·엄기호·정희진·준우·한채윤, 『한국 남성을 분석한다』, 교양인, 2017.

권보드래, 『3월 1일의 밤—폭력의 세기에 꾸는 평화의 꿈』, 돌베개, 2019.

권보드래·천정환, 『1960년을 묻다—박정희 시대의 문화정치와 지성』, 천년의 상상, 2012.

김기봉, 『팩션시대 영화와 역사를 중매하다』, 프로네시스, 2006.

김동춘, 『전쟁정치—한국 정치의 메커니즘과 국가폭력』, 길, 2013.

김병권, 『사회적 상속—세습사회를 뛰어넘는 더 공정한 계획』, 이음, 2020.

김봉규·김홍구·신웅재·윤성희·이상엽·정운·정택용·채승우·홍진훤·최형락·후지이 다케시, 『그 날 당신은 어디에 있었는가—다큐멘터리 사진가 10인이 기록한 탄핵 그리고 기억의 광장』, 루페, 2017.

김정한, 『1980 대중봉기의 민주주의』, 소명출판, 2013.

김종엽 엮음, 『87년체제론』, 창비, 2009.

김헌태, 『분노한 대중의 사회—대중 여론으로 읽는 한국 정치』, 후마니타스, 2009.

김홍중, 『마음의 사회학』, 문학동네, 2010.

안토니오 네그리·마이클 하트 지음, 조정환 옮김, 『다중—제국이 지배하는 시대의 전쟁과 민주주의』, 세종서적, 2008.

안토니오 네그리·마이클 하트 지음, 이승준·정유진 옮김, 『어셈블리—21세기 새로운 민주주의 질서에 대한 제언』, 알렙, 2020.

당대비평 기획위원회, 『그대는 왜 촛불을 끄셨나요』, 산책자, 2009.

톰 디그비 외 지음, 김고연주·이장원 옮김, 『남성 페미니스트』, 또하나의문화, 2004.

마쓰모토 하지메 지음, 김경원 옮김, 『가난뱅이의 역습—무일푼 하류인생의 통쾌한 반란』, 이루, 2009.

스티븐 J. 맥나미·로버트 K. 밀러 주니어 지음, 김현정 옮김, 『능력주의는 허구다』, 사이, 2015.

샹탈 무페 지음, 이보경 옮김, 『정치적인 것의 귀환』, 후마니타스, 2012.

샹탈 무페 지음, 이승원 옮김, 『좌파 포퓰리즘을 위하여』, 문학세계, 2019.

문화예술계 블랙리스트 진상조사 및 제도개선위원회, 『진상조사 및 제도개선 종합발표 자료집』, 2018. 5. 8.

마리아 미즈 지음, 최재인 옮김, 『가부장제와 자본주의』, 갈무리, 2014.

박경호 외, 『교육격차 실태 종합분석』, 한국교육개발원 연구보고 RR 2017-07.

박형민, 『자살, 차악의 선택—자살의 성찰성과 소통 지향성』, 이학사, 2010.

에티엔 발리바르 지음, 최원·서관모 옮김, 『대중들의 공포—맑스 전과 후의 정치와 철학』, b, 2007.

에티엔 발리바르 지음, 진태원 옮김, 『우리, 유럽의 시민들?—세계화와 민주주의의 재발명』, 후마니타스, 2010.

백승종, 『조선의 아버지들—우리가 다시 찾아야 할 진정한 아버지다움』, 사우, 2016.

서동진·소영현·이길호 외, 『속물과 잉여』, 지식공작소, 2013.

서복경 외, 『탄핵 광장의 안과 밖』, 책담, 2018.

리베카 솔닛 지음, 김명남 옮김, 『남자들은 자꾸 나를 가르치려 든다』, 창비, 2015.

스베틀라나 알렉시예비치 지음, 박은정 옮김, 『전쟁은 여자의 얼굴을 하지 않았다』, 문학동네, 2015.

야마모토 요시타카 지음, 임경화 옮김, 『나의 1960년대—도쿄대 전공투 운동의 나날과 근대 일본 과학기술사의 민낯』, 돌베개, 2017.

역사문제연구소 민중사반, 『민중사를 다시 말한다』, 역사비평사, 2013.

연세대학교 젠더연구소 엮음, 허윤·손희정 기획, 『그런 남자는 없다—혐오사회에서 한국 남성성 질문하기』, 오월의봄, 2017.

오찬호, 『그 남자는 왜 이상해졌을까?』, 동양북스, 2016.

오찬호, 『우리는 차별에 찬성합니다』, 개마고원, 2013.

오찬호, 『우리는 차별에 찬성합니다—괴물이 된 이십대의 자화상』, 개마고원, 2013.

오혜진 외, 『문학을 부수는 문학들—페미니스트 시각으로 읽는 한국 현대문학사』, 민음사, 2018.

오혜진 외, 『원본 없는 판타지—페미니스트 시각으로 읽는 한국 현대문화사』, 후마니타스, 2020.

우에노 치즈코 지음, 나일등 옮김, 『여성 혐오를 혐오한다』, 은행나무, 2012.

우치다 다쓰루 지음, 김경원 옮김, 『반지성주의를 말하다—우리는 왜 퇴행하고 있는가』, 이마, 2016.

님 웨일즈·김산 지음, 송영인 옮김, 『아리랑』, 동녘, 2005.

이기훈, 『무한경쟁의 수레바퀴—1960~1970년대 학교와 학생』, 서해문집, 2018.

이덕일, 『우리 안의 식민사관』, 만권당, 2014.

이라영, 『타락한 저항—지배하는 '피해자'들, 우리 안의 반지성주의』, 교유서가, 2019.

이승욱·김은산, 『애완의 시대—길들여진 어른들의 나라, 대한민국의 자화상』, 문학동네, 2013.

이지호·이현우·서복경, 『탄핵 광장의 안과 밖』, 책담, 2017.

이토 마모루 지음, 김미정 옮김, 『정동의 힘』, 갈무리, 2016.

이호걸, 『눈물과 정치—'아리랑'에서 '하얀 거탑'까지』, 따비, 2018.

이호룡·정근식 엮음, 『학생운동의 시대』, 선인, 2013.

장경섭, 『가족 생애 정치경제—압축성 근대성의 미시적 기초』, 창비, 2009.

장경섭, 『내일의 종언?—가족자유주의와 사회재생산 위기』, 집문당, 2018.

장윤선, 『우리가 촛불이다—광장에서 함께한 1,700만의 목소리』, 창비, 2018.

정지우, 『분노사회』, 이경, 2014.

조귀동, 『세습 중산층 사회—90년대생이 경험하는 불평등은 어떻게 다른가』, 생각의힘, 2020.

조정환, 『미네르바의 촛불』, 갈무리, 2009.

조정환, 『공통도시—광주민중항쟁과 제헌권력』, 갈무리, 2010.

조정환, 『증언혐오—탈진실 시대에 공통진실 찾기』, 갈무리, 2020.

조주은, 『기획된 가족』, 서해문집, 2013.

조주은, 『페미니스트라는 낙인』, 민연, 2007.

진태원 엮음, 『포퓰리즘과 민주주의』, 소명출판, 2017.

천유철, 『오월의 문화정치—1980년 광주민중항쟁 '현장'의 문화투쟁』, 오월의봄, 2016.

천정환, 『대중지성의 시대』, 푸른역사, 2008.

천정환·소영현·임태훈 외, 『문학사 이후의 문학사—한국 현대문학사의 해체와 재구성』, 푸른역사, 2013.

최세진, 『내가 춤추지 않으면 혁명이 아니다』, 메이데이, 2006.

최장집, 『민주화 이후의 민주주의』(개정판), 후마니타스, 2010.

최종렬, 『복학왕의 사회학—지방 청년들의 우짖는 소리』, 오월의봄, 2018.

최태섭, 『억울한 사람들의 나라—세월호에서 미투까지, 어떤 억울함들에 대한 기록』, 위즈덤하우스, 2018.

최태섭, 『한국, 남자』, 은행나무, 2018.

최현숙, 『할배의 탄생』, 이매진, 2016.

이졸데 카림 지음, 이승희 옮김, 『나와 타자들—우리는 어떻게 타자를 혐오하면서 변화를 거부하는가』, 민음사, 2019.

R. W. 코넬 지음, 현민·안상욱 옮김, 『남성성들』, 이매진, 2013.

셀리나 토드 지음, 서영표 옮김, 『민중—영국 노동계급의 사회사 1910~2010』, 클, 2016.

스르자 포포비치·매슈밀러 지음, 박찬연 옮김, 『독재자를 무너뜨리는 법』, 문학동네, 2016.

데이비드 하비 지음, 최병두 옮김, 『신자유주의』, 한울아카데미, 2009.

데이비드 하비 지음, 황성원 옮김, 『자본의 17가지 모순』, 동녘, 2015.
캐서린 하킴 지음, 이현주 옮김, 『매력자본』, 민음사, 2013.
한국여성정책연구원, 『남성의 삶에 관한 기초연구 II. 청년층 남성의 성평등 가치 갈등 요인을 중
　　심으로』, 2015.
한국연극평론가협회 엮음, 『세월호 이후의 한국 연극—블랙리스트에서 블랙텐트까지』, 연극과
　　인간, 2017.
리처드 호프스태터 지음, 유강은 옮김, 『미국의 반지성주의』, 교유서가, 2017.
홍석률, 『분단의 히스테리—공개문서로 보는 미중관계와 한반도』, 창비, 2012.

찾아
보기

●초출일람●

누가 촛불을 들고 어떻게 싸웠나— 2016/17 촛불항쟁의 문화정치와 비폭력·평화의 문제
「누가 촛불을 들고 어떻게 싸웠나—2016/17년 촛불항쟁의 문화정치와 비폭력·평화의 문제」, 『역사비평』118, 2017. 2.

촛불항쟁 이후의 대중민주주의와 포퓰리즘 문제
「'1987년형 민주주의'의 종언과 촛불항쟁 이후의 한국 민주주의—대중민주주의의 문화정치를 중심으로」, 『문화/과학』94, 2018. 6.

촛불항쟁 이후 시민정치와 공론장의 변화— 팬덤정치와 반지성주의
「촛불항쟁 이후의 시민정치와 공론장의 변화—'문빠' 대 '한경오', 팬덤정치와 반지성주의」, 『역사비평』120, 2017. 8.

블랙리스트 사건의 문화사적 의미
「블랙리스트 사건의 의미」, 『문화예술계 블랙리스트 진상조사 및 제도개선위원회 백서』제4권, 2019. 2. 27.

3·1운동 100주년의 대중정치와 민족주의의 현재
「3·1운동 100주년의 대중정치와 한국 민족주의의 현재」, 『역사비평』130, 2020. 2.

'역사전쟁'과 역사영화 전쟁—근·현대사 역사영화의 재현 체계와 수용 양상
「'역사전쟁'과 역사영화 전쟁—근·현대사 역사영화의 재현 체계와 수용 양상」, 『역사비평』117, 2016. 11.

1980년대의 '역사기억'과 〈응답하라 1988〉
「〈응답하라 1988〉에 나타난 '역사'와 유토피스틱스」, 『역사비평』114, 2016. 2.

강남역 살인사건부터 '메갈리아' 논쟁까지—'페미니즘 봉기'와 한국 남성성의 위기
「강남역 살인사건부터 '메갈리아' 논쟁까지—'페미니즘 봉기'와 한국 남성성의 위기」, 『역사비평』116, 2016. 8.

'스카이캐슬'을 어떻게 부술까?—가족·계급과 교육개혁에 대한 일고
「드라마 〈스카이캐슬〉과 신재민 사건에 나타난 학벌·계급·가족」, 『역사비평』126, 2019. 2.

세대 담론, 그리고 영화 〈1987〉—586 vs 20대
「세대담론 2018, 그리고 영화 〈1987〉」, 『역사비평』122, 2018. 2.